KB035510

토지와 자유

황보영조

경북대학교 사학과 교수. 서울대학교 서양사학과를 졸업했다. 같은 학교 대학원에서 석사학위를 받고 박사과정을 수료한 뒤, 마드리드 콤플루텐세대학에서 역사학 박사학위를 받았다. 서양 현대사를 가르치며 에스파냐 근현대사, 특히 에스파냐 내전과 프랑코 체제 연구에 몰두하고 있다. 지은 책으로《기억의 정치와 역사》(2017),《토지, 정치, 전쟁》(2015),《세계 각국의 역사 논쟁》(2014, 공저),《세계화 시대의 서양현대사》(2010, 공저),《꿈은 소멸하지 않는다》(2007, 공저),《대중독재》(2004, 공저) 등이 있고, 옮긴 책으로《현대 라틴아메리카》(2014, 공역),《인류의 발자국》(2013),《아메리카노》(2012, 공역),《세계사 특강》(2010),《대중의 반역》(2005) 등이 있다.

토지와 자유
에스파냐 아나키즘 운동의 역사

지은이 황보영조
디자인 이수정
펴낸이 송병섭
펴낸곳 삼천리
등 록 제312-2008-121호(2008년 1월 3일)
주 소 10578 경기도 고양시 덕양구 오금1로 47 103호
전 화 02) 711-1197
팩 스 02) 6008-0436
이메일 bssong45@hanmail.net

1판 1쇄 2020년 4월 30일

값 32,000원
ISBN 978-89-94898-51-3 93920
© 황보영조 2020

※이 책은 2015년 정부(교육부) 재원으로 한국연구재단의 지원을 받아 수행된 연구임
(NRF-2015S1A6A4A01013478).

토지와 자유

에스파냐 아나키즘 운동의 역사

황보영조 지음

인문과학
코스모스
05

삼천리

이 책의 제목 '토지와 자유'는 에스파냐 아나키즘 잡지 이름에서 따왔다. 1888년에 바르셀로나에서 격주간으로 발행되기 시작한 이 잡지는 우여곡절이 많았고, 정부로부터 여러 차례 정간 조치를 당했다. 최종적으로 프리모 데 리베라 군사독재에 의해 정간된 이 잡지는 1930년에 정통 아나키즘 단체인 이베리아아나키스트연맹의 기관지로 되살아났다. 1931년 4월부터 '에스파냐 사회혁명 기관지'라는 부제를 달기 시작한 이 잡지는 1930년대 에스파냐에서 최대 발행 부수를 자랑할 정도였다.

책 제목을 이렇게 뽑은 까닭은 사실 '토지와 자유'가 아나키스트들이 내건 핵심 슬로건이었다는 데 있다. 초창기 에스파냐 아나키스트들이 잡지 이름으로 삼을 정도로 말이다. 이 구호를 처음 내건 사람들은 러시아 인민주의자들이었다. 1876년에 '인민 속으로'라는 정강을 내세우고 출범한 러시아 비밀 혁명 단체의 이름이 바로 '토지와 자유'였다. 이 단체는 1861년에 출범했다가 몇 년 뒤 정부의 탄압으로 해체된 같은 이름의 비밀단체를 계승했다. 농민들을 혁명의 주요 세력이라고 본 이 단체는 자신들의 혁명적 열망을 '토지와 자유'라는 구호로 담아냈다.

이 구호에는 토지를 보유해야 지주의 구속으로부터 해방될 수 있다는 의미가 담겨 있다. 생업용 토지 보유가 자유의 필요조건이라는 뜻으로 풀이할 수도 있겠다. 토지 보유가 자유의 필요조건이기에 그것을 박탈당하게 되면 노예 상태로 전락하게 된다. 토지에다 생산수단을 대입해도 마찬가지 결론에 다다르게 된다. 생산수단의 보유가 자유의 필요조건이고 그것을 박탈당하게 되면 노예 상태로 전락하게 된다.

이러한 의미에서 에스파냐 아나키스트들은 '토지와 자유'를 혁명의 횃불이자 새로운 사회 건설을 위한 설계도로 여겼다. 노예 상태가 소멸되고 착취가 사라지며 증오가 근절될 때 사람이 진정 사람답게 살 수 있고 그럴 때 평화가 찾아온다면서 그들은 이것을 평화의 구호라고 강조하기도 했다.[1]

책 제목을 이렇게 정한 데는 또 다른 계기가 있다. 그것은 바로 켄 로치의 영화 〈랜드 앤 프리덤〉(1995년)을 보며 신선한 충격과 감동을 느꼈기 때문이다. 이 영화에는 에스파냐 내전과 혁명의 실상이 매우 실감나게 잘 그려져 있다. 무엇보다도 트로츠키파 공산주의자들(마르크스주의통일노동자당, POUM)과 더불어 추진해 나간 아나키스트들의 혁명적 실험이 과연 어떤 것이며 소련의 지원을 받는 에스파냐공산당에 의해 그 실험이 어떻게 무너져 가는지가 잘 드러나 있다. 그 무렵 토지 문제에 관심을 두고 있던 나에게는 토지의 집산화를 의제로 다룬 주민총회 장면이 영화의 백미로 다가왔다. 영화에서 무려 12분 동안이나 지속되는 회의는 때로는 시끌벅적하고 때로는 진지하게 진행된다. 먼저 토지를 집산화해야 한다는 주장과 혁명보다는 전쟁을 우선

---

1) *Tierra y Libertad*, 13 de agosto de 1936.

해야 한다는 주장이 무척 설득력 있게 제시되고 있다. 회의는 집산화 찬성으로 결론이 났다. 회의 장면을 보며 켄 로치가 영화 제목을 왜 '토지와 자유'로 정했는지 그 이유를 깨닫게 됐다.

영화 〈랜드 앤 프리덤〉은 조지 오웰의 《카탈루냐 찬가》에서 영감을 받아 제작된 것으로 알려져 있다. 두 작품에 등장하는 유사한 내용들을 보면 그랬을 수도 있겠다는 생각이 든다. 이를테면 아라곤 전선에 투입된 민병대의 실상을 묘사하는 대목이 그런 내용들 가운데 하나다.

민병대 체제의 핵심은 장교와 사병 간의 사회적 평등이었다. 장군에서부터 사병에 이르기까지 모두가 똑같은 보수를 받았고 똑같은 음식을 먹었으며 똑같은 옷을 입었고 완전한 평등 관계를 유지하며 함께 생활하였다. 사단을 지휘하는 장군의 등을 툭 치며 담배 한 대 달라고 하고 싶으면 그렇게 해도 무방했다. 아무도 그것을 이상하게 생각하지 않았다. (……) 계급 명칭도, 계급장도, 뒤꿈치를 소리 나게 붙이며 경례를 하는 일도 없었다.[2]

아나키스트들이 자신들의 이념과 현실을 어떻게 조화시켜 나갔는지 상상할 수 있게 해주는 대목이다. 그들은 위계와 규율을 생명으로 하는 군사 조직에서도, 더군다나 생사를 다투는 전시 상황에서도, 이렇듯 자신들이 주창해 온 자유와 평등의 이념을 포기하지 않았다.

이 책 《토지와 자유》의 목적은 이런 이야기, 곧 에스파냐 아나키

2) George Orwell, *Homage to Catalonia* (New York, Harcourt: Brace Jovanovich Publishers, 1980), pp.27–28.

즘 운동의 역사를 서술하는 데 있다. 에스파냐 아나키즘 운동의 생애를 탄생과 시련, 성장과 쇠락으로 나누어 자세히 들여다보고자 한다.

정치 활동을 배격하면서 생산수단의 집산화와 자유, 국가 폐지, 자유지상주의 사회 건설을 주요 목표로 삼는 아나키즘 운동의 씨앗이 에스파냐에 뿌려지기 시작한 것은 미하일 바쿠닌이 파견한 이탈리아 아나키스트 쥐세페 파넬리(Giuseppe Fanelli)가 에스파냐에 도착한 1868년 무렵이다. 이때부터 1939년 초까지 에스파냐 아나키즘은 다양하고 폭넓게 민중을 끌어들이며 풍성한 열매를 거두게 된다. 특히 1917~1921년과 1931~1939년에 아나키즘 노동조합이 보여 준 대중운동은 다른 나라에서 그 유례를 찾아볼 수 없는 에스파냐 특유의 현상이었다. 유럽에서 전반적으로 아나키즘 운동이 대중운동의 수명을 다한 시기에 에스파냐에서는 혁명적 생디칼리슴과 결합되어 다시 부상했다. 여기에는 에스파냐 특유의 정치적 맥락과 1898년 미국-에스파냐 전쟁 패배로 불거진 에스파냐 사회의 심각한 위기가 중대한 요소로 작용했다.

제1인터내셔널이 에스파냐에 들어온 것은 유럽 대다수 국가들과 견주어 늦은 1868년이었다. 이때 에스파냐에는 혁명의 분위기가 펼쳐지고 있었다. 1870년대 초 에스파냐인들은 마르크스보다 바쿠닌에 더 호감을 보였다. 에스파냐 특유의 정치·문화적 맥락을 고려할 때 이것이 그렇게 이상한 일은 아니었다. 인터내셔널이 분열되었고 유럽 여러 나라들에 비해 다소 늦기는 했지만 에스파냐에도 그 분열의 바람이 불어왔다. 그런 가운데 1881년에 등장한 노동자연맹이 괄목할 만한 성장을 보였다. 매우 특이한 일이었다. 1890년대에는 '아나키즘' 하면 곧 테러를 떠올릴 정도로 아나키스트들의 테러가 비일비재했다. 여타 유럽 국가들과 비교해 볼 때 이례적인 현상은 아니다. 러시아와 프랑스, 이탈리아에서도 테러가 잦기는 마찬가지였다.

20세기가 시작되면서 에스파냐 아나키즘은 혁명적 생디칼리슴과 결합된다. 그 결과 창설된 노동자연대가 1910년에 전국노동연합으로 발전하면서 그 후 30년 동안 에스파냐에는 아나키즘 운동의 전성기가 펼쳐진다. 물론 그 규모나 지리적 분포가 일정하지 않았고 굴곡도 있었다. 바르셀로나에 국한된 것이기는 하지만 1916년 이후 4년 동안 황금시대를 구가한 전국노동연합이 1920년 말 이후에는 다시 쇠퇴하기 시작하여 프리모 데 리베라 독재 정권 아래에서는 그 존속 자체가 어려울 지경에 이르렀다. 그러다가 1931년에 공화국 출범과 더불어 다시 살아났고 에스파냐 정치 문화에 지울 수 없는 흔적을 남겼다. 특히 내전 시기에 시도한 혁명은 아나키즘 운동의 꽃이라 해도 과언이 아닐 것이다. 그러나 내전이 종결되면서 시작된 프랑코 독재 하에서는 또 다시 고전을 면치 못하게 된다.

이 책에서는 그것이 탄생한 1870년에서부터 거의 사라지다시피 한 프랑코 정권 말기까지 100여 년에 걸친 에스파냐 아나키즘 운동의 역사를 살펴본다. 이것을 다음 몇 가지 사항에 주안점을 두고 들여다보고자 한다.

우선 아나키즘은 단일한 사상이 아니고 아나키즘 운동도 단선적인 운동이 아니라는 사실을 염두에 둘 필요가 있다. 철학적이고 문화적인 여러 유산을 따라 형성된 아나키즘은 변종들의 집합체라고 할 정도로 무척 다양하다. 이를테면 한 가지인 것처럼 보이던 아나키즘이 아나르코집산주의와 아나르코코뮌주의로 갈라지거나 아나르코생디칼리슴으로 혼합되기도 한다. 20세기 에스파냐에서 본류를 이룬 아나키즘은 '코뮌주의' 아나키즘, 곧 아나르코코뮌주의이다. 그것이 혁명적 생디칼리슴을 만나 아나르코생디칼리슴으로 발전했다. 이들 각각의 아나키즘들 내부에서도 전략과 전술에 따라 끊임없는 이합집산이 펼쳐진다. 이 모든 갈래의 흐름들을 파악하는 일은 매우 복잡하고 어려운 작업지만 대강이라도 추적해 볼 필요가 있다.

다음으로 이념과 전략의 차이를 따지는 데 그치지 않고 그런 차이와 변화를 낳은 맥락에도 관심을 기울이고자 한다. 이를테면 20세기 초 바르셀로나에서 대중운동으로서 아나키즘 운동이 급성장한 맥락을 쿠바 혁명전쟁의 영향과 카탈루냐 민족주의, 젊은 공화주의자들의 대중 선동 움직임 등에서 찾아볼 수 있을 것이다.

끝으로 주요 아나키스트들의 인간적 측면을 조명해 볼 필요가 있다. 아나키즘 운동의 주요 흐름, 곧 숲을 살피는 것도 중요하지만 그 숲을 이루는 개별 아나키스트들의 사상과 활동을 놓쳐서도 안 될 것이다. 역사의 주역인 인간들 개개인의 활동을 중시하는 차원에서 그들의 이름을 지루하다 싶을 정도로 하나하나 열거하고자 했고, 그들의 생애를 생뚱맞다 싶을 정도로 이곳저곳에 끼워 넣었다.

이 책은 크게 네 부분으로 구성되어 있다. 이상과 꿈과 저항과 시련, 혁명의 불꽃, 쇠락의 터널이 그것이다. 우선 에스파냐 아나키즘 운동의 배경으로 유럽의 아나키즘이 어떻게 탄생했고 그 주요 특징이 무엇인지를 서장에서 다루었다. 에스파냐 아나키즘 운동의 맥락을 이해하는 데 도움이 될 것이다. 에스파냐 아나키즘 운동의 탄생에서부터 19세기 말까지를 다룬 1부에서는 그것의 탄생 과정(1장)과 이념적 분화(2장), 테러 활동(3장)을 살펴본다. 20세기 초 30년을 다룬 2부에서는 아나르코생디칼리슴 노조인 전국노동연합의 등장(4장)과, 그리고 정부의 탄압과 내부 갈등으로 겪게 되는 시련(5장)을 고찰했다.

1930년대를 다룬 3부에서는 아나키즘 운동이 급속하게 성장하는 과정에서 나타난 분열 양상(6장)과 내전 속에서 전개되는 혁명의 양상들(7장)을 자세히 분석한다. 특히 이상을 현실 속에 실현하고자 한 아나키스트들의 다양한 시도와 그 한계들에 초점을 맞추었다. 프랑코 독재 정권 시기를 다룬 마지막 4부에서는 나라 안팎에서 펼쳐진 아나키스트들의 반프랑코 투쟁과 내부 갈등을 분석(8장)하면서 아나키즘 운동의 점진적 쇠퇴 과정(9장)을 추적했다.

프랑코 독재 정권의 종말로 에스파냐에는 새로운 역사의 장이 열리게 된다. 수십 년 동안 반프랑코 투쟁을 벌여 온 단체들에게 새로운 기회가 찾아왔다. 아나키즘 운동도 마찬가지였다. 마드리드와 바르셀로나를 중심으로 아나키즘 대중 집회들이 열리기 시작했고 아나키즘 에스파냐가 다시 살아날 것이라는 기대도 없지 않았다. 하지만 새로운 노동조합 환경에 적응해야 한다고 보는 세력과 고전적인 틀을 유지해야 한다는 세력의 계파 갈등으로 그 기대는 무너져 내렸고 급기야 세 부류로 분열되고 말았다. 지금으로서는 20세기 초에 펼쳐진 아나키즘 운동의 전설에 비견될 만한 운동이 다시 일어날 것 같지 않다. 최근 들어 아나키즘 운동이 이렇게 기를 펴지 못하는 데에는 에스파냐 사회의 세속화와 더불어, 엄청나게 팽창한 공공서비스 영역과 그에 따른 국가의 역할 증대 말고도 여러 가지 요인을 꼽을 수 있을 것이다. 에스파냐 아나키즘 운동의 역사를 다루면서 프랑코 사후 아나키즘 운동의 현주소와 미래도 아울러 살펴보는 것이 마땅할 것이다. 하지만 그러기에는 역량과 준비가 아직 턱없이 부족하다는 점을 고백한다.

내가 아나키즘 운동에 관심을 갖기 시작한 때는 대학원생 시절로 거슬러 올라간다. 그때 학기말 보고서로 에스파냐 아나키즘 운동을 간략히 정리해 제출했던 기억이 난다. 그러고는 한동안 잊고 지내다가, 10여 년 전부터 이 주제를 다시 들여다보기 시작했다. 대안 사회에 대한 관심 때문이었다. 당시 연구 논문을 쓰면서 에스파냐 아나키즘 운동의 역사를 책으로 내면 좋겠다는 구상을 하게 되었다.

처음에 집필을 구상하면서 가졌던 바람은 크게 세 가지 정도였다. 우선은 소박하게 에스파냐 현대사의 흐름을 잘 이해하는 데 도움이 되기를 바랐다. 주지하다시피 아나키즘 운동이 20세기 전반기 에스파냐 노동운동의 근간을 이루고 있고 에스파냐 현대사에서 차지하는 비중도 대단히 크다. 따라서 이 운동을 이해하게 되면 에스파냐 노동운동이나 에스파냐 현대사를 제대로 파악할 수 있게 된다. 다음으로 아나키즘 운동 자체나 아나키즘 운동 비교연구에 관심을 둔 분들에게 좋은 자료를 제공하고 싶었다. 유럽 아나키즘 운동이나 아시아 아나키즘 운동, 미국과 라틴아메리카의 아나키즘 운동을 연구하거나 그것들을 상호 비교하는 데 좋은 참고서가 되기를 바랐다. 마지막으로 사람이 사람답게 살 수 있는 사회를 꿈꾸거나 대안 사회를 모색하는 이들에게 생각해 볼 거리를 제공하고 싶었다. 이런 바람들을 지금도 여전히 갖고 있다.

집필 준비 작업은 한국연구재단 저술지원 사업 신청을 위한 연구 계획서를 작성하면서 시작했다. 그때가 2015년 초였으니 어느새 5년이 지나가고 있다. 그 사이 학교 보직을 맡게 되면서 연구를 제대로 진행하지 못했고, 그에 따라 마음 부담도 이루 말할 수 없이 컸다. 그러던 차에 연구년을 얻어 저술에 몰두할 수 있었다. 돌이켜 보면 연구년을 갖게 된 것이 얼마나 다행이었는지 모른다. 그러지 않았더라면 이 작업을 마무리하지 못했을 것이다.

이 자리를 빌려 이 책이 나오기까지 음으로 양으로 도움을 준 모든 분들께 감사를 드린다. 특별히 연구년의 여유를 반납하고 날마다 저술에 매달려야 하는 남편의 처지를 이해하고 별다른 내색 없이 묵묵히 지원해 준 아내에게 정말로 감사의 마음을 전한다. 저술지원금을

제공해 준 한국연구재단과 연구년의 기회를 제공해 준 경북대학교에
도 깊은 감사를 드린다. 마지막으로 시장성이 별로 없어 보이는 내용인
데도 흔쾌히 출판을 허락해 주고 이렇게 좋은 책으로 엮어 주신 삼천
리의 송병섭 대표께도 심심한 감사를 드린다.

2019년 11월 초에
에스파냐국립도서관에서
황보영조

| 차례 |

3부 혁명의 불꽃

4부 쇠락의 터널

| 그림 차례 |

※ 출처는 괄호안에 표기한 경우를 제외하고는 모두 wikimedia commons에서 가져옴.

Agrupación Mujeres Libres: 자유여성연맹

Alianza Nacional de Fuerzas Democráticas: 전국민주세력동맹(전민동)

Alianza Obrera: 노동자동맹

Alianza Sindical Obrera de España: 에스파냐노동자노조동맹

Asociación de la Dependencia Mercantil de Barcelona: 바르셀로나점원협회

Associació Catalanista d'Excursions Científiques: 카탈루냐과학여행협회

Ateneo Enciclopédico Popular: 민중백과문예원

Ateneo Obrero: 노동자문예원

Ateneo Sindicalista de Barcelona: 바르셀로나생디칼리슴문예원

Ateneo Sindicalista de El Ferrol: 엘페롤생디칼리슴문예원

Bloque Obrero y Campesino: 노동자농민블록

Centro de Estudios Sociales y Económicos: 경제사회연구소

Centro Federal de las Sociedades Obreras de Barcelona: 본부바르셀로나노동
자단체연맹본부

Comisión Mixta de Trabajo: 노사합동위원회

Comité Civil contra el Terrorismo: 민간대테러위원회

Comité de Defensa Social: 사회질서수호위원회

Comisión de Asuntos Conflictivos: 분쟁조정위원회

Comisión de Exiliados del Movimiento Libertario Español: 에스파냐자유지
상주의운동망명자위원회

Comisión Nacional de Coordinación Sindical: 전국노조조정위원회

Comité de Relaciones Anarquistas: 아나키즘교류위원회

Comité del Frente Popular: 인민전선위원회

Comité Nacional de Milicias: 전국민병대위원회

Confederación Española de Derechas Autónomas: 에스파냐자치우익연합
(CEDA)

Confederación Internacional de Organizaciones Sindicales Libres: 국제자유
노조연합

Confederación Nacional del Trabajo: 전국노동연합(전노련)

Confederación Regional del Trabajo de Cataluña: 카탈루냐노동연합

Consejo Nacional de Defensa: 전국방위위원회

Consejo Nacional de Economía: 전국경제위원회

Dirección Central de las Sociedades Obreras de Barcelona: 바르셀로나노동
자단체중앙본부

El Comité Central de Milicias Antifascistas: 반파시즘민병대중앙위원회(민병대위
원회)

Escuela Moderna: 근대학교

Esquerra Republicana de Catalunya: 카탈루냐공화좌파

Estat Català: 카탈루냐국가당

Federación Anarquista Ibérica: 이베리아아나키스트연맹(이아연)

Federación de Grupos Anarquistas de Lengua Española: 에스파냐어아나키
스트모임연맹

Federación de Resistencia al Capital: 반자본연맹

Federación de Trabajadores de la Región Española: 에스파냐노동자연맹

Federación Ibérica de Juventudes Libertarias: 이베리아자유지상청년연맹

Federación Nacional Campesina: 전국농민연맹

Federación Nacional de Grupos Anarquistas de España: 에스파냐아나키스트
모임연맹

Federación Nacional de la Industria Ferroviaria: 전국철도산업연맹

Federación Patronal Catalana: 카탈루냐고용주연맹

Federación Regional de Colectividades de Aragón: 아라곤집단연맹

Federación Regional de Sociedades de Resistencia de la Región Española:
에스파냐저항단체연맹

Federación Regional Española: 에스파냐연맹

Federación Sindical de Trabajadores: 노동자노조연맹

Federación Sindicalista Libertaria: 자유지상주의생디칼리슴연맹(자생련)

Frente Antifascista Español: 에스파냐반파시즘전선

Frente Nacional Democrático: 민주국민전선

Grupo Cultural Femenino: 여성문화모임

Grupos de Presencia Confederal: 전노련참석회(전참회)

International Working Men's Association: 국제노동자협회(인터내셔널)

Institut Català de les Arts del Llibre: 카탈루냐교양원

Insituto de Reforma Agraria: 토지개혁청

Instituto de Reformas Sociales: 사회개혁청

Junta Española de Liberación: 에스파냐해방위원회

Juventudes de Acción Popular: 국민행동청년단

Juventudes Libertarias: 자유지상청년단
Komintern: 코민테른(제3인터내셔널, 공산주의인터내셔널)
Liga Universal de la Regeneración Humana: 세계인류재생연맹
Malthusian League: 맬서스주의연맹
Mancomunidad de Cataluña: 카탈루냐자치단체연합
Movimiento Libertario de España: 에스파냐자유지상주의운동
Movimiento Nacional: 국민운동
Mujeres Libres: 자유여성
Nueva Federación Madrileña: 신마드리드연맹
Organización Anarquista de la Región Española: 에스파냐아나키즘기구
Partido Democrático-Socialista Obrero: 사회민주노동당
Partido Libertario: 자유지상당
Partido Obrero del Trabajo: 노동자노동당
Partido Proletario Catalán: 카탈루냐프롤레타리아당
Partido Republicano Radical: 급진공화당
Partido Sindicalista: 조합당
Partido Socialista Obrero Español: 에스파냐사회노동당(사회노동당)
Partido Socialista Unificado de Cataluña: 카탈루냐통합사회당
Red International of Labor Unions: 적색노조인터내셔널(프로핀테른)
Social Democratic Alliance: 사회민주동맹
Solidaridad de los Trabajadores Vascos: 바스크노동자연대
Solidaridad de Obreros Cristianos de Cataluña: 카탈루냐기독노동자연대
Solidaridad Obrera: 노동자연대
União Anarquista Portuguesa: 포트투갈아나키스트연합
Unió de Rabassaires: 포도재배농연맹
Unió Socialista de Catalunya: 카탈루냐사회주의동맹
Unión de Trabajadores del Campo: 농촌노동자연합
Unión General de Trabajadores: 노동자총연맹(노총련)
Unión Local de Sociedades Obreras: 노동자단체연맹
Unión Nacional Española: 에스파냐민족연합
Unión Republicana: 공화연합
Uníos Hermanos Proletarios: 프롤레타리아형제동맹

서장

아나키즘 운동의 탄생

아나키즘의 아버지, 프루동

프랑스의 가톨릭 사제 장 멜리에(Jean Meslier)와 자크 루(Jacques Roux), 영국의 정치사상가 윌리엄 고드윈(William Godwin), 미국의 사상가이자 초월주의자 헨리 소로(Henry Thoreau)는 아나키즘의 맹아를 거론할 때 흔히 언급되는 사람들이다. 그렇다면 아나키즘을 창시한 인물은 누구일까? 이 질문에 사람들은 주저하지 않고 프랑스의 사상가 피에르 조제프 프루동(Pierre Joseph Proudhon, 1809~1865년)을 꼽는다.[1]

프랑스 동부 브장송 근교의 시골 마을에서 태어난 프루동은 그곳에서 어린 시절을 보냈다. 아버지는 술통 제조업자, 양조업자, 여관 주인을 전전하는 가운데서도 근검절약을 미덕으로 여기며 살았다. 프루동

---

[1] 러시아 혁명가 게오르기 플레하노프는 프루동과 더불어 독일 철학자 막스 슈티르너도 아나키즘의 선구자로 본다. 장 프레포지에 지음, 이소희·이지선·김지은 옮김, 《아나키즘의 역사》(이룸, 2003), p.95.

은 시골에서 보낸 자신의 어린 시절과 청교도적 삶을 산 부모님을 무척 자랑스러워했다.[2]

가정 형편이 어려워 대학 진학을 포기했지만 프루동은 공부를 게을리 하지는 않았다. 인쇄공의 조수 노릇을 하면서 닥치는 대로 책을 읽었고, 히브리어와 라틴어, 그리스어를 독학했다. 인쇄공이 되어 전국을 떠돌아다니다가 브장송으로 돌아온 프루동은 인쇄소를 매입해 운영하기 시작했다.

그런 가운데 스물아홉 살이 되던 1838년에 브장송 아카데미가 수여하는 장학금을 받고 파리에서 공부할 기회를 얻게 된다. 이때 연구한 결과물이 바로 그 유명한 《소유란 무엇인가》이다. 얄궂게도 그는 이 저작을 브장송 아카데미에 헌정했다. 소유를 도둑질이라고 규정한 이 책은 예상대로 엄청난 논란과 파장을 불러일으켰다. 이때부터 프루동은 극빈자들의 처지를 개선할 방책을 연구하는 데 몰두하기 시작했다.[3]

프루동이 《소유란 무엇인가》라는 책과 후속 저작들로 프랑스 안팎의 진보 진영에서 유명 인사가 되기는 했지만 정작 자신이 먹고살 길은 여전히 막막했다. 이에 인쇄소 일을 접고 리옹의 수상 운수회사에서 보조 승무원으로 일했다. 이때 파리를 여행하면서 당대의 혁명가인 카를 마르크스(Karl Marx)와 미하일 바쿠닌(Mikhail Bakunin)을 만나게 된다.

마르크스를 처음 만나던 1844~1845년 겨울에 프루동은 이미 꽤 알려진 유명 인사였지만 마르크스는 아직 무명이었다. 여러 나라 사회주의자들을 결속시키는 데 프루동의 도움이 필요하다고 생각한 마

---

2) James Joll, *The Anarchists* (London: Methuen, 1979), pp.45-46.

3) James Joll, *The Anarchists*, p.46.

르크스가 파리 지부장을 제안하지만 프루동은 시큰둥한 반응을 보였다. 더 나아가 두 사람 사이가 불편해지는 일이 벌어졌다. 그것은 1846년에 출판된 프루동의 책《경제적 모순의 체계, 빈곤의 철학》(나중에는《경제적 모순의 체계》)의 내용을 둘러싸고 일어났다.

프루동은 이 책에서 자유주의자들의 견해를 비판했을 뿐 아니라 생시몽(Saint-Simon)과 푸리에(Charles Fourier)를 비롯한 공상적 사회주의자들의 사상에도 반박을 가했다. 그는 관세를 폐지하고 자유무역을 실시하게 되면 가난한 사람들이 국제적 차원에서 착취를 당하게 될 뿐이라면서 보호관세를 옹호했다. 그런가 하면 한 집단에서 다른 집단으로 권력을 교체하고 기존 소유자에서 다른 착취자에게로 자본 소유권을 이전하는 방식의 사회 재편을 거부했다. "노동을 조직하기 위해서는 자본과 권력을 전복해야 하는 데도 불구하고 노동을 조직한답시고 자본과 권력에 호소하는 사람은 누구나 다 거짓말을 하는 것"[4]이라고 지적했다. 그런 점에서 생시몽주의자들이 추구하는 대기업은 물론이고 푸리에가 주장한 대량생산과 소비, 그리고 재산을 공동 소유로 하면서도 중앙에서 노동을 엄격히 통제하는 에티엔 카베(Étienne Cabet)의 유토피아 공동체 방안에도 반대했다. 프루동은 자본축적과 중앙의 통치 권력이 아니라 사람이 수행하는 노동이 사회조직의 기초가 되어야 한다고 보았다.[5] 그는 이렇게《경제적 모순의 체계》를 통해 사회주의 이론가로서 자신의 입지를 확고히 구축해 나갔다.

그런데 이 책이 출판되고 1년도 되지 않은 시점에 마르크스가 프루동의 경제 이론을 비판하는 책을 펴냈다. 제목도 프루동 책의 부제격인 '빈곤의 철학'을 패러디하여《철학의 빈곤》이라고 붙였다. 비판의 핵

---

4) Pierre-Joseph Proudhon, *Système des contradictions economiques ou Philosophie de la misère* (Paris: Rivière, 1923), vol. II, p.310. James Joll, *The Anarchists*, p.47 참고.
5) James Joll, *The Anarchists*, pp.47-48.

심은 프루동이 헤겔 철학을 제대로 파악하지 못했다는 데 있었다. 이렇게 시작된 두 사람의 불화는 영국 역사가 제임스 졸(James Joll)이 적절하게 간파한 대로, 프랑스와 독일 노동계급 운동의 입장 차이가 처음으로 제기된 것이기도 하고, 장차 전개될 마르크스와 바쿠닌의 결별을 예고한 것이기도 하다.[6]

프루동은 초기 저작들에서 인간과 사회의 본성을 파악하는 데 심혈을 기울였다. 그에 따르면 노동이 인간의 본성을 이루는 특징이다. 그는 심지어 일하지 않으면 온전한 삶을 영위하는 진정한 인간이 될 수 없다고 했다. 그에게 노동은 사회의 필수 요소이자 도덕적 미덕이고, 사회경제 생활을 구성하는 기본 요소이자 윤리적 표준이었다. 요컨대 사회의 기초는 노동자여야 한다는 얘기이다. 이러한 관념이 훗날 아나키즘 사상의 밑바탕을 이루게 된다.

한편 프루동은 1848년 혁명에 직접 참여하지 않았다. 사회변혁은 평화적 수단으로 이룩해야 한다는 생각에서였다. 혁명이 새로운 독재를 낳게 되지나 않을까 그는 염려했다. 그는 마르크스와 결별하기 직전에 보낸 글에서 "혁명적 행동은 그것이 폭력과 독단에 호소하는 것에 지나지 않기 때문에 사회 개혁의 수단으로 생각해서는 안 된다"[7]고 썼다.

프루동은 1848년 6월 국회의원 보궐선거에서 당선되고 이듬해에는 싼 이자로 신용대출을 할 수 있는 인민은행 설립을 시도했다. 하지만 그해 3월에 나폴레옹 3세를 중상했다는 죄목으로 징역형을 언도받고 벨기에로 피신했다. 곧바로 파리에 돌아와 체포된 그는 그 뒤로 투옥과 석방을 되풀이했다. 1858년에《혁명과 교회의 정의론》을 출간하면

---

6) James Joll, *The Anarchists*, p.50.
7) Victor Advielle, *Histoire de Gracchus Babeuf et du Babouvisme* (Paris, 1884), vol. I, p.30. James Joll, *The Anarchists*, p.52에서 재인용.

서 징역형을 선고받은 프루동은 또다시 벨기에로 피신해 1862년까지 그곳에 거주했다. 1862년에 파리로 돌아온 그는 마지막 저작을 집필하다가 1865년 1월에 갑작스럽게 세상을 떠났다.

프루동을 아나키즘의 아버지라고 부르는 까닭은 지배를 부정하고 소유를 부정했기 때문이다. 그가 경제 조직은 물론이고 정치 조직 문제에 본격적으로 파고들기 시작한 것은 1848년 혁명을 겪으면서였다.[8] 그는 혁명의 목적이 잘못되었다고 판단했다. 소유 체계를 전면 개혁하고 사회혁명을 일으키는 데 목적을 두어야 하는데 정치 변혁과 헌법 개정에 주안점을 두고 있었기 때문이다. 한때 나폴레옹 3세에게 새로운 사회 건설의 기대를 걸기도 해서 훗날 극우 세력의 조상으로 대접을 받게 되기도 한다. 하지만 그가 공격해 온 독점과 비난해 온 경찰과 관료제, 반대해 온 사회경제 사상이 프랑스 사회에 그 어느 때보다도 더욱 확고하게 자리 잡는 실상을 보면서 그는 환상에서 깨어났다. 프루동은 이때부터 정치 개혁의 미련을 버리고 아나키즘의 길로 들어서게 된다.[9]

프루동은 이제 중앙 당국의 개입 없이 경제적 이해관계자들이 서로의 이익을 위해 상호 협력하는 온전한 사회 개혁에 자신이 바란 경제 개혁의 기대를 걸었다. 그는 1848년 이후부터 사망할 때까지 17년에 걸쳐 쏟아낸 방대한 저작들에서 이 문제를 탐구했다.

그는 아나키즘을 실현하기 위한 유일한 보증을 인간의 본성에서 찾았다. 그는 정의가 사회의 기본 원리라고 보았다. 이 정의는 신에 의해 계시되는 것도 아니고 인간 본성에 내재해 있는 것도 아니기 때문에 세심한 주의를 기울여 길러 내야 한다고 파악했다. 어린이들이나 미

---

8) Karl Mannheim, *Ideology and Utopia* (London: Routledge & Kegan Paul, 1960), p.220.
9) George Woodcock, *Pierre-Joseph Proudhon* (London: Routledge & Kegan Paul, 1956), p.13; James Joll, *The Anarchists*, pp.55-56.

개인들에게서 볼 수 있듯이 정의는 사람의 자질들 가운데서 가장 더디고 늦게 생겨나는 자질이라고 파악한 그는 적극적인 교육을 주문했다.[10] 사람들이 정의감을 계발하게 되면 인간의 존엄성이 그들의 관계를 지배하게 되고 "남에게 대접을 받고자 하는 대로 남을 대접하라"는 황금률이 사회의 기초를 이루게 될 것이라고 내다봤다.[11]

프루동은 또한 생산물을 직접 교환하는 사회를 구상했다. 한걸음 더 나아가 중앙정부의 역할을 최소화해야 한다고 생각했다. 중앙정부의 역할은 초기에 경제를 재편하고 사회를 재구성하는 데 그쳐야 하고 그 뒤에 등장하는 새로운 사회체제는 연방제여야 한다고 주장했다. 이것이 프루동이 인생 말년에 천착한 중요 관념이었다. 사회는 소규모 단위들로 구성되어야 하는데 "가정이 중세 사회의 기본 단위 구실을 했다면 새로운 사회에서는 일터가 그 구실을 해야 한다." 소규모 단위들은 느슨한 행정 기능을 수행할 코뮌을 이루고, 이렇게 구성된 코뮌들이 모여 연방을 이루게 된다. 중앙 당국에는 지극히 제한적인 권한을 위임하고 그것마저 엄격히 통제해야 한다. 이를테면 외적의 침입에 대비한 민병대 지휘권 같은 것이다. 중앙 당국에 별도의 예산을 배정할 필요는 없다. 이것이 연방제와 관련한 프루동의 구상이다. 이러한 연방제 구상은 코뮌들의 생활수준과 보유 자원의 차이 등 연방제가 직면하게 될 실제 문제들을 고려하지 않은 것으로 보인다.[12]

프루동은 사실 저술가로 더 유명했다. 《소유란 무엇인가》에서 나온 "소유는 도둑질"이라는 구호가 이를 잘 보여 준다. 또 《혁명과 교회의 정의론》은 무려 6천 부나 팔렸다. 세상을 떠날 무렵에 이미 저술가

---

10) Wilhelm Weitling, *Evangelium eines armen Sünders* (Bern: Druck und Velag von Jenni, 1845), p.17; James Joll, *The Anarchists*, p.59; 장 프레포지에, 《아나키즘의 역사》, pp.200-201.

11) James Joll, *The Anarchists*, p.59.

12) James Joll, *The Anarchists*, pp.59-60.

로서 그의 영향력이 1860년대에 성장하고 있던 프랑스 노동계급 운동에는 물론이고 에스파냐와 이탈리아에도 널리 확산되고 있었다. 그의 사상은 곧이어 전개될 1871년의 파리코뮌에도 중대한 영향을 끼치게 된다.

프루동은 국제노동자협회(International Working Men's Association, 제1인터내셔널)의 창설을 지켜볼 수 있었고 창립대회에 자신의 제자들이 프랑스 대표단으로 참여했다. 하지만 그의 제자들은 곧 자신들의 신념이 마르크스가 주창하는 중앙 집중 노선과 다르다는 사실을 발견하게 된다. 그의 제자들 모두가 아나키스트가 된 것은 아니지만 1860년대에는 아나키즘 운동이 구체적인 정치 세력으로 등장하기 시작했다.

바쿠닌과 혁명적 아나키즘

프루동이 아나키즘 운동에 이념을 제공했다면 바쿠닌은 그것에 혁명적 열정을 불어넣었다고 볼 수 있다. 바쿠닌은 아나키즘 교리와 마르크스의 공산주의가 이론과 실제 면에서 얼마나 다른지를 보여 주고 프루동과 마르크스 사이에 내재해 있던 국제 혁명운동의 분열을 확실하게 드러낸 인물이다. 그는 러시아의 혁명운동을 유럽 상황에 연결시키고 상당수의 혁명가들에게 폭력 자체의 미덕과 테러 기술을 받아들이게 한 장본인이기도 하다.

바쿠닌(1814~1876년)은 1814년에 모스크바 북서쪽 트베리에서 태어났다. 가난에 쪼들린 프루동과 달리 바쿠닌은 풍족한 귀족 집안에서 유복하게 자랐다. 아버지는 18세기 프랑스 철학자들의 책을 즐겨 읽는 계몽된 지주였다. 이러한 부모 밑에서 바쿠닌은 일찍이 외국어와 음악을 배웠고 철학과 문학 서적들을 탐독할 기회를 누렸다.

그는 열네 살에 고향을 떠나 상트페테르부르크에 있는 포병학교에 들어갔으며 그곳을 졸업하고 포병 장교 생활을 시작했다. 하지만 장교 생활에 싫증을 느낀 바쿠닌은 얼마 지나지 않아 직업군인의 길을 포기하고 모스크바로 떠났다. 이때 피히테(Johann Gottlieb Fichte)와 헤겔(Georg Wilhelm Friedrich Hegel)을 비롯한 독일 철학자들의 세례를 받았다.

스물여섯 살에 다시 파리로 건너갔으며 프루동과 마찬가지로 그곳에서 급진주의자들과 접촉할 기회를 얻었다. 이때 프루동과 마르크스를 처음 만났으며 청년헤겔학파와 빌헬름 바이틀링(Wilhelm Weitling)[13]의 저작들을 읽고 토론했다.[14]

바쿠닌이 유럽의 대표적 혁명가로 명성을 굳히게 된 것은 1848년 혁명 때였다. 그는 1848년 2월에 파리에서, 그해 6월에는 프라하에서, 1849년 3월에는 드레스덴에서 일어난 혁명에 각각 참여했다. 혁명이 실패로 돌아가면서 바쿠닌은 체포되었고, 작센 당국은 사형을 언도했다. 하지만 프라하에서 제국의 붕괴를 도모하며 혁명 활동에 참여했다는 이유로 처벌하고자 한 오스트리아의 범죄자 인도 요청에 따라 그는 오스트리아에 넘겨졌고, 얼마 지나지 않아 러시아 정부의 요청으로 결국에는 러시아에 인도되었다. 이후 1851년부터 1857년까지 6년 동안 수감 생활을 하다가 알렉산드르 2세 치하에서는 시베리아로 유배되었다. 1861년에 유배지에서 탈출한 그는 런던에 정착하면서 마침내 자유의 몸이 된다.

그 무렵 런던은 국제 혁명운동의 중심지였다. 혁명가들 사이에서는

---

13) 독일 태생의 사회주의 이론가로서 1849년에는 미국으로 망명하여 코뮌 설립을 시도했다.
14) Edward H. Carr, *Michael Bakunin* (Barcelona: Grijalbo, 1970), pp.136, 145, 162-163.

1848년 혁명 당시 보여 준 활약과 장기간에 걸친 수감 생활로 바쿠닌의 명성이 대단했다. 하지만 그는 인터내셔널을 창설하던 1864년에 런던을 떠나 혁명적 아나키즘의 열정이 상당한 이탈리아로 향했다. 그는 마르크스와 달리 이탈리아나 러시아 같은 비산업사회에서 혁명이 일어날 가능성이 크다고 생각했다. 이탈리아에 도착하자마자 그는 이런 글을 썼다.

> 사회혁명은 다름 아니라 이탈리아와 같은 나라에서 일어난다. 이탈리아에는 다른 유럽 국가에 있는 특권 노동자계급이 존재하지 않는다. 그들은 수입이 상당하여 교육을 받을 수 있고 교육받은 것을 자랑스러워한다. 그들은 부르주아지의 원칙과 부르주아들의 야심이나 허영의 지배를 받는다. 그들이 부르주아들과 다른 점은 사유 방식이 아니라 오직 그들의 처지이다.[15]

요컨대 그는 잃어버릴 것이 없는 사람들에게 혁명을 일으킬 잠재력이 있다고 보았다. 이는 자기 개선의 여지가 있는 교육받은 농민들이 새로운 사회를 건설해 나갈 수 있을 것이라고 본 프루동의 주장과 다르다.[16]

그러나 바쿠닌을 따르는 제자들은 두 부류의 노동자들 모두에게서 나왔다. 바쿠닌은 차세대 아나키즘 운동의 지도자를 이탈리아에서 모집했다. 그들은 대체로 이탈리아의 도시와 농촌에 거주하는 배우지 못하고 억압받는 노동자들이었다. 하지만 바쿠닌을 가장 헌신적으로 추종한 사람들은 사실 유럽에서 최상의 교육을 받고 최고의 숙련된 솜

---

15) Alain Sergent and Claude Harmel, *Histoire de l'anarchie* (Paris: Le Portulan, 1949), p.413.
16) 아나키즘 운동이 두 갈래로 양분되는 이유가 바로 여기에 있다.

씨를 자랑하는 스위스 쥐라의 시계 제조공들이었다.[17]

1867년에는 바쿠닌이 스위스로 이주했다. 그곳에서 그는 러시아 국내의 젊은 세대와 접촉하기를 바랐다. 이 무렵 스물두 살의 세르게이 네차예프(Sergei G. Nechaev)가 그곳을 찾았고 네차예프와 바쿠닌의 교류가 시작되었다. 이 두 인물의 교류는 아나키즘 운동의 발전에 매우 중요한 의미를 지닌다. 테러범 기질을 타고난 네차예프와 교류하게 되면서 바쿠닌은 테러가 국가권력과 가치에 도전하는 가장 효과적인 수단이라고 주창하는 인물로 널리 알려지게 되었다. 아나키즘 교리에 개인 테러 활동이 포함되는 것이 바로 이때부터였다. 아나키스트들은 실제로 1870년부터 테러 활동을 관장하는 부서를 설치했다. 이후 러시아에서는 물론이고 유럽 전역에서도 테러가 공공연한 정치 무기로 떠오르게 된다.[18]

바쿠닌은 1867년 스위스에서 열린 제1차 평화자유연맹(League for Peace and Freedom) 회의에 참석했다. 그가 스위스에서 참여한 최초의 대중 활동이었다. 평화자유연맹에는 상당수의 인터내셔널 회원들과 더불어 쥐세페 가리발디(Giuseppe Garibaldi), 빅토르 위고(Victor-Marie Hugo), 르클뤼(Reclus) 형제들, 존 스튜어트 밀(John Stuart Mill) 같은 인물이 참여하고 있었다. 바쿠닌은 이 연맹 회의를 통해 자신의 혁명 이념을 널리 알릴 생각이었다. 연맹이 유럽과 아메리카의 국제노동자협회가 주창하는 사회경제적 이해와 원리를 정치적으로 대변하는 혁명 기구가 되기를 바란[19] 그는 자신의 제안이 묵살되자 연맹과 결별하고 인터내셔널에 가담하기로 결심했다. 아울러 1868년에는 인터내셔널의 혁명 전위대로 사회민주동맹(Social Democratic Alliance)

---

17) James Joll, *The Anarchists*, pp.73-74.
18) James Joll, *The Anarchists*, pp.78-79.
19) Edward H. Carr, *Michael Bakunin*, p.338.

을 창설했다.[20] 이때까지만 해도 인터내셔널과의 관계에서 앞으로 벌어질 문제들을 바쿠닌은 전혀 몰랐던 것으로 보인다.

한편 마르크스는 인터내셔널에 대해 이중적인 태도를 보이고 있었다. 자신의 이념을 선전하고 유럽의 노동계급 운동을 관리하기 위한 국제 조직의 중요성을 인정하면서도, 다른 한편으로는 그런 목적에 직접 기여하지 않는 인터내셔널 대회를 회의적인 시선으로 바라보았다. 초창기 인터내셔널 대회에는 마르크스의 추종자들보다 프루동을 추종하는 이들이 더 많이 참여했다.

이런 상황에서 바쿠닌이 사회민주동맹을 창설하고 리옹과 마르세유에 지부를 마련하자[21] 마르크스와 엥겔스는 불편한 심기를 드러냈다. "또 다른 국제기구를 설치하는 것은 인터내셔널을 해체하는 가장 확실한 방법이 될 것"[22]이라고 비난했다. 이에 바쿠닌은 한 발 물러섰다. 동맹을 해체하고 그 지부를 인터내셔널 산하에 두겠다고 제안한 것이다.

하지만 자신의 권위가 도전을 받았다고 생각한 마르크스는 인터내셔널 내부에 작용하는 바쿠닌의 영향력을 제거하기로 작심했다. 1869년 여름에 마르크스와 엥겔스가 주고받은 편지에 그런 의도가 잘 드러나 있다. 마르크스는 "이 러시아인은 유럽 노동운동의 지도자가 되고 싶어 하는 게 분명하다. 그를 조심해야 한다. 그러지 않으면, 그를 공식적으로 추방해야 할 것이다"라고 썼고, 엥겔스는 이에 대해 "이 가증스러운 러시아인이 정말로 지도자가 되려고 생각한다면, 이번 이야말로 그가 우리를 방해하지 못하게 할 절호의 기회다"라고 화답

---

20) 하지만 국제사회민주동맹은 인터내셔널 중앙위원회의 승인을 받지 못했다.
21) 바쿠닌은 이어서 에스파냐에 아나키즘 운동을 확산시킬 목적으로 쥐세페 파넬리를 바르셀로나와 마드리드로 파송했다.
22) Edward H. Carr, *Michael Bakunin*, p.352.

했다.[23]

이런 위기가 1869년 바젤에서 열린 인터내셔널 대회에서 마침내 수면 위로 떠올랐다. 바젤이라는 장소 덕분에 스위스의 바쿠닌 지지자들이 대회에 상당수 참여했고 마르크스와 엥겔스는 불참했다. 바쿠닌은 총평의회의 권위를 인정하고 그들의 제안을 따를 생각이었다. 토지의 공동소유권과 재산에 관한 토론에서도 별다른 이견을 보이지 않았다. 하지만 문제는 사소한 데서 불거졌다. 상속권 폐지를 인터내셔널 강령에 포함시킬 것인지 여부가 문제가 됐다. 마르크스주의자들은 그것을 현 단계에서 다룰 필요가 없고 혁명 이후에 고려해 보자고 주장했다. 하지만 바쿠닌은 이 문제를 매우 중요하게 생각해 왔다. 상속 재산이 기존 사회를 떠받치고 있는 토대라고 생각한 그에게는 이 문제가 결코 사소한 것이 아니었다. 그는 상속 재산 폐지가 국가를 해체하기 위한 필수 조처이자 모든 사람들에게 평등을 보장하기 위한 유일한 수단이라고 생각했다.[24] 바쿠닌은 결국 스위스와 프랑스, 벨기에에서 온 지지자들의 지원을 받아 상속권을 포함시키지 않기로 한 총평의회의 결의안을 부결시켰다.

이 소식을 전해들은 마르크스는 기대와 달리 그 정도 선에서 대회가 마무리돼서 그나마 다행이라는 반응을 보였다. 하지만 다음 6개월 동안 바쿠닌을 집중 공격했다.[25] 인터내셔널 스위스 지부는 마르크스 추종자들과 바쿠닌 추종자들의 분쟁에 점차 휘말려들어 갔다. 양측의 논쟁은 프랑스-프로이센 전쟁과 파리코뮌 와중에도 지속되었다. 마르크스는 노동계급 운동을 중앙집권적인 방식으로 조직하고자 시도

23) Édouard Dolléans, *Histoire du mouvement ouvrier* (Paris: Librairie Armand Colin, 1936), vol. I, p.359. 장 프레포지에, 《아나키즘의 역사》, pp.236-237에서 재인용.

24) James Joll, *The Anarchists*, p.85.

25) 이때 바쿠닌이 러시아의 첩보 요원이라는 소문이 나돌았고, 《자본론》을 러시아어로 번역하기 위해 받은 선금을 착복했다는 비난도 제기되었다.

했고, 바쿠닌과 그의 추종자들은 그렇게 되면 운동의 혁명적 목표가 좌절되고 말 거라고 주장했다. 쥐라의 아나키스트들은 1871년 11월에 발행한 자신들의 회람에서 이 문제를 이렇게 정리했다.

권위주의 조직에서 평등하고 자유로운 사회가 등장하리라고 기대할 수 있겠는가? 그것은 불가능하다. 인류의 미래 사회를 잉태할 인터내셔널은 이제부터 우리가 제시한 자유와 연방의 원리를 충실히 따르고 권위와 독재의 낌새가 보이는 원리는 일체 거부해야 한다.[26]

마르크스는 이보다 앞서 1871년 여름 런던에서 인터내셔널 비밀회의를 열고서[27] 파리코뮌 해체와 탄압 이후 인터내셔널이 처한 실태를 파악하고 바쿠닌의 영향력을 제거할 방법을 모색했다. 그는 이 회의에서 프롤레타리아트의 해방을 위한 노동계급 정당을 결성하자고 제안했다. 이 제안은 정치 활동을 전면 거부하고 있던 바쿠닌을 직접 겨냥한 것이었다.

마르크스와 엥겔스는 1872년 들어 인터내셔널 총평의회의 비밀 회람을 돌리기 시작했다. 바쿠닌에 대한 비난과 더불어 마르크스주의와 아나키즘의 차이를 분명하게 진술한 회람이었다.

아나키즘은 바쿠닌이 몰고 다니는 거대한 군마다. 그는 사회주의 체제로부터 라벨밖에 취한 것이 없다. 사회주의자들은 모두 아나키즘을 이렇게 이해한다. 계급을 폐지하는 프롤레타리아 운동이 일단 성공하게 되면 소수의 착취자들이 다수의 생산자들을 지배하는 데 끌어들인 국가권력

---

26) James Joll, *The Anarchists*, p.87.
27) 이때 바쿠닌의 측근들은 아무도 참가하지 않았다.

이 사라지게 되고 통치 기능이 단순한 행정 기능으로 전환되게 된다고. 하지만 동맹은 이를 반대로 파악한다. 그들은 프롤레타리아들의 아나키가 착취자의 수중에 집중된 사회적·정치적 권력을 분쇄하는 가장 확실한 수단이라고 선언한다. 그들은 이를 구실로 인터내셔널 조직을 무정부 상태로 내버려 두어야 한다고 주장한다. 구세계가 인터내셔널을 무너뜨리려고 하는 이 마당에.[28]

마르크스는 마침내 최후의 수단을 강구했다. 바쿠닌 지지 세력이 강한 스위스와 에스파냐, 이탈리아를 피해 네덜란드의 헤이그에다 인터내셔널 대회를 소집한 것이다. '권위주의자들'과 '반권위주의자들'의 분열로 유명한 이 헤이그 대회(1872년 9월)에 마르크스는 직접 참가했지만 바쿠닌은 스위스 사람 잠 기욤(James Guillaume)을 대리인으로 보냈다.

양측의 분열을 촉발한 요인은 사실 그렇게 중요한 사안들이 아니었다. 사회민주동맹과 인터내셔널의 관계에 대한 오해와 상속권 폐지 주장, 바쿠닌에 대한 비난 등이 그것이었다. 하지만 양측은 자신들의 입장을 정당화하기 위하여 그보다 더 중대한 교리 문제를 끌어왔다. 마르크스주의자들은 중앙집권적인 정당에 바탕을 둔 국가 공산주의를 주장한 반면에 아나키스트들은 코뮌들로 구성된 자유로운 연방을 제안했다.

바쿠닌은 공산주의를 싫어했다. 그는 1868년에 행한 평화자유연맹 연설에서 이 점을 분명히 밝혔다.

---

28) *Les Prétendues Scissions dans l'Internationale*, Circulaire Privée du Conseil Général de L'Association Internationale des Travailleurs(Geneva 1872), p.37; James Joll, *The Anarchists*, p.88.

나는 공산주의를 싫어합니다. 공산주의가 자유를 부정하기 때문입니다. 나는 자유 없는 인간을 상상할 수 없습니다. 공산주의는 사회의 모든 권력을 흡수하여 국가에 귀속시킵니다. 공산주의는 재산을 국가에 집중시킵니다. 반면에 나는 국가의 폐지를 주장합니다. 사람들에게 도덕과 교양을 제공한다는 구실을 내걸고 이제까지 그들을 노예로 만들고 억압하고 착취하고 기만해 온, 국가의 후견과 권위의 원칙을 과감히 근절해야 합니다. 나는 공산주의자가 아닙니다.[29]

혁명의 전술과 조직을 둘러싸고도 마르크스와 바쿠닌은 중대한 견해차를 드러냈다. 바쿠닌은 그 차이를 이렇게 정리했다.

목적은 동일하다. 양측은 모두 집단 노동에 기초한 새로운 사회질서의 구축을 바란다. (……) 다만 공산주의자들은 부르주아 급진주의의 지원을 받는 도시 프롤레타리아계급을 중심으로 한 노동자계급의 정치권력과 그 발전을 통해 그 질서를 이룩할 수 있다고 생각한다. 반면에 사회 혁명가들은 (……) 그 권력을 쟁취하는 길이 오직 농촌과 도시의 비정치적 권력, 곧 사회적 권력을 조직하는 데 있다고 본다. (……) 그러니까 두 가지 서로 다른 방식이 있는 셈이다. 공산주의자들은 국가의 정치권력을 장악하기 위해 노동자계급을 조직해야 한다고 생각한다. 혁명적 사회주의자들은 국가를 파괴하기 위해, 좀 더 고상하게 말하자면 국가를 청산하기 위해 그들을 조직한다.[30]

바쿠닌은 또한 혁명운동에 규율이 필요하기는 하지만 그것이 독재

29) James Guillaume, *L'Internationale: Documents Souvenirs 1864-1878* (Paris: Société Nouvelle de Librarie et d'Édition, 1905-1910), vol. I, pp.74-75.
30) James Guillaume, *L'Internationale*, vol. II, pp.160-161.

적이거나 교조적이어서는 안 되고 자발적이고 신중한 개인들의 합의에 따른 것이어야 한다고 강조했다. 그는 혁명을 수행하는 방식이 혁명 이후 건설되는 사회의 성격에 영향을 미치게 된다고 보고 혁명운동의 조직도 혁명을 통해 수립하기 바라는 사회조직의 유형과 닮아야 한다고 주장했다. 이 점이 아마도 바쿠닌과 마르크스를 가르는 가장 근본적인 차이에 해당할 것이다. 엥겔스도 이 점을 제대로 파악하고 있었다.

사회주의자들은 모두 사회혁명의 결과로 국가와 정치적 권위가 사라지게 될 것이라는 점에, 다시 말해서 공적 기능이 정치적 성격을 상실하고 사회의 진정한 이해들을 감시하는 단순한 행정 기능으로 전환되게 될 것이라는 점에 동의한다. 하지만 반권위주의자들은 사회적 여건을 갖추기 이전에 권위주의적 정치 국가를 한꺼번에 폐지해야 한다고 주장한다. 그들은 권위의 폐지가 가장 먼저 수행할 사회혁명 활동이 되어야 한다고 주장한다. 이 신사들이 과연 혁명을 겪어 본 적이 있는가? 혁명은 가장 권위주의적인 것이다. 그것은 한 무리의 사람들이 소총과 총검과 대포를 동원해 자신들의 의지를 다른 부류의 사람들에게 관철시키는 행위이다.[31]

아나키즘을 연구한 캐나다 역사가 조지 우드콕(George Woodcock)은 친절하게도 마르크스주의자들과 아나키스트들의 노선 차이를 도표로 일목요연하게 정리해 주었다.

마르크스는 결국 헤이그 대회에서 바쿠닌 일파를 축출하는 데 성공했다. 영국 역사가 이사야 벌린(Isaiah Berlin)은 마르크스가 바쿠닌 일

---

31) Karl Marx and Friedrich Engels, *Die Angeblichen Spaltungen in der Internationale* (1872), *Werke*, XVIII (Berlin: Dietz Verlag, 1981), p.50. David McLellan, *The Thought of Karl Marx: An Introduction* (London: Papermac, 1995), p.220에서 재인용.

마르크스주의자들과 아나키스트들의 원칙 비교

권위주의자들	자유지상주의자들*
중앙집권제	연방제
정치 활동과 국가 정복	사회경제 활동과 국가 폐지
국유화	노동자 자주관리
사회주의 전환기: 프롤레타리아독재	전환기 없는 사회주의

*자유지상주의자는 아나키스트와 동의어
출처: George Woodcock, *El anarquismo. Historia de las ideas y movimientos libertarios* (Barcelona: Ariel, 1979), p.160.

파를 인터내셔널에서 제명한 까닭을 이렇게 서술했다.

마르크스의 눈에는 바쿠닌주의가 혁명적 도약을 무산시키고, 성자와 순교자가 많이 등장하여 고상하기는 하지만 쓸데없고 공상적이며, 현실적인 적을 만나면 금세 부서져 버리는 영웅주의 같은 것으로 비쳤다. 바쿠닌주의는 수십 년간의 운동을 후퇴하게 만드는 무기력과 환멸에 이를 수밖에 없다. 마르크스는 혁명적 에너지와 인간의 상상력을 자극하는 바쿠닌의 힘을 과소평가하지 않는다. 하지만 바로 그렇기 때문에 그는 바쿠닌이 폭발적이고 위험스러운 힘과 곳곳에 혼란의 씨앗을 뿌릴 힘을 지니고 있다고 판단한다. 만약 바쿠닌과 그 지지자들이 마르크스 지지자들을 혼란에 빠뜨리게 내버려 두면, 노동자들의 입장이 난처해질 것이다. 수년에 걸쳐 접전을 벌이던 마르크스가 이윽고 그를 공개적으로 공격하기로 결심한다. 그 결과 바쿠닌과 그의 지지자들이 제1인터내셔널에서 제명되었다.[32]

---

32) Isaiah Berlin, *Karl Marx: His Life and Environment* (London: Tornton Butterworth, 1959); 장 프레포지에, 《아나키즘의 역사》, p.238.

인터내셔널은 이렇게 분열되었다. 인터내셔널은 마르크스주의자들의 제안에 따라 총평의회 본부를 런던에서 뉴욕으로 옮겼다. 하지만 인터내셔널은 유명무실해졌고, 1876년 필라델피아 대회를 끝으로 해체되고 말았다.

생티미에 대회와 아나키즘 운동

한편 인터내셔널에서 제명된 바쿠닌 일파는 한 주가 지난 9월 15일에 스위스 베른 주의 생티미에에서 곧바로 별도의 대회를 열었다. 이 대회에는 서로 다른 5개 연맹의 대표자 15명이 참석했다.[33] 대회 참석자들은 인터내셔널이 옹호하고 나선 정책을 반박하고 바쿠닌주의 테제를 천명하는 결의문을 만장일치로 채택했다.[34] 그들은 다음 세 가지 사항을 프롤레타리아계급의 정치 활동 관련 결의문으로 채택했다.

1. 프롤레타리아계급의 첫 번째 임무는 모든 정치권력을 파괴하는 것이다.
2. 그것이 임시적이든 혁명적이든 간에 정치권력을 파괴하기 위한 권력 조직은 기만적인 수단에 불과하고 오늘날 현존하는 모든 정부들과 마찬가지로 프롤레타리아계급에 매우 위험하다.

---

33) 이탈리아 지부에서 여섯 명(미하일 바쿠닌, 카를로 카피에로, 안드레아 코스타, 에리코 말라테스타, 쥐세페 파넬리, 루도비코 나부르치), 에스파냐 지부에서 4명(카를로스 알레리니, 라파엘 파르가 페이세르, 니콜라스 알론소 마르셀라우, 토마스 곤살레스 모라고), 프랑스 지부에서 두 명(카미유 카메, 장 루이 팽디), 쥐라 지부에서 두 명(잠 기욤, 아데마르 슈비치게벨), 아메리카 지부에서 1명(구스타브 르프랑세)이 참가했다.
34) Manuel Tuñón de Lara, *El movimiento obrero en la historia de España* (Barcelona: Laia, 1977), vol. 1, pp.189-190.

3. 각 나라의 프롤레타리아들은 (······) 혁명적 활동을 위해 연대해야
한다.[35]

대회는 또한 대회에 참석한 연맹들끼리 이른바 생티미에 협정으로
알려진 '우애·연대·상호방위 협정'을 체결했다. 연맹들이 정기적으로
소통하고, 어느 한 연맹이 공격을 받을 경우 다른 연맹들과 지부들이
서로 연대하며, 권위주의 정당 때문에 위험에 빠진 인터내셔널을 다시
통일하는 데 주력하기로 했다.[36] 생티미에 대회는 이처럼 아나키즘 운
동의 목표와 방법을 정식화했다. 그런 점에서 제임스 졸이 지적한 대
로 생티미에 대회에서 아나키즘 운동이 탄생했다고 해도 지나친 말은
아닐 것이다.[37]

생티미에에 모인 반권위주의 인터내셔널은 이듬해인 1873년 제네바
에서 제2차 대회를 개최했다.[38] 1864년에 창설된 인터내셔널의 대회
로는 여섯 번째 대회였다. 영국, 스위스, 프랑스, 벨기에, 에스파냐 대표
들이 참여한 이 대회에서 그동안 인터내셔널의 집행부 구실을 해오던
총평의회의 폐지를 선언했다. 이때 기력이 쇠한 바쿠닌이 은퇴를 선언
했다. 그는 작별을 고하면서 프롤레타리아 세력을 조직화할 것을 촉구
했다.

저는 최근 9년 동안 인터내셔널 안에서 세상을 구원하고도 남을 만한
사상들이 발전하는 것을 지켜보았습니다. 하지만 그 내용과 상관없이 저

35) Josep Termes, *Anarquismo y sindicalismo en España. La Primera Internacional
(1864-1881)* (Barcelona: Crítica, 1977), pp.167-168.
36) Josep Termes, *Anarquismo*, p.168.
37) 장 프레포지에, 《아나키즘의 역사》, p.99.
38) 공교롭게도 이때 마르크스주의자들도 같은 도시에서 대회를 열었다. 하지만 이 대회는 참
석자 부족과 예산 부족으로 별다른 결실을 거두지 못했다.

는 이후 새롭게 등장하는 사상을 불신하게 되었습니다. 시대는 더 이상 이념 속에 있지 않습니다. 그것은 현실과 행동 속에 있습니다. 오늘날 우리에게 가장 중요한 것은 바로 프롤레타리아 세력을 조직하는 것입니다.[39]

이후 브뤼셀과 베른에서 각각 제7차 대회와 제8차 대회를 개최한 반권위주의 인터내셔널은 1877년 9월 벨기에의 베르비에에서 마지막 대회를 열고 해산하게 된다. 바야흐로 아나키즘 운동은 제1차 세계대전이 발발하는 1914년까지 노동자 대중과 유리된 가운데 폭탄 투척이나 혁명적 선전과 같은 직접행동의 국면으로 들어갔다.

국제 노동계급 운동을 양분시킨 아나키스트들과 마르크스주의자들의 분쟁은 사실 예정된 것이나 다름없었다. 그 분쟁의 소용돌이 속에서 바쿠닌은 아마도 자신의 신념과 혁명의 본질을 좀더 명확히 정립할 수 있게 되었을 것이다. 이탈리아 역사가 프랑코 벤투리(Franco Venturi)의 말마따나 바쿠닌은 이를 통해 "혁명의 심리를 조성하는 데 성공했다"고 볼 수 있다.[40] 그는 인터내셔널과 관련을 맺으면서 국제적인 혁명운동의 꿈을 실현하는 데 한 발짝 더 다가설 수 있었다. 이탈리아와 에스파냐가 그의 꿈을 펼칠 무대로 떠올랐다. 특히 에스파냐에서 거둔 그의 성공은 괄목할 만했다. 그의 지시를 따라 에스파냐를 방문한 제자들이 그곳에서 아나키즘 운동을 조직했다. 1868년에 에스파냐를 찾은 아나키즘 운동 지도자 엘리 르클뤼(Élie Reclus)와 쥐세페 파넬리(Giuseppe Fanelli)가 그들이다. 젊은 지식인들과 접촉하는 데 성공한 파넬리는 에스파냐에 바쿠닌의 사회민주동맹 강령을 수용하는 인터내셔널 지부를 설립했다.

39) Mikhail Bakunin, "Deux lettres de Bakounine," *Supplément au Bulletin de la Fédération Jurasienne*, n° 27(12 Octobre 1873).

40) Franco Venturi, *Il Populismo russo* (Turin: Einaudi, 1952), vol. II, p.699.

1부

이상과 꿈

나는 에스파냐처럼 아나키즘의 뿌리가 깊은 나라를 보지 못했다.
에스파냐 아나키즘은 확고한 기반을 가지고 있으며
많은 사람들 속에 자연스럽게 스며들어 있다.

— 루이 르쿠앵

1장

인터내셔널과 에스파냐 아나키즘

주요 배경

에스파냐 아나키즘 운동의 공식 탄생일이 있다면 그날은 아마도 에스파냐 노동자단체 대표들이 바르셀로나에 모여 중대 결정을 내린 1870년 6월의 어느 날이 될 것이다.[1] 이 바르셀로나 대회에 프랑스 대표 한 명을 포함해 90명의 대의원이 참석했다.[2] 그들은 이 대회에서 인터내셔널에 가입하고 인터내셔널 에스파냐 지부, 곧 제1인터내셔널 에스파냐연맹(Federación Regional Española de la Primera Internacional, 에스파냐연맹으로 줄임)을 창설하기로 결정했다. 대회를 주재한 라파엘 파르가 이 페이세르(Rafael Farga y Pellicer)는 환영사에서 국제노동자협회(인터내셔널)의 위대한 업적을 치켜세웠고 노동자들

---

1) Josep Termes, *Historia del Anarquismo en España (1870-1980)* (Barcelona: RBA, 2011), p.45.
2) 이 가운데 카탈루냐 노동자 단체 대표들이 74명으로 대다수를 차지했고 마드리드에서 온 대표들은 5명에 불과했다. Josep Termes, *Anarquismo*, pp.65-66.

의 해방을 위해 싸워야 할 대상이 무엇인지를 명확히 했다.

　　오늘날 우리 사회를 지배하는 거대한 폭군은 자본입니다. 자본과 가난,
풍요와 빈곤 등의 가공할 투쟁보다 더 본질적인 문제는 없습니다. 국가는
특권을 지키는 수호자이자 파수꾼이고 교회는 그 특권을 축복하고 신성
시합니다. 우리는 이러한 무질서의 비참한 희생자입니다. 우리에게 남아
있는 한 가지가 있다면 그것은 임금입니다. 우리가 노예임을 알려주는 표
식인 임금 말입니다. (……) 우리는 자본의 지배, 국가의 지배, 교회의 지
배를 종식시키고 그 폐허 위에 온전한 자유를 향유하는 노동자 단체들의
연맹, 곧 아나키를 건설하고자 합니다.[3]

그것은 바로 자본의 지배, 국가의 지배, 교회의 지배였다. 바르셀로
나 대회는 이러한 지배들을 종식시키기 위한 프롤레타리아계급의 집
단행동을 강조하면서 개인 소유를 폐지하고 집단소유를 실현하는 사
회혁명을 천명했다.

　바르셀로나 대회가 이런 결정을 내린 데는 일정한 배경이 있었다. 그
배경을 노동운동의 발달, 새로운 사상의 도입, 정치적 변화의 세 가지
로 정리해 볼 수 있다. 무엇보다도 먼저 언급해야 할 중요한 사실은 신
생 공업들이 등장하면서 노동자 단체들이 생겨나기 시작했다는 점
이다. 에스파냐 최초의 노동자 단체는 1840년 바르셀로나에 등장한
직물공 단체였다. 그 이후 공업화가 진행되면서 지중해를 끼고 있는
레반테 연안 여기저기에 노동자단체들이 생겨났다. 마타로, 레우스, 요
브레갓, 아노이아, 테르 같은 곳들이었다. 시간이 흐르면서 이들 노동

---

3) Anselmo Lorenzo, *El proletariado militante. Memorias de un internacional* (Madrid:
Zero, 1974), p.99.

그림 1 1870년 바르셀로나 대회 장면을 그린 판화

자 단체들을 중심으로 노동운동이 벌어지기 시작했다. 초창기 30년의 노동운동은 어려움을 적잖이 겪었다. 온갖 법률적 금지와 박해를 견뎌 내야 했다. 노동자의 결사의 권리가 인정되지 않고 있었기 때문이다.

초창기의 노동운동은 상호부조와 저항운동 두 갈래의 형태로 전개되었다. 한편으로 곤경에 처한 조합원에게 복지를 제공하고, 다른 한편으로는 노동자 단체의 정당성을 법률적으로 인정받고자 한 데서 비롯되었다. 이 시기 노동운동의 요구 사항들은 대체로 법률적인 것들이었다. 이를테면 노동자 단체 해산 금지, 지도자 투옥 금지, 자금 몰수 금지, 부녀자 노동 금지, 최장 노동시간 설정, 중재위원회 설치 등이다. 노동시간 연장이나 임금 삭감 반대를 위한 파업을 벌이기도 했다. 요컨대 이 시기의 노동운동은 어디까지나 실용적 성격을 띠었다고 볼 수 있다.

다음으로 공상적 사회주의 사상이 에스파냐 사회에 소개되어 있었다는 점을 들 수 있다. 바르셀로나에 생시몽 사상이 알려진 것은 1835년 무렵이다. 1840년대에 들어서는 샤를 푸리에의 서적들이 보급되었다. 이들의 사상을 받아들인 사람들은 대체로 카탈루냐의 민주공화주의자들이었고 소수에 불과했다. 집단소유의 공동체를 주창한 에티엔 카베(Etienne Cabet)의 사상에 대한 반응은 그보다 훨씬 더 나았다. 일부는 그가 구상한 이카리아(Icaria)[4] 공동체를 바르셀로나 외곽의 해안가에 건설했다. 오늘날의 엘포블레노우가 바로 그곳이다. 엘포블레노우의 옛 지명이 바로 이카리아였다. 카탈루냐의 의사 익나시오 몬탈도(Ignacio Montaldo)는 이카리아를 탐험하기 위해 아들을 데리고 미국으로 건너가 카베가 그곳에 건설한 공동체에 참여하기도 했다. 협동조합 창설을 주창한 로버트 오언(Robert Dale Owen)의 사상은 이보다 더욱 널리 확산되었다. 소비협동조합이나 생산협동조합의 전통과 경험이 에스파냐에 이미 존재하고 있었기 때문인 것으로 보인다. 개인 기업을 협동조합 기업으로 대체하려던 오언의 구상이 그렇게 낯설지 않았던 것이다. 저술가이자 정치가인 페르난도 가리도(Fernando Garrido)는 협동조합 운동의 발상지인 로치데일에서 큰 영감을 받기도 했다.

또한 공상적 사회주의 사상에 앞서서는 민주주의 사상이 카탈루냐 노동운동 지도자들 사이에 알려져 있었다. 1840년 이후 확산된 민주주의 사상을 신봉한 이들은 대개 공화주의자들과 연방주의자들이었다. 노동자 단체들 사이에 유포된 공화주의는 공화제라는 특정 정치 체제를 수호하는 데서 한걸음 더 나아가 사회정의를 요구하기까지 했다. 공화주의자들과 민주주의자들은 중앙집권제와 대립되는 연방제

---

4) 공산주의 원칙에 입각하여 세운 이상 도시의 명칭이다. 카베가 그렇게 불렀다. 카베는 1848년에 북아메리카에서 이카리아 공동체 건설을 실험했다. 오늘날 캘리포니아 주 소노마 카운티에 그 흔적이 남아 있다.

를 받아들였다. 노동자 단체들은 이렇게 공화제와 민주주의와 연방제를 지지했다.

이 무렵 에스파냐에는 부르봉 왕조의 이사벨 2세가 퇴위하는 일이 벌어졌다. 전국 주요 도시들에서 혁명적 민중운동들이 일어나고 군대가 봉기를 일으키자 이사벨 2세가 왕위를 포기하지 않을 수 없었다. 1868년 9월에 이른바 '명예혁명'이 성공한 것이다. 이사벨 2세의 퇴위와 더불어 에스파냐에는 '민주 6년'(Sexenio Democrático, 1868~1873년)으로 알려진 자유의 시대가 시작되었고 공화주의 세력과 노동자 단체들이 활동의 자유를 얻게 되었다. 활동에 박차를 가하기 시작한 바르셀로나의 노동자 단체들은 그해 10월에 바르셀로나노동자단체중앙본부(Dirección Central de las Sociedades Obreras de Barcelona)를 창설했다. 이듬해 2월에 바르셀로나노동자단체연맹본부(Centro Federal de las Sociedades Obreras de Barcelona)로 명칭을 바꾸게 되는 이 중앙본부의 기능은 노동자들이 내놓는 갖가지 요구 사항들을 취합하고 정리하는 일이었다. 그 무렵 인터내셔널 지도부의 일원이던 라파엘 파르가 이 페이세르, 후안 누엣(Juan Nuet), 하이메 발라시(Jaime Balasch), 클레멘트 보베(Clement Bové), 조안 파르가스(Joan Fargas)가 중앙본부를 이끌고 있었다.[5]

중앙본부는 1868년 바르셀로나에서 카탈루냐 노동자대회를 개최했다. 노동자 단체 대표 100여 명이 참가한 이 대회는 노동자계급이 선거 정치에 참여할 필요성을 옹호하고 사회적 해방의 일환으로 협동조합 운동을 제시했다. 또한 기관지를 발행하기로 하고 주간지 《연맹》(La Federación)을 발간하기 시작했다.[6]

---

5) Josep Termes, *Anarquismo*, p.34.
6) Josep Termes, *Anarquismo*, p.36; *Historia del anarquismo*, p.52.

그림 2 파넬리와 마드리드 인터내셔널 모임 창립자들(1868년)

한편 바르셀로나에 인터내셔널의 존재가 알려진 것은 1865년이다.[7] 1868년 11월에는 바쿠닌계 사회민주동맹의 일원이던 이탈리아인 파넬리가 바르셀로나를 방문했고 카탈루냐 노동운동 지도부를 만났다. 그는 에스파냐에 혁명의 원칙을 널리 알리고 인터내셔널 에스파냐 지부를 창설하기 위해 바쿠닌이 파견한 인물이었다. 곧 마드리드에 들른 그는 마드리드 집회에 참석한 노동자들에게 프랑스어와 이탈리아어로 혁명의 원칙을 설명하고[8] 그곳에 인터내셔널의 임시 지부를 창설

---

7) 1867년에는 레히온 이베리카(Legión Ibérica)라는 이름의 비밀단체가 로잔에서 열린 인터내셔널 대회에 참가하여 연설을 한 적도 있다. 1868년에는 안토니오 마르살 앙글로라(Antonio Marsal Anglora)라는 카탈루냐 노동자가 브뤼셀 대회에 참가하기도 했다.

8) 집회 참석자들 가운데 몇몇은 프랑스어를 조금 알고 있었고 이탈리아어로도 의사소통이 어느 정도는 가능했다. Anselmo Lorenzo, *El proletariado*, p.40.

했다. 이 지부에 노동자들 20여 명이 참여했는데 그들 가운데 식자공 안셀모 로렌소(Anselmo Lorenzo)와 토마스 곤살레스 모라고(Tomás González Morago)가 있었다. 파넬리는 이들에게 인터내셔널의 공식 문서들을 소개했고 바쿠닌 계열의 사회민주동맹 강령도 알려주었다. 마드리드에서 대강의 작업을 끝낸 파넬리는 다시 바르셀로나로 돌아가 그곳에서도 인터내셔널을 소개했다. 그 결과 1869년 2월 초에 바르셀로나에서도 인터내셔널 모임이 결성되었고, 라파엘 파르가 이 페이세르와 그의 조카 조제프 유이스 페이세르(Josep Lluís Pellicer), 바르셀로나에 유학 중이던 카스티야 학생들, 의사 가스파르 센티논(Gaspar Sentiñón)과 호세 가르시아 비냐스(José García Viñas)가 그 모임에 참여했다. 이때 파넬리는 인터내셔널의 이념과 바쿠닌의 사상을 구분하지 않고 소개했다.[9] 따라서 인터내셔널 에스파냐 지부의 초창기 회원들은 바쿠닌 계열의 사회민주동맹 강령이 인터내셔널의 그것과 크게 다르지 않다고 생각했다.

여기서 바쿠닌이 작성한 사회민주동맹의 강령을 좀더 구체적으로 살펴보면 다음과 같다.

동맹은 무엇보다도 계급과 남녀 개인들의 사회경제적 불평등을 완벽하고도 철저하게 폐지하기 바란다. 이를 실현하기 위해서는 개인 소유와 상속권을 폐지해야 한다. 이것은 생산의 즐거움을 제공하기 위한 것이기도 하고, 국제노동자협회 대회의 결의 내용과 마찬가지로 자본은 물론이고 토지를 비롯한 노동 수단들을 사회 구성원들 모두의 공동 소유로 하

---

9) 파넬리를 통해 에스파냐인들에게 인터내셔널과 사회민주동맹을 혼동하게 하는 문건을 소개한 점에 대해 바쿠닌이 나중에 후회하게 된다. Josep Termes, *Anarquismo*, p.39, n. 61; Antonio Elorza, *Anarquismo y utopia. Bakunin y la revolución social en España (1868-1936)* (Madrid: Ediciones Cinca, 2013), p.29.

면서 노동자들, 곧 농업조합과 공업조합 이외에는 그것을 이용할 수 없게 하려는 것이기도 하다. (……) 동맹은 모든 전제정치에 반대하고 일체의 국가를 인정하지 않으며 자본에 맞선 노동자계급 운동의 즉각적인 승리를 목적으로 하지 않는 그 어떤 혁명 활동도 거부한다. 권위주의적인 현행 국가들은 우선 공공서비스를 제공하는 단순한 행정기관으로 그 기능을 축소하고 농업조합이나 공업조합과 같은 자유로운 조합들로 이루어지는 보편적인 연맹체를 구성해 나가기 바란다. 사회문제를 제대로 해결하는 길은 오직 모든 국가들의 노동자들이 참여하는 국제적 연대에 있기 때문에 동맹은 애국심과 국가의 대립에 기반을 둔 일체의 시도들을 배격한다. 동맹은 신의 존재를 부정한다. 동맹은 갖가지 숭배를 폐지하고 신앙을 과학으로 대체하고 신적 정의를 인간적 정의로 대체하기 바란다.[10]

여기에 잘 나타나 있는 것처럼 그는 개인 소유 대신 집단소유를 천명하고 국가 대신에 보편적인 노조 연맹체를 강조했다. 그는 계급과 사회경제적 불평등이 없는 사회를 지향했다.

파넬리가 다녀간 다음에 바르셀로나의 인터내셔널 모임은 스위스 바젤에서 열리는 제4차 인터내셔널 대회에 대표단을 파견했다. 식자공 파르가 이 페이세르와 센티논이 대표로 참석했다. 하지만 바르셀로나의 노동자 대중은 여전히 연방제와 생디칼리슴(노동조합주의)에 집착하고 있었고, 주간지 《연맹》은 극단적인 공화제를 지지하는 경향을 띠었다. 그들이 아나키즘에 귀를 기울이기 시작한 것은 1869년 가을

---

10) James Guillaume, *L'Internationale*, vol. I, pp.132-133; Max Nettlau, *Miguel Bakunin, la Internacional y la Alianza en España 1868-1873* (Madrid: La Piqueta, 1977), pp.62-64; Ángel Herrerín López, *Anarquía, dinamita y revolución social. Violencia y represión en la España de entre siglos (1868-1909)* (Madrid: Los Libros de la Catarata, 2011), pp.25-26.

에 공화제를 수립하려는 연방제 공화주의자들의 시도가 실패로 돌아가면서였다. 연방제 공화주의자들은 민주적 선거에서 군주제파에 맞서 승리를 거두지도 못했고, 아라곤과 발렌시아, 카탈루냐 등지에서 일으킨 봉기를 성공시키지도 못했다. 바르셀로나에서 바쿠닌주의 지도부가 제1차 에스파냐노동자대회를 개최하게 된 것은 이런 상황 속에서였다.

바르셀로나 대회와 에스파냐연맹 창설

1870년 6월 17일에 개최된 바르셀로나 대회에는 크게 세 갈래 노선이 각축을 벌이고 있었다. 바쿠닌주의와 생디칼리슴, 협동조합주의가 그것이다. 바쿠닌주의를 따르는 대표들은 대다수가 마드리드에서 왔고 소수파였다. 이들은 정치 참여와 국가에 반대하고 집단소유를 주장했으며 노동조합에 대해서는 비교적 호의적인 반응을 보였다. 생디칼리슴 노선에는 비정치적 성향과 정치적 성향이 있었다. 정치적인 쪽은 연방제 공화주의자들의 대중운동에도 호의적이었다. 마지막으로 협동조합주의 노선을 따르는 대표들은 파업이라는 수단을 기피하는 온건한 자들이었다. 그들은 협동조합 창설을 통해 사회적 이상에 도달할 수 있다고 생각했다.

대회에서는 노동조합 활동, 협동조합 운동의 역할, 노조의 조직 형태, 정치투쟁의 참여 등 네 가지 의제를 주로 다루었다.[11] 먼저 노조 활동과 관련하여 바쿠닌파는 노조를 창설하고 파업을 선언해야 한다고 주장했다. 그들은 이를 위해서 협동조합파를 제치고 생디칼리스트

---

11) 이하 바르셀로나 대회의 논의 내용에 관해서는 Josep Termes, *Anarquismo*, pp.67-119 참조.

들(노동조합파)과 손을 잡았다. 그리고 노동시간 단축과 임금 인상 같은 구체적 사안들을 내걸고 파업을 하자는 합의를 도출해 냈다. 또 자신들의 목표는 노동자들의 해방이고, '노동자계급의 완전한 해방'을 위해서는 자본에 맞선 투쟁이 필요하다는 점을 명확히 했다. 이어서 협동조합 운동과 관련해서는 포괄적인 의미의 협동조합을 지양하고 실용적 차원에서 제한적 의미의 소비협동조합을 승인하기로 결정했다.

셋째로, 노조의 조직과 관련해서는 직능 단체를 기본으로 하는 방대한 연맹을 구성하기로 했다. 곧 특정 지역에 있는 여러 직능 단체들을 지역연맹으로 편성하고 지역연맹들을 총괄하는 에스파냐연맹을 결성하기로 했다. 이렇게 되면 노동자들은 이제 3중으로 연맹에 가입되게 된다. 지역연맹에 가입하게 되면 곧 국가 연맹과 세계 연맹의 일원이 되는 것이다. 아나키스트들은 지역연맹과 국가 연맹이 장차 자치단체와 나라의 업무를 처리하는 기관이 될 것이고 국가가 철폐되면 국가 연맹이 행정부 역할을 맡게 될 것이라고 생각했다.

마지막으로, 정치에 대한 입장을 다루었다. 사실 가장 큰 논란거리였다. 바쿠닌파는 정치 참여 거부를 노동운동의 새로운 방향으로 설정하기를 바랐다. 하지만 협동조합파와 일부 생디칼리스트들은 이에 강력하게 반발하면서 연방공화제를 지지했다. 최종적으로 승인된 내용은 다음과 같다.

국가를 그대로 둔 채 실현하고자 한 복지에 대한 인민들의 열망은 이루어지지 않았다. 국가권력은 복지를 망가뜨린 장본인이었다. 권위와 특권은 노예 사회를 확고하게 떠받치는 기둥이다. (……) 중산계급의 통치에 관여하는 노동자계급의 정치 참여는 기존 질서를 영속화시켜 줄 뿐이다. (……) 대회는 인터내셔널의 모든 지부들이 정치 개혁을 통해 사회변혁을 도모하려는 모든 활동을 중단하고 직능단체 연맹을 구성하는 일에 전력

을 기울여 주기 바란다. 그것이 사회혁명의 성공을 보장하는 유일한 길
이다.[12]

노동자 단체들에게는 정치를 포기하라고 권유하면서도 회원들의 정
치 활동에 대해서는 개인의 의사에 맡기는 비정치주의(apoliticismo)
를 택했다. 아직 정당과 의회, 선거 모두를 반대하는 반정치주의
(antipoliticismo)로까지 나아가지는 않았다. 계급정당의 창설도 막지
않았다. 이는 정치 참여 거부를 모색한 소수의 바쿠닌파가 생디칼리슴
파의 비정치주의를 수용한 결과로 보인다. 이렇듯 바쿠닌파와 비정치
적 생디칼리슴파가 손을 잡은 데 반해서 나머지 세력들, 곧 정치적 생
디칼리슴파와 협동조합파는 사분오열되는 경향을 보였다. 따라서 바
쿠닌파와 비정치적 생디칼리슴파의 연합 세력은 비정치주의와 반국가
주의, 집산주의를 골자로 하는 결의안을 쉽게 통과시킬 수 있었다.

에스파냐 아나키즘을 연구한 역사가인 조제프 테르메스(Josep
Termes)는 바르셀로나 대회와 관련하여 한 가지 흥미로운 점을 지적
했다. 대회에 참석한 카탈루냐 노동조합 대표들 상당수가 아나키즘
과 거리가 먼 온건한 노선을 지지했다는 사실이다.[13] 향후에 노동운
동이 매우 강한 바르셀로나가 아니라 마드리드에다 인터내셔널 에스
파냐지부 연맹위원회(Comisión Federal, 에스파냐위원회로 줄임)의 본
부를 설치하게 되고,[14] 바르셀로나나 카탈루냐가 아니라 노동운동과
별다른 관련이 없던 사라고사와 코르도바, 마드리드에서 인터내셔널
에스파냐지부 대회를 개최하게 되는 이유의 일부도 이런 데서 찾아
볼 수 있다.

---

12) Josep Termes, *Anarquismo*, p.94; *Historia del anarquismo*, pp.57-58.
13) Josep Termes, *Historia del anarquismo*, p.59.
14) 나중에는 발렌시아에 설치하고 그 뒤에는 알코이에 설치했다.

바르셀로나 대회는 에스파냐위원회 위원으로 안셀모 로렌소, 토마스 곤살레스 모라고, 엔리케 보렐, 프란시스코 모라, 앙헬 모라를 선출했다. 이들은 모두 에스파냐위원회 본부가 설치되는 마드리드의 사회민주동맹 대표들이었고 그 가운데 다수는 식자공들이었다.[15]

인터내셔널의 분열과 아나키즘 운동

1870년 바르셀로나 대회 이후 에스파냐에서는 마르크스주의 운동과 아나키즘 운동이 갈림길에 놓이게 된다. 그들이 이렇게 분열하게 된 데는 파리코뮌의 영향과 에스파냐 정부의 탄압이 배경으로 작용했다. 파리 시민과 노동자들이 프랑스-프로이센 전쟁 이후 프로이센과 평화조약을 체결한 프랑스 국민의회에 반기를 들고 일어나 자치정부를 구성했다. 1871년 3월에서 그해 5월까지 지속된 이 파리코뮌은 부유한 부르주아지와 귀족, 교회 권력과 맞서 싸운 일종의 사회혁명이자 지배계급의 이익을 대변하는 군대와 맞서 싸운 반군국주의적 사건이었다.[16] 이 사건은 에스파냐 아나키스트들에게 봉기가 어떠해야 하는지 강렬한 인상을 심어 주었다.[17] 하지만 파리코뮌은 곧 실패로 돌아갔고 탄압이 이어졌다. 참여자들 가운데 일부가 탄압을 피해 바르셀로나로 망명했다. 그들 가운데 대표적 인물이 샤를 알레리니(Charles

---

15) Manuel Tuñón de Lara, *El movimiento obrero*, p.171.
16) Clara E. Lida, "Hacia la clandestinidad anarquista. De la Comuna de París a Alcoy, 1871-1874," *Historia Social*, nº46 (2003), pp.49-64.
17) José Álvarez Junco, *La ideología política del anarquismo español (1868-1910)* (Madrid: Siglo XXI, 1976), p.484; Clara E. Lida, *Anarquismo y Revolución en la España del XIX* (Madrid: Siglo XXI, 1972), p.209.

Alerini), 폴 브루스(Paul Brousse), 포르튀네 앙리(Fortuné Henry)[18]
였다.

혁명의 불똥이 튈까봐 두려워한 에스파냐 정부도 인터내셔널을 탄
압하기 시작했다. 내무장관 프락세데스 마테오 사가스타(Práxedes
Mateo Sagasta)가 1871년 5월 28일 자치단체장들에게 인터내셔널 회
원들을 추적할 권한을 부여했다. 에스파냐위원회는 탄압을 피해 리스
본으로 망명했고, 그런 가운데 그곳에서 인터내셔널 포르투갈 지부
를 창설하는 데 이바지하기도 했다.[19] 아나키스트들이 공화주의자들
도 군주제주의자들과 마찬가지로 사악하다고 선전했는데 그들이 그
런 선전을 시작한 것이 이때부터였다.

한편 리스본에 머물고 있던 에스파냐위원회 위원들 사이에 갈등이
불거지기 시작했다. 그 이유는 개인적인 동기나 교리적인 차이에 있
었다. 프란시스코 모라와 토마스 곤살레스 모라고의 분쟁이 특히 심
했다. 모라는 나중에 마르크스의 사회주의 운동에 뛰어들었고, 모라
고는 아나키즘 운동에 투신했다. 서장에서 살펴본 것처럼 결국에는
인터내셔널의 분열로 이어지게 되는 마르크스와 바쿠닌의 대립이 에
스파냐에도 고스란히 반영되어 서로 다른 두 가지 이념의 노동운동
이 대립하게 되었다. 인민의 국가와 무(無)국가, 곧 아나키가 대립했
고, 노동자 정당 창설과 비정치주의 내지는 반정치주의가 대립했으
며, 재산을 국가 소유로 하는 사회주의와 코뮌 소유로 하는 집산주의
가 대립했다. 전자는 마르크스의 사회주의 운동이고 후자는 바쿠닌
의 아나키즘 운동이었는데, 에스파냐에서는 당시 전자에 비해 후자

---

18) 바르셀로나에서 태어난 포르튀네 앙리의 아들 에밀 앙리는 훗날 열렬한 아나키스트가
   된다. 그는 1894년 파리의 생-라자르역에 폭탄을 투척하기도 했다. Josep Termes,
   Anarquismo, p.136.
19) Anselmo Lorenzo, *El proletariado*, p.157.

가 훨씬 우세했다.

인터내셔널 에스파냐 지부는 1871년 12월에 안셀모 로렌소를 런던 대회에 파견했다. 런던 대회에 참석한 로렌소는 그곳에서 마르크스와 바쿠닌 사이에 적대감이 얼마나 큰지 실감했다. 그 무렵 그는 마르크스와 엥겔스에게 깊은 감명을 받았다. 두 사람은 로렌소에게 카스티야 어로 말을 건넸고 에스파냐 황금 세기의 문학작품을 직접 암송해 주기도 했다.[20] 그러니 톨레도 출신의 로렌소가 감탄하지 않을 수 없었을 것이다.

런던 대회는 향후 마르크스와 바쿠닌을 결별하게 만드는 중대한 결정을 내렸다. 제네바에 본부를 둔 사회민주동맹의 해체를 가결한 것이다. 바쿠닌의 사회민주동맹에 동조하는 지역연맹들은 런던 대회가 내린 이런 결정에 반발하여 1871년 11월 스위스의 송빌리에서 별도의 대회를 열고 모든 국가 연맹들이 참여하는 대회를 빠른 시일 내에 개최하라고 요구했다.[21] 반면에 훗날 에스파냐사회노동당(PSOE)을 창당하고 노동자총연맹(UGT, 노총련으로 줄임)을 창설하게 되는 파블로 이글레시아스(Pablo Iglesias)를 비롯한 마드리드연맹 회원들 다수는 런던 대회 이후 마르크스의 테제에 관심을 기울이기 시작했다. 그들이 발행하는 기관지 《해방》(La Emancipación)도 마찬가지였다. 마드리드 연맹 회원들 사이에 나타난 이러한 노선 변화는 같은 해 10월 프랑스 사회주의 운동가 폴 라파르그(Paul Lafargue)가 마드리드에 도착하면서 더욱 뚜렷해졌다. 마르크스의 사위 라파르그는 파리코뮌 이후 체포될지 모른다는 두려움에 아내와 함께 프랑스를 떠나 마드리드에 정착했다. 이때 그는 마드리드에서 바쿠닌의 사상을 배격하고 마르크스의

---

20) Anselmo Lorenzo, *El proletariado*, pp.207-208.
21) Josep Termes, *Anarquismo*, p.153.

사상을 옹호하는 운동을 펼쳤다. 그 결과 다른 지역에서는 상당히 위축된 마르크스주의자들의 입장이 마드리드에서 만큼은 일정한 성공을 거두게 되었다.[22]

잘 알려진 대로 인터내셔널이 두 가지 노선, 곧 마르크스주의 노선과 바쿠닌주의 노선으로 분열된 것은 1872년 9월에 열린 헤이그 대회에서였다. 그런데 에스파냐에서는 이보다 몇 달 앞서 두 노선이 갈라섰다. 인터내셔널 에스파냐 지부의 제2차 대회가 열린 1872년 4월 사라고사에서 이미 사회민주동맹의 자체 해산 안건이 상정되긴 했지만 사라고사 대회는 이 안건 처리를 유보했다. 두 노선의 결렬이 단행된 것은 그해 6월이었다. 이번에는 사라고사 대회에서 승리를 거둔 바쿠닌주의자들이 《해방》의 편집진과 마드리드연맹에서 마르크스주의자들을 축출하는 사건이 벌어졌다. 이때 축출된 마르크스주의자들이 1872년 7월 8일 별도로 신마드리드연맹(Nueva Federación Madrileña)을 창설하게 된다.[23] 신마드리드연맹은 인터내셔널 총평의회(Consejo General)는 인정하지만 인터내셔널 에스파냐 지부는 인정하지 않는다고 밝혔다. 당시 신마드리드연맹의 노선을 따른 지역연맹은 10개를 넘지 않았고 회원도 200명이 안 되었다. 반면에 150개가 넘는 지역연맹과 1만5천 명에 달하는 회원들은 여전히 비정치적 노선을 고수했다. 이처럼 인터내셔널 에스파냐 지부는 런던 대회와 헤이그 대회 사이에 이미 두 갈래의 적대적 노선으로 분열되어 있었다.

인터내셔널 에스파냐 지부(에스파냐연맹)는 1872년 9월에 열린 헤이그 대회에 지부 대표 네 명을 참석시켰다. 그들은 라파엘 파르가 이 페이세르와 카를로스 알레리니(Carlos Alerini), 니콜라스 알론소 마르셀

---

22) Josep Termes, *Anarquismo*, pp.155-156; *Historia del anarquismo*, pp.60-62.
23) Josep Termes, *Anarquismo*, pp.163-165; Manuel Tuñón de Lara, *El movimiento obrero*, pp.187-188.

라우(Nicolás Alonso Marselau), 토마스 곤살레스 모라고였다.[24] 헤이
그 대회는 바쿠닌과 기욤을 축출하고 런던 대회에서 채택한 정당 창
설 결정을 수용했다.[25] 이는 마르크스주의자들과 바쿠닌주의자들의
전면적인 결별을 의미했다. 바쿠닌주의자들, 곧 반정치주의자들은 며
칠 뒤 생티미에에서 별도의 대회를 열고 인터내셔널에서 분리 독립하
기로 결정했다. 이들의 분열이 에스파냐에도 영향을 미쳤지만 인터내
셔널 에스파냐 지부의 발전에 미친 영향은 그렇게 크지 않았다. 회원
들 대다수가 이미 사회민주동맹을 따르고 있었기 때문이다. 신마드리
드연맹을 따르는 지역연맹이 12~15개 연맹에 불과했던 데 비해 바쿠
닌주의를 따르는 지역연맹은 300여 개에 달했다. 후자는 비정치주의
와 반국가주의, 연방주의, 집산주의를 충실히 따르고 있었고, 사회혁
명을 추진하는 데는 정당보다 비밀단체가 훨씬 낫다는 생각을 갖고
있었다.[26]

　에스파냐연맹 제3차 대회는 1872년 12월과 1873년 1월 사이 코르
도바에서 열렸다. 이 대회에서는 헤이그 대회의 결의를 배격하고 기존
의 반정치주의를 다시 강조했다. 또한 마르크스주의 무리가 인터내셔
널을 교란시키고 분열을 책동했기 때문에 그들을 마드리드연맹에서
축출한 것은 정당한 조치였다는 결론을 내렸다.[27] 한편 신마드리드연
맹이 발간하던 《연맹》은 구독자가 없어서 1873년 4월에 폐간되고 신
마드리드연맹 자체도 그해 중반 무렵에 해체되었다. 해체되기 직전에

24) 한편 신마드리드연맹과 리스본연맹 측은 라파르그를 대표로 파견했다.
25) James Guillaume, L'Internationale. Documents et Souvenirs (1864-1878), t. II (París: Société Nouvelle de Librairie d'Edition, 1907), p.346; Josep Termes, Anarquismo, pp.166-168.
26) Josep Termes, Anarquismo, pp.176-177.
27) Josep Termes, Anarquismo, pp.177-178.

개최한 톨레도 대회에 참석한 지역연맹은 고작 5개 연맹뿐이었다.[28]

그렇다면 당시 인터내셔널 에스파냐 지부의 실제 규모는 어느 정도였을까? 에스파냐 지부는 파리코뮌 이후에도 그 규모가 계속 늘어나에스파냐에 최초의 공화정이 수립된 1873년에 거의 정점에 달했다.[29] 하지만 우리는 여기서 에스파냐 노동자들 대다수가 인터내셔널에 가입한 것도 아니고 인터내셔널에 가입한 노동자들 모두가 아나키즘에 찬동한 것도 아니라는 점을 기억해야 한다. 1872년 말 현재 에스파냐 지부에는 100개에 달하는 지역연맹이 구성되어 있었고 회원은 2만 5천~3만 명에 달했다. 이들 지역연맹들 대다수는 바르셀로나에 있었고 바르셀로나연맹 소속 회원이 1만 명이나 되었다. 전국 회원 가운데 3분의 1 이상이 바르셀로나에 거주했던 것이다. 회원의 다른 3분의 1은 카탈루냐에 소속되어 있었고, 나머지 3분의 1은 발렌시아와 안달루시아에 분포되어 있었다. 바르셀로나연맹 다음으로 중요한 지역연맹은 알코이연맹, 발렌시아연맹, 안달루시아연맹이었다. 이 무렵 마드리드연맹의 회원은 고작 400명밖에 되지 않았다.[30]

제1공화국과 에스파냐연맹

이사벨 2세의 퇴위로 시작된 '민주 6년'의 정점은 공화정의 수립이

---

28) Josep Termes, *Anarquismo*, pp.170-174.

29) 파리코뮌이 무너지자 프롤레타리아혁명이 아직 멀었다는 생각이 확산되면서 인터내셔널의 활동도 위축되고 회원도 감소했다. 하지만 에스파냐 지부와 이탈리아 지부는 예외였다. Josep Termes, *Anarquismo*, p.136.

30) Max Nettlau, *La Première Internacionale en Espagne (1868-1888)*, (Dordrecht: D. Reidel, 1969) pp.163-164; Josep Termes, *Anarquismo*, pp.173-174, 180-187; *Historia del anarquismo*, pp.64-65; Clara E. Lida, *Anarquismo*, pp.166-168.

었다. 정치 세력의 분열과 재정 위기 등으로 국왕 아마데오 데 사보야 (Amadeo de Saboya)가 양위하자 에스파냐 의회는 1873년 2월 11일에 기존의 입헌군주제를 버리고 공화제를 선포했다.[31] 이렇게 출범한 제 1공화국은 11개월 정도밖에 존속하지 못했다. 정치체제의 변화를 혁명의 시작과 혼동한 사람들이 많았다. 안달루시아와 엑스트레마두라를 중심으로 토지 점거 사태가 발생하고 임금 인상을 요구하는 파업과 시위가 잇따랐다.[32] 그러다가 제1공화국은 결국 1874년 1월에 군사 쿠데타로 붕괴되고 만다.

바르셀로나와 카탈루냐에서 강세를 보인 온건한 인터내셔널리스트들과 민중들은 새로운 정치체제를 지지했지만 아나키즘 지도부는 그렇게 하지 않았다. 그들은 공화제가 부르주아 건물의 겉모양만 바꾼 것에 불과하다고 생각했다. 그들이 이렇게 생각한 데는 부르주아지의 이해와 노동자들의 이해가 대립된 것을 보여 준 파리코뮌의 영향이 크게 작용했다.[33]

바르셀로나의 인터내셔널리스트들은 연방제를 선포하고 카탈루냐 국가를 창설하자는 시위에 참여했다. 카탈루냐 국가의 창설은 에스파냐 전역에 연방제를 수립하는 첫걸음이 될 터였다. 그들은 또 1873년 7월에 실시된 자치단체 선거에도 참여했다. 인터내셔널이 공식 선언한 비정치주의 입장과 다른 행보를 보인 것이다. 바르셀로나의 인터내셔널리스트들은 에스파냐연맹의 온건한 노선을 추구하고 있었다.

31) Francisco Pi y Margall, *La República de 1873* (Barcelona, 1874), pp.12 y ss; Ana Guerrero *et al.*, *Historia política, 1818-1874* (Madrid: Istmo, 2004), pp.394-395. 제1공화국에 관해서는 C. A. M. Hennessy, *La República Federal en España. Pi y Margall y el movimiento republicano federal, 1868-1874* (Madrid: Los Libros de la Catarata, 2010)를 참고하라.
32) Clara E. Lida, *Anarquismo*, pp.175-177.
33) Josep Termes, *Anarquismo*, pp.142-143.

그런가 하면 당시 과격한 아나키스트들이 장악하고 있던 에스파냐 연맹의 지도부[34]는 즉각적인 사회혁명을 기도했다. 이를 위해 그들은 강경파로 알려진 연방제 공화주의자들의 불만을 이용했다. 특히 안달루시아와 발렌시아의 연방제 공화주의자들은 공화국 정부의 온건한 정책을 반대하고 1873년 7월에는 지역 봉기를 기도했다. 과격한 아나키스트들은 이들의 지역 봉기를 자신들의 봉기와 연결시키려고 했다. 하지만 별다른 성과를 거두지 못했다. 봉기를 일으킬 시기에 대한 합의도 없었고 상호 조정과 협력도 부족했다. 7월 초순에 돌입한 봉기는 잠시 성공을 거두는 듯했다. 7월 9일 알코이에서 총파업이 일어났다. 당시 인터내셔널리스트들이 도시를 장악했고 그런 상황이 같은 달 13일까지 이어졌다. 하지만 7월 13일에는 군대가 도시를 점령했다. 이때 사망자가 16명이나 발생했고 20명이 부상을 입었다.[35]

요컨대 1873년 7월에 인터내셔널은 지역 봉기에 자발적으로 참여했고 발렌시아에서는 물론이고 세비야와 카디스, 헤레스, 산페르난도 같은 안달루시아 지방의 도시들에서도 마찬가지였다. 그 가운데 알코이에서는 인터내셔널리스트들이 잠깐이지만 한때 권력을 장악하기에 이르렀다. 지역 봉기에 참여한 아나키스트들은 생산재의 집산화와 경제적 평등, 국가 타도를 추구했다.[36] 1873년 7월의 지역 봉기들이 실패로 돌아간 뒤 인터내셔널 에스파냐 지부의 세력은 점차 약화되었다. 회원도 최대 규모에 달한 1873년 이후 차츰 감소하는 추세를 보였다.

이 무렵 인터내셔널에 매우 불리한 사건이 발생했다. 1874년 1월에

---

34) 그 무렵 에스파냐연맹 지도부는 발렌시아 지방의 핵심 공업 지역인 알코이(알리칸테 주)에 있었다. 알코이 주재 에스파냐위원회는 교사 세베리노 알바라신(Severino Albarracín)과 마요르카의 석공 프란세스크 토마스(Francesc Tomás), 곤살레스 모라고를 중심으로 하는 마드리드의 소규모 아나키스트 집단이 주도하고 있었다.

35) Josep Termes, *Anarquismo*, pp.218-225; *Historia del anarquismo*, pp.66-67.

36) José Álvarez Junco, *La ideología*, p.328.

파비아(Manuel Pavía) 장군이 쿠데타를 일으킨 것이다. 그 결과 행정부를 장악한 세라노(Francisco Serrano) 장군은 공화주의 클럽들을 불법화하고 인터내셔널과 인터내셔널에 가입한 노조들에게 해산 명령을 내렸다. 이때부터 1881년까지 인터내셔널 에스파냐 지부는 지하활동을 벌여야 했다. 인터내셔널은 이제 소규모의 비밀 조직을 통해서 활동해야 할 처지에 놓였다.

이런 가운데 에스파냐연맹 지도부는 점차 급진적인 성향을 드러냈다. 1874년 6월 마드리드에서 열린 제4차 대회에서 그들은 당시까지 개최해 온 전국 대회를 향후에는 지역 단위의 비밀회의로 대체하기로 규정을 개정했다.[37] 이는 정부의 탄압을 피하기 위한 고육지책이었다. 또한 '행동을 통한 선전'(propaganda por el hecho)의 일환으로 테러를 허용하고 노동자의 처지를 개선하기 위한 총파업 대신에 혁명적 노선을 채택하기로 전략을 수정했다.[38] 종전보다 더욱 급진적인 사회혁명 노선을 주창한 것이다. 이들의 이런 노선 변화는 1874년 9월 인터내셔널 브뤼셀 대회에도 알려졌다.[39] 이러한 노선 변화는 바쿠닌주의자들의 활동과 관련이 없지 않다. 에스파냐연맹을 장악한 바쿠닌주의자들이 단체에 아나키즘 성격을 부여하는 데에 결정적인 영향을 미쳤다. 이는 당시 여기에 참여한 안셀모 로렌소가 직접 인정하고 있는 사실이다. "각종 회의에 참석한 연맹위원회 대표도 동맹파[40]였고 지역위원

---

37) 그 무렵 에스파냐연맹은 카탈루냐, 발렌시아, 아라곤, 동안달루시아, 서안달루시아, 무르시아, 신카스티야, 구카스티야, 엑스트레마두라, 바스크-나바라-산탄데르 등 10개 지역으로 나뉘어 있었고, 각 지역에는 지역위원회가 구성되어 있었다.

38) Anselmo Lorenzo, *El proletariado*, t. II, pp.124-125; Josep Termes, *Anarquismo*, pp.256-258; Antonio López Estudillo, "El anarquismo español decimonónico," *Ayer*, nº 45 (2002), pp.73-105.

39) 당시 대회에 참석한 파르가 페이세르가 "에스파냐 노동자들은 보통선거를 바라지 않고 합법적인 정치 활동도 바라지 않는다. (……) 과격한 혁명과 음모에 모든 정치 활동을 집중해야 할 상황이다"라고 밝혔다. Max Nettlau, *La Première*, pp.257-258.

40) 사회민주동맹을 따르는 바쿠닌주의자들을 일컫는다.

들 대다수도 동맹파였다. (마드리드 대회에서) 별다른 어려움 없이 규정을 개정하고 혁명적 개념을 제시하게 된 까닭이 여기에 있다."[41] 그뿐 아니라 인터내셔널에 대한 불법 단체 지정과 정부의 탄압도 배경 요인으로 작용했을 것이다. 단체의 활동이 자유롭지 않을 경우 그 행동이 과격해질 수 있는 법이다. 에스파냐위원회가 차츰 아나키즘을 주요 이념으로 채택하게 된 이유 가운데 일부를 이런 데서도 찾아볼 수 있겠다. 그것이 파업을 통해 노동자의 권익을 증진하려는 일부 세력과 내부 갈등을 빚는 원인이 되었다. 하지만 테러와 봉기를 혁명 전략으로 내세운 세력이 우위를 차지하게 되었다.

그러나 에스파냐연맹 지도부의 기대와 달리 지하활동을 벌이는 가운데 지역연맹과 노조들이 인터내셔널 에스파냐 지부에서 점차 떨어져 나갔다. 이런 상황에서 결단력 있고 적극적인 안달루시아 출신 의사 가르시아 비냐스가 에스파냐 지부의 핵심 인물로 떠올라 활약했지만 대세를 역전시키기에는 역부족이었다.

직접행동과 내분

전국대회 대신에 지역 단위의 비밀회의를 개최하기로 한 에스파냐연맹의 규정에 따라 지역연맹들은 1876년 7월과 8월 사이에 회의를 열고 지역 회원들을 '행동대'(grupos de accioín)와 '공작대'(grupos de vigilancia y propaganda revolucionaria)로 조직했다.[42] 이들이 구체적으로 어떤 활동을 했는지 잘 알려져 있지는 않지만 1880년까지 지속

---

41) Anselmo Lorenzo, *El proletariado*, pp.340~344.
42) Anselmo Lorenzo, *El proletariado*, p.355; Josep Termes, *Anarquismo*, p.266.

되는 이 조직들은 봉기 계획을 수립하고 '행동을 통한 선전'과 테러 활동을 벌인 것으로 보인다.[43] 그 결과 1877년 중반 현재 교도소에 수감된 인터내셔널리스트들이 100명을 넘고 있었다. 수감자들 대다수는 알리칸테 지역(알코이와 코센타이나) 출신이었다.

1878년 이후에는 러시아의 허무주의가 커다란 영향을 끼쳤다. 유럽 아나키즘에도 그랬고 에스파냐 아나키즘에도 그랬다. 독일 황제 빌헬름 1세와 이탈리아 국왕 움베르토 1세에 대한 암살 기도가 이어졌고 에스파냐에서도 여러 차례 테러가 발생했다.[44] 1878년 10월 25일 스물세 살의 카탈루냐 노동자 조안 올리바 몽쿠시(Joan Oliva Moncusí)가 국왕 알폰소 12세 암살을 기도했다. 그는 이듬해 1월 4일에 처형되고 말았다. 알폰소 12세는 1879년 12월 30일에도 테러를 당했다. 테러범은 열아홉 살의 갈리시아 노동자 프란시스코 오테로(Francisco Otero)였다. 오테로는 이듬해 4월 14일에 처형되었다.[45] 허무주의는 안달루시아에도 전파되어 1878년과 1879년에 헤레스와 아르코스델라프론테라, 카디스에서 방화와 추수폭동이 일어났다.[46]

에스파냐연맹은 이처럼 이 시기에 보복 테러 활동을 벌였다. 그런데 분명한 것은 이런 보복 테러 활동이 바르셀로나나 카탈루냐가 아니라 마드리드와 안달루시아에서 주로 나타났다는 사실이다. 이러

---

43) Anselmo Lorenzo, *El proletariado*, p.411; Anselmo Lorenzo, *El proletariado*, p.376; José Álvarez Junco, *La ideología*, pp.488 y 499.

44) 이에 관해서는 Juan Avilés y Ángel Herrerín (eds.), *El nacimiento del terrorismo en occidente. Anarquía, nihilismo y violencia revolucionaria* (Madrid: Siglo XXI, 2008)를 참고하라.

45) Eduardo González Calleja, *La razón de la fuerza. Orden público, subversión y violencia política en la España de la Restauración (1875-1917)* (Madrid: CSIC, 1998), pp.92-97; Josep Termes, *Anarquismo*, pp.279-281; Rafael Núñez Florencio, *El terrorismo anarquista, 1888-1909* (Madrid: Siglo XXI, 1983), p.38.

46) Juan Díaz del Moral, *Historia de las agitaciones campesinas andaluzas* (Madrid, 1929), p.127; Clara E. Lida, "Agrarian anarchism in Andalusia. Documents on the Mano Negra," *International Review of Social History*, vol. XIV (1969), p.327.

한 직접행동은 러시아 허무주의에서 영감을 받은 것이었고 러시아 차르 알렉산드르 2세가 암살된 직후 1881년 7월 런던에서 열린 아나키즘 인터내셔널대회에서도 강조된 내용이다. 크로폿킨(Kropotkin, Pyotr Alekseevich)과 말라테스타(Errico Malatesta), 사베리오 메를리노(Francesco Saverio Merlino), 미셸(Louise Michel) 등 유럽 아나키즘 지도자들이 대거 참여한 이 대회는 개인과 소그룹의 폭력 활동을 지지했다. 대회는 또한 사회혁명이 임박했으며 점진적이고 합법적인 수단에 대한 환상을 버리고 직접행동에 나서야 한다는 결론을 내렸다.[47]

하지만 에스파냐연맹은 지하활동을 벌이던 시기에 갈수록 쇠퇴했다. 1874년부터 1881년까지 7년 동안 회원이 대폭 줄어 1881년 9월에는 그 수가 불과 3천 명도 되지 않았다. 그나마 바르셀로나에 1천~2천 명이 있었고 다른 지역에는 거의 없는 실정이었다.[48] 에스파냐연맹이 이렇게 쇠퇴한 데는 정부의 탄압과 지하활동뿐 아니라 내분도 크게 작용했다.

사회민주동맹 세력 내에 직접행동과 지하활동을 펼치려는 세력과 달리 합법적인 노조 활동을 전개하려는 세력이 등장했다. 전자가 급진 세력이라면 후자는 온건개혁 세력이라고 볼 수 있겠다. 생디칼리슴과 더욱 밀접한 관계를 보인 온건개혁 세력은 나중에 아나르코생디칼리슴으로 발전하게 된다. 이들의 내분은 생디칼리슴 세력이 바르셀로나노동자단체연맹본부를 재건하는 1876년으로 거슬러 올라간다. 연맹본부에 속한 발렌시아 출신 아나키스트 세베리노 알바라신(Severino Albarracín)에 따르면 1년 뒤인 1877년 중반에는 사회민주동맹파가 정치 참여에 대해 찬성론자와 반대론자로 나뉘어 있었고 반대

---

47) Josep Termes, *Anarquismo*, pp.300~301; *Historia del anarquismo*, p.71.
48) Max Nettlau, *La Première*, p.341.

론자는 극소수에 불과했다.[49] 이런 현상은 생디칼리스트 집단에도 마찬가지로 나타났다. 그들도 비정치파와 정치파 두 부류로 나뉘었다. 전자는 앞서 얘기한 대로 아나키스트들과 결합하여 아나르코생디칼리슴으로 발전하게 되고, 후자는 공화주의나 민주주의 성향의 개혁주의로 구체화된다. 바르셀로나노동자단체연맹본부는 1877년 8월에 회의를 열고 총파업이 필요한지를 다루었다. 이에 대해 급진적 생디칼리스트들은 그것에 반대했고 개혁주의 생디칼리스트들과 협동조합주의자들은 지지했다.[50]

비정치파 생디칼리스트들은 1880년 12월 이후 바르셀로나에서《노동자》(El Obrero)라는 잡지를 발간하기 시작했다. 호세 파미아스(José Pamias)가 발행 책임을 맡고 마누엘 보촌스(Manuel Bochons)와 후안 누엣, 호세 브라굴랏(José Bragulat)이 기고했다. 그런가 하면 정치파 생디칼리스트들은 1881년 중반에 카탈루냐노동자문예원(Ateneo Catalán de la Clase Obrera)의 후신으로 노동자문예원(Ateneo Obrero)을 설립했다. 이들은 바쿠닌주의자들의 활동에 적대적 태도를 보였다. 파미아스와 누엣 같은 인물들은 에스파냐사회노동당의 전신인 사회민주노동당(Partido Democrático-Socialista Obrero)을 창당하는 데 참여했다.[51]

한편 1880년 8월과 9월에 에스파냐연맹은 지역회의들을 개최하여 지역회의를 연맹대회로 대체하고 허무주의를 대중 활동으로 대체하는 방안을 검토했다. 논의 결과 두 방안은 부결되었다. 하지만 공개적인 집단 활동으로 노동자 대중을 규합할 필요성이 있다는 점에 대해서는 공감했다. 몇 달 뒤인 1881년 2월에는 공개 활동을 지지하는 카탈루

---

49) Max Nettlau, *La Première*, pp.288-289; Josep Termes, *Anarquismo*, pp.271, 275, 277.
50) Josep Termes, *Anarquismo*, pp.285-290.
51) Josep Termes, *Anarquismo*, pp.293-295.

냐의 아나르코생디칼리슴 세력[52]이 에스파냐연맹의 연맹위원회 서기인 로렌소를 축출하고 연맹위원회마저 해체했다. 에스파냐에 사실상 유일하게 남아 있던 바르셀로나의 사회민주동맹마저 내분으로 무너지고 말았다. 그에 따라 에스파냐연맹의 역사, 곧 인터내셔널 에스파냐 지부의 역사가 끝이 났다. 그와 동시에 아나르코생디칼리슴에 입각한 노동자 대중운동의 시대가 열리기 시작했다.[53]

1881년의 노선 전환

지하활동을 버리고 공개 활동으로 돌아가기를 바라는 바르셀로나의 아나르코생디칼리슴 세력이 에스파냐연맹의 권력을 장악한 것은 앞서 언급한 것처럼 1881년 2월 바르셀로나에서 열린 에스파냐연맹 임시대회에서였다. 동안달루시아와 서안달루시아, 발렌시아, 신카스티야, 구카스티야, 카탈루냐의 대표들이 대회에 참석하기는 했지만 바르셀로나 노동운동 지도부의 회의나 다름없을 정도로 아나르코생디칼리스트들이 대회를 주도했다. 그들은 그동안 지하활동을 벌여 온 주요 지도자들을 연맹위원회에서 축출하고[54] 새로운 위원회를 구성했다. 새로운 연맹위원회는 아나르코생디칼리스트들과 비밀공제 조합원들, 자유사상가들로 구성되었다. 이런 노선 변화를 주도한 세력은 조제프 유나스 이 푸할스(Josep LLunas y Pujals), 안토니 페이세르 파라이레(Antoni Pellicer Paraire), 라파엘 파르가, 에우달드 카니벨

---

52) 파르가 페이세르와 페이세르 파라이레, 유나스 이 푸할스 등이 핵심 인물이었다.

53) Josep Termes, *Anarquismo*, pp.296-298.

54) 이 사건으로 로렌소는 몇 년 동안 일선에서 물러나 있을 수밖에 없었고 가르시아 비냐스는 혁명 활동을 중단하고 자신의 고향인 말라가로 돌아갔다.

(Eudald Canibell) 등이 지도하는 카탈루냐의 아나르코생디칼리슴 집단이었다. 때마침 공개적인 노동운동을 가능하게 해줄 정치적 변화도 있었다. 카노바스 델 카스티요(Antonio Cánovas del Castillo)가 이끄는 보수당 정부가 물러나고 사가스타(Práxedes Mateo Sagasta) 총리가 이끄는 자유당 정부가 들어섰다. 이제 노동운동의 합법화를 기대할 수 있게 되었다.

바야흐로 인터내셔널 에스파냐 지부의 역사가 막을 내리고 강력한 생디칼리슴 운동의 시대가 시작되었다. 1881년 3월 20일 바르셀로나의 오데온극장에서 열린 노동자대회는 노조 재건을 권고하고 노동자 신문을 창간하기로 결정했다. 당시 전략과 이념 분야에서 중요한 지위를 차지하고 있던 카탈루냐의 건설노조는 같은 해 6월 12일에 대의원 총회를 개최하고 1일 8시간 노동제를 위한 투쟁을 전개하기로 결정했다. 그들은 더 나아가 에스파냐 노동자 단체들 전체가 참여하는 노동자대회를 소집하라고 요청했다.

그들이 요청한 대회가 마침내 1881년 9월 바르셀로나의 시르코극장에서 열렸다. 대회에는 70여 개 지역을 대표하는 대의원 140명이 참여했다. 그들은 이 대회에서 집산주의 원칙에 입각한 에스파냐노동자연맹(FTRE, Federación de Trabajadores de la Región Española)을 공식 출범시켰다.[55] 이제 1870년 바르셀로나 대회에서 출범한 국제노동자협회의 에스파냐연맹이 해체되고 좀 더 중립적인 에스파냐노동자연맹이 등장하게 되었다. 에스파냐노동자연맹은 에스파냐연맹과 매우 달랐다. 그것은 카탈루냐의 아나르코생디칼리슴 집단이 주도하는 에스파냐의 아나키즘 운동 단체였다.

---

55) Josep Termes, *Anarquismo*, pp.301-305.

2장

이념의 분화, 아나르코집산주의와 아나르코코뮌주의

에스파냐노동자연맹의 내부 갈등

1881년 9월 162개 노동자 단체의 대표들 140명이 바르셀로나에 모여 에스파냐노동자연맹을 창설했다. 에스파냐노동자연맹은 국제노동자협회(인터내셔널)를 계승했지만 그것과 다른 차별성을 지니고 있었다. 다시 말해 이 단체는 종전의 에스파냐연맹, 곧 인터내셔널 에스파냐 지부와 달랐다. 국제노동자협회가 아나키스트들을 그 일원으로 받아들였다면 에스파냐노동자연맹은 오직 아나키스트들로만 구성되었다. 여기에 두 단체의 본질적인 차이가 있다. 에스파냐노동자연맹은 자유로운 생산자협회연맹이 국가를 대체하고 자본주의를 대체하기 바라는 아나키즘 운동 단체였다. 에스파냐노동자연맹이 국제노동자협회를 계승했으면서도 그것의 연속은 아닌 이유가 여기에 있다. 당시 연맹위원회 위원을 지낸 프란세스크 토마스 올리베르(Francesc Tomàs Oliver)가 이 점을 잘 정리해 주고 있다.

에스파냐노동자연맹은 국제노동자협회가 아니다. 쿠데타로 들어선 정부가 이 협회를 해산했기 때문이다. 협회는 정치적 노선이나 경제적 이념에 상관없이 모든 사람을 받아들였다. 연맹은 단순한 협회가 아니다. 모든 권력 폐지를 바라는 아나르코집산주의 프롤레타리아 단체이다. (······) 연맹은 분명하고도 단호하게 아나키즘을 지지하고 의회정치를 반대한다. 연맹은 부르주아 정당과 노동자 정치인들을 반대한다. 이 점에 대해서는 어떤 종류의 의문이나 잘못된 해석의 여지가 있을 수 없다. (······) 1881년 대회는 1870년 대회보다 더 분명하고 강력하게 아나키즘을 열망하고 그 행동 노선을 규정했다. 1881년 대회가 열렸을 때는 연맹들이 상당한 영향력을 행사했다. 국제노동자협회의 에스파냐 지부에 정치 노선과 관계없이 모든 사람들이 가입할 수 있었다면 노동자연맹의 경우는 그것이 불가능하다. 노동자연맹 창립대회에서 "순수하게 경제적인 우리 단체는 정당 조직과 다르고 그것에 반대한다"고 결의했기 때문이다. (······) 전국대회의 합의 사항은 지역연맹들 다수가 그것을 거부하지 않는다면 그 구속력이 에스파냐의 연맹들 모두에게 미치기 때문에 그 어떤 지역연맹도 아나키즘 원리를 거스르지 못한다. 창립대회는 아나키즘과 탈정치 이외에도 집산주의를 천명했다. "개인의 권리는 본질적으로 법률로 따질 수 없는 절대적인 것이고, 개인과 집단의 소유에 변혁을 가하지 않는 한 개인과 직장, 시, 군, 지역 등의 자치, 보통선거 및 결사의 권리, 출판의 자유는 보장되지 않는다고 선언했다."[1]

1881년 10월 7일에는 연맹위원회를 조직했고 안토니 페이세르 이

---

1) Francesc Tomás Oliver, "Apuntes históricos. Del nacimiento de las ideas anarco-colectivistas en España," *Revista Social* (diciembre de 1883). 이 글들은 최근에 다시 소책자로 출판되었다[*Apuntes históricos. Del nacimiento de las ideas anarco-colectivistas en España* (Mallorca: Calumnia Ediciones, 2018)]. Josep Termes, *Historia del anarquismo*, pp.78-79.

파라이레, 조제프 유나스 이 푸할스, 프란세스크 토마스가 여기에 참여했다. 이듬해 여름에는 에스파냐 전역에서 지역회의를 열고 1881년 바르셀로나 대회의 노선을 승인했다.

이렇게 출범한 에스파냐노동자연맹은 빠른 속도로 팽창하여 국제노동자협회 에스파냐 지부보다 세력이 커졌다. 이를테면 1882년 세비야에서 열린 제2차 대회 당시 집계된 회원이 5만 명을 넘어섰다.[2] 지역적 분포에도 변화가 생겼다. 이제는 카탈루냐 지방보다 안달루시아 지방의 중요성이 훨씬 커졌다. 그 이유 가운데 하나는 카탈루냐에서 중요한 직물공업 노조가 아나키즘에서 갈라져 나가 개혁주의로 기운 데 있었다.[3] 이러한 급속한 팽창에도 불구하고 에스파냐노동자연맹은 창립 초기부터 내부 갈등을 겪었다. 공업 노동자들이 우세한 카탈루냐 지방과 농민들이 주축을 이루는 안달루시아 지방의 갈등이 그것이다. 두 집단의 차이는 역사가 클라라 리다(Clara E. Lida)가 지적한 대로 사회적 현실과 지리적 환경의 차이에서 비롯되었다.[4] 도시 노동자들은 자신들이 노동하는 공장을 중심으로 쉽게 단체를 조직할 수 있었고 연대 파업을 벌이기에도 수월했다. 반면에 흩어진 마을과 농장에서 일

---

2) Anselmo Lorenzo, *El proletariado*, pp.416-421; Ángel Herrerín López, *Anarquía*, pp.54-55; Clara E. Lida, "La Primera Internacional en España, entre la organización pública y la clandestinidad (1868-1889)," Julián Casanova (coord.), *Tierra y Libertad. Cien años de anarquismo en España* (Barcelona: Crítica, 2010), pp.55-56. 회원이 이렇게 급증한 데는 정권 교체의 영향이 큰 것으로 보인다. 1881년에 집권한 자유당의 사가스타 정부는 집회의 권리를 인정하고 출판의 자유를 심화시키는 법령을 통과시켰다. 그의 뒤를 이어 1883년 10월에 총리가 된 같은 당의 호세 포사다 에레라(José Posada Herrera)는 노동자와 농민의 처지를 개선하기 위한 사회개혁위원회(Comisión de Reformas Sociales)를 설치했다. 이러한 분위기가 에스파냐노동자연맹의 회원 증가에 긍정적인 영향을 미친 것으로 보인다.

3) 이를테면 2만~2만5천 명에 달하던 카탈루냐의 인터내셔널 회원들이 각각 절반 정도씩 에스파냐노동자연맹과 사회개혁주의로 나뉘었다. Josep Termes, *Historia del anarquismo*, p.80.

4) Clara E. Lida, *Anarquismo*, pp.244-245.

하는 농민들은 단체를 유지하거나 파업을 벌이기가 쉽지 않았다. 게다가 농민들의 처지는 공업 노동자들보다 대체로 더 열악했다. 따라서 농민들은 대개 급진적 변화를 갈구하는 데 반해 도시 노동자들은 개혁을 우선시하는 경향을 보였다. 조직과 투쟁 전술을 두고 아나키스트들이 서로 다른 견해를 주장하는 이유를 이렇듯 사회적 현실과 지리적 환경의 차이에서 찾아볼 수 있다.

1880년대 에스파냐노동자연맹에는 두 가지 서로 다른 입장이 존재했다. 카탈루냐 지방의 아나르코집산주의(anarcocolectivismo)와 안달루시아 지방의 아나르코코뮌주의(anarcocomunismo)가 그것이다. 바쿠닌의 사상에 연원을 둔 아나르코집산주의는 소유와 생산을 집산화하고 저마다 일한 노동에 따라 부를 분배한다는 원리, 곧 '능력에 따라 일하고 노동에 따라 분배한다'는 원리를 추구했다. 그런가 하면 크로폿킨의 사상에 기원을 둔 아나르코코뮌주의는 소유와 생산의 집산화는 물론이고 분배의 집산화까지 추구한다. 이를 위해 '필요'라는 용어를 동원하여 '능력에 따라 일하고 필요에 따라 분배'하는 원리를 주장했다.[5] 이 원리에 따르면 모든 사람은 자신이 생산한 양에 상관없이 자신에게 필요한 적당한 양의 부를 분배받게 된다. 얼핏 보기에는 이 두 원리의 차이가 수사적인 차이에 불과한 것처럼 보일 수 있겠지만 실제로는 엄청난 차이가 있다. '노동에 따른 분배'는 개인의 노력을 강조한다. 이 원리에 따르면 노동자는 노동의 산물을 액면 그대로 받게 된다. 많이 일한 사람은 많이 받게 되고 적게 일한 사람은 적게 받게 된다. 반면에 '필요에 따른 분배'의 원리에 따르면 노동의 양과 관계없이 필요한 만큼을 받게 된다. 1880년대까지는 전자의 원리가 에스파냐 아나키즘 운동을 지배했고 그 이후부터 에스파냐 내전 때까지는

---

5) José Álvarez Junco, *La ideología*, pp.368 y 385.

후자의 원리가 지배했다.

한편 지하활동과 위법 활동에 대해 에스파냐노동자연맹은 모호한 태도를 보였다. 카탈루냐의 노조원들은 공개적이고 합법적인 운동을 바란 반면에, 안달루시아의 노조원들은 혁명적 성격을 유지하고 '행동을 통한 선전' 활동을 실행하고자 했다. 안달루시아에서는 특히 과격 행위와 보복의 정치가 매우 중요했다. 안달루시아의 노동운동, 특히 농업 노동운동이 직면한 탄압과 어려움은 바르셀로나의 생디칼리슴 운동과 카탈루냐 노동자들 대다수의 그것에 비할 바 없이 컸다. 특히 서안달루시아 지역위원회는 합법주의(legalismo)를 적극 반대했다. 그들은 1882년 5월 13일 아르코스델라프론테라에서 지역대회를 개최하고 과격 행위와 허무주의 테제를 적극 옹호했다. 1881년과 1882년에 가뭄이 들어 수확이 형편없던 안달루시아에서는 기아에 시달리던 농민들이 점포를 습격하고 도둑과 방화를 일삼았다.[6] 이에 당국은 관련 농민들을 체포하고 노조 사무실을 폐쇄했다. 이윽고 등장하게 되는 이른바 '흑수단'(Mano Negra) 사건은 바로 이런 맥락에서 파악해야 한다.[7]

흑수단 사건은 1882년과 1883년 두 해에 걸쳐 발생했다. 안달루시아 지방의 노동운동과 사회적 소요에 직면한 사가스타 정부는 농촌에서 무소불위의 힘을 지니고 있는 치안대(guardia civil)를 활용해 치안을 유지하고자 했다. 아나르코집산주의의 합법 활동이든 아나르코코뮌주의의 위법 활동이든 가리지 않고 탄압했다. 치안대는 농민 대중의 생디칼리슴 운동을 분쇄하기 위해 흑수단이라는 허구의 조직을 이용

---

6) Clara E. Lida, *Anarquismo*, pp.251-252.

7) 흑수단 사건에 관해서는 Clara E. Lida, *La Mano Negra* (Madrid: ZYX, 1972); Demetrio Castro Alfín, *Hambre en Andalucía: antecedentes y circunstancias de la Mano Negra* (Córdoba: Imprenta San Pablo, 1986)을 참조하라.

그림 3 헤레스교도소에 수감된 흑수단 사건 피의자들(1883년)

했다. 흑수단은 사실 경찰이 제작한 몽타주 같은 것이다. 1883년 2월 17일에 사가스타 정부는 검은 손이 그려진 종이 뭉치를 발견했다는 보고를 받았다. 경찰이 조작한 것으로 보였지만 안달루시아 지방의 노동자연맹을 탄압하기에 좋은 구실이 되었다. 사실 흑수단이라는 이름의 비밀단체를 습격할 빌미를 준 범죄 행위들이 그보다 앞서 여러 차례 발생했다. 1882년 8월 11일에는 아르코스델라프론테라에서 인터내셔널 가입을 거부한 노동자가 포도원 일꾼들에 의해 살해되었고, 그해 12월 3일에는 헤레스델라프론테라 인근에서 지주 부부가 살해되었으며, 12월 4일 밤에는 농장에서 젊은 노동자가 살해되었다. 이듬해 1월 4일에는 여관 주인이 농업 노동자들에게 살해되었다. 사정이 이러하다 보니 탄압의 구실은 거의 완벽해 보였다.

당국은 흑수단 단원으로 추정되는 자들을 체포하기 시작했다. 1883년 2월 아라알에서 35명을 체포하고 마르체나에서는 35명을, 헤레스와 카디스에서는 400여 명을 각각 체포하였으며, 아르코스와 오수나, 비야누에바델라세르나에서는 그보다 더 많은 수를 체포하였다. 3월 중순에는 그 수가 대폭 늘어났다. 카디스에서만 2천 명을 체포하고 헤레스에서는 그 수가 무려 3천 명을 넘어섰다. 체포된 자들 가운데 일부는 재판 결과 처형을 당하거나 징역형에 처해졌고 나라 밖으로 추방되기도 했다. 이러한 재판들을 조사한 클라라 리다는 치안대에 의해 자료가 조작된 사기극이었음을 밝혀냈다.

안달루시아의 아나키즘

여기서 안달루시아의 아나키즘을 좀 더 자세히 살펴볼 필요가 있다. 안달루시아에서는 아나키즘이 저지대 안달루시아에 뿌리를 내렸다. 저지대 안달루시아는 세비야와 말라가, 알헤시라스, 산루카르데바라메다를 네 모서리로 하는 사변형 지역을 가리킨다.[8] 초창기 아나키즘의 기반은 특히 카디스에 있었다. 카디스를 중심으로 한 아나키즘이 말라가와 세비야의 도심에까지 영향을 끼쳤다. 그 결과 말라가연맹과 세비야연맹이 안달루시아 아나키즘 역사상 가장 중요한 지역연맹으로 떠올랐다. 아나키즘은 시간이 흐르면서 산루카르, 헤레스, 세비야, 말라가 같은 도심에서 농촌 지역과 고지대로 퍼져 나갔다. 1882년에 이 지역 아나키스트들이 말라가에 1만6천 명, 카디스와 세비야에 9천 명씩, 모두 3만8천 명에 달했다. 흥미로운 점은 농촌 아나키즘의 양대 거점으로 떠오른 세비야와 헤레스 모두 영세농이 토지를 소유하기

---

8) 17세기 이후 안달루시아를 저지대 안달루시아(Baja Andalucía)와 고지대 안달루시아(Alta Andalucía)로 나누어 왔다. 안달루시아의 서부가 저지대이고 동부가 고지대여서 저지대 안달루시아를 서안달루시아, 고지대 안달루시아를 동안달루시아라고 부르기도 한다.

가 매우 힘든 라티푼디움(대토지 소유) 지역이라는 사실이다. 농업 프롤레타리아들은 대토지 소유와 밀접한 관련이 있다. 아나키즘이 전파된 안달루시아 지방의 대부분은 곡물과 포도, 올리브를 재배하는 지역이었다. 위대한 자연주의 저술가 비센테 블라스코 이바녜스(Vicente Blasco Ibáñez)는 소설 《양조장》에서 헤레스의 상황과 카리스마 넘치는 아나키즘 지도자 페르민 살보체아(Fermín Salvochea)를 생생하게 묘사했다.[9] 수필가이자 극작가이며 평론가인 아소린(Azorín)도 빈곤과 불행으로 가득한 비극적 안달루시아의 처지를 애달픈 필치로 그려냈다.[10] 요컨대 안달루시아는 농부에게는 토지가 부족하고 보수는 쥐꼬리만 하며 토호 정치가 판치는 그런 곳이었다.[11]

안달루시아의 아나키스트들은 토지 문제를 중요하게 다루었다. 오염되고 타락한 도시 생활 대신에 농촌 생활을 이상적인 것으로 본 그들은 토지의 집산화, 곧 집단소유를 주문했다. 이런 관념은 사실 농민들의 현실과 맞지 않았다. 분익 소작농과 소작농, 포도 재배농은 '경자유전'(耕者有田)을 바라면서 개인 소유의 토지를 요구하고 있었고, 일용 노동자들은 집단소유보다 대토지의 분할 방안을 더 선호했다. 도시에서는 집단소유와 자본주의 파괴를 운동의 목표로 내걸 수 있지만

---

9) Vicente Blasco Ibáñez, *La Bodega* (Sempere, 1905).

10) 본명이 호세 마르티네스 루이스(José Martínez Ruiz)인 아소린은 1905년에 《공평》(El Imparcial)에 '안달루시아의 비극'(La Andalucía trágica)이라는 제목으로 5회에 걸쳐 장문의 기사를 연재했다.

11) 안달루시아의 사회사를 파악하는 데 도움을 주는 책에는 다음과 같은 책이 있다. Constancio Bernaldo de Quirós, *El espartaquismo agrario andaluz* (Madrid, 1919); Juan Díaz del Moral, *Historia de las agitaciones campesinas andaluzas. Córdoba (antecedentes para una reforma agraria)* (Madrid, 1929); Gerald Brenan, *The Spanish labyrinth* (Cambridge, 1943); Eric Hobsbawm, *Primitive Rebels* (Manchester, 1959); Jacques Maurice, *El anarquismo andaluz. Campesinos y sindicalistas, 1868-1936* (Barcelona, 1989); Temma Kaplan, *Orígenes sociales del anarquismo en Andalucía. Capitalismo agrario y lucha de clases en la provincia de Cádiz, 1868-1903* (Barcelona, 1977); Antonio María Calero, *Historia del movimiento obrero en Granada, 1909-1923* (Madrid, 1973).

농촌에서는 문제가 그렇게 간단하지 않았다. 이렇듯 농촌이 어떠해야 하는지를 두고 농민들 사이에 견해가 갈렸다. 이 점은 훗날 에스파냐 내전 상황에서 더욱 명확히 드러나게 된다.

농민을 조직하려는 시도는 국제노동자협회 에스파냐 지부가 처음으로 벌여 나갔다. 1872년 비공개로 열린 발렌시아 대회에서 농촌노동자연합(Unión de Trabajadores del Campo)을 창설하고 그해 5월 바르셀로나에서 농촌노동자연합 창립대회를 개최했다. 에스파냐노동자연맹이 창설되는 1881년에는 회원 수가 2만 명에 달했다. 그들 대부분이 안달루시아에 거주했다.[12]

안달루시아의 일부 아나키스트들이 무산자회(Los Desheredados)를 결성하면서 지하활동을 재정비하고 나섰다. 1882년 세비야 대회 이후 에스파냐노동자연맹이 아나르코코뮌주의자들을 단체에서 퇴출하는 일이 발생했다. 합법적이고 공개적인 활동을 지향하는 아나르코집산주의자들의 공식 노선에 그들이 반기를 들었다는 이유에서였다. 이때 퇴출된 자들 가운데 일부가 무산자회라는 이름의 새로운 연맹을 구성하고 행동을 통한 선전 원리를 내세우며 폭력을 사용하기 시작했다.[13]

무산자회의 활동에 힘입어 안달루시아에서는 아나르코코뮌주의가 꾸준히 확산되어 나갔다. 1881년 런던 대회의 합의(행동을 통한 선전)[14]를 존중한 무산자회는 에스파냐노동자연맹이 그 합의를 이행하

---

12) Josep Termes, *Historia del anarquismo*, pp.103-104.

13) Juan Avilés Farré, *La daga y la dinamita. Los anarquistas y el nacimiento del terrorismo* (Barcelona: Tusquets Editores, 2013), pp.136 y 159; Miguel Iñiguez, *Esbozo de una Enciclopedia histórica del anarquismo español* (Madrid: Fundación de Estudios Libertarios Anselmo Lorenzo, 2001), p.182.

14) 크로폿킨과 말라테스타를 비롯한 주요 아나키즘 지도자들이 참여한 이 대회에서 아나키즘 원칙에 대한 선전이 말에 있지 않고 행동에 있다며 행동을 통한 선전의 필요성을 확인했다. 이 대회에 관해서는 Juan Avilés Farré, "Un punto de inflexión en la historia del anarquismo: El congreso revolucionario de Londres de 1881," *Cuadernos de Historia Contemporánea*, vol. 34 (2012), pp.159-180 참조.

지 않는다고 비판했다. 이후 안달루시아에서는 지하활동과 위법 활동이 증가했고, 그에 따라 구속자들도 늘어났다.

반면에 에스파냐노동자연맹의 집행부인 연맹위원회는 안달루시아에서 벌어지는 아나키스트들의 이러한 활동들을 노동운동의 일탈이라고 비난했다. 그들은 대중적이고 질서정연하며 합법적인 노동운동을 옹호했다. 연맹 지도부는 아르코스델라프론테라지역연맹과 말라가지역연맹에서 퇴출된 자들의 명단과 선동가와 반란자들의 명부를 1883년 3월에 공식 기관지인 《노동자시평》(La Crónica de los Trabajadores de la Región Española)에다 밝혔다. 그 결과 카탈루냐 지방의 아나르코생디칼리스트들과 안달루시아 지방의 지하활동가들 사이에 갈등의 골이 더욱 깊어지게 되었다.[15]

합법주의 vs. 지하활동

아나키즘 내부에 존재하는 이러한 갈등이 1883년 10월 발렌시아에서 열린 에스파냐노동자연맹 제3차 대회에서 표면화되었다. 222개 지역연맹과 539개 단체를 대표하는 대의원 152명이 대회에 참석했다.[16]대회는 연맹위원회의 구성을 승인하고 본부를 바야돌리드에 두기로 했다. 바야돌리드는 위원회 본부를 설치할 지역으로 카탈루냐와 안달루시아 두 지방 가운데 하나를 택해야 하는 딜레마를 피하기 위해 선택한 제3의 선택지였으나 이 결정은 이미 카탈루냐 지방 인사들(페이세르 파라이레, 토마스 올리베르, 유나스 이 푸할스, 에우달드 카니벨, 파르가 이 페이세르)로 위

15) Josep Termes, *Historia del anarquismo*, pp.85-86.
16) Manuel Tuñón de Lara, *El movimiento obrero*, pp.251-252.

원회를 꾸린 뒤에 보여 준 생색내기에 불과한 것으로 보인다.

발렌시아 대회는 범죄자가 결코 발을 붙일 수 없게 해야 한다면서 일반 범죄를 허용하는 무산자회 대회 같은 다른 대회들과 연대를 거부했다. 그들은 어디까지나 합법적으로 활동하기를 바랐고 만약에 합법적인 활동이 불가능하다면 단체를 해체하고 더 나은 시절이 오기를 기다려야 한다고 정리했다.[17] 이는 지하활동을 허용하지 않겠다는 뜻으로 풀이된다. 합법주의와 지하활동 양측의 갈등과 긴장을 짐작하게 해주는 대목이다. 아니나 다를까 솔레닷 구스타보(Soledad Gustavo)이란 필명으로 잘 알려진 테레사 마녜 미라벳(Teresa Mañé Miravet)은 1931년 4월에 발간된 《사회평론》(La Revista Social)에서 이 발렌시아 대회에서 내분이 발생했다고 회고했다. 안달루시아 지방의 대다수 지역들, 특히 카디스 주와 코르도바 주 전체와 세비야 주의 일부 지역들이 에스파냐노동자연맹에 참여하지 않았고 아르코스델라프론테라연맹은 최초로 탈퇴 의사를 밝혔다.[18]

한편 무산자회는 1884년 12월 카디스에서 제3차 대회를 개최하고 자신들이 국제노동자협회(인터내셔널)의 계승자라고 밝혔다. 그들은 이 대회에서 최대 5명이나 10명으로 구성되는 소규모 비밀단체인 화친회(grupo de afinidad)를 조직하기로 결정했다. 그들이 이렇듯 규모가 작은 비밀단체를 조직하기로 한 것은 노동자 단체가 시대착오적이고 권위주의적이라고 생각했기 때문이었다. 그들은 전국 33개 지역에 비밀단체를 조직했는데 그 비밀단체들의 대다수가 안달루시아에 있었다. 앞서 언급한 적이 있는 페르민 살보체아가 바로 이 카디스 대회에 참여했다. 안달루시아 아나키즘의 아버지가 되는 페르민 살보체아

---

17) Josep Termes, *Historia del anarquismo*, p.88.
18) Josep Termes, *Historia del anarquismo*, pp.86-87.

는 1886년부터 1891년까지 카디스에서 《사회주의자》(El Socialista)라는 신문을 발간하게 된다. 이 카디스 대회는 지하활동과 '행동을 통한 선전' 전술을 재확인했는데 그것은 흥미롭게도 여전히 집산주의에 이론적 기반을 두고 있었다. 아나르코코뮌주의가 확산되기는 했지만 아직 그렇게 강력한 힘을 발휘하지는 못했다. 제 모습을 드러내기 시작한 것은 1885년 중반 이후였다.[19]

안달루시아에서는 당국의 탄압이 확대되면서 지하활동도 늘어났다. 그러면서 합법주의자와 허무주의자 간의 분열도 더욱 커졌다. 1888년에 창간되는 아나르코코뮌주의 잡지 《토지와 자유》(Tierra y Libertad)가 그해 8월에 언급하고 있다시피 이들의 갈등은 유럽 아나키스트들이 '노동에 따른 분배'라는 인터내셔널 원리 대신에 마련한 '필요에 따른 분배'라는 원리를 둘러싸고 일어났다. 우리는 여기서 허무주의와 '행동을 통한 선전' 전술이 먼저 등장했고 아나르코코뮌주의 원리가 나중에 정립되었음을 다시금 확인하게 된다.[20]

'필요에 따른 분배'를 이상적 원리로 삼는 아나르코코뮌주의는 1885년 이후 갈수록 그 세력이 확대되었다. 그런 현상이 안달루시아에서 먼저 나타났고 나중에는 카탈루냐에서도 나타났다. 카탈루냐 최초의 파괴적인 폭력 행위 주장은 1886년 9월 1일 바르셀로나의 고용진흥원(Instituto de Fomento del Trabajo) 회의실에서 나왔다. 당시 회의에 참가한 자들은 "특권 계층과 그들의 제도에 대항하여 다이너마이트와 연발권총을 사용할" 필요가 있다고 주장했다. 요컨대 아나르코코뮌주의는 중앙집권적이고 합법적인 조정 행위 일체를 배격하고 지하활동과 비밀 운동을 지향했다.

---

19) Josep Termes, *Historia del anarquismo*, p.104.
20) Josep Termes, *Historia del anarquismo*, p.87.

연맹의 위기와 해체

1883년 발렌시아 대회의 결정에 따라 연맹위원회가 바야돌리드에 설치되자 자신의 권위가 훼손되었다고 느낀 프란세스크 토마스는 연맹위원회를 탈퇴하고 그해 겨울 마드리드로 이주했다. 그는 1903년 4월에 세상을 떠날 때까지 마드리드에서 세라노 이 오테이사(Juan Serrano y Oteiza)와 더불어 아나르코집산주의 원리를 옹호하며 살았다.

한편 바야돌리드에 자리를 잡은 연맹위원회는 차츰 법을 존중하는 아나르코생디칼리스트들과 거리를 두고 지하활동으로 돌아섰다. 1884년 1월 18일에 보수주의자인 카노바스 델 카스티요가 정권을 장악하고 대법원이 에스파냐노동자연맹을 불법 단체로 규정한 뒤에는 특히 그러했다. 위원회는 1884년 9월 바르셀로나에서 비밀리에 회의를 열고 연맹을 공식 해체하기로 결정했다.[21] 하지만 카탈루냐의 아나르코생디칼리스트들과 세라노 이 오테이사는 그 결정을 거부했다. 세라노 이 오테이사는 자신에 대한 반대 운동이 격렬한 마드리드에서 《사회평론》 발간 작업을 중단하고 1885년 1월 15일 바르셀로나 남부의 산츠로 이주해 그곳에서 그 작업을 이어 갔다. 당시 잡지의 발행부수가 1만부 정도 되었던 것으로 보인다. 그는 연맹이 대중 활동을 재개하도록 1885년 7월에 카탈루냐 대회를 열기도 했다. 나중에 페데리코 우랄레스(Federico Urales)로 알려지는 조안 문세니(Joan Montseny)와 테레사 마녜가 짝을 이루어 활동하기 시작했다.[22]

그러나 합법주의자들과 지하활동가들 사이의 갈등으로 드러나기 시작한 연맹의 위기와 그에 따른 연맹의 해체는 기정사실이 되었다.

---

21) Josep Termes, *Historia del anarquismo*, p.91.
22) 두 사람은 1891년에 결혼하게 된다.

1888년 5월의 바르셀로나 대회와 1888년 10월의 발렌시아 대회는 별다른 중요성을 띠지 못했다. 안달루시아 지역연맹들이 불참한 바르셀로나 대회에서 연맹위원회는 프롤레타리아 세력을 반자본주의 투쟁으로 결집시키기 위한 반자본연맹(Federación de Resistencia al Capital)을 창설하기로 결정했다. 단결과 연대 협정(Pacto de Unión y Solidaridad)으로 더 잘 알려진 반자본연맹은 그해 10월 발렌시아에서 대회를 열고 관료화된 에스파냐노동자연맹을 해체하기로 결정했다. 그리고 생디칼리슴 활동과 혁명 활동의 분리를 선언했다. 이것은 노동자 단체들뿐 아니라 아나키스트 개인과 비밀단체(화친회), 아나키즘센터, 언론 등을 통합할 에스파냐아나키즘기구(Organización Anarquista de la Región Española)를 발족시키기 위한 준비 작업이었다. 하지만 이 기구는 이듬해에 곧 해체되고 만다.[23]

그 무렵 연맹 해체를 바라보는 아나키즘 지도자들의 생각은 저마다 달랐다. 리카르도 메야(Ricardo Mella)는 1912년 히혼에서 발행하는 잡지 《자유지상주의자》(El Libertario)에 기고한 기사에서 "카탈루냐인들이 범한 큰 실수는 (……) 발렌시아 대회에서 연맹을 해산하기로 한 것이다. (……) 이 결정은 정신 나간 결정이고 경솔한 결정이었다"면서 연맹 해체 결정을 강하게 비판했다.[24] 그런가 하면 1883년에 연맹위원회 서기를 지낸 인달레시오 콰드라도(Indalecio Cuadrado)는 노동자 신문 《생산자》(El Productor)에서 "에스파냐 아나키스트들이 내린 결정 가운데 가장 중요하고 혁명적인 조치였다"면서 발렌시아 대회의 결정을 치켜세웠다. 그는 관료화된 연맹위원회가 과도한 권력을 행사했다고 비판했다. "우리는 그라시아와 아르코스, 세비야, 헤레스, 오르나추

---

23) Clara E. Lida, "La Primera Internacional," p.58; Manuel Tuñón de Lara, *El movimiento obrero*, p.301; Josep Termes, *Historia del anarquismo*, p.108.
24) *El Libertario*, núms. 13, 15, 16 y 25 de noviembre y 14 de diciembre de 1912.

엘로스, 로라델리오 등을 퇴출하고 파문하면서 시간을 보냈다. (……) 연맹위원회는 이런 일에 몰두했다. (……) 광범한 것이든 제한적인 것이든 자율은 오직 연맹위원회의 몫이다."[25] 이런 견해차는 에스파냐노동자연맹에 대한 이해와 아나키즘 운동에 대한 기대의 차이에서 비롯된 것으로 보인다. 역사가 카를로스 다르데(Carlos Dardé)가 평가한 것처럼, 에스파냐 아나키즘 운동은 이제 임금을 인상하고 노동조건을 개선하기 위해 조직을 강화하는 생디칼리슴 노선의 합법적이고 공개적인 활동 시기를 지나 개인의 자율과 혁명적 목표를 강조하는 과격주의 노선의 활동 시대로 접어들게 된다.[26]

한편 1880년대 에스파냐 사회에는 커다란 발전이 있었다. 철도가 부설되고 공업이 발달해 감에 따라 도시도 확장되었다. 그런 한편으로 경제적 위기가 혹독한 시기이기도 했다. 바르셀로나 같은 주요 공업 도시들의 경제 위기가 특히 심했다. 공장이 폐쇄되고 노동자가 실업자로 전락하는 사례가 연일 언론에 오르내렸다. 파업을 벌이는 노동자들에게 사용자들은 철권을 휘둘렀다.[27] 이를테면 1888년 초 우엘바 주의 리오틴토 파업으로 30명 이상이 사망하고 150명 이상이 다쳤다.

이 시기는 아나르코집산주의 이념이 절정에 다다른 시기였다. 또한 아나르코집산주의 만큼이나 아나르코코뮌주의의 이론도 크게 발전하게 된다. 잡지 《아크라시아》(Acracia)의 발행과 1885년과 1889년 두 차례 열리게 되는 사회주의경연대회(certamen socialista)의 개최가 그 첫 번째 징후이다. 바르셀로나의 그라시아에서 발행하던 《인간의 정

---

25) *El Productor*, 30 de noviembre, 7, 14 y 28 de diciembre de 1988.
26) Carlos Dardé, *La Restauración, 1875-1902. Alfonso XII y la regencia de María Cristina* (Madrid: Historia 16, 1996).
27) Alexander Berkman, *Memorias de un anarquista en prisión* (Barcelona: Melusina, 2007), p.77.

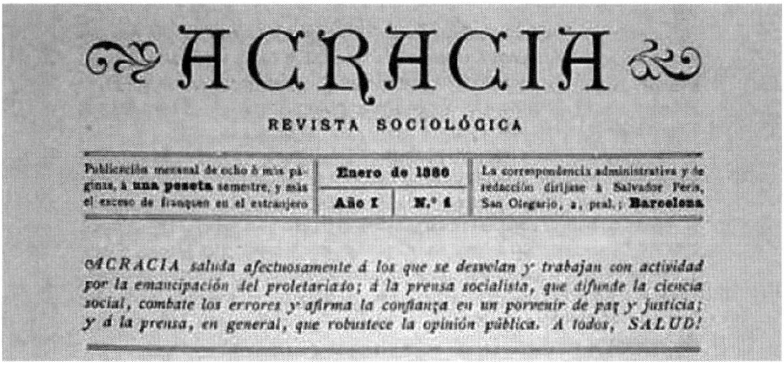
ACRACIA

REVISTA SOCIOLÓGICA

Publicación mensual de ocho ó más páginas, á **una peseta** semestre, y más el exceso de franqueo en el extranjero

Enero de 1886

Año I **N.º 1**

La correspondencia administrativa y de redacción diríjase á Salvador Ferís, San Olegario, 2, pral.; **Barcelona**

ACRACIA saluda afectuosamente á los que se desvelan y trabajan con actividad por la emancipación del proletariado; á la prensa socialista, que difunde la ciencia social, combate los errores y afirma la confianza en un porvenir de paz y justicia; y á la prensa, en general, que robustece la opinión pública. A todos, SALUD!

그림 4 《아크라시아》 창간호(1886년)

의》(La Justicia Humana)라는 잡지는 1886년 2월에 "우리는 불법 활동가들이다. 우리는 법의 보호를 받으며 사회혁명을 이룰 수 있다고 생각하지 않는다. 우리는 노동자들에게 될 수 있으면 행동을 통해 직접 사회혁명을 이루라고 조언한다"면서 아나르코코뮌주의의 혁명적 성격을 강조했다. 이는 아나르코집산주의와의 차별성을 강조한 내용이기도 하다. 대표적인 아나르코코뮌주의 지도자인 리카르도 메야는 아나르코집산주의와의 차별성을 좀더 직접적으로 표현했다. 그는 1900년 파리에서 열린 인터내셔널 대회에 제출한 보고서에서 "에스파냐의 아나르코코뮌주의는 지금은 물론이고 앞으로도 모든 형태의 조직을 거부한다는 점에서 집산주의와 다르다. (……) 아나르코코뮌주의자들은 협정과 협약을 모두 유해하다고 생각한다"[28]고 밝혔다.

그런가 하면 통속어로 무질서를 의미하는 '아나키'라는 매우 애매한 용어를 대체할 '아크라시아'(acracia)라는 말을 찾아냈다. 상당히 의미 있는 일이었다. 이 말을 찾아낸 사람은 라파엘 파르가나 안토

---

28) Ricardo Mella, *Memoria al congreso Revolucionario Internacional de Paris* (Mayo de 1900), en www.cgt.es/biblioteca.html.

니 페이세르였던 것으로 보인다.[29] 안토니 페이세르는 바르셀로나에서 1886년 1월에서 1888년 6월까지 《아크라시아》라는 잡지를 발간한 인물이기도 하다. 이 잡지는 청원과 소식, 만평을 주로 다루는 기성 노동자 신문의 전형을 깨뜨리고 이론과 철학, 이념을 다루었다. 1887년 2월에 등장한 이베리아반도 최초의 일간 노동자 신문인 《생산자》(El Productor)도 이와 관련이 깊다.[30]

월간 사회학 평론지 《아크라시아》는 창간호에서 잡지의 발행 목적을 이렇게 밝히고 있다.[31]

우리의 임무는 평화를 이룩하는 것이다. 우리는 사회주의와 사회학이 하나의 동일한 목적을 향하도록 대중적 흐름들을 연결할 이론을 설명하려고 한다. 그 목적의 장대함과 유용성 차원에서 다른 학문들을 압도하는 사회학을 보편화하고 이를 통해서 사회 발전에 방해가 되는 무지의 장애물을 제거할 필요가 있다.

1887년 11월호에서는 영국 사회학의 창시자인 허버트 스펜서(Herbert Spencer)한테서 아나키의 과학적 기초를 찾을 수 있다고 주장했다.

진화론 철학의 신실한 대변자라고 할 허버트 스펜서가 정치조직과 관련하여 우리가 지향해야 할 사회 형태는 정부의 규모를 가능한 한 최소화하는 것이어야 한다고 결론을 내리게 된 것은 우연의 일치가 아니다. 이렇

---

29) 이 두 사람은 사촌지간이다. 안토니 페이세르는 또한 조제프 유이스 페이세르의 조카였다.
30) 페레 에스테베(Pere Esteve)와 안토니 페이세르가 주도하여 발간한 《생산자》는 한 달 뒤에 주간지로 바뀌게 된다. Josep Termes, *Historia del anarquismo*, pp.106-107.
31) 이 잡지는 라파엘 파르가 페이세르와 안셀모 로렌소, 페르난도 타리다 델 마르몰이 주도하여 발간했다. 이 잡지는 현재 http://www.cedall.org/Documentacio/Castella/cedall203500000.htm에서 열람이 가능하다.

게 오귀스트 콩트의 철학에 반대하면서 제시한 스펜서의 종합 철학은 프루동이나 바쿠닌의 그것과 거의 동일하다.

스펜서의 철학이 아나키즘의 선구자들인 샤를 푸리에나 로버트 오언의 사상과 동일한 결론에 도달했다고 보고 있다. 1887년 7월 호에서는 〈조국에 대하여〉라는 글을 통해 조국애에 대한 흥미로운 의견을 제시하고 있다.

진보 관념이나 정의 관념과 양립이 불가능한 역사적 애국주의나 부르주아 애국주의를 조국에 대한 사랑이라는 자연 감정과 혼동해서는 안 된다. (……) 자연 감정으로서의 조국애는 그와 동류인 세계시민주의(cosmopolitismo)와 양립이 가능하고 아나키즘이나 집산주의와도 양립이 가능하다.

이 글은 한걸음 더 나아가 노동자에게는 조국이 없으며 노동자에게 필요한 것은 오직 '생존권이나 교육권'이라고 강조했다. 이 잡지는 이렇듯 단순하게 사회적 갈등과 시위에 관한 정보만을 제공하는 잡지가 아니라 아나키즘과 관련된 문화 지식을 제공하고 있다.

한편 1880년대에 아나키즘 세계는 앞서 살펴본 것처럼 서로 다른 경향으로 분열되어 있었지만 의회정치를 배격한다는 점에서는 서로 일치했다. 이 시기는 개혁주의 사회민주 정치가 자리를 잡아 나갈 때였다. 에스파냐에서는 사회노동당과 노동자총연맹(노총련으로 줄임)이 1888년에 공식 출범했고, 카탈루냐에서는 온건한 생디칼리슴 집단이 활발한 움직임을 보이면서 민주공화주의와 연대했다. 인쇄공 안셀모 로렌소가 비정치주의를 주창하고 나선 것은 이런 상황에서였다.

19세기 말 에스파냐 아나키즘 세력은 정부의 탄압에도 불구하고 그

규모가 상당했다. 역사가 안토니오 로페스 에스투디요(Antonio López Estudillo)는 아나키즘 세력의 지역별 분포를 다음과 같이 정리하고 있다.

지중해 연안에서 19세기 아나키즘 운동은 대규모 거점 지역 두 곳을 중심으로 전개되었다. 한 곳은 카탈루냐 해안 지방이었고, 다른 한 곳은 카디스와 말라가, 세비야였다. (……) 번갈아가며 에스파냐 아나키즘의 핵심 거점 구실을 한 이 두 지역에 아나키즘 회원의 90퍼센트가 몰려 있었다. (……) 이보다는 못하지만 (……) 발렌시아와 알코이 사이에도 또 다른 중심지가 있었다. 그 밖의 광대한 지역에는 얼마 되지 않는 회원들과 아나키즘 신문 구독자들이 뿔뿔이 흩어져 있었다. 마드리드와 아코루냐, 사라고사, 바야돌리드가 특히 그러했다.[32]

좀 더 구체적으로 살펴 보면 카탈루냐 지방 회원이 6,000~15,000명에 달했고, 발렌시아 지방(특히 발렌시아와 알리칸테, 알코이) 회원은 4,000~10,000명, 안달루시아 지방 회원은 12,400~23,100명, 카스티야 지방(마드리드와 바야돌리드, 톨레도) 회원은 1,500~2,000명, 바스크 지방(빌바오와 세스타오) 회원은 500명, 아라곤 지방(사라고사) 회원은 500~1,000명, 갈리시아 지방(아코루냐, 페롤, 산티아고, 폰테베드라, 비고) 회원은 500~1,100명, 무르시아 지방(카르타헤나) 회원은 100~300명에 달했다.[33]

---

32) Antonio López Estudillo, *Republicanismo y anarquismo en Andalucía. Conflictividad social, agraria y crisis finisecular (1868-1900)* (Córdoba, 2010). Josep Termes, *Historia del anarquismo*, p.110에서 재인용.

33) 이는 리카르도 메야가 1897년 11월 파리에서 발행되는 잡지 《신인류》(L'Humanité Nouvelle) 에 기고한 논문에서 제시한 수치이다. Josep Termes, *Historia del anarquismo*, p.110.

그림 5 제1회 사회주의경연대회를 알리는 포스터

사회주의경연대회와 이론가들

한편 제1회 사회주의경연대회는 1885년에 열렸다. 사회주의경연대회라고 하면 고개를 갸우뚱하기 쉬운데 자유지상 사회주의 문학 경연대회라고 하면 쉽게 이해될 것이다. 이는 흑수단 사건의 여파로 침체에 빠진 아나키즘을 널리 알리기 위한 문화 행사였다. 1884년 8월에 대회 공고를 냈고 이듬해에 30편의 작품들이 출품되었다. 에스파냐에서는 물론이고 포르투갈, 프랑스, 미국에서도 작품을 보내왔다. 작품들은 대개 경제와 사회, 문학, 정치 등 여러 측면에서 에스파냐 아나키즘의 기대와 관심 사항들을 다루었다. 이를테면 집산주의와 코뮌주의의 비교, 아나키와 권위 같은 용어들의 개념 정의, 노동자계급과 농민 계층의 사회경제적 상황, 교육의 기능, 여성의 사회적 역할 등에 관한 글들이 제출되었다.[34] 이때 출품된 작품들의 가치와 중요성을 파악한 레우스친구회(Centro de Amigos de Reus)는 1885년에 이들을 묶어서 《제1회 사회주의경연대회》라는 제목의 책으로 펴냈다. 분량이 600페이지에 이른다. 여기에는 페르난도 테리다 델 마리몰(Fernando Tarrida del Mármol), 라카르도 메야, 안셀모 로렌소, 테오발도 니에바(Teobaldo Nieva), 후안 세라노 이 오테이사, 조제프 마르투스(Josep Martús) 같은 대회 수상자들의 작품들이 담겨 있다.

제2회 대회는 레우스에서 열린 제1회 대회를 본 따서 1889년 11월에 바르셀로나 미술관에서 개최되었다. 이 대회는 1887년 11월 11일 시카고에서 사망한 순교자 7명을 기리기 위해 열렸다.[35] 대회를 소집

---

34) Manuel Morales, "La subcultura anarquista en España: El primer certamen socialista (1885)," *Mélanges de la Casa de Velázquez*, 27-3 (1991), pp.47-60.

35) Manuel Morales, "El Segundo Certamen Socialista, 1889. Notas para un centenario," *Mélanges de la Casa de Velázquez*, 25-3 (1989), pp.381-395.

한 바르셀로나 아나키즘 단체의 이름도 11월 11일을 뜻하는 '온세 데 노비엠브레'(Once de Noviembre)였다. 우리는 여기서 19세기 말까지만 해도 마르크스 사회주의자들이나 아나키스트들을 별다른 구분 없이 '사회주의자'로 불렀다는 사실을 유념해야 한다. '반권위주의자'들을 '아나키스트'나 '자유지상주의자'로 구분해서 부르게 된 것은 마르크스주의 계열의 사회민주당과 제2인터내셔널의 세력이 커지면서부터였다. 제2회 대회를 다룬 책이 이듬해인 1890년에 《제2회 사회주의경연대회》라는 제목으로 출간되었다.

대회에 출품한 작품은 63편이었고 그 가운데 타리다 델 마르몰과 로렌소, 솔레닷 구스타보, 유나스의 작품들이 돋보였고 시카고의 순교자들을 다룬 리카르도 메야의 작품도 마찬가지였다. 가장 유명한 작품은 아마도 〈아나키즘 찬가〉(Himne Anarquista)였을 것이다. 알리칸테 인쇄공 리카르드 카렌카(Ricard Carrencà)가 작사를 하고 곡을 붙인 이 찬가가 자유지상주의 노래들 가운데 인기가 가장 높았던 것으로 보인다.

경연대회에 참석한 총인원은 2만 명에 달했다. 개회사 가운데는 라틴족과 슬라브족이 아나키즘 성향을 보인다는 흥미로운 말도 있었다.

인종의 타고난 기질과 성질, 성향과 풍토는 나라와 지방이 서로 다른 성향을 지니게 할 정도로 중요한 구실을 한다. 켈트족은 본질적으로 개혁은 가능한 것부터 시작해야 한다는 가능주의자이고, 게르만족은 사회민주주의자이며, 라틴족과 슬라브족은 대체로 아나키즘 성향을 보인다.

수상작 가운데는 안셀모 로렌소의 작품 〈프롤레타리아의 혁명 능력〉과 리카르도 메야의 작품 〈새로운 유토피아〉가 돋보였다. 로렌소는 '지적 혁명'이 '물질적 혁명'에 선행되어야 한다는 점을 강조했고, 메야는 새로운 유토피아가 에스파냐 북부 칸타브리아 해안의 조그만 마을에 존재한다고 주장했다. 이곳은 주민들이 '완전한 조화를 이루어' 살고 있으며 법이 필요 없고 협력과 존중만 존재한다고 소개했다. 메야는 또한 다른 글에서 조직을 지양하고 대중 선동을 중요시하는 아나르코코뮌주의 방식을 강조했다.

> 프롤레타리아 대중은 조직이 따로 필요없다. 수천 명의 노동자들은 결합할 필요가 없다. 혁명은 다수가 이룩한 적이 없다. (……) 결사는 언제나 선동으로 이루어진다. 언어와 언론, 소책자, 책, 강력한 저항, 우리를 방해하는 모든 것들에 대한 단호한 대응 등을 통한 선동으로 이루어진다. 개인 선동이 비난거리가 되지는 않지만 그것은 불충분하고 불완전하다. 반면에 결사를 통한 선동, 대중 선동은 그보다 훨씬 더 강력하다.

이 시기에는 아나르코집산주의와 아나르코코뮌주의를 선전하는 소책자가 나돌기도 했다. 30쪽 분량의 《권위와 조직》(Autoridad y Organización)이라는 소책자는 1888년 바르셀로나에서 출간되었는데 글쓴이가 명시되어 있지 않다. 그런가 하면 테오발도 니에바는 다소 엉뚱한 제목의 책을 썼다. 그는 《사회문제의 화학 또는 혁명의 과학적 유기체》[36]라는 책에서 과학은 진리이고 과학에서 생존권과 노동권이 나온다고 주장했다. 그는 경제적 범주의 과학적 구성, 여성 해방, 자유연애, '혁명의 과학'을 신봉한 인물이었다. 이 책을 둘러싸고는 찬반이 엇갈렸다. 소설가 피오 바로하(Pío Baroja)는 '불합리하고 우스꽝스러운' 책이라고 비판한 반면에,[37] 저술가 알레한드로 사와(Alejandro

---

36) Teobaldo Nieva, *Química de la cuestión social ó sea Organismo científico de la revolución* (Madrid: Establ. tip. de Ulpiano Gómez, 1886).

37) Pío Baroja, *La caverna del humorismo* (Madrid: Rafael Caro Raggio, 1919), p.325.

Sawa)는 그것을 '자유지상주의자들의 경전'이라고 치켜세웠다.[38] 달마세스 힐(Dalmases Gil)은 《바르셀로나의 사회주의》라는 소책자[39]에서 바르셀로나의 다양한 혁명 세력, 곧 사회노동당과 아나르코집산주의, 아나르코코뮌주의를 다루었다. 이들 가운데 바르셀로나에서 가장 중요한 핵심을 이루고 방대한 조직을 갖추고 있었던 세력은 집산주의자들이었다. 반면에 아나르코코뮌주의자들은 수도 얼마 되지 않았고 그 조직도 변변찮았다.

그 무렵 아나르코집산주의를 주도한 대표적 인물은 인쇄공이자 저술가인 안토니 페이세르 파라이레였다. 1851년 2월 바르셀로나에서 태어난 그는 열두 살 때부터 에바리스트 우야스트레스가 경영하는 아카데미아인쇄소(Tipografía la Academia)에서 줄곧 인쇄공으로 일했다.[40] 1879년에는 바르셀로나인쇄공조합(Sociedad de Obreros Tipógrafos de Barcelona)을 창설하는 데 참여했고, 1881년에는 그 조합에서 이탈해 나간 '연대'(La Solidaria)라는 모임을 지도했다. 당시 연대에는 에스파냐노동자연맹 지도자들 상당수가 활동하고 있었다. 크로폿킨과 그라브를 추종하고 반산업주의자 윌리엄 모리스(William Morris)를 존경하던 그는 초창기 인터내셔널 회원들 가운데 한 명이었고 바쿠닌 계열의 사회민주동맹에서 중요한 역할을 했다. 그는 잡지 《아크라시아》를 창간하고 편집했다. 1891년에는 부에노스아이레스로 망명을 떠나 그곳에서 책과 잡지를 편집했다. 그가 저술한 저작 가운데 가장 유명한 것은 《대중회의》이다. 이 책은 1900년 부에노스아

---

38) Alejandro Sawa, *Iluminaciones en la sombra* (Madrid: Biblioteca Renacimiento, 1910), pp.62-63.
39) Felip Dalmases Gil, *El socialismo en Barcelona* (Barcelona: Lib. Ribera y Estany, 1890).
40) 안토니의 아버지는 1868년 9월 혁명 직후에 대중 시위를 벌이다 사망했다. 안토니는 국제노동자협회의 중요 지도자인 라파엘 파르가 페이세르의 사촌이자 그림을 그리는 아나키스트 조제프 유이스 페이세르의 조카이며 인쇄공 에우달드 카니벨의 친구였다.

이레스에서 《사회학에 관한 대중회의》라는 제목으로 출판되었다.[41] 이 책에는 사회학에 관한 그의 생각이 잘 나타나 있다. 그는 사회학을 인간과 인류 사회, 인류 사회의 구성, 인류 사회의 발전을 연구하는 학문이라고 생각했다.[42]

아나르코집산주의의 또 다른 핵심 인물은 프란세스크 토마스 올리베르였다. 1850년에 마요르카에서 태어나 1903년에 마드리드에서 사망한 그는 1883년 12월 27일부터 1885년 1월 15일까지 《사회평론》에 16편의 기사를 게재했다. 제목은 〈에스파냐 아나르코집산주의 사상의 탄생〉이었다. 이 기사들은 1979년에 '아나르코생디칼리슴의 역사적 기록'이란 부제를 달고 다른 잡지에 전재되었고[43] 최근 2018년에는 소책자로 출간되었다.[44] 토마스 올리베르는 이 글에서 제1인터내셔널 내부에 존재한 다양한 이념 논쟁과 복잡한 관계를 잘 소개하고 있다.

19세기 아나키즘 이론가들 가운데 카탈루냐인이 아닌 대표적 인물은 리카르도 메야이다. 1851년에 갈리시아 지방의 비고에서 모자 제조업자의 아들로 태어난 그는 1881년에 마드리드에 정착하여 에스파냐 노동자연맹에 참여했고 세라노 이 오테이사가 편집하는 《사회평론》에 글을 기고했으며 그의 딸과 결혼했다. 그 후 안달루시아에서 인쇄공으로 활동하다가 1894년에는 비고로 귀환했고 그곳에서 국내외 언론에 다양한 글을 기고하며 아나키즘을 확산시키는 데 이바지했다.

이 시기 아나르코집산주의와 관련하여 가장 흥미로운 인물은 의심할

41) Antoni Pellicer Paraire, *Conferencias populares sobre sociología* (Buenos Aires: Impr. Elzeviriana, 1900).
42) Josep Termes, *Historia del anarquismo*, pp.120-121.
43) Jaume Terrasa, "Francesc Tomás i Oliver: apunts històrics sobre l'anarcosindicalisme," *Randa*, nº 8 (1979).
44) Francesc Tomás Oliver, *Del nacimiento de las ideas anarco-colectivistas* (Mallorca: Calumnia Ediciones, 2018).

나위 없이 조제프 유나스 이 푸할스이다. 1852년에 카탈루냐에서 두 번째로 큰 도시인 레우스에서 검소한 케이크 전문점 가정의 아들로 태어난 그는 열 살 때 바르셀로나로 이사를 했고 인쇄소에서 일하기 시작했다. 그는 카탈루냐노동자문예원 교실을 드나들면서 민주적 가치와 연방공화제의 가치를 배웠고, 1868년 혁명 이후에는 카탈루냐의 자치와 반교권주의를 옹호하는 풍자 신문에 글을 기고하기도 했다. 이후 그의 삶은 파란만장했다. 1871년 파리코뮌 탄압 직후에 인터내셔널리즘에 관심을 기울이기 시작한 그는 노동자 단체에서 중책을 맡아 일했고, 1874년 파비아 장군의 쿠데타로 왕정이 복고된 이후에는 전차 운전수와 도배장이 생활을 했다. 나중에는 비누를 제조하기도 하고 카탈루냐 최초의 스포츠 신문을 창간하여 편집하기도 했다. 마지막에는 집산주의 계열 아나키즘 간부들이 일하는 아카데미아인쇄소[45]에서 인쇄공으로 일했다.[46]

앞서 얘기한 대로 에스파냐노동자연맹의 지도부에 참여한 유나스 이 푸할스는 당시 아나르코코뮌주의자들이 자행하던 폭력에 적극 반대했다. 교육과 과학을 통한 사회혁명의 길을 강력히 지지한 그는 안달루시아 아나키스트들의 불법 활동을 비난했다. 1881년에는 카탈루냐의 사회운동 역사에서 매우 중요한 잡지인 아나키즘 주간지 《라 트라몬타나》(La Tramontana)를 창간했다.[47] '대중적이고 진보적인 카탈루냐 자치주의를 수호하고 확산시키는 데 목적을 둔 《라 트라몬타

---

45) 당시 아카데미아인쇄소에는 그의 친구 라파엘 파르가와 안토니 페이셰르, 안셀모 로렌소, 페레 에스테베, 에우달드 카니벨, 하우메 토렌츠 등이 일하고 있었고, 월간지 《아크라시아》와 아나키즘 신문 《생산자》, 카탈루냐 자치주의 신문들(《디아리오 카탈란》, 《라 일루스트라시오 카탈라나》, 《라벤스》)을 이곳에서 출판하고 있었다.

46) Josep Termes, *Historia del anarquismo*, pp.122-126.

47) 1893년까지는 정기적으로 발간되고 그 이후 1896년까지는 간헐적으로 발간된 이 잡지는 온건한 아나키즘, 공화주의, 연방주의, 진보적 카탈루냐 자치주의, 자유사상, 프리메이슨, 반교권주의를 주로 다루었다.

나》는 자유사상이나 세속 교육과 같은 주제들에 상당한 지면을 할애했다. 이 잡지는 언어와 문화의 측면에서는 카탈루냐의 정체성을 수호하고 노동운동의 측면에서는 카탈루냐의 아나르코집산주의를 대변하는 잡지였다. 유나스 이 푸할스는 또한 가족과 다윈, 진화론, 계급 사회 같은 문제를 다룬《사회철학 연구》를 출간했다.[48] 그는 코뮌주의가 이상적이기는 하지만 노동의 산물은 노동자가 차지해야 한다고 주장했다. 그리고 혁명이 꼭 반란이나 무장 충돌을 의미하는 것은 아니며 파업을 한다고 해서 사회문제가 해결되는 것도 아니라고 생각했다. 아나키즘에 대한 그의 생각이 좀 더 분명하게 드러난 책은《사회문제》[49]이다. 이것은 자신이《라 트라몬타나》에 게재한 기사들을 모아 편집한 책이다. 그는 이 책에서 "아나키즘은 모든 권위의 폐지를 의미한다"고 정의했다. 아나키즘은, 그것이 "무질서와 소유 분배, 가족 해체"를 의미하기 때문에, 끊임없는 파괴와 야만의 상태를 불러일으킬 뿐이라고 비난하는 반동주의자들의 비판이 궤변에 불과하다고 그는 일축했다. 아나르코코뮌주의에 대해서도 반대 입장을 분명히 밝혔다. "능력에 따라 일하고 필요에 따라 분배한다"는 코뮌주의는 개인 소유를 전혀 인정하지 않고 개인을 사회에 종속시킨다고 비판했다. 반면에 '노동에 따른 분배'를 내세우는 집산주의는 개인이 노력하여 얻은 결과물을 개인 소유로 인정한다. 그는 여기에 한 가지 전제조건을 더 달았다. 모든 자연 재산에 대해서는 모든 사람이 동일한 권리를 지녀야 한다는 조건이었다. 따라서 토지와 노동수단, 광산, 채석장, 선박, 공장 등은 개인 소유가 될 수 없다고 강조했다.[50]

---

48) Josep Llunas i Pujals, *Estudios filosófico-sociales* (Barcelona: Tipografía La Academia, 1882).

49) Josep Llunas i Pujals, *Qüestions socials* (Barcelona: Tipografía La Academia, 1891).

50) Josep Termes, *Historia del anarquismo*, pp.124-126.

또 다른 아나르코집산주의 지도자 에우달드 카니벨은 1858년에 바르셀로나에서 태어났고 카탈루냐노동자문예원에서 교육을 받았다. 그는 자유사상가이자 연방제 공화주의자였고 카탈루냐 자치주의자였다. 그는 우야스트레스가 아카데미아인쇄소를 설립할 당시에 인쇄소에서 기계공으로 일하다가 1891년에 인쇄소가 도서관(Biblioteca Pública Arús)을 설립한 뒤에는 도서관에서 사서로 일하기 시작했다. 그곳에서 국제노동자협회 에스파냐 지부의 수기 서류와 의사록, 간행물, 우편물을 분류하고 보관하는 일을 했다. 1897년에는 조제프 유이스 페이세르와 더불어 카탈루냐교양원(Institut Català de les Arts del Llibre)을 설립했다. 그의 이력 가운데 특이한 점은 1876년에 일부 인사들과 더불어 카탈루냐과학여행협회(Associació Catalanista d'Excursions Científiques)를 설립하여 학생들과 인쇄공들을 위해 카탈루냐의 과학과 문예를 탐구하는 과학 여행의 기회를 마련했다는 것이다.[51] 에우달드 카니벨은 1883년에 노동자들이 창설한 '해방'이라는 이름의 프리메이슨에도 가입했다.

이 시기에는 아나키즘 운동과 프리메이슨의 관계가 무척 친밀했다. 두 운동의 관계는 1870~1871년에 노동자 잡지 《인류》(La Humanidad)를 중심으로 시작되었다. 1880년부터 1890년까지는 에스파냐노동자연맹 지도자 두 사람이 프리메이슨 회원일 정도였다. 안토니 페이세르 파라이레와 조제프 유나스 이 푸할스가 그들이다. 그뿐 아니라 1886년 이후 에우달드 카니벨, 호세 로페스 몬테네그로(José López Montenegro), 안셀모 로렌소, 후안 세라노 이 오테이사, 솔레닷 구스타보, 페르난도 타리다 델 마르몰, 테레사 클라라문트(Teresa Claramunt)

---

51) 이 단체는 한때 두 단체로 분리되었다가 1890년에 카탈루냐여행센터(Centre Excursionista de Catalunya)로 통합되었다. 카탈루냐여행센터는 오늘날까지 이어져 내려오고 있다.

등 상당수의 아나키스트들이 프리메이슨에 참여하고 있었다.[52] 이런 까닭에 이 당시 아나키즘 운동의 전투성을 프리메이슨과의 관계에서 찾는 사람도 있다.[53] 하지만 당시 프리메이슨에 가입하거나 프리메이슨 회원과 접촉한 아나키스트들은 대개 아나르코집산주의자들이었다. 반면에 아나르코코뮌주의자들은 이들의 관계를 곱지 않은 시선으로 바라보았다.[54]

1889년 무렵에는 프리메이슨 가입 여부를 둘러싸고 아나키스트들 내부에 열띤 논쟁이 벌어졌다. 결국 1893년부터 1896년까지 테러가 유행하게 되면서 아나키즘 운동과 프리메이슨의 우호관계는 더 이상 어렵게 되었다. 하지만 안셀모 로렌소는 프리메이슨과의 관계를 단절하지 않았다.

요컨대 1880년대에 카탈루냐 아나키스트들은 새로운 자유지상 인터내셔널을 창설하여 국제노동자협회의 과업을 계속 수행하려고 노력했고 이를 위해 1881년 런던 대회에 참석하기도 했다.[55] 하지만 런던 대회에서는 그들의 예상과 달리 새로운 아나르코코뮌주의 사상이 제시되었다. 게다가 "가능한 모든 수단을 동원하여 혁명 사상을 전파할 필요가 있다"는 결의문이 채택되었다. 폭력 전술을 탐탁지 않게 생각하고 있던 에스파냐노동자연맹 지도부는 이러한 대회 결의문에 공감하지 않았고 그 내용을 확산시킬 생각도 없었다. 에스파냐 국내의 아

---

52) Max Nettlau, *La Première*, pp.515-516; Palmiro de Lidia, *Evocando el pasado (1886-1891)* (Madrid: La Revista Blanca, 1927), p.138.

53) Enric Olivé, "El movimiento anarquista catalán y la masonería en el último tercio del siglo XIX. Anselmo Lorenzo y La Logia 'Hijos del Trabajo'," Actas del I Symposium de Metodología Aplicada a la Historia de la Masonería Española, Zaragoza del 20-22 de junio de 1983 (La masonería en la historia de España, 1989), p.134.

54) Josep Termes, *Historia del anarquismo*, p.132.

55) Teresa Abelló, *Les relacions internacionals de l'anarquisme català (1881-1914)* (Barcelona: Edicions 62, 1987) 참조.

나르코코뮌주의자들은 이러한 연맹 지도부를 몹시 못마땅하게 생각
했다.

이 시기 에스파냐 아나키즘은 아메리카, 특히 미국과 아르헨티나, 쿠
바에 중요한 영향을 끼쳤다. 미국에는 카탈루냐인 인쇄공 페레 에스테
베가 정착했고 아르헨티나에는 에스파냐의 경제 이주민 상당수가 정
착했다. 쿠바는 알다시피 1898년까지 에스파냐의 식민지였다. 쿠바의
아나키즘 운동은 에스파냐의 아나키즘 운동, 특히 카탈루냐의 운동
과 밀접한 관련 속에서 출발했다.[56]

---

56) 라틴아메리카 아나키즘에 관해서는 다음 저서들을 참고하라. Gonzalo Zaragoza,
    Anarquismo argentino (1876-1902) (Madrid: Ediciones de la Torre, 1996); Joan
    Casanovas Codina, *!O pan o plomo! Los trabajadores urbanos y el colonialismo
    español en Cuba, 1850-1898* (Madrid: Siglo XXI, 2000); Frank Fernández, *El
    anarquismo en Cuba* (Madrid: Fundación de Estudios Libertarios Anselmo Lorenzo,
    2000).

3장

개인주의 아나키즘과 테러

개인주의 아나키즘의 등장

아나르코코뮌주의자들이 두각을 나타낸 1890년대에는 그 가운데서도 특히 폭력을 추구하는 개인주의 아나키스트들이 세력을 떨쳤다. 권력자나 주요 인사들을 대상으로 한 폭력 행위가 혁명을 앞당길 것이라고 확신하는 아나키스트들이 이 시기에 개인이나 화친회 단위로 폭력을 꾀하기 시작했다. 개인주의 아나키스트라 함은 대개 이들을 일컫는다. 이 시기의 아나키즘 운동은 대개 부유층과 가톨릭교회를 대상으로 한 폭탄 테러와 요인 암살의 형태로 펼쳐졌다.

이는 국제무대에서도 마찬가지이다. 국왕과 황후, 총리, 상류층 인사들이 아나키스트들의 총과 폭탄, 단검에 쓰러졌다. 이를테면 1893년 12월 9일 아나키스트 오귀스트 바이양(Auguste Vaillant)이 프랑스의 하원에 폭탄을 투척하여 70여 명이 부상을 당했다. 그 이듬해 2월에는 상층 부르주아들이 자주 드나들던 파리의 한 카페에서 폭발이 일어나 1명이 사망하고 19명이 다쳤다. 범인은 아나키스트 에밀 앙리

(Emile Henry)였다. 재판을 받고 단두대에서 처형될 때 그는 불과 스물한 살이었다. 1894년 6월에는 이탈리아인 아나키스트 산테 카세리오(Sante Caserio)가 프랑스 대통령 사디 카르노(Sadi Carnot)가 타고 있던 차에 올라 그를 단검으로 찌르고 "아나키 만세!"를 외쳤다. 1897년 8월 8일에는 에스파냐 기푸스코아의 온천장에서 이탈리아인 아나키스트 미켈레 앙지올리요(Michele Angiolillo)가 쏜 총에 맞아 에스파냐 총리 카노바스 델 카스티요가 사망했다. 1898년 9월 1일에는 오스트리아-헝가리 제국의 황후 엘리자벳이 제네바에서 이탈리아인 아나키스트 루이지 루케니(Luigi Luchenni)가 휘두른 단검에 찔려 사망했다. 1900년 7월에는 이탈리아인 아나키스트 가에타노 브레시(Gaetano Bresci)가 이탈리아 북부의 몬차에서 국왕 움베르토 1세를 권총으로 암살했다.[1]

에스파냐에서는 아나키스트들의 테러가 특히 잔인했고 그 기간도 길었다. 그들의 주요 활동 무대는 바르셀로나였다. 1893년에는 왕정복고를 주도한 마르티네스 캄포스(Arsenio Martínez Campos) 장군을 겨냥한 테러가 발생하여 수행원 가운데 1명이 사망했다. 같은 해에 리세우극장에서는 폭탄 테러가 일어나 20명이 사망하고 27명이 부상을 당했다. 3년 뒤인 1896년에는 산타마리아델마르 교회의 성체 행렬 도중에 폭발물이 터져 12명이 사망하고 35명이 부상을 입었다.[2] 에스파냐에서 테러 활동 기간이 길었던 것은 나중에 살펴보겠지만 정

1) 이 사건들에 관해서는 Juan Avilés y Ángel Herrerín (eds.), El nacimiento del terrorismo를 참고하라.
2) 바르셀로나에서 발생한 테러에 관해서는 다음 저서들을 참고하라. Montserrat Caminal, El terrorismo anarquista en Barcelona. Antecedentes del Proceso de Montjuïc (1892-1896) (Universidad de Barcelona, 1972); Rafael Núñez Florencio, El terrorismo. 바르셀로나에서는 이런 테러 활동 외에도 공장이나 점포의 문에 성능이 약한 폭발물을 설치하거나 기업가와 현장감독을 습격하는 사례들도 있었다. 그런가 하면 안달루시아 지방의 농촌에서는 사보타주, 납치, 방화, 가축 독살, 습격 같은 폭력 행위도 발생했다.

부의 강력한 탄압과도 관련이 있다. 가혹한 정부의 탄압 사례로 흔히 1896년에 진행된 몬주익 재판을 꼽는다. 하지만 아나키스트들의 테러에 대한 정부의 탄압은 그에 앞서서도 진행되었다.

자본주의 체제를 종식시키거나 아니면 적어도 8시간 노동제와 3·8제[3]를 도입할 수 있으리라는 기대를 모은 1890년 노동절 시위가 실패로 돌아가고 정부의 탄압이 이어졌다. 소수의 과격파들이 보복 활동에 뛰어들기 시작한 것은 바로 이런 상황에서였다.

초기의 노동절

노동절은 1889년 7월 파리에서 열린 국제노동자대회에서 비롯되었다. 프랑스 혁명 100주년을 기념하여 열린 이 대회에 참가한 노동자 단체들이 제2인터내셔널을 창설하기로 결정하고 5월 1일을 시카고의 순교자들[4]을 기리는 날이자 노동절로 선포했다. 또한 정부에 8시간 노동제를 요구하기로 결정하고 노동자의 하루 24시간을 세 부분으로 나누어 일과 휴식과 여가 사이에 균형을 이루기를 바라는 3·8제 방안을 제안했다.[5] 노동절은 이처럼 8시간 노동제를 위한 파업과 밀접한 관련이 있었다.

---

3) 하루 24시간 가운데 8시간을 노동에 사용하고 8시간을 휴식에 사용하며 8시간을 여가나 문화에 사용하는 제도이다.
4) 1886년 5월 미국 시카고 헤이마켓 광장에서 진행된 노동 시위에 폭탄이 투척되었고 경찰과 민간인 사상자가 발생했다. 무고한 아나키스트들이 이 헤이마켓 사건의 용의자로 지목되었고 그들 가운데 일부가 1887년 11월 11일에 처형되었다. 처형된 순교자들 대부분이 독일 출신의 아나키스트들이었다. Susana Sueiro, "De Johann Most a Emma Goldman: el anarquismo en los Estados Unidos de América," Juan Avilés y Ángel Herrerín (eds.), El nacimiento, pp.79-102.
5) Boletín de la Unión General de Trabajadores de España, mayo de 1932.

에스파냐에서는 이듬해인 1890년 5월부터 노동절 행사를 개최하기 시작했다. 하지만 그것을 개최하는 전략적 관점과 이론은 생디칼리스트들과 아나키스트들, 사회민주주의자들 사이에 서로 달랐다. 이를테면 마드리드에서는 파블로 이글레시아스(Pablo Iglesias)와 사회노동당이 노동절을 축제일로 삼고 당국에 청원서를 제기했다. 반면에 아나키즘과 비정치적 생디칼리슴이 지배적인 카탈루냐에서는 노동절을 8시간 노동제의 즉각적인 실현과 더불어 보편적 사회혁명을 위한 출발점으로 간주했다. 그들은 노동자계급이 사회를 주도하는 사회변혁, 곧 혁명의 수단으로 혁명적 총파업을 구상하기 시작했다.[6]

사회민주주의자들은 노동절을 축제일로 삼고 당국에 청원서를 제출했다. 그들이 청원한 내용은 5월 2일자 《사회주의자》에 잘 나타나 있다. 8시간 노동제, 14세 미만 아동노동 금지, 14~18세 청소년 노동 시간 제한(6시간), 주당 최소 36시간의 연속 휴식 보장, 도급제 노동 금지, 현물 지급과 식료품 지급 금지, 노동자들이 절반을 차지하는 노동 기준 감독관단 신설이 그것이다. 여기서 눈여겨봐야 할 것은 8시간 노동제이다. 8시간 노동제는 노동자에게 휴식과 배움을 위한 시간과 단체 활동을 위한 시간을 더 많이 제공하고 실업 노동자의 취업을 장려하자는 데 목표가 있었다.[7]

반면에 아나키스트들은 노동자들이 사회혁명을 완수할 때까지, 곧 '국가와 자본과 종교'를 타도할 때까지 '노동 축제'를 열 수 없다는 입장을 보이고 있었다.[8] 그들은 의식화 집회를 열고 무기한 총파업을 소집하는 데 총력을 기울였다. 그들의 목표는 8시간 노동제나 어린이와 여자를 위한 노동 입법 같은 데에 있지 않고 공정하고 평등한 사회를

---

6) Josep Termes, *Historia del anarquismo*, p.139.
7) *El Socialista*, 2 de mayo de 1890.
8) *El Porvenir del Obrero*, 28 de abril de 1905.

건설하는 데 있었다. "정의에 굶주리고 목마른 자들, 곧 일을 해도 먹을 것이 없는 자들이 사회문제를 해결해야 한다"면서 그들은 노동자들의 '직접행동'을 옹호했다.[9]

노동절에 대한 이러한 해석 차이가 1890년 노동절을 기념하는 데서부터 나타났다. 특히 바르셀로나에서 그 대비가 잘 드러났다. 사회주의자들과 직물공장 3대 노동자들(Tres Clases de Vapor)[10]은 평화적 시위와 성명을 지지한 반면에 아나키스트들은 8시간 노동제를 쟁취할 때까지 이어질 총파업을 주도하고 싶어 했다. 아나키즘 주간지 《라 트라몬타나》는 "8시간 노동, 8시간 교육과 여가, 8시간 휴식. 이것이 모든 문명의 언어로 모든 국가마다 울려 퍼질, 전 세계에 흩어진 노동자들 수백만 명의 열정을 불러일으킬 노동절의 연합공식"이라고 밝혔다.[11] 또 다른 아나키즘 주간지 《생산자》는 〈시위가 아닌 파업〉이라는 4월 30일자 기사에서 이를 좀 더 분명히 밝혔다.

자유는 요청하는 것이 아니라 쟁취하는 것이다. 개선은 겸손하게 호소해서 얻는 것이 아니라 강력히 요청해서 얻는 것이다. (……) 따라서 자신들의 활동을 한 가지 중대한 개선, 곧 8시간 노동제를 실현하기 위해 시위를 하고 당국에 청원서를 제출하는 데 국한하는 사람들은 서툴러 보인다. (……) 앞서 말했다시피 8시간 노동제는 평화적인 시위와 비굴하고 무익한 청원으로 실현되는 것이 아니라 압박을 통해서 쟁취하게 된다. 파업이 일종의 압박이다. 우리는 시위가 아니라 파업을 원한다.[12]

---

9) Manifiestos de los grupos anarquistas a los trabajadores de Jerez, 22 de agosto de 1891. Archivo General Militar de Segovia, S-9, C2362, exp. 18854.
10) 증기를 동력원으로 사용하는 직물공장의 방적공, 직물공, 일용직 노동자를 일컫는다.
11) *La Tramontana*, 25 de abril de 1890.
12) "Huelga, no manifestación," *El Productor*, 30 de abril de 1890.

이러한 움직임에 군사 당국은 예외 조치를 취하고 4월 26일과 4월 30일 사이에 바르셀로나와 그 인근에 병력과 치안대를 집중 배치했다. 시위 분위기가 카탈루냐의 마을들로 확산되어 나갔고 바르셀로나 주지사는 4월 30일에 집회와 시위를 금지하는 법령을 공포했다.

바르셀로나에서는 노동자들이 5월 1일 아침 첫 시간부터 노동을 중단하고 티볼리극장으로 집결했다. 극장에서는 사회주의 단체가 기획한 행사가 열렸다. "도시는 축제 분위기로 들떴고 파업은 전면적이어서 문을 연 가게는 한 곳도 없었다. 전철도 운행되지 않았으며 거리에 탈 것이라고는 하나도 보이지 않았다." 10시 30분에는 시위가 시작되었고 선두에는 붉은색 대형 깃발이 나부꼈다. 군중들은 람블라스 대로와 인근 거리를 따라 팔라우 광장까지 행진했다. 2만~2만5천 명에 달하는 노동자들이 시청사에 이르러 루이스 안투네스 시장에게 성명서를 건넸다. 군중은 정오 무렵에 행진을 마치고 평화롭게 흩어졌다.[13]

같은 날 오전에 아나키스트들은 테투안 광장에 모였고 오후에는 포블레섹 구역 내의 카롤리나스 광장에 모였다. 광장에 모인 노동자들 200여 명은 파업을 무기한 계속하기로 하고 시위에 돌입했다. 시간이 지나면서 시위대가 불어나기 시작했고 불어난 시위대는 론다스와 람블라스 거리로 진행하면서 총파업을 외쳤다. 람블라데산타모니카 거리에 다다를 무렵에는 시위대가 2천 명으로 불어났다. 이윽고 치안대가 시위대를 난폭하게 해산시켰다.

이튿날 5월 2일에는 카탈루냐 전역에 걸쳐 파업이 펼쳐졌다. 오전 첫 시간에 아나키스트 노동자들이 테투안 광장에 집결하자 치안대가 그들을 강압적으로 해산시켰다. 오후 4시에는 계엄령을 선포한다는

---

13) Josep Termes, *Historia del anarquismo*, p.142.

중앙정부의 발표가 있었고, 오후 5시에는 주지사가 그의 권한을 군사 당국에 양도했다. 육군 대장 블랑코는 반란 집단에게 해산 명령을 내리고 그들을 군법회의에 회부하겠다고 위협했다. 9천 명에 달하는 바르셀로나 수비대에 예이다와 타라고나, 팔마데마요르카에서 온 병력이 합세했다. 3일에는 그라시아전차회사가 경찰의 보호를 받으며 운행을 재개했다. 차량 일곱 대가 차고지에서 나왔지만 공격을 받고 다시 차고지로 돌아가야 했다. 그런 가운데 소요가 발생했다. 노동계 지도자들이 체포되기 시작했고 체포된 사람들은 몬주익 성으로 이송되었다.

4일은 일요일이었다. 이날 사용자와 노동자 대표자들 사이에 협상이 시도되었다. 블랑코 장군의 압력에 따라 진행된 협상이었다. 밤에는 카누다 거리에 위치한 노동진흥청 바르셀로나 지부에서 폭발물이 터졌다. 시간이 지나면서 체포 작업이 효과를 발휘하기 시작했고, 그에 따라 파업은 약화되었다. 일부 대기업에서는 업무를 재개했다. 7일과 8일에는 바르셀로나의 일부 공장과 지역에서 협상이 시도되었다. 9일에는 다시 소요가 발생했고 블랑코 장군은 소요를 진정시키기 위해 체포된 사람 25명을 석방하기로 결정했다. 일부 구역 노동자들이 19일까지 저항을 벌이기는 했지만 8시간 노동제는 쟁취하지 못한 채 5월 12일 월요일에 파업은 거의 끝이 났다.[14]

별다른 성과를 거두지 못하고 파업이 실패로 돌아가면서 두 가지 변화가 생겼다. 우선 온건한 사회주의자들과 급진적인 아나키스트들 사이에 감정의 골이 더 깊어졌다. 이를테면《생산자》는 7월 4일에 '사회주의 신문'이라는 기존의 부제를 '아나키즘 신문'으로 바꾸고 "우리가

---

14) 이상 파업의 전개 과정에 관해서는 *Diario de Barcelona*, del 2 al 6 de mayo de 1890; Josep Termes, *Historia del anarquismo*, pp.143-144 참조.

싸워야 할 사람들과 우리 자신을 더 이상 혼동하고 싶지 않기 때문에 '사회주의'라는 수식어를 더 이상 사용할 수 없다"고 밝혔다. 이어서 아나키스트들의 활동에도 변화가 나타났다. 일부 아나키스트들이 국가나 권력 집단과 관련이 있는 인물이나 건물을 상대로 테러를 일삼기 시작했다. 이듬해 2월 지방정부 청사와 예수회 학교, 의원 저택에서 연이어 터진 폭발 사건들이 이를 잘 보여 준다.[15] 노동절 직후의 실제 현실과 혁명의 꿈 사이의 깊은 괴리감이 개인 테러 활동을 자극한 것으로 보인다. 적극적인 아나키스트들 일부가 아나키즘의 원대한 목표와 거리가 먼 현실의 절망감 속에서 개인 폭력에 호소하기 시작했다.

한편 마드리드에서는 1891년 3월 22~25일에 노동자 확대회의가 열렸다. 파블로 이글레시아스를 비롯한 사회주의 대표들과 조제프 파미에스(Josep Pàmies)를 비롯한 카탈루냐 개혁주의 대표들도 회의에 참석했다. 참석자들 대다수는 물론 아나키스트들이었다. 과격한 노선을 주장하는 아나키스트들이 회의를 주도했다. 회의는 연맹위원회 본부를 바르셀로나에 두기로 하고 바르셀로나 출신의 페레 마르바(Pere Marbà)를 위원장으로 선출했다.[16]

하지만 이후 열린 노동절 행사는 이렇다 할 반향을 불러일으키지 못했다. 1891년에는 노동절 행사가 열렸지만 별다른 특이 사항이 없었고, 1892년에는 대중 시위가 금지되는 바람에 행사마저 제대로 개최하지 못했다. 1893년 노동절 행사는 정상적으로 치러졌다. 1894년에는 테러의 위협을 느낀 당국이 헌법이 보장하는 기본권을 정지시키는 바람에 사회주의자들만 노동절을 기념할 수 있었다.

---

15) *Diario de Barcelona*, 6 de mayo de 1890.

16) Josep Termes, *Historia del anarquismo*, pp.144-145.

헤레스 사건

한편 에스파냐 남부 카디스 주에서는 1892년 1월 8일 밤에 농민들 수백 명이 "아나키 만세, 착취 종식, 부르주아 타도"를 외치면서 헤레 스델라프론테라(헤레스로 줄임)로 진격했다. 도시로 진군하는 과정에서 공격 대원 1명과 현지인 2명이 사망했다. 이른바 '헤레스 사건'이 발생했다. 사건에 가담한 농민들 대다수는 농장 노동자들이었고 아나르코 코뮌주의 이론으로 무장한 무산자회 회원들이 주류를 이루었다.[17]

당시 헤레스 농민들의 처지는 절망적이었다. 가난한데다가 일자리도 부족했고 불법이 횡행하고 있었다. 당시 이베리아반도 남부에서는 봉기가 자주 일어났는데 그 원인은 농민들의 가난에 있었다. 그런데 당국은 이 문제를 치안대를 파견하는 것으로 '해결'해 왔다.[18] 가혹한 탄압으로 대응해 온 것이다. 앞서 살펴본 흑수단 사건을 통한 탄압이 그 대표적인 사례에 해당한다.

아나키스트들은 1891년 말에 이미 20여 개의 화친회들을 헤레스에 조직해 두었다. 이 화친회들이 농장 노동자들에게는 물론이고 제빵업자들과 과수 재배 농가들에게도 일정한 영향을 미치고 있었다.[19] 이듬해 1월 초에는 자금을 모으고 거사를 준비했다. 당시 테러를 자행했다는 허위 고발을 당해 교도소에 수감 중이던 페르민 살보체아가 이들의 거사를 막으려고 시도했지만 그 지도자들은 살보체아의 조언을 듣지 않았다. 이탈리아 아나키즘 이론가인 에리코 말라테스타가 도착할 때까지 기다려 보자는 제안을 그들은 무시했다. 아나르코 코뮌주의를 선전하기 위해 에스파냐를 방문한 이탈리아인 아나키스

---

17) Juan Avilés Farré, *La daga*, pp.213-215.
18) *El Corsario*, nº 90, 14 de febrero de 1892; *El Productor*, 21 de septiembre de 1893.
19) 하지만 좀 더 나은 사회적 지위를 향유한 포도 재배 농가들과는 거리를 두었다.

트 말라테스타가 마드리드에서 집회를 마치고 안달루시아를 순회하고 있었다.

농민들 수천 명이 헤레스 시를 탈환하여 죄수를 석방하고 사회혁명을 실현하기 위해 헤레스에서 5킬로미터 떨어진 카울리나 평지에 집결했다. 헤레스 진군을 조직한 인물은 '엘 마드릴레뇨'(el Madrileño)[20]라는 별명으로 잘 알려진 펠릭스 그라발로(Félix Grávalo)였다.[21] 나중에 경찰의 첩자로 밝혀지는 인물이다. 1892년 1월 8일 밤 11시 30분쯤 600여 명이 "부르주아 타도, 사회혁명 만세!"를 외치며 도심으로 진격했다. 보병 1개 연대와 기병 1개 연대, 치안대, 시경찰이 병영을 점령하는 그들을 막아섰다. 바로 그때 '엘 마드릴레뇨'가 갑자기 자취를 감췄고 공격하던 무리들은 오합지졸이 되어 퇴각하는 수밖에 없었다.[22]

사건이 진행되던 날 밤에 이미 400명 넘게 체포되었고 산으로 도망친 사람들은 며칠이 지나지 않아 체포되었다. 당국은 저지대 안달루시아, 곧 안달루시아 서부의 노동자센터들을 폐쇄하고 관련자들을 군사재판에 회부했다. 이 사건을 군사 반란으로 간주한 것이다. 군법회의는 '부시키'로 통하는 마누엘 페르난데스 레이나(Manuel Fernández Reina)와 '엘 레브리하노'로 알려진 마누엘 실바 레알(Manuel Silva Leal)을 암살범으로 지목하고 그들에게 사형선고를 내렸다. '엘 마드릴레뇨'가 지도자로 지목한 호세 페르난데스 라멜라(José Fernández Lamela)와 안토니오 사르수엘라(Antonio Zarzuela)에게도 반란의 주범

---

20) '마드리드 사람'이라는 뜻이다.
21) 헤레스 진군에 가담한 자들은 인근의 아르코스델라프론테라, 그라살레마, 엘푸에르토데산타마리아, 보르노스, 트레부헤나, 레브리하, 베나오카스, 우브리케에서 온 사람들이었다. 그들은 대략 1,500명에서 2,000명에 달했고, 몽둥이와 낫, 칼, 엽총으로 무장했다. 여기에 헤레스 내부 집단들이 가세했다.
22) 자세한 내용은 José Aguilar, *El asalto campesino a Jerez de la Frontera en 1892* (Jerez: Centro de Estudios Históricos Jerezanos, 1984)을 참고하라.

이라는 죄목으로 사형을 선고했다. 이들 네 명은 그해 2월 10일에 곤장으로 처형을 당했다. 마누엘 카로는 동료들이 처형되던 날 감방에서 갑자기 사망했고, 펠릭스 그라발로와 안토니오 곤살레스 마시아스(Antonio González Macías), 호세 로메로(José Romero)는 종신형을 언도받았다. 사건의 주범으로 분류된 8명을 당국은 매우 신속하게 처벌했다. 사건이 일어난 지 한 달 정도밖에 되지 않았다.

바르셀로나의 아나키즘 주간지 《생산자》는 2월 4일에 열린 군법회의 소식을 다루면서 이 사건에 다음과 같은 의미를 부여했다.

> 헤레스 사건은 소규모 국지전에 지나지 않는다. 이 국지전에서 일부 용감한 자들이 희생을 당했다. 하지만 이들의 희생으로 (……) 고통 받는 자들과 노동자들에게 우리의 관심을 집중하게 됐다. 대중의 정의감과 복수심이 고양되면서 이들의 희생은 프롤레타리아계급의 사랑을 받는 순교자이자 사회적 해방 과업을 완수하기 위한 깃발이 되었다.[23]

1892년 11월 말에 열린 두 번째 재판에서는 사건 당시 이미 교도소에 수감돼 있던 페르민 살보체아에게 반란을 교사했다는 죄로 12년형을 선고했고, 9명에게는 종신형을 언도했으며, 8명에게는 8년에서 20년에 이르는 징역형을 내렸다.

두 차례에 걸친 군법회의의 결과를 종합해 보면 전체 315명의 피고 가운데 4명이 사형을 당했고 1명이 사망했으며 12명이 종신형을 언도받았다. 8명은 징역형을 구형받았고 246명은 불기소되었다. 29명은 사면을 받았고 15명은 출석을 거부했다. 피고들의 4분의 3은 농업 노동자들이었고 그들 가운데 3분의 2는 일용직 노동자들이었다. 피고들의

---

23) *El Productor*, 11 de febrero de 1892.

70퍼센트 가량은 아나키스트들이었다.[24]

비센테 블라스코 이바녜스의 소설에 주인공으로 등장하는 살보체아는 카디스의 부유한 집안에서 태어났다. 열다섯 살에 영국으로 유학을 떠난 그는 런던에 머물면서 토머스 페인(Thomas Paine)을 만나 국제주의 혁명가로 전향했다. 그 후 로버트 오언을 만나 코뮌주의자가 되었고 찰스 브래들로(Charles Bradlaugh)를 만나 무신론자가 되었다. 귀국 후 이사벨 2세에 대한 반대 음모를 꾸미기도 했고 1873년 제1공화국 시기에는 연방제 공화주의자이자 지방분권주의자로 변신했다. 1874년부터 8년 동안 감옥살이를 하다가 모로코로 도피한 그는 국왕 알폰소 12세의 서거를 맞이해 단행된 사면조치로 1886년에 다시 에스파냐로 돌아올 수 있었다. 그는 귀국 후 다른 사건에 연루되어 다시 교도소에 수감되었고 1899년에 석방되었다. 평생을 아나키즘의 사도이자 가난한 이들의 아버지로 살다가 65세가 되던 1907년 9월 카디스에서 세상을 떠났다. 그의 죽음에 많은 사람들이 애도를 표시했다.[25]

헤레스 사건에 대한 해석은 천년왕국 운동의 일환으로 보는 해석에서부터 주기적으로 일으켜 온 농민 봉기의 일환으로 보는 관점과 아나키스트들의 행동을 통한 선전 운동으로 보는 관점에 이르기까지 다양하다. 이 사건을 천년왕국 운동의 일환으로 보는 사람들은 혁명을 위해 구체적인 계획을 세우거나 준비를 하지 않은 가운데 갑자기 새로운 사회가 도래하기를 바란 점을 강조한다. 이는 일견 타당한 측면이 없지는 않지만 도시로 진군한 농민들이 구체적인 목표도 없이 그렇게 하지는 않았을 것이다.[26] 또한 이 사건에 참여한 농민들 가운데는 그

---

24) Antonio Cabral Chamorro, "Un estudio sobre la composición social del anarquismo en Jerez de la Frontera, 1868-1923," *Historia Social*, nº 42-43 (1987).

25) Miguel Iñiguez, *Esbozo*, p.547.

26) Eric Hobsbawm, *Rebeldes primitivos: estudio sobre las formas arcaicas de los movimientos sociales en los siglos XIX y XX* (Barcelona: Ariel, 1959) 참조.

것을 자신들의 비참한 처지를 개선하기 위해 이따금씩 벌여 온 안달루시아 농민들의 여느 봉기쯤으로 생각하고 참여한 농민들도 있었을 것이다. 그렇다고 해서 이를 다른 목표를 갖고 참여한 다른 사람들에게까지 확대 적용할 수는 없을 터이다. 헤레스 점령 사건이 애초에는 이탈리아인 아나키스트 말라테스타나 카피에로가 주장하는 봉기와 흡사했다. 그것이 비록 의도한 목적을 달성하지는 못했지만 잠들어 있는 대중들을 일깨우고 그들에게 사회혁명의 길이 어떠한지를 보여 주기에는 충분한 사건이었다.[27] 아나키즘 언론은 기회를 놓치지 않고 자신들의 이념을 선전했다. 이를테면 아코루냐에서 발간하는 아나키즘 주간지 《해적》(El Corsario)은 헤레스 순교자들이 흘린 피로 해방의 이념이 되살아났다고 이 사건을 평가했다. 또한 사형을 당한 호세 페르난데스 라멜라가 "아나키즘 사상의 순교자로 죽는 것이기 때문에 기꺼이" 죽는다고 말했고, 안토니오 사르수엘라도 "우리는 승리하게 될 운동의 순교자들이다"라고 외치며 죽었다고 소개했다.[28]

개인 테러와 몬주익 재판

1890년 노동절 파업 이후 안달루시아에서는 물론이고 카탈루냐에서도 폭력 활동에 중대한 변화가 생겨났다. 특히 바르셀로나에서 그러했다. 이때부터 정계와 재계의 주요 인사와 주요 정치 단체나 종교 단체를 대상으로 개인 테러 행위가 등장하기 시작했다. 이는 앞서 언급

27) Juan Avilés, "Milenarismo y propaganda por el hecho: la marcha anarquista sobre Jerez de 1892," Juan Avilés (coord.), *Historia, política y cultura. Homenaje a Javier Tusell* (Madrid: UNED, 2009), vol. 1, pp.183-212.
28) *El Corsario*, nº 90, 14 de febrero de 1892.

했다시피 개인주의 아나키즘이 집산주의아나키즘(또는 아나르코집산주의)을 압도한 가운데 나타난 현상이었다. 에스파냐에서 상당 기간 공존해 온 이 두 부류의 아나키즘은 자유, 반국가주의, 반군국주의, 비정치주의, 반교권주의 같은 가치를 공유하면서도 이념과 조직, 전술에서 차이를 보였다. 집산주의아나키즘은 사회주의에 이념적 기반을 두고 노동자 단체와 공동체 같은 단체를 중시했다. 반면에 개인주의 아나키즘은 정체성의 기초를 자유주의에 두고 혁명적 성격을 지향했다. 전자는 대중 조직에 기반을 둔 반면에, 후자는 의식이 투철한 개인들로 이루어진 소규모 집단을 중시했다. 전자는 문화와 교육을 통한 노동자들의 의식화를 주장한 반면에, 후자는 과격한 행동을 통한 대중의 각성에 호소했다. 전자는 구체적 목표를 달성하기 위한 수단으로 협상과 동원과 파업을 선호한 반면에, 후자는 과격한 봉기를 선택했다. 전자는 조직을 중시한 반면에, 후자는 개인적 자유를 강조했다. 요컨대 개인주의 아나키스트들은 대중보다 개인을 앞세우고 집단 활동보다 개인 활동을 우선시하는 경향이 있었다.[29]

개인주의 아나키스트들은 대체로 탁월한 인물을 본받는 경향을 보인다. 에스파냐의 개인주의 아나키스트들은 프랑스인 아나키스트 프랑수아 쾨닝스타인(François Koeningstein)을 그런 인물로 삼았다. '라바숄'(Ravachol)로 더 잘 알려져 있던 프랑수아 쾨닝스타인은 불우한 어린 시절을 보내다가 아나키스트들과 접촉하기 시작했다. 그러면서 가난을 벗어나기 위해 좀도둑질에 손을 대기 시작했다. 이 좀도둑질이 시간이 지나면서 밀매와 지폐 위조, 암살로 발전했다.

그의 명성이 자자해진 것은 1891년의 이른바 '클리시 사건'(Affaire

29) José Álvarez Junco, "Los dos anarquismos," *Cuadernos de Ruedo Ibérico*, nº 55/57 (enero-junio de 1977).

Clichy) 때문이다. 1891년 노동절을 기념하여 일부 아나키스트들이 파리 외곽의 르발루아 시위에 참가했고 경찰과 대치한 가운데 총격전이 벌어졌다. 결국 3명이 체포되어 클리시경찰서에 인도되었고 검사가 그들에게 사형을 구형했다. 하지만 법원은 징역형을 선고했다. 아나키즘 언론이 이 사건을 대서특필했고 라바숄과 일부 아나키스트들은 보복 활동에 나섰다. 경찰서 폭파를 시도하고 재판관 집에 폭발물을 설치하기도 했다. 라바숄은 사형을 구형한 검사의 집에 폭발물을 설치했다. 그 폭발물이 터지는 바람에 건물이 붕괴되고 7명의 부상자가 발생했다. 이 사건으로 라바숄은 종신 노역형을 선고받았다.

사건은 여기서 끝나지 않았다. 클리시 사건 이전에 그가 범한 암살 사건과 무덤 훼손 사건이 알려지게 됐다. 그는 그 사실을 인정하면서도 일을 해서는 먹고살 수 없어서 그랬고 아나키즘 운동을 지원하기 위해서 그랬다고 자신이 벌인 행위의 정당성을 항변했다. 하지만 그는 결국 사형을 언도받는데, 그 순간 그는 당당하게 "아나키 만세!"라고 외쳤다.[30]

이 사건이 에스파냐에 끼친 영향은 대단했다. 공권력과의 대립, 부당한 판결, 탄압, 고문을 겪고 있던 에스파냐 아나키스트들에게 라바숄의 언행이 무척 실감나게 느껴졌을 것이다. 1892년 11월 11일 라바숄이 처형되자 추모하는 사람들이 에스파냐 전역에서 그를 기리기 시작했다. 이를테면 헤레스에서는 자신들이 따라가야 할 길을 제시해 주었다며 그의 희생을 '형제들의 희생'으로 기렸다. 산페르난도, 마르체나, 오수나, 페롤, 아코루냐 등지에서도 마찬가지였다. 그들은 민주 국가이자 '모범 공화국'인 프랑스가 범죄를 저질렀다고 강조했다.[31]

---

30) Lucía Rivas Lara, "El terrorismo anarquista en Francia," Juan Avilés y Ángel Herrerín (eds.), *El nacimiento*, pp.58-62.
31) *El Productor*, 10 de diciembre de 1891.

그림 6 신문 표지에 실린 리세우극장 테러 장면(1893년)

에스파냐에서 발생한 최초의 개인 테러는 1893년 9월 24일에 일
어난 파울리노 파야스(Paulino Pallàs)의 폭탄 테러라고 볼 수 있다.
1862년에 캄브릴스에서 태어난 파야스는 그때 서른한 살이었다. 석판
인쇄공이던 그는 결혼을 해 자녀 셋을 두고 있었다. 그가 겨냥한 인물
은 쿠데타를 일으켜 공화정을 종식시키고 알폰소 12세의 부르봉 왕조
를 복고시킨 카탈루냐의 육군 대장 마르티네스 캄포스였다. 그가 참
여하고 있던 군사 행렬을 향해 폭탄 두 발을 투척했다. 그 결과 2명이
사망하고 여러 명이 다쳤다. 파야스는 피하거나 도망치기는커녕 프롤

레타리아 모자를 공중에 내던지며 "아나키 만세!"를 외쳤다. 그는 나중에 혼자 그 일을 감행했다고 밝혔다. 그는 사형 언도를 받고 그해 10월 7일에 총살형을 당했다. 당국은 이 사건을 빌미로 대대적인 아나키스트 검거에 나섰다. 당시 상당수의 아나키스트들이 몬주익 성에 투옥되어 재판을 받았다.[32]

하지만 곧 이보다 더 중대한 사건이 발생했다. 파야스가 처형된 지 한 달이 지난 1893년 11월 7일에 바르셀로나에 거주하고 있던 산티아고 살바도르(Santiago Salvador)가 바르셀로나 리세우극장 5층에서 무대 정면 바닥의 관람석을 향해 폭탄 두 발을 던진 것이다. 당시 리세우극장에서는 오페라 시즌 개막 행사로 로시니의 작품을 공연하고 있었다. 그가 던진 폭탄 가운데 한 발은 불발되고 다른 한 발이 터졌다. 20명이 사망하고 27명이 부상을 입었다.[33] 이 사건으로 바르셀로나 사회는 충격에 빠졌다. 곧 체포의 물결이 이어졌고 11일에는 기본권마저 정지되었다.[34] 헌법이 보장하는 기본권이 정지되었기 때문에 경찰은 이듬해 12월 31일까지 체포와 수색을 계속할 수 있게 되었다.[35] 1893년 12월 중순까지 체포된 자가 300명을 넘어섰고 이듬해 1월에는 바르셀로나 교도소에 투옥된 자가 500명으로 늘었다. 체포는 바르셀로나뿐 아니라 마드리드, 발렌시아, 세비야, 카디스 같은 다른 도시들에서도 이루어졌다. 당시 구속자 수가 얼마나 많았으면 바르셀로나 교도소들이 차고 넘쳐 항구에 정박 중인 선박을 임시 구치소로 사용

---

32) *Diario de Barcelona*, del 25 al 30 de septiembre de 1893; Josep Termes, *Historia del anarquismo*, pp.149-151; Ángel Herrerín López, *Anarquía*, pp.92-98.

33) Ángel Herrerín López, *Anarquía*, p.98; Josep Termes, *Historia del anarquismo*, p.151.

34) 헌법상의 권리 정지 조치는 공공질서가 위협받을 때 정부가 취할 수 있는 조치 가운데 하나다.

35) Eduardo González Calleja, *La razón de la fuerza*, p.273.

해야 할 정도였다.[36] 구속된 자들 대부분은 카탈루냐인이었으며 발렌시아인과 아라곤인도 일부 있었다. 흥미롭게도 이때 이탈리아인 35명과 프랑스인이 3명, 불가리아인 1명도 구속되었다. 여성도 1명이 구속되었다.[37]

이때 존재하지도 않은 파야스의 '공범'에 대한 재판이 시작되었다. 1894년 4월 29일 마드리드에서 군법회의가 열렸고 그 회의에서 재판관은 조제프 코디나(Josep Codina)와 마누엘 아르크스(Manuel Archs), 조제프 사바트(Josep Sàbat), 조제프 베르나트(Josep Bernat), 마리아 세레수엘라(Marià Cerezuela), 하우메 소가스(Jaume Sogas)가 사형을 언도받았다. 종신형을 선고받은 자들도 있었다. 코디나와 아르크스, 사바트, 베르나트는 곧 처형되었고 몇몇은 고문을 당하기도 했다.[38]

리세우극장 테러의 범인인 산티아고 살바도르는 1894년 1월 2일 사라고사에서 체포되었다. 그는 자신이 단독 테러범이라고 주장했고[39] 부르주아 사회를 타도하고 아나르코코뮌주의를 실현하는 게 자신의 꿈이라고 밝혔다.[40] 사형 언도를 받은 그는 1894년 11월 21일에 곧장으로 처형을 당했다. 사형장에서 그가 남긴 마지막 말은 "사회혁명 만세! 모든 종교 퇴치! 아나키 만세!"였다. 그리고 '민중의 아들'이라는 아나키즘 찬가를 불렀다.[41]

---

36) *Diario de Barcelona*, 19 de diciembre de 1893; Ángel Herrerín López, *Anarquía*, p.100.
37) Josep Termes, *Historia del anarquismo*, p.151.
38) *Diario de Barcelona*, 1 y 21 de mayo de 1894; Josep Termes, *Historia del anarquismo*, p.151. 경찰의 사건 조작과 고문에 관해서는 Ángel Herrerín López, *Anarquía*, pp.101-104를 참고하라.
39) *El Imparcial*, 2 de enero de 1894. 한편 파야스의 테러와 리세우극장 테러가 관련이 있지 않나 하는 문제 제기가 있었지만 사가스타가 주재한 각료회의는 둘 사이에 연관성이 없는 것으로 결론을 내렸다(*Diario de Barcelona*, 11 de noviembre de 1893). 이에 관해서는 Ángel Herrerín López, *Anarquía*, pp.104-106을 참고하라.
40) *La Vanguardia*, 7 de noviembre de 1993.
41) Ángel Herrerín López, *Anarquía*, pp.116-117.

한편 당국은 재판을 진행하면서 테러범을 군 형법으로 다스려야 할지 일반 형법으로 다스려야 할지 고민에 빠졌다. 파야스의 테러에서는 치안대원 1명이 사망했기 때문에 그 사건을 그나마 군법회의에서 다룰 수 있었겠지만 리세우 폭탄 테러는 군인 희생자가 없었는데도 일반 법정보다 더 신속하게 처리되는 군법회의에서 사건을 다루었다. 하지만 이보다 더 근본적인 문제는 법적인 근거였다. 1870년에 공포된 에스파냐 형법에는 폭발물 관련 규정이 없었다. 법을 제정할 당시에는 폭발물 관련 범죄가 없었던 것이다. 이에 법을 개정하기보다는 특별법을 제정해야 한다는 목소리가 보수주의 언론과 자유주의 언론에서 터져 나왔고, 특히 '반아나키즘 특별법'을 제정하자는 목소리가 높았다.[42] 결국 사가스타 정부의 종교사법부 장관이 반아나키즘법을 발의했고 1894년 7월 10일에 통과되었다. 1870년 형법의 공백을 메운 반아나키즘법의 골자는 폭발물로 인명을 살상하거나 공공건물을 훼손시킨 자는 사형이나 종신형에 처한다는 것이었다.[43] 당국이 이제 아나키즘을 탄압할 법적 근거를 갖추게 된 셈이다.

파야스가 고위급 장성에 대한 테러로 당국에 위해를 가하고 살바도르가 리세우극장에 대한 테러로 부르주아계급을 위협한 것이라면 1896년 6월 6일 칸비스누스 거리를 지나가던 산타마리아델마르 교회의 성체 행렬에 대한 폭탄 테러는 교회에 대한 공격이었다. 테러 결과 12명이 사망하고 60명 넘게 부상을 입었다. 사상자들은 모두 마을 주민들이었다. 하지만 이 테러의 공격 목표는 사실 주민들이 아니라 가톨릭교회였다. 아나키스트들은 교회가 평등의 이상을 포기한 채 권력

---

42) *El Imparcial*, 12 de noviembre de 1893.
43) *Gaceta de Madrid*, 11 de julio de 1894. 이 무렵 다른 유럽 국가들, 이를테면 이탈리아, 독일, 프랑스에서도 이와 유사한 내용의 법률을 갖추고 있었다. 이에 관해서는 Ángel Herrerín López, *Anarquía*, pp.108-110을 참고하라.

그림 7 산타마리아델마르 교회 성체 행렬 폭탄 테러(1896년)

계층의 편의를 도모하는 관료 기구로 전락했다고 파악하고 있었다.[44]

이 테러의 범죄가 워낙 끔찍하고 잔인해서 비난 여론이 들끓었다. 언론들은 정치적 성향과 상관없이 이구동성으로 특단의 조치를 취하라고 주문했다. 범행을 저지른 아나키스트들은 물론이고 아나키즘 사상을 공언하는 자들과 아나키즘 사상 자체를 강경하게 탄압해야 한다는 주장들이 터져 나왔다.[45] 의회의 여론도 별로 다르지 않았다.

이러한 여론은 아나키스트들을 탄압하기에 더할 나위 없이 좋은 구실이 되었다. 사건이 발생하자마자 경찰은 즉각 용의자 체포에 들어갔고 그해 12월 17일까지 한시적으로 시민들에게 부여하는 기본권 정지 조치를 단행했다.[46] 지역 언론이 보도한 내용에 따르면 사건이 발생한

44) Ángel Herrerín López, *Anarquía*, pp.129-130.
45) *La Vanguardia*, 9 de junio de 1896; *Diario de Barcelona*, 10 y 11 de junio de 1896; Ángel Herrerín López, *Anarquía*, p.130.
46) *Diario de Barcelona*, 9 de junio de 1896.

다음 날 경찰이 38명을 구속했고 12일에는 80명을 구속 수감했으며 22일에는 무려 193명을 구속했다. 공식 자료에 따르면 구속자 수가 총 424명에 달했다.[47] 역사가 앙헬 에레린 로페스(Ángel Herrerín López)는 이를 두고 아나키스트는 물론이고 공화주의자, 사회주의자, 프리메이슨 요원, 자유사상가, 노동자 단체 회원, 일반 학교 교사 등을 무차별적으로 구속 수감했다고 평가했다.[48]

이 테러는 사실 어처구니가 없는 사건이어서 아나키즘 역사가들도 그 사건이 아나키즘과 관련이 멀다는 어감으로 서술했다. 하지만 오늘날 라몬 셈파우(Ramon Sempau)의 증언이나 리카르도 메야와 조제프 프랏(Josep Prat), 루돌프 로커(Rudolf Rocker), 디에고 아밧 데 산티얀(Diego Abad de Santillán)의 저서들을 통해 알려져 있다시피 폭탄 테러의 범인은 프랑스인 아나키스트 프랑수아 지로(François Giraut)였다. 로커에 따르면 지로는 사건 발생 직후 프랑스로 도망쳤다. 하지만 몇 달 뒤에 몬주익에서 고문이 진행되고 있다는 소식을 접하고 양심의 가책을 느낀 그는 당시 파리에 있던 샤를 말라토와 페르난도 타리다 델 마르몰을 찾아가 범행 사실을 털어놓았다. 그들은 그에게 군법회의에 출두하여 무고한 자들을 구출하는 것이 좋겠다고 조언했다. 하지만 그는 그 조언을 듣지 않고 아르헨티나로 망명을 떠났다. 그곳에서 그는 아나키즘 세계와 인연을 끊고 지냈다.[49]

한편 바르셀로나에는 무시무시한 탄압의 시대가 시작되었다. 기본권이 정지되고 혐의자들 수백 명이 몬주익 성에 수감되었다. 안셀

47) *Diario de Barcelona*, 8 de junio de 1896; *La Vanguardia*, 12 y 22 de junio de 1896; Ángel Herrerín López, *Anarquía*, p.133.
48) Ángel Herrerín López, *Anarquía*, p.134.
49) Rudolf Rocker, *En la tormenta: años de destierro* (Buenos Aires: Tupac, 1949), pp.60–64; Diego Abad de Santillán, *Memorias (1897-1936)* (Barcelona: Planeta, 1977), p.100; Josep Termes, *Historia del anarquismo*, p.152.

모 로렌소, 페르난도 타리다 델 마르몰, 페레 마르바 쿠엣(Pere Marbà Cullet), 조제프 유나스 이 푸할스, 발도메로 오예르 타라파(Baldomero Oller Tarafa), 테레사 클라라문트 같은 카탈루냐의 아나키즘 이론가들도 마찬가지였다. 수감자들 가운데 일부는 끔찍한 고문을 당했고 사망자들도 나왔다.

교회 성체 행렬에 대한 폭탄 테러를 다루는 군사재판은 1896년 12월 11일에 시작되었다. 용의자들 가운데 131명은 약식 재판으로 처리했다. 대다수가 아나키스트들이었다. 나머지 87명은 정식 재판에 회부되었다. 1897년 4월 최종 판결에서 재판부는 주범으로 몬 토마스 아셰리(Tomás Ascheri)와 공범으로 간주한 4명(몰라스, 노구에스, 알시나, 마스)에게 사형을 언도하고 20명에게는 10~20년에 이르는 징역형을 선고했으며 나머지 62명은 무죄 석방했다.[50] 당초 검찰이 구형한 내용(사형 28명, 종신형 59명)에 비해서는 대폭 누그러진 판결이었다. 사형 판결을 받은 다섯 명에 대한 형집행은 1897년 5월 4일 새벽에 이루어졌다. 당시 몬주익 성에 수감되어 있던 자들의 증언에 따르면 사형수들은 마지막 순간에 "민중! 우리는 무죄다!"라고 외쳤다고 한다.[51]

이른바 몬주익 재판으로 알려진 이 재판은 부당한 재판과 가혹한 판결로 잘 알려져 있다. 이를테면 주범이 아닌데도 마르세유 태생의 이탈리아인 노동자 토마스 아셰리를 별다른 증거도 없이 주범으로 몰

50) Ángel Herrerín López, *Anarquía*, p.143. 이들은 곧 영국으로 추방당했다. 이때 조안 문세니는 비밀리에 탈출하여 부인 테레사 마녜와 마드리드에 정착했다. 그는 마드리드에서 재심 청구를 위한 자료를 모으고 재판의 부당함을 알리는 폭로 활동을 벌였다. 한편 몬주익 재판에서 살아남아 부르고스와 아프리카 교도소에 수감된 생존자들은 석방 탄원서를 냈다. 그 탄원서가 1900년 2월에 발간된 《백색평론》에 실렸다. 이에 실벨라 정부는 1900년 4월에 감형 조치를 단행했다. 이때도 석방된 자들은 곧 영국으로 추방되었다. 그들 가운데 일부는 얼마 뒤 카탈루냐로 돌아왔고 나머지는 전 세계 곳곳으로 흩어졌다.

51) Ángel Herrerín López, *Anarquía*, p.146.

아 사형시켰다.[52] 특히 피고들의 학대 행위 폭로는 광범한 국제적 저항 운동을 불러일으켰다. 저항운동은 파리와 런던에서 특히 강하게 일어 났다. 에스파냐 정부에 대한 국제적 반발도 거세게 일었다. 당시 에스 파냐 정부는 또 다른 일로 비난을 사고 있었다. 쿠바와 필리핀의 독립 운동가들에 맞서 게릴라전을 수행하고 있었던 것이다. 얼마 뒤 미국 과의 전쟁에서 에스파냐는 패배하고 식민지는 해방을 맞이하게 된다. 이런 상황 속에서 공화주의 정치인 알레한드로 레룩스(Alejandro Lerroux)가 편집하는 신문 《진보》(El Progreso)가 몬주익에서 자행된 고문을 폭로했다. 몬주익 성에 있다가 부유한 가족의 도움으로 석방된 타리다 델 마르몰도 파리에서 이 사실을 폭로했다. 이 밖에도 탄압과 고문을 다룬 책들이 속속 출간되었다.[53]

당시 피고들 대다수는 수공업자였다. 구속된 자들 가운데 직업이 알려진 289명의 직업을 분석한 결과 12.5퍼센트는 직물공업 노동자 들이었고 건설노동자들의 수도 엇비슷했다. 그리고 제화공이 11.1퍼센 트, 인쇄공이 5.5퍼센트에 달했다. 나머지 절반 정도는 제빵업자, 교사, 마차 제작자, 수위, 재봉사, 모자 제조업자, 선술집 주인, 폐품수집상 등 공업과 관련이 없는, 그야말로 다양한 직종의 사람들이었다.[54] 여 기에 변호사였던 페레 코로미네스(Pere Coromines)도 포함되어 있었

52) 그가 주범이 아니라는 사실을 앙헬 에레린 로페스가 잘 정리해 주고 있다. Ángel Herrerín López, Anarquía, pp.147-152.
53) Ricardo Mella y Josep Prat, La barbarie gubernamental en España (New York: El Depertar, 1897); Fernando Tarrida del Mármol, Les inquisiteurs d'Espagne. Montjuic. Cuba. Philippines (Paris: P. V. Stock, 1897); Guillermo Núñez de Prado, Los dramas del anarquismo (Barcelona: Editorial Maucci, 1904); Fernando Cadalso, El anarquismo y los medios de represión (Madrid: Romero, 1896); Manuel Gil Maestre, El anarquismo en España y en especial en Barcelona (Barcelona, 1897); Ramon Sempau, Los victimarios. Notas relativas al proceso de Montjuich (Barcelona: Manente y Cia, 1900).
54) Antoni Dalmau, El Procés de Montjuïc. Barcelona al final del segle XIX (Barcelona: Editorial Base, 2010). Josep Termes, Historia del anarquismo, p.160에서 재인용.

는데 흥미롭게도 그를 위해서는 '좋은 가문'의 대학 친구들이 증언을 해주기도 했다.[55]

그런데 이러한 직접행동과 테러는 어디에서 비롯된 것일까? 이에 관해 에스파냐 아나키즘 운동사를 연구한 조제프 테르메스는 다음과 같은 설명을 내놓았다. 그 무렵 사회혁명을 추진하는 방식을 놓고 두 가지 노선이 대립하고 있었다. 교육과 노동운동 조직에 기반을 둔 점진적 방식과 폭력 활동을 수단으로 삼는 급진적 방식이 그것이다. 전자는 마르크스주의의 세례를 받은 사회민주주의 세계에서, 후자는 자유지상주의 세계에서 더 많은 각광을 받았다. 직접행동과 테러는 바로 후자에서 비롯되었다. 부르주아 사회를 타도하고 개인 소유와 사회계급이 없는 평등 사회를 만들겠다는 사회혁명의 열망이 급진적 방식인 직접행동과 개인 테러로 표출되었다.[56]

그렇다면 직접행동을 이끈 사람들은 어떤 사람들이었을까? 그들의 인간적 측면에 관해서는 사실 알려진 바가 거의 없다. 하지만 그나마 다행스럽게도 안토니 달마우와 조제프 테르메스가 그들 가운데 한 사람에 관해 꽤 많은 정보를 제공해 주고 있다.[57] 그는 바로 마르티 보라스 이 호베르(Martí Borràs i Jover, 1845~1894년)다. 보라스는 바르셀로나 주의 이괄라다에서 직물공의 아들로 태어났다. 청력이 약해서 '청각장애인'으로 알려진 그는 그라시아로 이주했고 제화공이 되었으며 아나키즘 운동가가 되었다. 1869년에 아나키즘 운동가 프란체스카 사페라스(Francesca Saperas, 1851~1933년)와 결혼했고 슬하에 열 명의

---

55) Joaquín Romero Maura, *La romana del diablo. Ensayos sobre violencia política en España* (Madrid: Marcial Pons, 2000), p.17.

56) Josep Termes, *Historia del anarquismo*, pp.160-161.

57) Antoni Dalmau, "Martí Borràs i Jover (1845-1894) o el primer comunismo libertario," *Revista de Igualada*, 26 (2007), pp.14-31; Josep Termes, *Historia del anarquismo*, pp.161-164.

자녀를 두었다. 아나키즘 저술가인 페데리카 몬세니는 가난한 가운데
서도 동지들을 돌보며 살아간 이들 부부의 생활을 이렇게 소개하고
있다.

사페라스는 몬주익 재판으로 불행을 맞이하기 이전에는 아나키스트들
의 어머니이자 바르셀로나에서 박해받는 자들의 보호자였다. 집에는 언
제나 한두 명 또는 세 명의 동지들이 유숙했다. 그들은 이탈리아인이거나
에스파냐인 혹은 프랑스인이었고 가난했다. 사페라스는 남편과 그녀의
세 딸, 그녀 자신이 벌어들이는 수입으로 어렵게 생계를 유지했다.[58]

보라스는 국제노동자협회와 에스파냐노동자연맹에 가입하여 활동
했다. 처음에는 집산주의자였던 그가 1875년 9월 무렵 에리코 말라테
스타가 바르셀로나를 방문한 뒤부터 크로폿킨이 제네바에서 발행하
던 간행물 《반역》(Le Révolté)과 장 그라브가 발행하던 격주간지 《반
역》(La Révolte)을 정기구독하면서 차츰 아나르코코뮌주의로 돌아
섰다. 보라스가 속한 그라시아의 코뮌은 1883년에 이미 안달루시아
의 무산자회에 호의적인 태도를 보였다. 그라시아 코뮌에는 재봉사 에
밀리 우가스(Emili Hugas)도 있었다. 보라스와 우가스는 아나르코코
뮌주의 격주간지 《인간의 정의》(La Justicia Humana)와 《토지와 자유》
(Tierra y Libertad)를 발간했고 아나르코코뮌주의 도서관을 운영했다.
두 사람은 이 도서관을 통해 그라브와 크로폿킨의 소책자들을 발간
했다. 집산주의자들과 코뮌주의자들 사이에 벌어진 격렬한 논쟁은
1890년 무렵 코뮌주의자들의 승리로 마무리 되었다. 에스파냐 역사가

---

58) Federica Montseny, "Francisca Saperas ha muerto," *Solidaridad Obrera*, 29 de
agosto de 1933.

호세 알바레스 훈코(José Álvarez Junco)가 1891년에 에스파냐 전국을 돌아본 말라테스타의 여행을 '승리의 여행'이었다고 서술한 것은 바로 이를 염두에 두고 한 말이다.[59]

보라스는 파야스의 폭탄 테러가 발생한 다음 날 체포되어 몬주익 성으로 이송되었다. 10월 15일에는 레이나아말리아 거리에 있는 바르셀로나 교도소에 수감되었다. 그는 자신의 불확실한 운명을 놓고 괴로워하다가 총살형을 며칠 앞두고 5월 9일에 스스로 목숨을 끊었다.

한편 남편을 잃은 사페라스는 마르세유 태생의 이탈리아인 아나키스트 토마스 아셰리를 자신의 집에 숨겨 주었다. "그녀는 금발이었고 날씬했다. 나이가 쉰 살 정도였다. 그때 아셰리는 스물여덟이었다. 둘은 서로 사랑했다." 사페라스가 스물두 살 연하의 아셰리를 사랑했다는 이 이야기는 안토니 달마우의 글[60]에 나오는 대목이다. 그녀가 사랑한 아셰리는 1896년 5월 성체 행렬 폭탄 테러 이후 체포되어 고문을 받고 1897년 5월 4일에 몬주익 성에서 처형되었다. 아셰리가 교도소에 수감된 이후 사페라스와 그녀의 딸 살룻도 구속되었다. 살룻은 아나키스트 유이스 마스(Lluís Mas)의 연인이었다. 유이스 마스도 체포되어 총살당했다. 아셰리와 마스가 총살당하기 전날 오후에 사페라스와 살룻 모녀는 같은 몬주익 성에서 두 사형수와 각각 혼례를 올렸다. 사페라스와 살룻은 남편들이 처형되고 1년을 더 옥살이 한 다음에 석방되었다. 곧 이어 해외로 추방당한 두 여인은 1897년 6월 12일에 47명의 다른 아나키스트 무리와 더불어 프랑스로 이주했다. 그들은 1897년 12월 17일자 사면으로 바르셀로나에 귀환이 허용될 때까지 마르세유에서 살다가 이듬해 2월 말에 바르셀로나로 돌아왔다. 살

---

59) José Álvarez Junco, *La ideología*, p.367.
60) Antoni Dalmau, "Martí Borràs," p.29.

룻은 프랑스인 아나키스트 옥타브 잔(Octave Jahn)과 다시 결혼했고 사페라스의 둘째 딸 안토니에타는 몬주익에서 유죄를 선고받은 조안 밥티스타 오예(Joan Baptista Ollé)의 배우자가 되었다. 사페라스는 1912년에 딸 안토니에타 부부와 부에노스아이레스로 이주했고, 1914년에 다시 바르셀로나로 귀향했으며, 1919년에는 살룻과 더불어 살기 위해 그녀가 살고 있는 멕시코로 건너갔다가 1923년에 다시 귀국했다. 바르셀로나에서 아나르코생디칼리스트 테레사 클라라문트와 함께 산 사페라스는 1933년 여든둘 나이로 생을 마감했다.[61] 보라스와 사페라스는 그야말로 파란만장한 인생을 살았다.

개인 테러의 물결은 1897년 8월 8일 총리 안토니오 카노바스 델 카스티요 암살로 절정에 다다랐다. 카노바스 델 카스티요는 기푸스코아주 산타아게다 온천장에서 여름휴가를 보내다가 변을 당했다.[62] 범인은 이탈리아 인쇄공 미켈레 앙졸리요였다. 군 관계자가 희생되지도 않았고 폭탄이 아니라 권총을 사용했음에도 앙졸리요는 군법회의에 회부되었고 약식재판을 거쳐 8월 20일에 교수형에 처해졌다. 그야말로 신속한 처형이었다. 앙졸리요는 몬주익 재판에 대한 보복으로 정의를 실현한 것에 만족한다고 밝혔다. 그리고 마지막 순간에 '제르미날'이라는 말을 내뱉었다.[63] 1880년대 중반에 발간된 프랑스 자연주의 작가 에밀 졸라(Émile Zola)의 소설 제목이기도 한 '제르미날'은 프랑스 혁명력 제7월, 곧 '파종의 달'이라는 뜻을 담고 있다. 그는 필시 땅에 흘러내린 피로 수많은 사람들의 마음속에 자신의 사상이 '파종되어' 사회혁명의 결실을 거두게 되기를 바랐을 것이다.

61) Lola Iturbe, *La mujer en la lucha social y en la guerra civil española* (Madrid: Tierra de fuego & La Malatesta, 2012), pp.72.
62) *El País*, 9 de agosto de 1897.
63) *El País*, 10, 12, y 16 de agosto de 1897; Ángel Herrerín López, *Anarquía*, p.159.

앙졸리요는 사실 국왕을 암살하려 했다고 설명했다. 뜻을 이루지 못하자 희생양으로 카노바스 델 카스티요를 선택했다. 그는 몇몇 국제 아나키스트들의 경제적 지원을 받았다. 지원자들 가운데는 부유한 의사이자 쿠바의 독립운동가 베탄세스도 있었다.[64] 하지만 에스파냐인들의 지원은 없었다. 바르셀로나에서는 일부 사람들이 그에 대해 프랑스 고전을 읽고 오페라의 아리아를 부르는 괴짜라고 생각했고 마드리드에서는 아나키스트들조차 그에게 별다른 관심을 기울이지 않았다. 그는 단독으로 테러를 벌였다.

이상에서 살펴본 개인 테러들이 결국 에스파냐 아나키즘 운동 자체에도 큰 변화를 가져다주게 된다. 조제프 테르메스는 카노바스 델 카스티요의 암살 사건으로 과격한 허무주의 단계가 끝나고 개인 폭력에 대한 불신이 생겨났으며 급진적인 노동운동이 해체되기 시작했다고 정리했다.[65] 《라 트라몬타나》나 《생산자》 같은 아나키즘 잡지들이 탄압에 의해 사라졌고, 페레 에스테베는 미국으로 망명을 떠나고 페이세르 파라이레는 부에노스아이레스로 망명을 떠났다. 그동안 불법 활동이나 허무주의와 싸워 온 조제프 유나스 이 푸할스는 1896년 6월 12일자 《라 트라몬타나》에 다음과 같은 기사를 싣고서 카탈루냐 노동운동과 일찌감치 작별을 고했다.

리세우극장 테러나 이번 테러와 같은 폭탄 테러 활동은 아나키스트들의 과업이 아니다. 아나키스트들이 파괴를 위한 파괴를 불러오는 수단을 지원해서는 안 된다. (……) 이제 테러 활동에 마침표를 찍을 때가 됐다.

---

64) Frank Fernández, La sangre de Santa Águeda. Angiolillo, Betances y Cánovas (Miami: Ediciones Universal, 1994), pp.92-93; Francesco Tamburini, "Michele Agiolillo e l'assassinio de Cánovas del Castillo," Spagna Contemporanea, nº 9 (1996), pp.101-130.

65) Josep Termes, Historia del anarquismo, p.164.

(······) 아나키즘과 테러의 문제는 이념의 문제가 아니라 정직의 문제라고 생각한다. 우리 자신이 정직하지 않다고 생각되는 사람들과 혼동되지 않기 위해서는 공적 생활을 접고 한적한 곳으로 물러나서 이념 자체에 대한 사랑을 고백하고, 한 치의 타협도 허용하지 않는 테러와 같은 일탈 행위에 대해 안타까워해야 한다. 그렇게 하지 않는다면 우리 자신은 부정직한 죄인이 되고 만다.[66]

유나스 이 푸할스와《라 트라몬타나》는 사실 진작부터 테러 활동에 대해서 부정적 입장을 밝혀 왔다.《라 트라몬타나》는 1892년 2월 12일에 헤레스에서 발생한 사건들에 관해 이렇게 선언했다.

노동자계급은 헤레스의 소동을 반기지도, 그것에 공감하지도 않았다. 그것은 무분별한 것을 넘어 생뚱맞고도 맹목적인 행위였다. 특히 카탈루냐의 노동자계급은 다른 무엇보다도 공격을 바라는 사람들이 주장하는 엉뚱한 이유들에 대해 공감하지 않으며 광기에 쉽사리 빠져들지 않는 상식도 충분히 지니고 있다. (······) 헤레스의 공격자들은 그 의미를 제대로 수용한 아나키스트들이 아니었다. 따라서 우리는 레알 광장의 폭발물 테러를 자행한 자가 아나키스트일 것이라고 생각하지 않는다.[67]

같은 해 5월 1일 유나스 이 푸할스는 바르셀로나의 노베다데스극장에서 폭탄 테러에 반대하는 연설을 했다.

노동자계급이 절박하게 바라는 첫 번째 열망은 법률 제정으로뿐 아니

---

66) *La Tramontana*, 12 de junio de 1896.
67) *La Tramontana*, 12 de febrero de 1892.

라 실제적이고도 적극적인 방식으로 8시간 노동제를 쟁취하는 것입니다. 다른 어떤 목표, 심지어는 사회혁명을 달성할 때와 마찬가지로 이 목표를 달성하기 위한 폭탄 테러에 전적으로 반대합니다. 우리가 이것을 반대하는 이유는 폭탄 테러가 노동자계급의 이해관계와 배치되고 그것을 반대하는 것이 노동자계급 운동을 지원하는 일이라고 생각하기 때문입니다.[68]

그런데 이처럼 폭탄 테러를 혐오해 온 그와《라 트라몬타나》가 리세우 극장 폭탄 테러로 위기에 직면하게 됐다. 그 사건과 모종의 연관이 있다고 생각한 경찰이 그를 체포하고《라 트라몬타나》를 발간하던 자택을 수색했다. 아무것도 찾아내지 못했지만, 유나스 이 푸할스는 교도소에 수감되고 잡지는 1896년 7월에 폐간되고 말았다.

에스파냐 아나키즘의 특징

에스파냐 아나키스트들은 1868년부터 1910년까지 상당수 외국인 저자들의 책을 번역하고 편집했다. 이때 각광을 받은 대표적인 외국인 저자들은 프루동, 크로폿킨, 그라브, 르클뤼, 말라토(Charles Malato), 말라테스타, 바쿠닌, 고리(Pietro Gori), 포르(Sébastien Faure), 파브리(Luiggi Fabri) 등이다. 이 밖에 톨스토이, 콩트, 스펜서, 니체, 다윈, 슈티르너 같은 진보적인 저자들의 책도 번역 출간했다. 그중에 가장 많은 저작이 번역된 이는 프루동이었다. 당시 번역 출간된 책들을 에스파냐 역사가 호세 알바레스 훈코(José Álvarez Junco)가 자신의 책《에

---

68) *La Tramontana*, 6 de mayo de 1892.

스파냐 아나키즘의 정치이데올로기(1868-1910)》에 저자별로 잘 정리해 놓았다.[69]

이들의 사상을 수용하면서 형성된 에스파냐 아나키즘에는 몇 가지 뚜렷한 특징이 나타난다.[70] 먼저 에스파냐 아나키즘은 다양하고 다면적이며 절충적이다. 이런 점에서 아나키즘은 마르크스주의와 다르다. 마르크스주의는 문화나 문학, 예술을 해설할 때는 물론이고 사회적, 경제적, 정치적 사건과 현실을 분석할 때도 변화가 없이 반복적인 일정한 틀을 갖고 한다. 마르크스주의자들은 언제나 고전적인 저자들, 곧 마르크스와 엥겔스, 레닌, 스탈린이 내린 정의를 판단 기준으로 삼는다. 따라서 가치 판단을 할 때는 언제나 이들이 한 말을 정확하게 인용해야 한다. 그런가 하면 에스파냐 아나키즘은 다양한 흐름들을 집대성한 사상이다. 그래서 경우에 따라서는 반대되는 내용도 들어 있다. 몇 가지 기본 원칙만 받아들이면 모두 아나키즘의 범주에 들어간다. 그 몇 가지 기본 원칙은 단순하고 일반적이다. 정부의 부정과 권력과 권력자에 대한 비판, 정당의 배격, 과학과 이성의 신뢰, 자유연애, 계급과 생산수단의 개인 소유가 없는 자유롭고 평등한 사회에 대한 이상이 그것들이다.

에스파냐 아나키즘은 18세기 이래 유럽에서 제기된 '진보적' 주장들이라면 무엇이든지 자신들의 상상계에 받아들여서 종합하고 대중화했다. 계몽사상가들, 특히 기성 종교의 신화를 벗겨낸 볼테르와 볼니 백작(Comte de Volney), 돌바흐(Paul Henri Dietrich d'Holbach)의 유물론, 프랑스혁명의 원리, 프루동으로 비롯되는 19세기 사회정치 개혁의

---

69) José Álvarez Junco, *La ideología*, pp.634-655.
70) 알바레스 훈코가 자신의 저서 제1부에서 이를 심도 있게 분석하고 있다. 조제프 테르메스는 그가 분석한 내용을 잘 정리해 주고 있다. 여기서는 조제프 테르메스가 정리한 내용을 간략히 소개한다. Josep Termes, *Historia del anarquismo*, pp.174-181.

흐름들, 진화론자들(특히 다윈), 슈티르너는 물론 기독교를 부정하는 니체와 그의 초인에 이르는 개인주의자들, 범죄학자들, 사회적 결정론자들이 그들이다. 신맬서스주의가 절정에 다다른 다음에는 산아제한과 성 위생법, 매춘 비판, 평화주의, 반군국주의, 비폭력, 자유학교, 적극적 교육, 지리, 민족학, 진보적인 문학과 예술 사조 등을 수용했다.

앞서 인용한 알바레스 훈코의 책은 안셀모 로렌소, 리카르도 메야, 안토니 페이세르 파라이레, 조제프 유나스 이 푸할스, 레오폴도 보나푸야(Leopoldo Banafulla, 조안 밥티스타 에스테베의 필명), 솔레닷 구스타보, 페데리코 우랄레스(조안 문세니의 필명), 조제프 프랏 등 아나키즘을 확산하는 데 기여한 주요 인물들의 저서와 팸플릿을 분석하고 언론 보도를 풍부하게 인용하면서 에스파냐 아나키즘 이론을 상세하고도 완벽하게 연구한 작품이다. 로렌소는 개인과 사회의 관계, 진화론 비판, 권력에 대한 비판, 반정치주의, 생디칼리슴에 우선적인 관심을 보였고, 메야는 미래 사회의 경제조직(집산주의)에, 살보체아는 군국주의와 애국주의에 대한 공격에, 로페스 몬테네그로(José López Montenegro)는 반교권주의와 총파업에, 프란세스크 페레르(Francesc Ferrer Guardia)는 교육과 생디칼리슴과 반교권주의와 반군국주의에, 아소린(Azorín, 호세 마르티네스 루이스의 필명)은 반군국주의와 범죄학에, 세바스티안 수녜(Sebastián Suñé)는 코뮌주의와 조직의 자발성에, 테레사 클라라문트는 반정치주의와 페미니즘에, 솔레닷 구스타보는 교육과 페미니즘에, 타리다 델 마르몰은 사회문제의 과학적 관점과 권력에 대한 비판과 반정치주의에, 조안 문세니(페데리코 우랄레스)는 도덕적 비판과 폭력과 교육에 관심을 두었다.

다음으로 철학적 차원에서 보자면 에스파냐 아나키즘의 기초는 개인과 자연발생적 집단의 절대적 자유에 있다. 그 권위가 종교에서 비롯된 것이든 국가에서 비롯된 것이든 아나키즘은 모든 권위에 맞서 자유를 수호한다. 인정할 수 있는 유일한 권위는 과학의 권위뿐이다. 사회 속의 개인은 자유롭고 사회는 개인을 강제할 수 없다. 인간 개인은 생명과 쾌락과 노동에 대한 절대적 권리를 지닌다. 요컨대 인간은 신에 대해 반란을 일으킨 존재다. 인간 위에 아무것도 없고 인간은 동료들과 자유롭게 협약을 체결할 수 있어야 한다.

아울러 사람이 사람답기 위해서는 자기 의지와 자의식의 소리에 귀를 기울이는 것이 중요하다. 이런 점에서 일부 아나키즘은 (노동조합의 세계와 거리가 먼) 극단적 개인주의로 치닫기도 한다. 이러한 극단주의를 바로 잡아주는 데 필요한 것은 인도주의와 사회적 협동이라는 관념이다. 아나키즘은 이렇듯 개인주의와 코뮌주의의 복잡한 조합으로 이루어진다. 리카르도 메야와 페르난도 타리다 델 마르몰이 '수식어가 없는 아나키즘'이란 표현을 만들어 내기도 했다.[71] 이는 아나르코집산주의자들과 아나르코코뮌주의자들 간의 쓸데없는 논쟁을 피하기 위해 만들어 낸 표현이다.

의식이 있는 개인은 사회에 대항하지 않고 사악한 삼위일체(신, 국가, 자본)에 맞선다. 대부분의 저자들은 아나키즘을 극단적 자유주의와 합리주의, 반국가주의로 파악한다. 이들에 따르면 인간은 권위에 대항하고 궁극적으로는 인과응보의 신에 맞선다. 이러한 인식은 초창기 바쿠닌주의자들의 저작에 특히 잘 드러나 있다. 그들은 인간, 정의, 이성, 자연, 과학을 중시한다.

에스파냐 아나키즘은 그것이 법과 종교와 광신적 행위로 타락하기 전에는 인간의 본성이 선하다는 원리를 강조했다. 아나키즘에서 주장하는 '선(善) 이론'(buenismo)은 사회적 결정론 및 진화론 자체와 곧잘

---

71) Fernando Tarrida del Mármol, "Anarchism Without Adjectives," *La Révolte*, vol. 3, no. 51 (1890).

충돌한다. 일반적으로 선은 자연의 선, 자연적인 것의 선과 동일하다. 여기서 딜레마는 "인간은 본디 선한가, 아니면 상황에 따라서 선하게도 되고 악하게도 되는가"하는 것이다. 안셀모 로렌소가 주장했다시피 아나키스트들은 대개 "선은 자연적이고 일반적인 제일의 충동이고 악은 특정한 상황의 산물"이라고 본다.[72] 한편 자연 속에 원리로 존재하는 조화는 생물학과 천문학에서부터 정치사회 조직에 이르기까지 매우 다양한 분야와 관련이 있다. 인간의 열정들이 조화를 이루지 못하고 서로 갈등을 일으킨다면 그것은 편견과 억압에서 비롯된 것이다. 아나키즘 사회에서는 그 열정들이 조화롭게 해결될 것이다. 정의는 자연 질서의 궁극적인 특징이다. 위계 및 불평등과 대립되는 정의는 개인 권리의 평등과 상호성으로 나타난다. 요컨대 에스파냐 아나키스트들은 보편적이고 과학적이며 도덕적 타당성을 갖춘 영원한 자연법칙이 존재한다고 파악했다. 그들이 보기에 모든 갈등의 원인은 바로 이 자연법칙을 어지럽힌 데 있었다.

에스파냐 아나키즘의 또 다른 특징은 이성론이라고 볼 수 있는 이성과 과학, 교육, 문화에 대한 지나친 믿음이다. 아나키즘은 이성의 왕국이자 과학의 제국이고 합리적 이상의 실현을 목표로 삼는다. 아나키즘은 과학과 이성의 진보를 통해 인간 종의 영원한 해방을 이룩할 수 있다고 낙관한다. 알바레스 훈코가 기술하고 있다시피 "이성의 화신인 과학은 자연이며 조화와 정의이다."[73] 아나키즘의 이러한 과학적 낙관주의는 물적 조건의 괄목할 만한 발전에 기반을 두고 있다. 그 무렵 서유럽 세계는 수리물리학을 비롯한 기술과 산업의 발전 덕분에 인간 생활의 물적 조건이 나아지고 있었다. 알바레스 훈코는 이렇게 덧붙

---

72) *Tierra y Libertad*, núm. 17 (1909).
73) José Álvarez Junco, *La ideología*, p.67.

인다. "야만적인 적자 지배 법칙에 기반을 둔 현재의 사회조직과는 반대로 과학적인 사회조직은 이념적인 측면에서는 모든 종교의 소멸을 전제로 하고 정치적 측면에서는 모든 권위의 해체를 전제로 한다. 요컨대 과학적 관리가 인간에 의한 인간의 지배를 대신하게 된다. 이런 점에서 아나키스트들은 실증주의 전통과 공상적 사회주의 전통을 따른다."[74]

또한 연금술과 점성술이 화학과 천문학에 길을 내주게 되듯이 권력과 사기, 억압을 위한 투쟁을 일삼는 정치에 맞서 사회학이 등장하게 된다. 사회학은 사회의 갈등과 사회 자체를 합리적으로 연구하는 학문이다. 이렇듯 과학적인 아나키즘 철학은 대중을 교육하고 과학과 기술, 지식 분야에서 이루어진 모든 혁신들을 보급하는 데 지대한 관심을 기울인다. 여기서 보급이라 함은 새로운 창조적 기여를 염두에 두지 않은 초보적 형태의 보급을 일컫는다. 아나키즘은 또한 피억압 계급이 혁명 의식을 지니도록 그들을 위한 연구와 교육의 필요성을 강조한다. 아나키즘이 다른 어떤 정치 이론보다도 교양에 최대의 가치를 둔다고 말할 수 있다. "마르크스주의자들은 물론이고 자유주의자들도 기술 진보의 업적과 정치사회적 문제의 새로운 접근 능력에 대한 아나키스트들의 맹목적인 믿음을 따라갈 수 없다. 이것이 우리가 연구하는 이론(아나키즘)의 장점에 해당한다."[75]

에스파냐 아나키즘은 1882년에서 제1차 세계대전에 이르는 시기에 라마르크(Jean Baptiste Lamarck)와 스펜서, 특히 다윈의 저작들을 수용했다. 다윈한테는 본질적인 내용 두 가지를 받아들였다. 첫째로, 종의 진화, 자연선택, 자연환경의 적응이고, 둘째로, 적자생존이다. 첫 번

---

74) José Álvarez Junco, *La ideología*, p.69.
75) José Álvarez Junco, *La ideología*, p.75.

째 내용은 인간의 신적 기원 부정, 신학에 대한 과학과 이성의 우위 및 양자의 양립 불가능성과 같은 아나키즘의 주요 내용과 별다른 갈등을 불러일으키지 않았다. 반면에 생존 투쟁과 강자나 적자의 승리를 전제로 한 두 번째 내용은 아나키즘에 적용하기에 상당히 애매한 점이 있었다. 최근에 에스파냐의 주요 아나키스트 저자들, 곧 유나스 이 푸할스와 타리다 델 마르몰, 페이세르 파라이레, 로렌소, 프랏 같은 저자들에게 진화론이 어떤 영향을 미쳤는지를 분석한 책이 나왔다.[76] 이 책에서 저자 알바로 히론 시에라는 흥미롭게도 에스파냐 아나키스트들이 생존 투쟁 이론의 수용 여부를 놓고 두 부류로 갈라졌다고 주장했다. 보다 완고한 아나르코집산주의자들(리카르도 메야, 조제프 유나스 이 푸할스)과 니체 계열 및 슈티르너 계열의 개인주의자들이 그들이다. 아나르코집산주의자들은 종의 퇴화를 방지하기 위해 생존 투쟁을 보장해야 한다고 주장한 반면에, 아나르코코뮌주의자들은 그것이 필요하지 않다고 보았다. 생존 투쟁을 스펜서식 의미, 곧 약자의 절멸보다는 라마르크식 발전을 유인하는 자극의 의미로 파악한 아나르코집산주의자들은 노력의 결과물을 각자에게 돌려주어야 한다고 주장했다. 그것이 바로 열정이 사그라지지 않도록 자극하는 방식이라는 것이다.

그런가 하면 프랑스식 자연주의의 세례를 받은 아나키스트도 있었다. 아소린이라는 필명으로 잘 알려진 호세 마르티네스 루이스가 그런 인물이다. 그의 초기 저작에는 에밀 졸라의 영향이 많이 나타난다. 하지만 얼마 후 1895년에 발간된 소책자[77]에서는 말라테스타와 크로

---

76) Álvaro Girón Sierra, *Evolucionismo y anarquismo en España (1882-1914)* (Madrid: CSIC, 1996).
77) José Martínez Ruiz, *Anarquistas literarios (Notas sobre la literatura española)* (Madrid, 1895).

폿킨, 르클뤼의 저작들을 읽은 흔적이 등장한다. 같은 해 출간된 아소린의 《사회 비망록》[78]에는 그의 아나키즘 사상이 확실하게 드러난다. 심지어 아나키즘을 새로운 구원의 신앙이라고 볼 정도였다. 아소린을 연구한 마리아 돌로레스 도본(María Dolores Dobón)은 "졸라의 예언에 들어 있는 메시아적 바람이 마르티네스 루이스 자신이 '아나키즘적 코뮌주의'라고 부른 이념 속에서 실현된 것처럼 보인다. 마르티네스 루이스는 당시의 아나키즘 사상을 제대로 알고 있었고 그 주장들을 지지하고 있었다"고 정리했다.[79] 하지만 아소린은 미래의 이상 도시를 실현하는 수단으로 폭력을 배격했다. 시간이 흐른 뒤에는 이따금씩 기사를 싣던 《백색평론》과도 차츰 거리를 두기 시작하더니 톨스토이식 신비주의에 귀의하고 말았다.[80]

---

78) José Martínez Ruiz, *Notas sociales* (Madrid/Valencia, 1895).
79) María Dolores Dobón, *Azorín anarquista. De la revolución al desencanto* (Alicante: Instituto de Cultura "Juan Gil-Albert", 1997), pp.93~94.
80) Josep Termes, *Historia del anarquismo*, pp.189-190.

2부

저항과 시련

그대는 변함없는 등대
나의 의식을 비춰 주고
과학을 떠올리게 하며
언제나 전진하게 하는,
생각하는 사람이 되게 하고
사방에서 생겨나는 다툼과 갈등을
과학과 예술의 즐거움으로
결연히 견뎌 내게 하는.

— 호세 폰세

4장

아나르코생디칼리슴 운동과 전국노동연합

아나키즘 운동의 방향 전환

새로운 세기가 시작되자 정부는 강경 일변도의 탄압 정책을 수정하기 시작했다. 이는 1898년 재난[1] 이후 봇물 터지듯 터져 나온 쇄신 운동의 분위기와 새롭게 등장한 정치 지도자들 덕분인 것으로 보인다. 카노바스 델 카스티요가 암살된 이후 보수당에서는 새로운 지도자들이 두각을 나타냈다. 프란시스코 실벨라(Francisco Silvela)와 안토니오 마우라(Antonio Maura)가 그들이다. 자유당에서도 마찬가지였다. 1901년에서 1902년까지 총리직을 수행한 프락세데스 마테오 사가스타의 배후에서 세히스문도 모렛(Segismundo Moret)이나 호세 카날레하스(José Canalejas) 같은 정치인들이 두각을 나타냈다.

1900년 1월에 프란시스코 실벨라 정부는 일부 테러 사건들에 연루

---

1) 에스파냐인들은 1898년 미국과의 전쟁에서 참패하고 아시아와 아메리카에 남아 있던 마지막 식민지마저 상실한 사건을 이렇게 '1898년의 재난'이라고 불렀다.

되어 유죄 선고를 받고 복역 중이던 이들에 대한 사면을 단행했다. 하지만 그들에게 온전한 자유를 허용하지는 않았다. 그들을 국외로 추방 조치했다. 이는 복잡한 상황의 산물이었던 것으로 보인다. 한편으로는 부당한 처벌에 대한 재심 청구와 복권 운동이 나라 안팎에서 전개되고 있었고, 다른 한편으로는 복고왕정 체제를 떠받치고 있던 권력 집단들, 곧 교회와 부르주아지, 군대가 특사 조치에 반대하고 있었다. 수형자들을 사면 조치하되 그들을 국외로 추방하기로 한 것은 이런 상황을 고려한 고육지책이었다.[2] 사면 조치는 수형자들 24명 가운데 복역이 끝나 가는 1명을 제외한 23명에게 내려졌다.[3]

아나키스트들도 그들 나름대로 재심 청구와 석방 투쟁을 벌였다. 1900년 2월 초에 1892년 헤레스 사건 수형자들을 위한 석방 투쟁을 벌인 결과 이듬해인 1901년 2월에 그들이 자유를 얻게 되었다.[4] 1902년 초에는 흑수단 사건 수형자들을 위한 석방 운동을 벌이기 시작했고 1903년 3월 4일에 그들이 석방되었다.[5] 흑수단 사건 수형자들을 위한 석방 운동이 가져온 국제적 파장은 컸다. 프랑스, 영국, 독일, 벨기에, 이탈리아, 네덜란드 등지에서 샤를 말라토와 표트르 크로폿킨, 조르주 마티아 파라프 자발(Georges Mathias Paraf-Javal), 알베르 리베르탓(Albert Libertad), 장 조레스(Jean Jaurès), 아나톨 프랑스(Anatole France) 같은 아나키스트와 사회주의자, 대학교수, 저술가들이 석방 운동에 동참했다.

---

2) Ángel Herrerín López, *Anarquía*, p.196.
3) 이들 가운데 2명은 쿠바, 3명은 멕시코, 11명은 영국 리버풀로 각각 추방하고 나머지는 산탄데르에 머물게 했다. 영국이 산탄데르에 대기 중이던 피사면자들의 수용을 거부하자 에스파냐 정부는 이들의 국외 추방을 카탈루냐 외부 추방으로 대체하는 왕령을 내렸다. Antoni Dalmau, *El procés de Montjuïc*, pp.529-530.
4) Eduardo González Calleja, *La razón de la fuerza*, pp.297-298.
5) 하지만 종신형을 받은 11명 가운데 3명은 아프리카 형무소에서 이미 사망한 뒤였다.

다음으로 사가스타의 자유당 정부는 많은 논란 끝에 통과된 1896년의 반아나키즘법을 1902년에 갱신하지 않았다. 1896년 반아나키즘법은 1894년 반아나키즘법과 달리 폭발물 관련 사건을 군사법정에서 다룰 수 있게 했다. 1896년 반아나키즘법의 효력은 1902년까지였다. 이 법은 사실 보수주의자들조차 공개적으로 비판하고 나설 정도로 '무시무시한' 법이었다. 이를테면 1896년 9월부터 1900년 10월까지 4년 동안 이 법으로 기소된 사건이 134건에 달했지만 17건을 제외한 117건이 모두 증거 불충분으로 기각되거나 일반 법원으로 이첩되었다.[6] 기소된 사건들의 87퍼센트가 아나키스트들의 폭력 행위와 아무런 관련이 없는 것으로 판명이 난 것이다. 사가스타 정부의 이번 조치로 폭발물 관련 사건을 걸핏하면 군사법정에 세우려 한 당국의 무리한 법 적용 시도에 제동이 걸리게 됐다. 하지만 1896년 법의 효력이 정지되면서 폭발물 관련 사건을 민간법정에서 다루도록 규정한 1894년의 반아나키즘법이 다시 효력을 발휘하게 됐다.

마지막으로 이 무렵에 에스파냐 정부가 사회개혁을 추진했다. 1900년에 프란시스코 실벨라의 보수당 정부는 노동재해 관련법과 부녀자와 아동의 노동을 보호하는 법들을 제정했다. 1902년에 집권한 자유당의 카날레하스 정부도 파업과 결사에 관한 법들을 입법 추진했다. 이러한 두 정당의 노력으로 1902년 6월에는 파업권이 인정되었고, 1903년에는 사회개혁청(Instituto de Reformas Sociales)이 신설되었으며, 1904년에는 일요일 휴무법이 제정되었다. 이러한 사회개혁의 분위기 속에서 노동절 개최도 가능해졌다. 정부가 1902년 4월에 노동자 단체들의 시위를 허용해 준 것이다. 집회와 결사의 권리를 조용하고 평화롭게 행사하는 노동자들의 시위를 정부가 우려의 시선으로만 바

---

6) Ángel Herrerín López, *Anarquía*, p.199.

라보아서는 안 된다는 취지에서였다. 중앙정부는 한걸음 더 나아가 지방 당국이 이들의 권리를 잘 행사하도록 지원해 주기를 바랐다.[7]

이 시기에 아나키즘 운동은 삐걱거리기 시작했다. 한편으로는 행동을 통한 선전 전략으로 아나키즘 운동이 이렇다 할 성과를 거두지 못하고 있었다. 개인 테러 활동은 신입 회원의 유입보다는 오히려 기존 회원의 이탈을 유발했다. 다른 한편으로는 반아나키즘법이 시행되면서 조직 해체 현상이 나타나기 시작했다. 아나키즘의 이상을 지향하면서도 좀 더 체계적이고 비정치적인 성격의 대중적 생디칼리슴 운동, 곧 아나르코생디칼리슴 운동이 등장한 것은 이런 배경에서였다.

새로운 아나키즘 운동이 차츰 그 윤곽을 드러냈다. 그 움직임은 혁명적 총파업을 전개한 이후 바르셀로나에서 시작되었다. 이 새로운 전략은 사실 프랑스의 생디칼리슴 운동에서 비롯되었다. 1892년 무렵에 페르낭 펠루티에(Fernand Pelloutier)가 처음으로 공식화한 프랑스의 생디칼리슴 운동은 아리스티드 브리앙(Aristide Briand)과 움베르 라가르델(Humbert Lagardelle), 빅토르 그뤼퓌엘(Victor Griffuelhes)에 의해 발전되어 나갔다. 조르주 소렐(Georges Eugène Sorel)은 《폭력에 대한 성찰》[8]에서 총파업의 신화를 예찬할 정도였다. 1906년 아미앵 대회에서 명백하게 정리가 되는 혁명적 생디칼리슴은 노조 활동과 정치 활동을 구분하고 최종 목표를 노동자들의 해방에 두었다. 이 목표를 성취할 수단은 다름 아니라 총파업이었다.[9]

---

7) Xavier Cuadrat, *Socialismo y Anarquismo en Cataluña (1899-1911). Los orígenes de la CNT* (Madrid: Ediciones de la Revista de Trabajo, 1976), pp.55-56; Juan Avilés y otros, *Historia política 1875-1939* (Madrid: Istmo, 2002), pp.176-177 y 197-200; Ángel Herrerín López, *Anarquía*, pp.201-202.

8) Georges Sorel, *Réflexions sur la violence* (Paris: Rivière, 1908).

9) 이에 관해서는 다음 자료를 참고하라. Jean Maitron, *Le mouvement anarchiste en France*, Vol. I, *Des origines à 1914* (Paris: Gallimard editions, 1975), pp.286-309; Xavier Cuadrat, *Socialismo*, pp.96-111; Javier Paniagua, *La larga marcha hacia la*

파업에 관한 주장이 사실 에스파냐에서는 새로운 주장이 아니었다. 이 무렵에 나타난 새로운 변화는 노동자 단체에 대한 아나키스트들의 태도였다. 프랑스에서 불어온 새로운 분위기와 세기 초 에스파냐에서 시작된 개혁주의 물결의 영향으로 개인주의 아나키즘이 우위를 상실하고 집산주의 아나키즘이 두각을 나타냈다. 게다가 노동자들마저 이탈 움직임을 보이자 고립무원의 처지를 벗어날 출구를 모색하던 개인주의 아나키스트들이 노동자 단체에 가입하기 시작했다. 개인 행위가 아니라 대열 속의 활동을 바라는 민중과 함께해야 한다는 크로폿킨의 말에 귀를 기울이기 시작한 것이다.[10] 자신들의 이념을 펼치고 혁명을 달성할 목적으로 노조에 가입한 아나키스트들이 상당수였다. 폭탄 테러로 이루지 못한 것을 총파업으로 달성하려는 새로운 상황에서는 생디칼리슴이 가장 적절한 수단이라고 그들은 생각했다. 이를 위해 그들은 노조 활동에 뛰어들었으며 혁명의 도래를 지체시키는 개혁주의 움직임에 과감하게 맞섰다. 이를테면 8시간 노동제 같은 노동자들의 요구 사항들에 대해서 회의적인 입장을 보였다. "인간에 의한 인간의 착취 체제" 철폐를 자신들의 유일한 투쟁 목표라고 생각했기 때문이다.[11]

에스파냐저항단체연맹(Federación Regional de Sociedades de Resistencia de la Región Española)이 창설된 것은 이런 분위기 속에서였다. 1881~1888년의 에스파냐노동자연맹과 그 후에 등장한 반자본저항연맹의 후속 단체에 해당하는 이 에스파냐저항단체연맹은 1900년 10월 13~15일 마드리드에서 열린 노동자대회에서 발족되

---

anarquía. *Pensamiento y acción del movimiento libertario* (Madrid: Síntesis, 2008), pp.170-171; Francesc Bonamusa (ed.), "La Huelga General," *Ayer*, nº 4(1991).

10) Ángel Pestaña, *Terrorismo en Barcelona. La autodestrucción del movimiento obrero por el terrorismo* (Barcelona: Planeta, 1979), p.60.

11) *El Rebelde*, 9 de noviembre de 1907.

었다. 이 노동자대회는 마요르카 태생의 인터내셔널리스트이자 석공인 프란세스크 토마스(Francesc Tomàs Oliver)가 이끌던 반자본저항연맹 덕분에 가능했다. 반자본저항연맹이 대규모 노동자대회 개최를 주문했기 때문이다. 페데리코 우랄레스(조안 문세니의 필명)가 발행하는 《백색평론》도 여기에 공감을 표시했다. 대회에는 60여 개 지역에서 노동자 5만2천 명을 대표하여 대의원 213명이 참석했다.[12] 에스파냐저항단체연맹은 집행부를 바르셀로나에 두고 1901년 10월에 마드리드에서 제2차 대회를 개최했다. 프란세스크 토마스 이외에 안토니오 아폴로(Antonio Apolo), 페드로 바이나(Pedro Vallina), 조안 문세니가 대회를 이끈 대표적 인물들이었다. 집행위원회에는 익나시 클라리아(Ignasi Clariá)와 마리아노 카스테요테(Mariano Castellote), 후안 우손(Juan Usón) 등이 참여했다. 이들은 모두 프란세스크 토마스가 추천한 인물들이었다. 아나키스트 교육가이자 자유사상가인 프란세스크 페레르 이 과르디아가 1901년 11월에 창간한 《총파업》(La Huelga General)이 연맹의 기관지 역할을 했다.[13]

---

12) Gustavo La Iglesia, *Carácteres del anarquismo en la actualidad* (Barcelona: Gustavo Gili, 1907), p.426.
13) Xavier Cuadrat, *Socialismo*, p.65. 프란세스크 페레르는 프리메이슨 요원이자, 자유사상가, 공화주의자, 반교권주의자, 19세기 마지막 4반세기 방식의 혁명가였다. 그는 공화주의자나 자유사상가의 길을 벗어나지 않은 채 노동운동과 아나키즘 운동을 지원했다. 그가 잡지에 글을 기고할 때 '세로'(cero)라는 필명을 사용했는데 이는 근대학교에 자녀를 보내는 부르주아들을 놀라게 하지 않게 하기 위해서였다고 한다. 그는 근대학교를 설립한 것으로도 유명하다. 근대학교는 1901년 9월 8일 바르셀로나의 바일렌가에 설립되었다. 학생이 첫해에 30명에서 1902년에는 82명, 1904년에는 114명으로 갈수록 불어났다. 프란세스크 페레르는 합리주의 교육(pedagogía racionalista)을 주창했다. 근대학교는 루소와 톨스토이, 엘렌 케이, 얼스랜더, 자키네의 영향을 받아 권선징악을 철폐하고 자연 친화적 교육과 남녀공학을 실시했다. 근대학교는 또한 책과 소책자를 발간하는 교육 목적의 출판사도 설립했다. 프란세스크 페레르에 관해서는 후안 아빌레스의 저작 *Francisco Ferrer y Guardia. Pedagogo, anarquista y mártir* (Madrid: Marcial Pons, 2006)를 참고하라.

1902년 총파업과 요인 암살

이렇듯 아나르코생디칼리슴 운동이 조금씩 활기를 찾는 가운데 1902년 2월 바르셀로나에서는 생디칼리슴의 급진성을 보여 주는 총파업이 일어났다. 1902년의 총파업을 예고한 선행 사건은 1901년 12월 6일에 일어난 야금업계의 파업이었다. 이때 구리 제조업자, 램프 제조업자, 보일러 제조업자, 기계공, 주물공들이 파업을 벌였다. 목표는 8시간 노동제 쟁취였다. 파업 참가자는 같은 달 15일에 이미 9천 명을 넘어섰고, 17일에는 1만6천 명에 달했다. 파업이 마차 제작자와 목수, 하역 인부들에게로 확산되었다. 이듬해 2월 13일에는 전차 승무원들도 파업에 가세했다.[14] 이 무렵 노동자들은 노동운동의 재건과 총파업이라는 새로운 전략에 기대를 걸고 있었다. 식민지 상실과 그에 따른 시장 축소를 불러온 1898년의 재난으로 에스파냐, 특히 카탈루냐가 경제 위기에 빠져들었고, 사용자들이 노동자를 해고하고 나섰기 때문이다. 노동자들은 반실업 투쟁에 촉각을 곤두세웠고, 8시간 노동제와 임금 인상을 요구하고 있었다.[15]

파업 기금이 동이 나면서 파업이 서서히 가라앉았지만 일요일인 2월 16일에는 총파업을 지지하는 집회가 44차례나 열렸다. 이날 파업 참가자들이 배포한 호소문에는 다음과 같은 내용이 적혀 있었다. "도로 청소부에서 운전수에 이르기까지 우리 모두는 우리의 일을 중단한다. (……) 아무도 이동하지 못하고 모든 일이 중단되도록! 축재한 흡혈귀에게 공허와 침묵, 빈곤으로 맞서기 위해! 먹을 것도 없고 마

---

14) Josep Termes, *Historia del anarquismo*, p.208.
15) Antonio Bar, *La CNT en los años rojos, del sindicalismo revolucionario al anarcosindicalismo (1910-1926)* (Madrid: AKAL, 1981), p.19; Ángel Herrerín López, *Anarquía*, p.205.

실 것도 없으며 캄캄하고 불결한 가운데 우리의 적들은 항복하고 말 것이다."[16] 2월 17일 오전 10시에는 파업 참가자들이 도시를 장악하고 치안대와 대치하기 시작했다. 이에 정부는 두세 명 이상 모이는 가두집회를 금하는 계엄령을 선포하고, 반란과 공공질서 훼손, 절도, 집회와 결사, 권위 불복종 등의 범죄들을 군법회의에 회부했다. 치안대가 노동자 2명을 살해하고 15명에게 부상을 입혔다. 19일에는 정부가 헌법상의 기본권을 정지시켰고, 4개 군단이 바르셀로나를 점령했다. 20일에는 파업 운동이 약화되기 시작했으며 아나키즘 정기간행물《생산자》와 《총파업》의 발행이 중단되었다. 군사령관은 체포된 272명을 상대로 약식 군사재판을 열겠다고 으름장을 놓았다. 2월 24일 월요일에는 총파업이 막을 내렸다.

파업에는 노동자들 8만 명가량이 참여했다.[17] 사용자 측이 집계한 자료에 따르면 12명이 사망하고 44명이 부상을 당했다. 좀 과장된 것으로 보이기는 하지만 사망자가 100명에 달하고 부상자가 300명을 넘으며 체포된 자가 500명에 이른다는 주장도 있다.[18] 체포된 자들이 하도 많아서 그들을 가두어 두기 위해 항구에 정박 중이던 순양함 펠라요호의 포도주 저장고를 이용해야 할 정도였다. 체포된 자들 가운데는 테레사 클라라문트와 그녀의 남편 마리아노 카스테요테, '레오폴도 보나푸야'라는 익명을 쓰는 조안 밥티스타 에스테베(Joan Baptista Esteve), 퇴역 군인 호세 로페스 몬테네그로(José López Montenegro), 좌파공화주의 언론인 라몬 셈파우(Ramon Sempau)[19]도 들어 있었다.

---

16) Josep Termes, *Historia del anarquismo*, pp.208-209.
17) 당시 바르셀로나의 노동인구는 15만 명가량이었다. 노동자들 절반 이상이 파업에 참여한 셈이다.
18) Alfonso Colondrón, "Aportación al estudio de la huelga general (la huelga general de Barcelona de 1902)," *Revista de Trabajo*, nº 33(1971), p.104.
19) 라몬 셈파우는 몬주익 재판에서 고문을 자행한 치안대 중위 나르시소 포르타스(Narciso

파업의 결과는 노동자들의 참패였다. 야금업자들은 아무런 성과도 거두지 못하고 일터로 돌아가야 했고, 새로운 사회를 꿈꾸던 다른 노동자들의 기대도 물거품으로 돌아갔다. 사용자들은 파업에 참가한 주요 노동자들을 해고하겠다는 '기아협정'(Pacto del Hambre)을 추진했고, 그 결과 1,500명가량의 노동자들이 일자리를 잃었다.[20] 파업 실패와 함께 카탈루냐의 노동운동도 약화되었다. 이는 이후 실시되는 파업들에 참가한 노동자들의 수가 급격히 감소하는 것으로 나타났다. 이시기 바르셀로나의 노동운동을 연구한 로메로 마우라는 1903년 파업 참가자를 61,000명으로 집계했고, 1904년 파업 참가자는 11,000명, 1905년 파업 참가자는 1,700명으로 추산했다.[21] 파업 실패와 정부의 탄압으로 좌절감에 빠진 노동자들이 노동자 단체를 떠났다. 1905년에는 에스파냐저항단체연맹도 사실상 자취를 감추게 된다.

파업이 이렇게 실패로 돌아간 데는 야금업계의 3대 주요 공장, 곧 마키니스타 테레스트레 이 마리티마(Maquinista Terrestre y Marítima), 불카노(Vulcano), 칸 알렉산드레(Can Alexandre)의 파업을 이끌어내지 못했기 때문이라는 지적이 있다.[22] 사회주의자들의 파업 불참도 무시할 수 없다. 사회주의 지도자 파블로 이글레시아스는 마드리드의 보수 신문 《시대》(La Época)에서 바르셀로나의 파업에 반대한다는 입장을 분명히 밝혔다. 그는 사회주의자들은 그 파업에 참여하지 않았고 아나키스트들만 참여했다고 지적했다.

Portas)를 대상으로 카탈루냐 광장에서 테러를 시도한 인물이다.

20) Xavier Cuadrat, *Socialismo*, pp.82-88; Joaquín Romero Maura, *La rosa de fuego: el obrerismo barcelonés de 1899 a 1909* (Barcelona: Grijalbo, 1974), pp.52 y 213-210; Francesc Bonamusa (ed.), "La Huelga General," pp.147-168.
21) Joaquín Romero Maura, *La rosa de fuego*, pp.225-228.
22) Alfonso Colondrón, "Aportación," p.111.

사회당은 지금의 파업을 규탄한다. 언젠가는 틀림없이 파업을 해야 할 것이다. 하지만 지금 노동자들이 그런 수단을 사용하는 것은 온당하지 않다. (······) 우리가 우리의 이론상 법률에 따라 살기를 받아들이는 합법주의자라서가 아니라 지금은 노동자들이 합법성을 무시하고 나아갈 때가 아니라서 그렇다. 완전한 승리가 보장될 때에라야 합법성을 무시하고 나아갈 수 있을 것이다.[23]

하지만 1902년 총파업은, 그것이 비록 실패로 귀결되었을지라도, 총파업이라는 새로운 혁명 전략을 보여 주었다는 점에서 큰 의미를 띤다. 좌파 노동운동가 에밀리 살룻이 이 점을 매우 잘 지적해 주었다. 그는 자신의 회고록[24]에 이렇게 적고 있다.

1902년에 야금업 노동자들의 파업이 진행될 때 수련 중에 있는 젊은 노동자들의 참여가 많았다. 그들이 일터와 작업장에서 일을 멈추고 야금업계와 연대한 것은 전혀 이상한 일이 아니다. 그것은 금세기 최초의 총파업이었다. 이러한 노동 갈등은 바르셀로나의 사회투쟁에서 새롭게 나타난 양상이었다. (······) 파업 중인 한 분야의 직업과 연대하기 위해 일체의 노동을 중단하는 시도는 새로운 혁명 전략의 시작을 의미했다. 총파업이라는 혁명 전략은 사회혁명을 승리로 이끌 프롤레타리아의 강력한 무기로서 당시 전 유럽에 확산되어 있던 위대한 환상이었다.

한편 20세기 초에는 총파업과 더불어 국왕과 정부 요인에 대한 암살 기도도 있었다. 총리 안토니오 마우라(Antonio Maura)와 국왕 알폰

---

23) *La Época*, 20 de febrero de 1902.
24) Emili Salut, *Vivers de revolucionaris* (Barcelona: Libreria Catalònia, 1938). Josep Termes, *Historia del anarquismo*, p.211에서 재인용.

소 13세도 암살 시도의 대상이었다.

안토니오 마우라는 1903년 프란시스코 실벨라의 뒤를 이어 보수당 대표가 되었고 그해 12월에는 총리가 되었다. 총리가 된 그는 국왕 알폰소 13세와 더불어 바르셀로나를 공식 방문했다. 그들이 바르셀로나에 도착한 날에 예감이 좋지는 않았다. 중심가에서 폭발물이 터져 부상자가 발생한 것이다. 1904년 4월 12일에는 마우라가 타고 있던 마차에 갑자기 한 사람이 달려들어 비단 손수건으로 감싼 흉기로 그의 가슴을 찔렀다. 그리고 아나키즘 만세를 외쳤다. 상처는 깊지 않았고 범인은 곧 경찰에 체포되었다.[25]

범인인 열아홉 살의 청년 조각가 호아킨 미겔 아르탈(Joaquín Miguel Artal)은 정의와 평화와 행복을 찾다가 아나키즘을 알게 되었다고 진술했다. 그가 아나키즘을 접하는 데는 몇 권의 서적이 도움이 됐다. 그는 무명이었고 단독으로 범행을 저지른 것으로 알려졌다. 재판 결과 그는 17년 4개월형을 선고받았다. 그는 세우타교도소에서 복역하다가 1909년 11월 29일 젊은 나이에 사망했다.[26]

알폰소 13세에 대한 암살 시도는 1902년 5월 17일 국왕 즉위식 때부터 시작되었다. 즉위식 전날에 경찰이 여러 통의 다이너마이트를 찾아내고 아나키스트들을 체포했다. 페르민 팔라시오스(Fermín Palacios), 페드로 바이나, 프란시스코 수아레스(Francisco Suárez), 안토니오 아폴로가 이른바 '즉위식 음모'로 체포된 이들이다. 그런데 이것은 반체제 인사들의 군주제 반대 시위를 무력화하기 위해 경찰이 꾸며낸 사건이었다.

---

25) *Diario de Barcelona*, 13 de abril de 1904. 마우라의 목숨을 구한 것은 그가 외투 안에 받쳐 입은 얇은 미늘 조끼였다. 하지만 독실한 가톨릭 신자인 그는 이를 신의 가호로 돌렸다. 그는 그 조끼를 은총의 성모 마리아에게 바쳤고 교회는 그것을 유리 상자 안에 넣어 전시했다. *La Vanguardia Española*, 2 de agosto de 1958.

26) *Salud y Fuerza*, 1 de octubre de 1910.

그림 8 마요르가 88번지에서 발생한 알폰소 13세 암살 시도(1906년)

　다음으로 진행된 국왕 암살 시도의 무대는 파리였다. 1905년 봄으로 예정된 국왕의 파리 방문을 대비해 아나키스트들은 몇 달 전부터 국왕 방문 반대 집회들을 열고 국왕을 비난하는 소책자들을 발간했다. 그해 6월 1일 새벽에 국왕과 프랑스 대통령을 태운 차량이 루브르박물관 맞은 편 교차로에 다다랐을 때 폭발물이 터졌다. 이때 일부 수행원들과 민간인들이 부상을 당했을 뿐 두 사람은 피해를 입지 않았다. 테러범이 던진 두 번째 폭발물은 터지지 않았다. 경찰이 테러범을 검거하지 못하는 바람에 사건은 미제로 남게 되었다.[27]

　파리에서 암살 시도가 있은 지 몇 달 뒤에 프랑스 경찰은 새로운 암

27) Juan Avilés, *Francisco Ferrer*, pp.145-157; Eduardo González Calleja, *La razón de la fuerza*, p.367; Ángel Herrerín López, *Anarquía*, pp.220-224.

살 시도 움직임이 있다고 밝혔다. 프란세스크 페레르가 파리를 방문해 샤를 말라토 및 파라프 자발과 접촉했다는 것이다. 외국인 아나키스트들이 "에스파냐 국왕의 결혼식에 관심을 두고 런던과 제네바에 망명한 동료들 및 마드리드와 바르셀로나의 동료들과 여러 차례 서신을 주고받았다"고 덧붙이기까지 했다.[28] 실제로 1906년 5월 31일 마드리드의 성 헤로니모 교회에서 알폰소 13세의 결혼식이 거행되었다. 교회에서 왕궁으로 향하는 어가행렬을 보려고 수천 명의 마드리드 시민들이 몰려들었다. 왕실 마차가 마요르가 88번지를 막 지날 무렵 인근 건물 5층에서 한 사내가 마차를 향해 꽃다발을 던졌다. 그 속에는 폭발물이 들어있었다. 신혼부부는 화를 면했지만 23명의 사망자가 발생했고 부상자가 100명을 넘었다.[29]

테러범은 프란세스크 페레르의 친구이자 근대학교(Escuela Moderna)의 노동자 마테오 모랄(Mateo Morral)이었다.[30] 범행 후 도주한 그는 결국 자살했다.[31] 경찰은 모랄과 관련이 있는 자들을 잡아들였다. 호

---

28) Juan Avilés, "Contra Alfonso XIII: asesinatos frustrados y conspiración revolucionaria," Juan Avilés y Ángel Herrerín (eds.), *El nacimiento*, p.149; Eduardo González Calleja, *La razón de la fuerza*, p.372.

29) *Regicidio frustrado, 31 de mayo de 1906: causa contra Mateo Morral, Francisco Ferrer, José Nakens, Pedro Mayoral, Aquilino Martínez, Isidro Ibarra, Bernardo Mata y Concepción Pérez Cuesta* (Madrid: Sucesores de J. A. García, 1911), vol. IV, pp.59-63.

30) 모랄의 아버지는 노동자 수백 명을 고용한 대규모 직물공장의 공장주였다. 프랑스와 독일에 유학을 하면서 아나키즘 사상을 접하게 된 그는 귀국 후 에스파냐 나라 안팎에서 발간되는 아나키즘 출판물을 애독했다. 1905년 말에는 공장 경영을 도와 달라는 부친의 요청을 뿌리치고 근대학교에서 일하기 시작했다.

31) 사건 현장의 혼란한 틈을 타 도망을 친 모랄은 우선 반교권 성향의 잡지 편집실에 몸을 피했다. 그는 잡지 발행인인 호세 나켄스에게 상황을 설명했고 상황을 파악한 나켄스는 마드리드 근교에 위치한 비센테 다사의 집에 은신처를 부탁했다. 비센테 다사는 이를 거절하고 친구의 집을 소개했다. 모랄은 토레혼 국도를 타고 그의 집으로 피신하려고 했다. 이때 치안대원이 그를 발견하고 체포하려고 하자 그를 살해하고 자신도 자살했다. 최근 출간된 마스후안(Masjuan)의 저서에 모랄에 관한 정보가 매우 자세하게 담겨 있다. Eduard Masjuan, *Un héroe trágico del anarquismo español. Mateo Morral, 1879-1906* (Barcelona: Sintra, 2009).

세 나켄스(José Nakens), 페드로 마요랄(Pedro Mayoral), 아킬리노 마르티네스(Aquilino Martínez), 이시드로 이바라(Isidro Ibarra), 베르나로도 마타(Bernardo Mata), 콘셉시온 페레스 쿠에스타(Concepción Pérez Cuesta), 프란세스크 페레르가 그들이었다. 검찰은 프란세스크 페레르가 암살 시도에 직접 가담하지는 않았지만 사건에 협력했다는 이유를 들어 징역 16년을 구형했고 나머지 피의자들에 대해서는 범인 은닉죄를 물어 징역 9년을 구형했다. 하지만 재판부는 모랄의 단독 범행이라고 결론을 내렸다. 그에 따라 페레르와 마요랄, 마르티네스, 이바라를 무죄 석방하고 범인을 은닉한 나켄스와 마타, 콘셉시온 페레스에게는 징역 9년을 언도했다.[32]

지금까지 여러 역사가들이 알폰소 13세에 대한 암살 시도를 연구해 왔다.[33] 그런데 흥미롭게도 이들은 모두 아나키스트들과 급진 공화주의자들 간의 긴밀한 공조를 지적했다. 반교권주의와 합리주의, 연방제 등과 같은 정치적 공통점을 지니고 있던 두 집단은 제1인터내셔널 시절부터 서로 조언을 구해 왔다. 20세기에 들어서면서 카탈루냐에서는 복고왕정 체제와 단절하려는 중대한 정치적 변화가 나타나기 시작했다. 번갈아 집권하는 지배정당(보수당과 자유당) 소속 의원이 1901년 이래 한 명도 선출되지 않은 바르셀로나가 그 중심지였다. 1890년에 주어진 남성보통 선거권과 유권자 대다수의 선거 참여로 공화주의 정당들이 약진할 수 있게 되었다. 이런 변화를 추동한 인물은 다름 아

---

32) Juan Avilés, "Contra Alfonso XIII," p.152.
33) 이를테면 다음과 같은 연구들이 있다. Rafael Núñez Florencio, El terrorismo; José Álvarez Junco, El emperador del Paralelo. Lerroux y la demogagia populista (Madrid: Alianza Editorial, 1990); Eduardo González Calleja, La razón de la fuerza; Joaquín Romero Maura, La romana del diablo; Juan Avilés, Francisco Ferrer; Juan Avilés, "Contra Alfonso XIII."

닌 알레한드로 레룩스였다.[34] 그는 몬주익 재판 재심청구 운동에서 중
요한 역할을 한 인물로 노동자들 사이에 잘 알려져 있었다. 노동자 대
중의 중요성을 잘 파악하고 있던 그는 아나키스트들의 그것에 못지않
은 혁명적 담론을 구사했다. 노동자계급은 "가만히 안주해서는" 안 되
고 압제에 맞서 들고 일어나야 하며, "모든 사회정치적 변화는 순교자
들의 피로 이루어지는" 것이기에 필요시에는 노동자들이 그것을 폭력
으로 이뤄 내야 한다고 주장했다.[35] 세기 초에 기존의 노동자 단체들
에서 이렇다 할 전망을 발견하지 못한 노동자들은 레룩스의 정당에서
그 대안을 찾아 나갔다. 이것이 후속 선거에 반영되어 나타났다. 이를
테면 1903년 3월의 지방선거에서 지방분권파가 8,500표를 얻고 군주
제파가 3,000표를 얻은 반면에 공화파는 13,000표를 차지했다. 그해
4월에 실시된 코르테스 선거에서도 결과는 크게 다르지 않았다.[36]
　급진 공화주의자들은 또한 군주제를 무너뜨리는 데 아나키스트들
과 이해를 같이했다. 이것은 양 집단의 주요 인사들, 곧 니콜라스 에스
테바네스(Nicolás Estévanez), 알레한드로 레룩스, 페드로 바이나, 프란
세스크 페레르 간의 협조로 이어졌다.[37] 아나키스트들과 급진 공화주
의자들은 모두 요인 암살을 필두로 혁명적 봉기를 이어 가야 한다는
태도를 보이고 있었다. 그들의 일차적 목표는 바로 알폰소 13세 암살
이었다.[38] 아나키스트들과 급진 공화주의자들의 상호 이해는 어디까
지나 혁명적 봉기를 이어 나가기 위한 요인 암살까지였다. 그들은 서로

---

34) 레룩스에 관해서는 호세 알바레스 훈코의 저서(1990년)를 참고하라.
35) *El Imparcial*, 8 de julio de 1901.
36) Joaquín Romero Maura, *La rosa de fuego*, pp.275-306.
37) José Álvarez Junco, *El emperador*, pp.292-299; Eduardo González Calleja, *La razón de la fuerza*, pp.355-359.
38) 오늘날 같으면 국가원수 암살이 혁명으로 이어질 리가 없겠지만 당시에는 그것이 그렇게
　　엉뚱하거나 부적절한 대안은 아니었을 것이라는 견해가 있다. José Álvarez Junco, *El emperador*, p.310.

다른 봉기를 생각하고 있었다. 급진 공화주의자들은 군사 봉기에 기대를 건 반면에 아나키스트들은 대중 봉기를 염두에 두고 있었다. 양집단이 바란 최종 목표도 달랐다. 전자는 공화주의 정권을 수립하고자 한 반면에 후자는 자유지상 사회를 설립하고자 했다. 전자는 권력을 장악하는 데 목표를 둔 반면에 후자는 그것을 타도하는 데 관심을 기울였다. 하지만 우선 알폰소 13세를 제거하자는 데는 의견이 일치했다. 양측의 접촉은 바르셀로나 시내 레스토랑에서 이루어진 만찬 회동과 호텔 회동으로 이어졌다. 호텔 회동에는 프란세스크 페레르와 마테오 모랄, 알레한드로 레룩스가 참여했는데 이때 페레르가 레룩스에게 국왕 결혼식 때 뭔가가 일어날 가능성이 있음을 내비쳤다. 이에 레룩스는 바르셀로나의 주요 거점에 추종자들을 배치하고 신호를 기다렸다. 하지만 그들은 마드리드로부터 아무런 연락을 받지 못했다.[39] 요컨대 파리와 마드리드에서 발생한 국왕 암살 시도에서 주요 급진 공화주의자들과 아나키스트들이 공모를 한 흔적이 명백하다. 아나키즘 지도자 토마스 에레로스(Tomás Herreros)는 이를 두고 레룩스가 지휘를 하고 페레르가 자금을 댔으며 바이나가 폭발물을 실험하고 나르시소 카사노바(Narciso Casanova)가 제작했다고 전했다.[40]

노동자연대

한편 1904년 3월에는 바르셀로나에 노동자단체연맹(Unión Local de

---

39) *Regicidio frustrado*, pp.238-240; Juan Avilés, "Contra Alfonso XIII," pp.155-156; Eduardo González Calleja, *La razón de la fuerza*, pp.373-374; José Álvarez Junco, *El emperador*, pp.305-306.
40) Ángel Herrerín López, *Anarquía*, p.230.

Sociedades Obreras)이 결성되었다.[41] 이 연맹이 1907년에 노동자연대 (Solidaridad Obrera)로 발전하게 된다. 1907년 6월에 사회주의자 안토 니 바디아 마타말라(Antoni Badia Matamala)가 노동조합 성격을 띤 모 든 단체들로 노동자연대를 만들자고 호소하고 조직위원회를 꾸렸다. 1902년 총파업의 실패 이후 약화된 카탈루냐의 노동자 단체들을 재 건하려는 시도였다. 노동운동가들은 사회주의와 아나키즘, 급진 공화 주의 등 자신들의 이념에 따라 서로 논란을 벌이면서도 차츰 통합의 길을 찾아 나갔다.

노동자연대는 그해 8월 3일 바르셀로나점원협회(Asociación de la Dependencia Mercantil de Barcelona) 사무실에서 출범식을 열었다. 그 들은 노동자들을 생산 부문과 지역 단위별로 조직하고 그 조직을 전 국연맹과 국제연합으로 확대해 나가기로 했다. 연대에 참여하는 각 단 체는 완전한 자유를 누리고 저마다 이상을 지키면서 공통의 요소에 대해 연대를 하게 된다. 연대의 궁극적 목표는 물론 인간에 의한 인간 의 착취에 기반을 둔 자본주의 체제 변혁과 노동자 해방이었다.[42] 이 를 위한 실천 사항으로 노동자들을 위한 교양과 문화를 강조하고 합 리적이고 과학적인 근대식 어린이 교육을 제안했다. 연대는 집행위원 회와 선전위원회, 교육위원회 같은 하위 조직을 갖추고, 점원협회 대표 인 안토니 바디아와 자물쇠제조업자 하우메 비스베(Jaume Bisbe), 목 수 콜로메(A. Colomé), 마차 제작업자 파레(E. Farré) 등을 집행위원에 위촉했다.[43]

---

41) *El Rebelde*, nº 15, 31 de marzo de 1904.
42) *Tierra y Libertad*, julio de 1907.
43) Josep Termes, *Historia del anarquismo*, pp.217-218. 그해 10월 19일에는 주간지 《노동 자연대》(Solidaridad Obrera)를 창간했다. 나중에 일간지로 바뀌게 되는 이 주간지는 이런 저런 부침을 거듭하며 1939년까지 발간된다. 에스파냐 아나르코생디칼리슴 계열의 일간지 가운데 가장 중요한 신문으로 부상하게 된다.

이듬해에 연 노동자연대 창립대회에는 109개 단체와 지역연맹을 대표하여 130명의 대표들이 참석했다. 대회에는 세 가지 서로 다른 노선들이 존재했지만 생디칼리슴을 공동의 기반으로 받아들였다. 폐회식을 주재한 아나키스트 미겔 모레노(Miguel V. Moreno)가 대회 분위기를 다음과 같이 정리하고 있다.

이 대회에서 서로 다른 관점들이 제시되었지만 상호 존중하는 분위기 속에서 저마다 각자의 테제를 제시하고 적절한 관용 속에서 상반된 견해들이 조화를 이루게 되었음을 부인할 수 없다. 생디칼리슴의 이상이 노동자연대의 토대를 이루었고 대회에 참석한 모든 대표들이 이 원리를 받아들였다. 전술을 비롯한 다른 문제들을 제기한 노동자들도 있었다. (……) 관점이 서로 다르긴 했지만 대세는 생디칼리슴이었다. 우리는 모든 특권의 토대를 이루는 자본과 국가와 종교라는 3대 적에 맞서서 노동자들의 해방을 주장한다.[44]

이 노동자연대가 1910년의 전국노동연합(Confederación Nacional del Trabajo, 전노련으로 줄임) 창설로 이어지게 된다. 앞으로 살펴볼 전노련은 이렇듯 1904년에 결성된 노동자 단체 바르셀로나연맹에서 시작하여 1907년의 노동자연대를 거쳐 1910년의 단체 창설에 이르기까지 점진적이고 오랜 과정을 거쳐 형성되었다. 사실 전노련이 1910년이 아니라 한 해 전에 창설될 수도 있었다. 1909년에 전개된 비극의 주간 때문에 창설이 지체되고 말았다.[45]

전노련은 당초에 여러 성향의 노동자들, 곧 아나키스트, 사회주의자,

44) Josep Termes, *Historia del anarquismo*, p.220.
45) Antonio Bar, *La CNT*, pp.152-154.

급진 공화주의자들로 구성되었기 때문에 혼합적이고 절충적인 성격을 띠었다. 노동자연대가 바르셀로나나 카탈루냐 지방에 국한되는 한에는 이런 성격이 지속될 수 있었다. 그곳에는 사회주의자들이 소수였고 단일 운동에 대해 서로 합의하고 있었기 때문이다. 하지만 1910년 이후 그것이 에스파냐 전역으로 확대되면서 문제가 달라졌다. 사회주의 노조인 노총련과 충돌하는 일이 잦게 되었다. 결국 사회주의자들이 전노련을 탈퇴하는 것으로 마무리되게 된다.

노동자연대와 레룩스 추종자들의 충돌 또한 불가피했다. 노동자연대가 1908년 초부터 카탈루냐 노동자들 사이에 점차 영향력을 확대해 나가기 시작했고 그해 9월 대회에서는 카탈루냐노동연합(Confederación Regional del Trabajo de Cataluña)을 창설하기에 이르렀다. 이것이 레룩스 추종자들에게는 심각한 위협으로 다가왔다. 그로 말미암아 정치적 지지층을 잃을 가능성이 높아졌기 때문이다. 그들은 자신들이 노동자연대를 장악할 수 없게 되자 조직적 노동운동을 탐탁지 않게 생각했다. 그런가 하면 아나키스트들과 사회주의자들, 생디칼리스트들도 그들 나름대로 레룩스주의를 우려했다. 프란세스크 페레르는 카탈루냐노동연합 지원 문제를 놓고 레룩스주의와 거리를 두기 시작했다. 레룩스주의 지도자인 변호사 에밀리아노 이글레시아스(Emiliano Iglesias)가 마드리드로 가서 테러활동탄압법안을 제기한 1908년 말 무렵에는 노동자연대가 레룩스주의를 따를지 아니면 단체를 해체해야 할지 선택해야 할 기로에 놓였다.[46] 노동자연대에 가입해 있던 인쇄술협회(Sociedad del Arte de Imprimir)가 레룩스가 경영하는

---

46) *Solidaridad Obrera*, 26 de marzo de 1909; Xavier Cuadrat, *Socialismo*, pp.259-260; Josep Termes, *Historia del anarquismo*, pp.221-222. 알레한드로 레룩스와 그가 창당한 급진공화당에 관해서는 다음 저작을 참고하라. José Álvarez Junco, *Alejandro Lerroux*; Octavio Ruiz-Manjón, *El Partido Republicano Radical, 1908-1936* (Madrid: Tebas, 1976).

신문《진보》(El Progreso)와 대립하면서 불거진 분쟁도 이를 더욱 부추겼다.

1908년 9월 노동자연대 대회에서 노동자연대 산하기구로 창설된 카탈루냐노동연합에는 67개 단체가 참여했다. 그들 가운데 53개 단체는 바르셀로나에 적을 두고 있었다. 여기에 참여한 노동자들은 12,500명에 달했고 그 가운데 10,600명이 바르셀로나에 거주하고 있었다. 카탈루냐노동연합은 직접행동을 필수적 투쟁 수단으로 삼았다. 여기서 직접행동은 본디 정치적이거나 행정적인 중재를 배제한 노동자와 사용자 간의 직접적인 긴밀한 관계를 의미했다. 이런 의미로 이해된 직접행동은 중재자가 없는 자본과 노동 양측의 협상이나 아니면 직접적인 충돌을 의미했다. 그것이 폭력으로 귀결된 이유가 여기에 있었다.

이 무렵 노동자연대에 참여하고 있던 조제프 프랏은 아나키스트로 자처하면서도 자신의 책[47]에서는 혁명적 생디칼리슴을 강하게 옹호했다. 그는 전 세계의 생디칼리슴을 두 가지 주요 노선, 곧 개혁적 노선과 혁명적 노선으로 정리했다. 개혁적 노선이 노동자계급의 처지를 개선하기 위해 투쟁하고 개선된 내용을 부르주아 입법에 반영하는 데 만족하는 데 반해, 혁명적 노선은 거기에 머무르지 않고 자본주의적 착취로부터 노동자계급을 완전히 해방시키는 데까지 관심을 기울인다. 그에 따라 노조 활동의 경제적, 물적 토대와 목적이 달라진다. 그는 노조 운동은 어디까지나 자율적이어야 한다고 주장했다.[48] 조제프 프랏은 에스파냐 아나르코생디칼리슴 운동의 개척자가 되는 인물이다.

앞서 언급한 대로 1908년 9월 대회 이후 노동자연대 내부에는 그것을 전국으로 확대하라는 압력이 생겨나기 시작했다. 이듬해에 발생한

---

47) Josep Prat, *La burguesía y el proletariado (apuntes sobre la lucha sindical)* (F. Sempere y Companía, 1909).
48) *Tierra y Libertad*, enero de 1909.

비극의 주간 사건으로 일정을 늦춰 온 노동자연대는 마침내 1910년 10월 대회에서 그것을 전국 규모의 단체로 확대하기로 결정했다.[49]

비극의 주간(Semana Trágica)은 마우라 정부의 모로코 파병에서 비롯되었다. 1895~1898년의 식민 전쟁에 넌덜머리가 난 좌파들은 아나키스트나 사회주의자, 급진 공화주의자, 카탈루냐 자치주의자 가릴 것 없이 이구동성으로 모로코로의 식민 진출을 거부하고 있었다. 1907년에는 여론마저 반정부로 돌아섰다. 대도시를 중심으로 모로코 진출 반대 시위가 전개되기 시작했다. 상황이 이러한데도 불구하고 마우라의 보수당 정부는 병력 파병을 감행했다.

파병 병력 대부분은 바르셀로나에서 출발했다. 병력을 실은 기선이 7월 18일 북아프리카의 멜리야를 향해 출항할 때 바르셀로나에는 반전 시위대로 가득했다. 식민주의와 식민 전쟁에 반대하던 사회주의자들은 총파업을 선언할 궁리를 하고 있었다. 7월 22일 이후 반전파업 위원회가 구성되었고[50] 위원회는 7월 26일에 파업에 돌입하기로 합의했다.

마침내 7월 26일 새벽부터 공장과 작업장에서 파업이 시작되었다. 전차가 운행을 중단하자 경찰력의 지원을 받은 차량이 투입되었다. 정오에는 여러 곳에서 전차의 궤도가 훼손되고 일부는 불에 탔다. 오후 3시에는 교통이 마비되고 석간신문이 발간되지 않았다. 사바델과 그라노예르스, 마타로, 바달로나, 빌라노바이라헬트루 같은 바르셀로나 인근 지역에서도 비슷한 움직임이 일어나기 시작했다. 파업이 차츰 확대되고 일반화되었다. 상황을 장악할 수 있다고 밝힌 바르셀로나 시장의 장담이 무색하게도 시 당국은 곧 지휘권을 군사 당국에 위임하

---

49) Xavier Cuadrat, *Socialismo*, pp.179-208 y 463-477.
50) 위원회는 사회주의자 안토니 파브라 리바스(Antoni Fabra Ribas), 생디칼리스트 프란세스크 미란다(Francesc Miranda, 안셀모 로렌소의 사위), 아나키스트(미겔 모레노)로 구성되었다.

그림 9 '비극의 주간' 파업 충돌로 불타고 있는 바르셀로나 시가지

지 않을 수 없었다. 군사령관이 포고령을 내리고 거리에 군대를 투입했지만 그것으로 충분하지 않았다. 27일 밤에는 수도원 방화가 시작되었다. 시내에 바리케이드가 쳐지고 치안대와 가벼운 무장을 한 민간인 사이에 전투가 시작되었다. 28일에는 바르셀로나 외곽에서 증원부대가 도착했다. 이튿날에는 국민군 병영이 습격을 받았다. 활동가들이 탈취한 무기를 배분했다. 하지만 7월 31일에 파업은 결국 진압되었다.[51]

---

51) 비극의 주간에 관해서는 다음 저작을 참고하라. Joan Connelly Ullman, *The Tragic Week. A Study of Anticlericalism in Spain,1875-1912* (Harvard University Press, 1968); Joaquín Romero Maura, *La Rosa de Fuego*; Antonio Fabra Rivas, *La Semana Trágica. El caso Maura. El krausismo* (Madrid: Hora H, 1975); Dolors Marín Silvestre, *La Semana Trágica. Barcelona en llamas, la revuelta popular y la Escuela Moderna* (Madrid: La Esfera de los Libros, 2009); Antonio Moliner Prado (ed.), *La Semana Trágica*

이 비극의 주간에 치안대원 5명이 사망하고 66명이 부상을 입었으며, 민간인 82명이 사망하고 126명이 부상을 당했다. 교회 17곳과 수도원 23곳, 종교학교 16곳이 불에 탔다. 파업 가담자 1천 명가량이 체포되고 그 가운데 200여 명은 나라 밖으로 추방당했다. 특히 공화파 지도자들과 아나키즘 지도자들이 그러했다. 1천 명 정도가 교도소에 투옥되었고 5명이 사형 판결을 받았으며, 29명이 종신형을, 40명이 이런저런 형량을 선고 받았다.

파업은 자발적이었으며 식민 전쟁 반대 시위가 그 목표였다. 방화와 파괴는 교회에 대한 대중들의 반감과 좌파의 반교권적 분노, 혁명적 목표의 부재를 나타낸 것이다. 혁명이 아니라 많은 사람들이 자발적으로 참여한 봉기였다. 봉기를 주도하지 않은 프란세스크 페레르가 10월 13일 몬주익 묘지에서 처형되었다. 그가 처형되었다는 소식에 유럽 여러 나라에서는 시위가 일어났고, 파리에서는 변호위원회가 구성되기도 했다. 마우라 정부에 대한 반대 시위가 계속 이어지자 국왕 알폰소 13세는 정부를 해산하고 자유당의 세히스문도 모렛(Segismundo Moret)에게 새로운 정부 구성을 위촉했다.

비극의 주간은 아나키즘 혁명도 아니었고 노동운동의 시위도 아니었다. 그것은 반전 시위로 시작하여 가톨릭교회에 대한 증오의 표출로 바뀌어 버린 사전에 계획되지 않은 자발적 봉기였다. 안셀모 로렌소 같은 몇몇 아나키스트들은 심지어 이 사건을 두고 그것을 조직하거나 이끌어 나간 지도부가 없는 가운데 아래로부터 진행된 민중 봉기의 모범 사례로 평가하기도 했다.[52]

de Cataluña (Barcelona: Nabla, 2009); Antoni Dalmau, *Siete días de furia. Barcelona y la Semana Trágica (julio de 1909)* (Barcelona: Destino, 2009); Eloy Martín Corrales (ed.), *Semana Trágica. Entre las barricadas de Barcelona y el Barranco del Lobo* (Barcelona: Bellaterra, 2011).
52) 안셀모 로렌소는 사건 직후인 1909년 7월 31일에 영국에 망명 중이던 친구 페르난도 타

전국노동연합 창설

전노련 창립대회는 1910년 10월 30일부터 11월 1일까지 사흘에 걸쳐 바르셀로나미술관에서 열렸다. 노동자연대의 소집으로 열린 이 대회에 114개 단체와 지역연맹이 참가했다. 79개 단체가 카탈루냐 지방에서 참가했고 다른 지방에서도 35개 단체가 참여했다. 이 밖에 직접 참가하지는 않았지만 대회 참여 의사를 밝혀 온 단체도 무려 43개에 달했다.[53] 전반적으로 카탈루냐 지방의 단체들이 여전히 압도적으로 많았지만 그래도 종전보다는 전국 대회의 성격이 더욱 도드라졌다.

대회에서는 조직과 이념과 추진 목표에 대해 진지한 논의가 이루어졌다.[54] 우선 조직 문제와 관련해서는 노동자연대를 전국 규모의 단체로 전환한다는 데 합의가 이루어졌다. 카탈루냐 지방 중심을 넘어 전국으로 단체의 규모를 확대하자는 문제는 사실 노동자연대가 출범하고 나서부터 줄기차게 제기되어 온 문제였다. 하지만 카탈루냐 사회주의자들은 이에 반대했다. 그들은 결국 전노련을 떠나 경쟁 단체인 노총련으로 소속을 옮겼다. 이렇듯 전노련이 출범하면서 노총련과의 관계는 별로 우호적이지 않았다. 두 단체는 조직 면에서는 물론이고 전

리다 델 마르몰에게 다음과 같은 편지를 썼다. "놀라운 일일세! 바르셀로나에 사회혁명이 시작되었네. (……) 혁명을 기획한 자도 없었다네! 주도한 자도 없었지! 자유주의자도, 카탈루냐 자치주의자도, 공화주의자도, 사회주의자도, 아나키스트도 아닐세. (……) 대표들이 의제를 논의한 적도, 그것을 작성한 적도 없었네. (……) 헤어질 때 친구여 안녕이라고 말했지. 손을 꽉 잡고 희망에 찬 눈빛을 쳐다보며 월요일에 보자고 했지. 흥분과 거룩한 분노로 가득 찬 주간! 가난과 억압, 고통이 천 년을 이어져 왔기에 대중이 분노할 만했지. 10월의 아스투리아스 대중을 비방했듯이 바르셀로나의 군중을 무분별하다고 비난했을지는 모르지만 야만적 행위나 난폭한 짓, 범죄는 일체 없었어. 대중들은 수녀들을 존중했고 수도원을 떠나 주심사고 수사들에게 정중하게 간청했지." Federica Montseny, *Anselmo Lorenzo. El hombre y la obra* (Barcelona: Ediciones Españolas, 1938), p.30.

53) *Solidaridad Obrera*, 4 de noviembre de 1910.

54) Antonio Bar, *La CNT*, pp.159-229; Josep Termes, *Historia del anarquismo*, pp.233-238.

략 면에서도 자주 충돌을 빚었다.

다음으로 이념과 추진 전략과 관련해서도 폭넓은 논의가 이어졌다. 특히 "노동자들의 해방은 노동자들 스스로 쟁취해야 한다"는 제1인터내셔널의 슬로건을 받아들이면서도 "물질적 해방은 도덕적 해방의 결과물이며 도덕적으로 다른 사람의 노예인 한 물질적 해방은 달성되지 않을 것"이라는 해석에 비중을 두었다. 생디칼리슴이 노동자 해방의 수단이나 목표가 되어야 한다는 주장을 둘러싸고도 논란이 벌어졌는데, 그것을 수단으로 삼되 혁명적 변화를 위한 수단이어야 한다는 방향으로 결론을 내렸다. 총파업에 관한 논의에서는 그것이 평화적이어서는 안 되고 혁명적이어야 한다는 주장이 제기되었다. 그 목표도 임금 인상이나 노동시간 단축이 아니라 생산과 생산물 분배 방식의 전면적 변혁을 위한 것이어야 한다고 논의했다. 그리고 파업을 전면적으로 시행하기 위해서는 모든 노동자들의 강력한 연대가 필요하다는 주장도 나왔다.

안셀모 로렌소는 자신의 책[55]에서 이 대회에서 생디칼리스트들의 힘과 활력이 드러났다고 지적했고, 전노련을 연구한 안토니오 바르(Antonio Bar)는 혁명적 생디칼리슴과 아나르코생디칼리슴을 구분하고 나서 아나르코생디칼리슴은 혁명적 생디칼리슴과 아나키즘을 종합한 것이라고 지적했다.[56] 아나키스트들이 20세기 초에 새로운 혁명적 생디칼리슴 이론을 수용하기는 했지만 자신들의 이념을 포기하지는 않았다고 그는 파악했다. 그는 이를 다음과 같이 설명한다.

---

55) Anselmo Lorenzo, *Vida Sindicalista* (Barcelona: 1912).
56) 안토니오 바르는 에스파냐 아나르코생디칼리슴이 1902년 이후 형성되기 시작한 것으로 보아야 한다고 주장한다. 이 무렵에 두 가지 중대한 변화가 나타났다는 이유에서다. 한편으로는 아나키즘 전술에 따른 총파업 노동운동의 마지막 시도라고 할 수 있는 1902년 총파업이 실패로 돌아갔고, 다른 한편으로는 노동조합 운동이 서서히 발전하기 시작했다. Antonio Bar, *La CNT*, pp.45-46 y 305.

노동자연대가 채택한 온건한 혁명적 생디칼리슴의 내용이 시간이 흐를수록 더욱 격렬해지더니 혁명적 생디칼리슴 자체의 특성들 일체를 수용하기에 이르렀고 심지어는 노동자연대의 생디칼리슴과 거리가 먼 배타적 특성까지 받아들였다. 직접행동과 같은 개념들을 교의로 받아들이면서 동시에 그렇게 전투적이지도 않은 (……) 다른 내용들을 강조하기도 했다. 이를테면 반정치주의를 강조했다.[57]

전노련 내에는 직접행동을 받아들이면서도 다양한 배경의 생디칼리슴을 배제하지 말고 8시간 노동제와 최저임금을 위한 투쟁에 비중을 두어야 한다고 주장하면서 노총련과 협력하기를 바라는 온건한 노선도 여전히 존재했다. 하지만 전노련 창립대회는 분명 절대적 의미의 직접행동을 전술로 채택했다. 그 결과 1910년 이후 전노련의 과격화 경향이 더욱 분명하게 나타난다. 그것은 결국 아나르코생디칼리슴으로 발전하게 된다. 혁명적 생디칼리슴 성격을 지닌 전노련이 1911년 9월부터 3년에 걸친 장기간의 활동 중단 시기를 보내고 나서 아나키즘이라고 말할 수 있는 자유지상 코뮌주의(comunismo libertario)를 지향하게 된다.[58]

그 과정이 1904년 이후 모든 성향의 노동자들이 참여하는 광범한 전선으로 시작된 노동자연대의 전노련 창립대회였지만 그것이 주로 카탈루냐에서 진행되는 바람에 결국에는 사실상 아나르코생디칼리슴 프로젝트로 끝이 났다. 이에 모든 성향의 아나키스트들과 아나키즘 잡지 《토지와 자유》는 창립대회를 대환영했다. 반면에 사회주의자들은 비난을 퍼부었다. 급진 공화주의 노동운동은 노동자연대와 일찌감

---

57) Antonio Bar, *La CNT*, p.294.
58) Antonio Bar, *La CNT*, p.301.

치 거리를 둔 상태였다.

1911년 전국대회의 보고 내용에 따르면 전노련에 가입한 노조는 140개에 달했고 노조원은 26,571명이었다. 그 세력은 주로 카탈루냐에 분포되어 있었다. 78개 노조와 노조원 11,889명이 카탈루냐 지방에 있었다.[59] 이 밖에 29개 노조는 안달루시아에, 10개 노조는 아스투리아스에, 8개 노조는 아라곤에, 6개 노조는 레반테에 속해 있었고, 갈리시아와 카스티야, 바스크, 발레아레스에도 전노련에 가입한 노조가 있었다.

이렇듯 전노련이 에스파냐 전국으로 확대되어 나갔음에도 불구하고 그 기반은 여전히 카탈루냐노동연합에 있었다. 안달루시아연맹은 1918년이 되어서야 결성되었다. 지방 조직이 없는 곳에서는 노조가 개별적으로 전노련에 가입했다.

전노련을 이끌어 나갈 집행부(Consejo Directivo)는 1910년 11월 19일 바르셀로나에서 열린 조직위원회 회의에서 선출되었다. 37명이 참여한 조직위원회는 총서기를 비롯한 여러 서기들과 위원들을 선출했다.[60] 그들은 몇 달 전부터 노동자연대의 총서기를 맡아온 조제프 네그레(Josep Negre)를 총서기에 선출하고 노동자연대의 집행부에서 활동한 적이 있는 다른 세 사람도 서기와 위원에 위촉했다.[61] 이는 두 단체의 이념적 연속성을 강조하려는 구성으로 보인다. 총서기를 맡은 조제프 네그레는 혁명적 생디칼리스트이면서도 아나키즘에 깊은 공감을 표시한 인물이었다.

---

59) *Solidaridad Obrera*, 15 de septiembre de 1911. 출처마다 통계에 다소 차이가 있어서 혼란스럽기는 하지만 당시 규모를 짐작하는 데는 큰 지장이 없다.
60) *Solidaridad Obrera*, 16 de diciembre de 1911.
61) 이때 노동자연맹의 기관지 《노동자연대》의 발행을 맡게 된 혁명적 생디칼리스트 호아킨 부에소(Joaquín Bueso)는 점차 마르크스주의에 경도되더니 1911년 10월에는 급기야 기관지 발행 책임을 그만두고 사회노동당에 입당했다. Xavier Cuadrat, *Socialismo*, p.498.

단체의 조직과 이념을 좀더 가다듬을 필요를 느낀 전노련 집행부는 곧 전국대회를 소집했다. 제1차 전노련 전국대회는 1911년 9월 8~10일 바르셀로나미술관에서 열렸다. 여기에는 78개 노조와 6개 지역연맹(사라고사, 이괄라다, 비야프란카델파나데스, 바달로나, 타라사, 아코루냐) 대표 117명이 참석했다.

대회의 주요 의제는 1910년 창립대회 때와 마찬가지로 조직과 이념과 추진 전략 문제였다.[62] 조직 문제와 관련해서는 지역을 토대로 연방 조직을 갖추는 방안이 논의되었다. 지역마다 노조들을 구성한 다음에 지역 노조들을 지역연맹(Federación Local o Comarcal)으로 조직하고, 이어서 지역연맹들을 지방연합(Confederación Regional)으로 편성하며, 마지막으로 지방연합들을 전국연합으로 아우른다는 내용이다.[63] 노조, 지역연맹, 지방연합, 전국연합으로 체계화되는 연방 조직을 강조한 이 방안은 지역 코뮌을 사회의 기초로 삼는 아나키즘 이념과도 연결되는 장점이 있지만 지역을 넘어 동일 산업에 종사하는 노동자를 노조로 조직하는 산별노조와 충돌하는 부분을 해결해야 하는 과제를 안고 있었다.[64]

이념 문제와 관련해서는 시종일관 혁명적 생디칼리슴의 기조를 유지했다. 참석자들은 전노련을 '혁명적 생디칼리슴 노동자 단체'라고 규정한 연맹위원회(Comité Federal) 보고서의 내용에 대해 대회가 끝날 때까지 별다른 이의를 제기하지 않았다. 대회의 주된 관심사는 계급투쟁을 위한 프롤레타리아계급의 조직화에 있었다. 프롤레타리아계급을 의식화하고 그들을 노조로 조직하여 계급 이익을 위한 투쟁에 뛰어들게 할 필요가 있었다. 무지한 프롤레타리아들을 의식화하고 조직

---

62) 이에 관해서는 Antonio Bar, *La CNT*, pp.237-278을 참고하라.
63) *Solidaridad Obrera*, 13 de enero de 1911.
64) Antonio Bar, *La CNT*, pp.227-228 y 241-242.

하는 일은 '의식 있는 소수'가 해야 할 일이었다. 전노련을 창설한 이유도 여기에 있다고 보았다.[65] 대회는 또한 전노련이 순수하게 노동자 단체이기를 바랐다. 정치 활동을 배격하고 정치적 중립을 유지하기를 바란 것이다. 그렇게 할 때 불가피한 정치적 오염을 피할 수 있다고 생각했다. 아나르코생디칼리스트인 토마스 에레로스(Tomás Herreros)가 비정치주의 내지는 반정치주의를 언급한 이유가 여기에 있다. 그들의 목표는 단지 자본주의 국가를 변혁하는 데 있었고, 이를 위한 그들의 전술은 직접행동이었다. 여기에는 물론 총파업도 포함되었다.[66]

하지만 이렇듯 전국 단체로 그 이념과 조직을 가다듬고 첫 걸음마를 시작할 무렵 전노련은 곧 불법 단체로 지정되었고 제1차 세계대전 직전까지 공식 활동을 하지 못했다. 대회 직후 발생한 총파업을 주모했다는 이유에서였다.[67] 사실 대회가 끝나고 대의원들이 같은 장소에서 비밀 회동을 가졌다. 주요 아나키스트들과 사회주의자들이 참여한 가운데 조제프 네그레가 회의를 주재했다.[68] 그 회의에서 혁명적 성격의 총파업을 논의하고 파업위원회를 구성하기로 했다. 이는 콘스탄트 레로이(Constant Leroy)라는 필명의 미겔 비얄로보스 모레노(Miguel Villalobos Moreno)가 전하는 내용이다.[69] 하지만 이는 좀더 확인할 필요가 있다. 전노련 대회가 10일에 끝났는데 아스투리아스나 비스카야 같은 일부 광산 지역에서는 그 이튿날인 11일에 이미 총파업이 시작되

65) Antonio Bar, *La CNT*, pp.280-284.
66) Antonio Bar, *La CNT*, pp.284-292.
67) Juan Díaz del Moral, *Historia de las agitaciones campesinas andaluzas* (Madrid: Alianza Editorial, 1973), p.171; José Peirats, *Los anarquistas en la crisis política española* (Buenos Aires: Alfa, 1964), p.14.
68) Constant Leroy, *Los secretos del anarquismo* (México, 1913), p.30; Manuel Buenacasa, *El movimiento obrero español (1886-1926). Figuras ejemplares que conocí* (París, 1966), p.51.
69) Constant Leroy, *Los secretos*, pp.31 y ss.

있기 때문이다. 게다가 노총련이 총파업을 선언했는데도 사회주의자들이 그 내용을 숨겼다는 지적도 있다.[70] 따라서 전노련이 총파업을 주모했다고 무작정 단정할 수는 없는 노릇이다.

그 진위 여부야 어찌됐든 카날레하스 정부는 총파업을 주도했다는 이유로 전노련을 불법 단체로 지정했다. 그리고 총서기 조제프 네그레를 비롯한 전노련 활동가 500명 이상을 체포했다.[71] 이때부터 전노련은 지하 단체가 되었고, 거의 자취를 감추게 되었다.

전노련에게 조직을 재건할 기회가 찾아온 것은 1913년에 이르러서였다. 그해 1월 23일 로마노네스 정부가 정치·사회범으로 구속된 자들에 대해 대사면 조치를 단행했다. 이때 전노련의 주요 인물들이 석방되었고 활동을 다시 시작할 수 있게 되었다.

전노련 활동, 좀더 정확히 말해서 카탈루냐노동연합의 활동 재개는 1913년 3월에 개최한 카탈루냐지방총회로부터 시작되었다. 바르셀로나와 인근 지역에서 참여한 50여 개 단체들은 지방연합 창설의 필요성에 대해 논의하고 의결했다.[72] 지방연합의 정관에 관한 논의에서 총회는 1910년 대회와 1911년 대회의 결론들을 수용하기로 하고 미흡한 부분을 보충했다.[73] 총회는 또한 1911년 9월 이래 정간된《노동자연대》를 카탈루냐노동연합의 기관지로 복간하기로 했다.[74]

이렇게 카탈루냐노동연합이 1913년에 활동을 재개했지만 말 그대로

---

70) Juan José Morato, *El Partido Socialista Obrero* (Madrid, 1976), p.194: Antonio Bar, *La CNT*, pp.306-307.
71) Constant Leroy, *Los secretos*, p.34: Manuel Buenacasa, *El movimiento*, pp.51-52: Xavier Cuadrat, *Socialismo*, pp.568-570: Manuel Núñez de Arenas y Manuel Tuñón de Lara, *Historia del Movimiento Obrero Español* (Barcelona, 1970), p.175.
72) *Solidaridad Obrera*, 1 y 17 de marzo de 1913.
73) *Solidaridad Obrera*, 1 y 17 de mayo de 1913.
74) 이 주간지에 글을 기고한 필진은 안셀모 로렌소, 토마스 에레로스, 호세 추에카 등이었다. 이 주간지가 1916년 3월부터는 일간지로 바뀌게 된다.

의 전국노동연합은 1915년에 이르러서야 존재하게 된다. 다시 말해 그 때까지는 전노련의 활동이 사실상 카탈루냐 지방에 국한되어 진행되었다. 게다가 카탈루냐노동연합 마저도 총파업을 시도하려다가 활동정지 조치를 당했다. 정상 활동이 가능해진 것은 1914년 3월이었다.[75]

한편 1913년 4월 안달루시아 지방의 코르도바에서는 전국농업노동자연맹(Federación Nacional de Obreros Agricultores)이 창설되었다. 이 연맹은 그들 대다수가 전노련에 적을 두고 있던 카탈루냐 농민들의 주도로 창설되었다. 창립대회에는 25개 단체들이 참여했는데 그들 대부분은 카탈루냐와 안달루시아, 발렌시아 지방의 단체들이었다. 대회는 집행부를 바르셀로나에 두고 기관지 《농민의 목소리》(La Voz del Campesino)를 발간하기로 했다. 기관지는 연맹의 핵심 강령에 해당하는 '경자유전'을 부제로 달았다. 이후 연맹은 해마다 대회를 개최하다가 1918년 발렌시아 대회에서 전노련에 가입하기로 결정을 내리게 된다.[76]

신맬서스주의 운동

한편 20세기 초에 에스파냐에서는 산아제한을 주장하는 신맬서스주의 운동이 일어났다. 세계인류재생연맹(Liga Universal de la Regeneración Humana) 에스파냐 지부가 설립된 1904년부터 제1차 세계대전이 발발한 1914년까지 전개된 신맬서스주의 운동은 그 주요 무대가 카탈루냐 지방이었고 아나키즘과도 관련이 깊다.[77]

---

75) *Solidaridad Obrera*, 5 de marzo de 1914.
76) Antonio Bar, *La CNT*, p.316.
77) 이하 신맬서스주의 운동과 아나키즘에 관해서는 황보영조, 〈20세기 초 에스파냐 신맬서스

신맬서스주의는 맬서스주의에서 비롯되었다. 잘 알려진 대로 토머스 맬서스(Thomas Malthus)는《인구론》에서 인구는 그냥 내버려 두면 기하급수적으로 늘어나고 식량은 산술급수적으로 늘어나기 때문에 인구 증가를 억제하지 않으면 식량 부족의 불행과 전쟁의 악이 발생한다고 주장했다.[78] 그러면서 인구 증가를 억제하는 방책으로 성적 욕망을 절제하는 금욕 생활과 만혼을 제시했다.[79] 그런데 시간이 흘러서 성적 욕구를 자제하는 대신에 피임 용구를 사용하는 인위적 피임을 옹호하는 사람들이 생겨났다. 이들은 인구를 통제하고 생활을 개선하기 위해 인위적 방법을 동원할 필요가 있다고 생각했다. 전자의 주장을 맬서스주의라고 하고, 후자의 주장을 신맬서스주의라고 부른다.

신맬서스주의를 가장 체계적으로 주창한 사람은 영국인 의사 조지 드라이스데일(George Drysdale)이다. 드라이스데일은《사회과학의 구성 요소》[80]에서 인구 문제를 인간 개인의 욕망이라는 관점에서 다루고 산아제한을 주창했다. 피임과 가족계획의 중요성을 대중에게 알리기 시작한 인물은 조지 드라이스데일의 동생 찰스 드라이스데일이었다. 그는 세 가지, 곧 성교육과 양호한 환경, 양질의 유전자가 인간 종 개량을 위한 과학적 신맬서스주의의 토대라고 주장했다.[81] 1877년

주의 운동의 성격과 한계》,《코기토》, 79(2016), pp.321-344의 내용을 수정·보완하여 실었다.

78) Thomas Robert Malthus, *An Essay on the Principle of Population, as it affects the future improvement of Society, with remarks on the speculations of Mr. Godwin, M. Condorcet, and other writers*, E. A. Wrigley & D. Souden (eds.), *The Works of Thomas Robert Maltus*, Vol. I (London: William Pickering, 1986), pp.8-22.

79) 맬서스와 그 추종자들은 인위적 피임에 반대했다. 그 까닭은 그것이 "당시 출현하고 있던 산업노동자 계급에게 부과하던 규율 및 자제"와 맞지 않다고 보았기 때문이다. Angus McLaren, *Birth Control in Nineteenth-Century England* (London: Croom Helm, 1978), p.13.

80) George R. Drysdale, *The Elements of Social Science*, 4th edition (London: E. Truelove, 1861).

81) Alain Drouard, "Aux origines de l'eugénisme en France: le néo-malthusianisme

에 그가 설립한 맬서스주의연맹(Malthusian League)이 유럽의 도시들로 활동 무대를 넓혀 나갔으며, 그에 따라 네덜란드와 프랑스, 독일, 미국 등지로 신맬서스주의가 확산되어 갔다.[82]

신맬서스주의가 에스파냐에 소개된 것은 20세기 초였다. 에스파냐 신맬서스주의는 프랑스 신맬서스주의의 영향을 크게 받았는데 프랑스 신맬서스주의는 영국의 그것과 달리 노동운동과 밀접한 관련이 있었다.[83] 신맬서스주의를 받아들인 에스파냐 아나키스트들과 의사들은 폴 로뱅(Paul Robin)을 비롯한 프랑스 아나키스트들의 영향을 크게 받았다.[84] 아나키즘 교육의 선구자로 유명한 로뱅은 1896년 프랑스에 인류재생연맹을 설립하고 기관지《재생》(Régénération)을 발간했다. 에스파냐에 신맬서스주의를 도입한 인물은 바로 로뱅과 교류하던 프란세스크 페레르였다. 프란세스크 페레르는 1900년 파리에서 개최하려던 제1차 신맬서스주의 세계대회가 프랑스 당국의 제지로 무산되자 자신의 집을 비밀회합 장소로 제공했다. 이때 로뱅을 비롯하여 영국의 찰스 드라이스데일, 네덜란드의 요하네스 러트거스(Johannes Rutgers), 미국의 엠마 골드만(Emma Goldman)이 참여했다. 그들은 이 회합에서 인류 재생을 위한 세계연맹을 창설하기로 합의했다.[85]

프란세스크 페레르는 1901년 바르셀로나에 근대학교를 설립하고, 학교에서 발행하는 잡지를 통해 신맬서스주의를 전파했다. 한걸음 더 나아가 개인 재산을 출연하여 창간한 잡지《총파업》을 통해서도 신맬서

(1896-1914)," *Population*, Vol. 47, nº 2 (1992), p.439.
82) 단체 이름에는 맬서스주의가 들어 있지만 그들이 전파한 내용은 신맬서스주의였다.
83) 프랑스에서는 주로 아나키스트와 생디칼리스트들이 신맬서스주의를 추종했다.
84) Francisco Navarro, "Anarquismo y neomalthusianismo: la revista 'Generación Consciente' (1923-1928)," *Arbor*, 156 (1997), pp.9-32.
85) Eduard Masjuan, *La ecología humana en el anarquismo ibérico. Urbanismo "orgánico" o ecológico, neomalthusianismo y naturismo social* (Barcelona: Icaria, 2000), p.124.

스주의의 가족계획과 그것을 통한 여성해방을 알리는 데 힘썼다.

프랑스 잡지 《재생》의 에스파냐 특파원으로 활동한 에스파냐 아나키스트 마테오 모랄도 아나키스트 의사 페드로 바이나(Pedro Vallina)와 더불어 에스파냐에 신맬서스주의를 소개한 최초의 선구자에 속한다. 마테오 모랄은 독일 유학 시절 아나키스트 모임에 참여하면서 독일인류재생연맹의 창설자인 막스 하우스마이스터(Max Hausmeister)와 교류했다. 어학에 소질이 있던 그는 신맬서스주의 관련 소책자를 번역하여 카탈루냐와 안달루시아의 노동자들에게 배포했다.[86]

한편 1903년 여름 바르셀로나에서는 '인구과잉과 빈곤'을 주제로 학술대회가 열렸다. 바르셀로나의 사회연구소(Centro de Estudios Sociales) 주최로 열린 이 학술대회에서 '성의 절제', '자연과의 투쟁', '출산 파업', '신맬서스주의 교리' 등에 관한 주제 발표가 있었다. 신맬서스주의 교리에 관해 발표한 사람은 다름 아닌 루이스 불피(Luis Bulffi)였다. 그는 신맬서스주의를 '자발적이고 합리적인 가족계획'과 '더 이상의 노예를 양산하지 않는 행동 전략'으로 소개했다. 그리고 한 걸음 더 나아가 '해방의 날을 앞당기고 생식의 질을 높이기 위하여' 세계인류재생연맹의 에스파냐 지부를 설립하자고 주장했다.[87]

같은 해에 안셀모 로렌소도 바르셀로나의 금속노동자연맹에서 신맬서스주의를 주제로 강연을 했다. 그는 1903년에 로뱅이 쓴 소책자 《자발적 생식》을 에스파냐어로 출판하기도 했다.

프란세스크 페레르와 마테오 모랄, 루이스 불피, 안셀모 로렌소가 경주한 이러한 노력들이 1904년에 에스파냐인류재생연맹 설립으로 이어졌다. 에스파냐인류재생연맹은 프랑스인류재생연맹이 내건 원리를 따

---

86) Juan Díaz del Moral, *Historia*, p.182.
87) Luis Bulffi, *Exposición de doctrinas neomaltusianas y Doctor X. Obturador Vaginal* (Barcelona: Biblioteca Editorial *Salud y Fuerza*, 1913), pp.3-5.

라서 산아제한 운동을 벌여 나갔고 연맹의 기관지 《건강과 힘》(Salud y Fuerza)은 프랑스인류재생연맹 기관지의 노선을 따라 잡지를 발행했다.

에스파냐인류재생연맹이 창설되고 기관지가 발행되기 시작하면서 카탈루냐 지방을 비롯한 에스파냐 일부 지역으로 신맬서스주의가 상당히 빠른 속도로 퍼져 나갔다. 신맬서스주의가 이렇듯 빠르게 확산되어 나간 데는 그럴만한 이유가 있었다. 기존의 아나키즘 집단들이 연맹의 목적을 따르기로 결정하거나 아니면 그들이 신맬서스주의 모임을 창설하는 방식을 취했던 것이다.[88] 여기서 우리는 신맬서스주의가 아나키즘 조직을 매개로 확산되어 나갔다는 점에 주목할 필요가 있다. 이는 그것을 수용하는데 아나키스트들이 앞장섰다는 점과 더불어 에스파냐 신맬서스주의의 성격을 규정짓게 되는 매우 중요한 사실이다. 에두아르드 마스후안(Eduard Masjuan)이나 리처드 클레민슨(Richard Cleminson)[89] 같은 일부 학자들이 에스파냐의 신맬서스주의를 아나키즘적 신맬서스주의라고 부르거나 신맬서스주의를 수용한 아나키스트들을 신맬서스주의적 아나키스트라고 부르는 이유가 여기에 있다. 요컨대 에스파냐의 신맬서스주의 운동은 애초부터 아나키즘 운동과 직접 결부된 운동이었다.

에스파냐에 신맬서스주의를 수용하고 확산시키는 데 획기적으로 기여한 인물은 단연코 루이스 불페였다. 1867년에 빌바오에서 태어난 불페는 33세가 되던 1900년에 파리에서 열린 신맬서스주의연맹 대회에 참석하고 3년 뒤인 1903년부터 파리에 있는 세계인류재생연맹과 꾸준히 접촉하면서 신맬서스주의를 받아들였다. 1903년에는 바르셀로

---

88) *Salud y Fuerza*, nº 4 (1905), p.29.
89) Richard Cleminson, *Anarquismo y sexualidad en España (1900-1939)* (Cádiz: Universidad de Cádiz, 2008).

나에 민중백과문예원(Ateneo Enciclopédico Popular)을 개원하고 초대 원장에 취임했다.[90] 이듬해에는 에스파냐인류재생연맹을 창설하는 데 참여하고 연맹의 간사를 맡았다.[91] 1904년에는 연맹 기관지《건강과 힘》을 창간했다. 불피가 신맬서스주의를 홍보하고 확산시키는 데 활용한 매체는 바로 이 기관지였다. 그가 1906년에 출간한 소책자《출산 파업》또한 신맬서스주의를 확산시키는 데 기관지 못지않은 기여를 했다. 포르투갈의 포르투에서 에스파냐어와 포르투갈어로 출판된 이 소책자는 1911년까지 5년 동안 8판을 거듭하면서 13만4천 권이나 판매되었다.[92]

기관지《건강과 힘》의 발행 목적은 여성의 성적 자기 결정권을 계몽하고 피임법을 홍보하는 데 있었다.[93]《건강과 힘》은 한걸음 더 나아가 피임 용구를 판매하기도 했다.[94] 이 기관지는 창간호에서 이러한 목적을 분명히 하고 구독 회원을 모집했다. 그 결과 1906년에 이르면 구독자가 1천 명을 넘어서게 된다. 이는 당시 노동자들의 경제적 처지를 고려할 때 무시할 수 없는 수치이다.

《건강과 힘》에는 에스파냐 아나키스트들뿐 아니라 가브리엘 하디(Gabriel Hardy),[95] 넬리 루셀(Nelly Roussel), 마들렌 펠티에(Madeleine Pelletier) 같은 프랑스 아나키스트들과 노동운동 관계자들이 주로 기고했다. 이들 가운데 루셀과 펠티에는 급진적 페미니스트였다.

---

90) 아나키스트들이 창립한 민중백과문예원은 부르주아적이고 엘리트적인 바르셀로나문예원의 대항 기관이었다. 불피는 문화 활동을 담당하면서 매일 프랑스어를 가르쳤다. *El Productor*, 26 de septiembre de 1903.

91) Rosanna Ledbetter, *A History of the Malthusian League, 1877-1927* (Columbus: Ohio State University, 1976), pp.199.

92) José Álvarez Junco, *La ideología*, p.307.

93) *Salud y Fuerza*, nº 1 (1904), p.1.

94) 당시에는 잡지사들이 도서 판매를 겸했는데《건강과 힘》도 아나키즘 서적을 판매했으며 피임 용구도 다루었다.

95) 가브리엘 지루(Gabriel Giroud)의 필명이다.

《건강과 힘》 창간호는 창간호답게 아나키스트들이 바라는 사회를 1면에다 제시했다. 그 사회는 곧 능력에 따라 일하고 필요에 따라 쓰면서 최대의 만족을 누리는 자유로운 사회였다. 이른바 자유지상 사회였다. 이 사회는 생산과 소비가 조화를 이루는 사회였다. 하지만 현실은 그렇지 못했다. 그렇다면 생산과 소비의 조화를 어떻게 이룩할 것인가? 그것은 성애를 증진하면서도 원치 않는 임신을 줄이는 데 있다. 생산과 소비의 부조화, 곧 빈곤 문제의 원인은 천연자원의 부족에 있고 천연자원이 부족하게 된 까닭은 인구과잉에 있다. 인구과잉 문제를 해결하려면 원치 않는 임신을 줄여야 한다. 요컨대 원치 않는 임신을 줄이면 빈곤 문제를 해결할 수 있고 자유지상 사회를 건설할 수 있다.

그렇다면 원치 않는 임신을 줄이기 위해서는 어떻게 해야 하는가? 먼저 사람의 몸을 잘 알아야 한다. 이를 위해 과학의 도움을 받을 필요가 있다. 또한 거짓되고 위선된 도덕을 무너뜨려야 한다. 그것이 인간의 실제를 왜곡하고 성애를 금기시하기 때문이다. 마지막으로 피임 용구를 사용해야 한다. 피임 용구를 사용할 때 임신을 조절할 수 있고 천연자원 부족 문제를 해결할 수 있다. 이상의 내용이 《건강과 힘》 창간호에 실린 신맬서스주의의 대강이다.

프랑스 의사 하디는 이러한 내용의 신맬서스주의가 여성해방과 아동 복지를 실현시켜 주고 성인들에게 더 많은 여가 시간을 가져다준다고 생각했다. 하지만 신맬서스주의로 모든 문제가 해결되리라고 보지는 않았다. 다만 사회문제의 첫 단계가 해결될 뿐이라고 생각했다.[96] 신맬서스주의자들은 이렇듯 임신 조절을 통해 달성하게 되는 산아제한이야말로 사회혁명을 성공시키는 데 필요한 전제조건이라고 보았다.

---

96) Gabriel Hardy, "La lucha por la existencia y el neo-malthusianismo," *Salud y Fuerza*, nº 1 (1904), pp.2-4.

그들은 산아제한이 자본주의로부터의 해방을 위한 수단이자 인간 종의 개량을 위한 수단이라고 생각했다.[97] 전자와 관련해서는 산아제한을 하게 되면 그렇게 많은 자녀들을 부양하지 않아도 되기 때문에 경제적 측면에서는 그것이 노동자들에게 즉각적인 혜택을 가져다줄 것이라고 보았다. 그렇다고 해서 산아제한이 노동자계급이 겪고 있는 불의를 해결할 만병통치약이라고 본 것은 아니다. 이 불의는 오직 사회혁명을 통해서만 해결된다고 보았다. 후자와 관련해서는 이를 통해서 인구의 '질'을 증대시킬 필요가 있다고 강조했다. 이 점은 신맬서스주의가 우생학과 연결되는 지점이기도 하다.

신맬서스주의를 확산시키는 데 이바지한 또 다른 매체는 루이스 불피가 출간한 소책자다. 전체 분량이 32쪽밖에 되지 않는 소책자의 제목은 '출산 파업'이다.[98] 프랑스의 여성운동가 마리 위오(Marie Huot)가 일찍이 1892년에 사회를 혁명적으로 변화시킬 방안으로 출산 파업을 주장한 적이 있다.[99] 불피가 이 내용을 얼마나 참고했는지는 모르겠지만 그가 쓴 소책자의 내용이 위오의 주장과 크게 다르지 않아 보인다.

불피는 이 소책자에서 대가족을 방지하기 위해 임신을 조절해야 한다고 주장했다. 빈민들의 수가 증가한다고 해서 사회관계에 변화가 생기지는 않는다면서 "가족의 수가 많으면 힘이 세고 혁명성이 투철하다"는 일부 사회주의자들의 생각은 잘못된 것이라고 그는 지적했다.[100] 오히려 그와 반대로 프롤레타리아들이 산아제한을 해야 복지에 이를 수 있다고 주장했다. 이러한 신맬서스주의를 실천하게 되면 임금 생활을 할 사람들의 수가 줄게 되고, 그에 따라서 '자본주의자들의

97) *Salud y Fuerza*, nº 1(1904), p.6.
98) Luis Bulffi, ¡*Huelga de Vientres!* (Barcelona: Biblioteca Editorial *Salud y Fuerza*, 1908), 5ª edición.
99) 민유기, 〈'출산파업'과 '민족의 자살'에 대한 사회적 대응〉,《서양사론》, 89 (2006.6), p.154.
100) Luis Bulffi, *Huelga*, p.6.

강탈'이 종식되며 노동자들이 강제 이주를 하지 않아도 되고 병력이 부족하게 돼 군국주의를 저지하는 데도 유리할 것이라고 주장했다. 이 것이 그가 출산 파업을 제기하면서 제시한 논리였다. 불피는 출산 파 업이 "정치적, 군사적, 종교적 파업과 임금 파업의 보충 수단이자 부르 주아들에게서 그들의 예비력을 박탈하고 현 사회체제를 단번에 종식 시킬 매우 신속한 수단"이라고 보았다.[101]

이 출산 파업은 어디까지나 프롤레타리아 여성들이 나서야 할 문제 였다. 여성들이 적절한 성교육을 받고 피임을 해야 하기 때문이다. 그 래서 불피는 서문에서 여성들에게 이렇게 호소했다.

출산의 노예 상태에서 해방되면 해방을 위한 투쟁의 기쁨을 남성 동지 들과 함께 나누게 된다. (……) 출산을 전제로 하지 않는 자발적인 사랑으 로 가까워진 남자와 여자는 다가올 자유와 복지의 시대를 향해 함께 나 아가게 된다.[102]

불피는 여성이 출산의 노예로 전락한 것은 종교적 도덕의 결과라고 보았다. 남성은 물론이고 여성도 성 문제에 대해 아무것도 모르는데 그 이유가 종교적 도덕에 있다는 얘기이다. 곧 교회가 성 문제를 죄의 기원으로 소개했다는 것이다. 그 결과 사람들은 누구나 다 신체의 기 능에 대해 아무것도 모르는 가운데 청소년이 된다. 이를테면 초경을 경험하는 여자아이들은 그것이 생리학적으로 왜 그렇게 되는 건지도 모르고 부끄러워하며 숨기게 된다. 성 문제에 무지할 경우에 남성보다 도 여성이 더욱 심각한 문제에 빠진다. 결혼을 해서 즐기지도 못하고

---

101) Luis Bulffi, *Huelga*, p.16.
102) Luis Bulffi, *Huelga*, p.1.

아이를 낳게 되고, 더 나아가 아이를 기르고 아이를 낳는 올가미에 빠지게 되기 때문이다.[103]

불피는 사랑에는 두 가지 개념이 있다고 보았다. 생식을 위한 사랑과 쾌락을 위한 사랑이 그것이다. 이러한 사랑 구분은 당시의 통념에 비추어 볼 때 가히 혁명적이었다. 사랑을 이렇게 구분한 불피는 "원하지 않는 임신을 피하고 사랑을 즐길 수 있는" 성관계의 만족을 위해서 피임을 자유롭게 선택해야 한다고 주장하기에 이른다.[104] 그러면서 임신을 방지하기 위한 천연화학 요법과 관련 물질들을 소개했다.[105] 또한 인체해부학 삽화를 동원하여 양성의 생식기를 설명하기도 했다.

한편 에스파냐인류재생연맹은 1906년부터 지부마다 진료소를 설치하고 회원들을 대상으로 상담을 실시하기 시작했다.[106] 최초의 진료소는 바르셀로나에 설치되었다. 바르셀로나의 진료소 살롯 이 푸에르사 (Clínica de Salud y Fuerza)에는 여의사 두 명이 오전 9시부터 밤 9시까지 무료 진료를 실시했다. 진료소에서 멀리 떨어진 지역을 위해서는 우편 상담도 실시했다. 진료소들은 《건강과 힘》을 발행한 출판사와 마찬가지로 피임 용구를 도입하여 판매했다. 심지어는 피임 용구를 우편으로 주문 배달하기도 했다.

이렇게 에스파냐인류재생연맹이 설립되고 신맬서스주의가 확산되자 그에 대한 반발도 만만치 않았다. 바르셀로나의 시정을 장악하고 있던 보수 우익의 과두 세력과 가톨릭교회가 신맬서스주의를 탄압하기 시작했고, 아나키스트들 내부에서도 그에 대한 논란이 불거졌다.

바르셀로나의 과두 세력과 가톨릭교회는 우선 사회질서수호위원회

---

103) Luis Bulffi, *Huelga*, p.22.
104) Luis Bulffi, *Huelga*, p.22.
105) 일부 아나키스트들은 이를 위해 프랑스에서 알약을 들여와 약국에서 판매하기도 했다.
106) 이때 낙태 관련 상담은 하지 않았다. 신맬서스주의자들이 낙태를 대가족 방지 수단으로 생각하지는 않았다. 피임을 하면 낙태할 일이 없다고 생각했기 때문이다.

(Comité de Defensa Social) 조직을 갖추고 대응해 나갔다. 1903년 2월에 출범한 사회질서수호위원회의 목적은 '모든 적법한 조치들'을 동원하여 '종교적, 도덕적, 사회적 이해관계를 수호'하는 데 있었다.[107] 좀더 구체적으로 말하자면 사회의 도덕적, 물질적 발전은 물론이고 사회의 존재 자체를 위협하는 위험들, 곧 아나키즘과 외설, 폭언들로부터 사회를 보호하는 데 있었다. 위원회는 전통적 이념을 지닌 가톨릭 사제와 평신도들로 구성되어 있었다. 가톨릭교 신앙고백을 하고 연회비를 납부하는 자들이 정회원이나 준회원이 될 수 있었다.[108] 이들은 교황 레오 13세가 1891년에 발표한 회칙《노동헌장》(Rerum Novarum)의 정신을 따랐다.

사회질서수호위원회의 중앙본부는 바르셀로나에 있었다. 1905년에는 바르셀로나 주교 카사냐스와 코미야스 후작이 위원회를 이끌고 있었다. 위원회에는 온갖 기부가 넘쳐났다. 위원회는 풍부한 재원을 기반으로 산하에 법률, 사회문제, 언론·문예, 풍기 단속, 정치, 교육, 종교, 선전을 담당하는 부서를 두었다. 또한 만레사, 빌라노바, 라겔트루, 상펠리우델요브레갓, 올롯, 모니스트롤, 솔소나, 사바델, 이괄라다, 토르토사, 발라게르, 테라사, 타라고나, 아레니스데마르, 오스데발라게르, 지로나 등지에 지회를 설치했으며, 가톨릭교회의 교구 성당에는 지국을 두었다.[109]

이 위원회가 1905년 3월에《건강과 힘》을 고발조치했다. 카사냐스 주교가 위원회에《건강과 힘》4호를 고발하라고 지시했다. 그는 필시

---

107) Comité de Defensa Social, *Estatutos del Comité de Defensa Social* (Barcelona: Imp. de Henrich y Cía, 1904), p.1.

108) Comité de Defensa Social, *Estatutos*, p.2; José Andrés-Gallego, "Transformación política y actitud religiosa del Gobierno largo de Maura," *Revista de Estudiso Políticos*, núms. 189-190 (1973), pp.142-143.

109) Joaquín Romero Maura, *La rosa de fuego*, p.523.

피임법을 확산시키는 신맬서스주의가 교회에 심각한 위험이 된다고 생각했을 것이다. 교회는 당시 도시의 젊은이들 사이에 유행하고 있던 성병을 예방하기는커녕 반계몽적 전술을 펴고 있었다. 성병의 병명을 언급하지 않고 쉬쉬한 것이다. 가톨릭교회는 피임 홍보를 외설적 활동으로 간주했고, 성병 발병을 부도덕하고 외설적인 사람에게 내리는 천벌이라고 여겼다.[110] 따라서 피임법을 홍보하고 성병 예방을 계몽하는 《건강과 힘》을 가만히 두고볼 수 없었을 것이다. 결국 잡지는 1905년 4월부터 1년이 넘도록 정간되었다.[111] 잡지를 발행하던 불피는 1906년에 바르셀로나지방법원(Palacio de Justicia de Barcelona) 형사부에 출두하여 재판을 받아야 했다. 재판에서 배심원단은 무죄 평결을 내렸다. 피임과 성병 방지 홍보가 부도덕하지도 않고 외설적이지도 않다는 이유에서였다.[112] 이런 평결을 받아들일 수 없었던 위원회는 재심을 요청했다. 하지만 재심 결과도 무죄로 판결이 났다.

하지만 불피의 곤욕이 끝난 것은 아니었다. 1908년 7월에도 그는 다시 고발 조치를 당했다. 사유는 1906년 때와 동일했다. 여러 피임법을 확산시켜 물의를 일으켰다는 이유였다. 이번에는 불피와 그의 변호인이 콘돔이 성병 전염 방지에 효과가 있음을 입증하여 무죄 판결을 받아냈다.

1908년 12월 24일 이후에는 신맬서스주의에 대한 탄압이 최고조에 달했다. 출산장려 정책을 꾀하던 바르셀로나 주지사 앙헬 오소리오 가야르도(Ángel Ossorio Gallardo)가 피임 용구 판매를 금지하는 시행령을 통과시킨 것이다. 그는 에스파냐인류재생연맹의 지부에 설치한 무

---

110) Félix Sardá y Salvany, *Moral Ciutadana* (Barcelona: Llibrería i Tipografía Católica, 1909), p.1.
111) 불피는 이 잡지가 정간되자 그 대신에 그와 동일한 성격의 잡지 《신맬서스주의》(El Nuevo Malthusiano)를 발간했다. 이 잡지는 5호까지 발간되었다.
112) *El Nuevo Malthusiano*, nº 4 (1906), pp.25-29.

료 진료소를 폐업하라는 시행령을 내리기도 했다. 이때 진료소 사업을 진두지휘한 불피에게는 500페세타의 벌금을 납부하라는 처분을 내렸다. 불피는 그것을 완납할 때까지 교도소에 수감되는 수모를 겪었다.[113]

이처럼 피임 용구 판매 금지와 진료소 폐업, 지도자 수감 등 정부의 강경 대응으로 신맬서스주의 운동이 입은 타격은 몹시 컸다. 에스파냐 인류재생연맹의 하부 조직이 점차 해체되고 그동안 자발적으로 협력해 온 의사와 조산원들이 진료 활동을 중단하기에 이르렀다.

에스파냐에서 신맬서스주의가 직면한 역경은 바르셀로나의 과두 세력과 가톨릭교회의 반발만이 아니었다. 대다수 아나키스트들의 몰이해 내지는 반대에 부닥쳤다. 그 가운데 대표적 인물이 페데리코 우랄레스와 레오폴도 보나푸야(Leopoldo Bonafulla)였다. 본명이 조안 문세니인 페데리코 우랄레스는 부인 솔레닷 구스타보(Soledad Gustavo)[114]와 함께 마드리드에서 아나키즘 잡지 《백색평론》을 발행하고 있었다. 그는 산아제한 이론을 수용하려는 일부 아나키스트들의 움직임을 정면으로 비판했다. 그는 빈민들의 산아제한 문제를 놓고 왈가왈부하는 것은 시간 낭비라면서 노동자들에게 중요한 것은 '좋은 생식기'를 지닌 아들을 많이 낳아서 그들을 인류의 착취자들을 타도할 '전사'로 길러내는 것이라고 주장했다.[115] 아나키즘 신문 《생산자》를 발간하던 레오폴도 보나푸야는 1905년에 《자유 생식》이라는 소책자를 출간했다.[116] 그는 이 소책자에서 우랄레스보다 더욱 논리적으로 신맬서스주의의 오류를 지적했다. 노동자들의 가족계획은 사회경제적 환

---

113) *Salud y Fuerza*, nº 30 (1909), pp.423-424.
114) 본명은 테레사 마녜 미라벳(Teresa Mañé Miravet)이다.
115) *La Revista Blanca*, nº 159 (1905), p.480.
116) Leopoldo Bonafulla, *Generación Libre* (Barcelona: Biblioteca El Productor, 1905). 레오폴도 보나푸야의 본명은 조안 밥티스타 에스테베(Joan Baptista Esteve)이다.

경 변화에 적응하는 문제이지 혁명적 실천 사항이 아니라는 것이다. 신맬서스주의자들이 노동자들에게 주입하고자 하는 예방 대책은 부르주아적인 열망에 불과하며, 그것으로는 자본주의를 무력화시킬 수 없다고 비판했다. 신맬서스주의가 아나키즘이 펼쳐 온 반군국주의 투쟁과 반자본주의 투쟁을 약화시킨다고 그는 비난했다. 그가 이런 비난을 늘어놓은 이유는 신맬서스주의자들의 주장 때문이었다. 빈민들의 출산을 제한하지 않으면 반군국주의 투쟁과 반자본주의 투쟁이 무용지물이 된다고 신맬서스주의자들이 주장했던 것이다.[117]

신맬서스주의를 따르는 아나키스트들은 이러한 비난과 반대에 맞서 즉각 재반론을 폈다. 페드로 바이나와 마테오 모랄이 그들이었다. 그 무렵 파리에 망명 중이던 페드로 바이나는 신맬서스주의 운동이 시간 낭비에 불과하다고 지적한 우랄레스의 이름을 직접 거론하며 일부 아나키스트들의 내부 반론을 한탄했다. 마테오 모랄의 재반론은 좀 더 구체적이었다. 당시 프랑스 잡지 《재생》의 특파원이자 사바델 지역 신문 《노동》(El Trabajo)의 후원자이던 모랄은 프랑스 아나키스트 로뱅에게 보내는 공개서한의 형식을 빌려 재반론을 폈다. 그는 러시아 농민이 가난하게 된 이유가 고리대금과 고율의 세금, 낙후된 경작 방식, 경작지 부족 등에 있지만 과잉 출산도 매우 중요한 요인이라고 지적한 프랑스 신맬서스주의 사회당원 타르부리에가의 분석을 근거로 들면서 제 아무리 정치적, 경제적 개혁을 한다고 해도 산아제한을 하지 않는다면 모든 것이 실패로 돌아가게 된다는 결론을 내렸다.[118] 또한 산아제한을 주장하는 사람들이 중요하게 생각하는 한 가지를 보나푸야가 간과했다고 지적했다. 그것은 바로 피임이었다. 신맬서스주의자들

---

117) Eduard Masjuan, *La ecología*, p.238.
118) *El Trabajo*, nº 133 (1905), p.2.

은 피임을 여성해방의 출발점이라고 간주했다. 피임이 원치 않는 임신을 방지하고 성병을 예방해 주기 때문이다. 하지만 보나푸야의 견해는 이와 달랐다. 그는 피임을 혁명적 요소로 간주하고 그렇게 홍보하는 것은 여성을 기존의 사회적 상황과 타협하게 하는 터무니없는 짓이라고 주장했다.[119]

우랄레스와 보나푸야는 아나키스트들 사이에서 매우 유명한 지도자들이었다. 따라서 이들의 비난과 반대에 봉착한 에스파냐 신맬서스주의의 입지는 위축될 수밖에 없었다. 신맬서스주의를 주창하는 아나키스트들이 소수에 불과한 이유가 여기에 있었다.

이렇듯 거세게 제기된 신맬서스주의에 대한 반론에도 불구하고 1912년 무렵에 바르셀로나 서민층의 다산에 관한 관념에 모종의 변화가 나타난 것처럼 보인다. 제대로 된 인구통계 자료가 없어서 출산율의 추이를 정밀하게 파악할 수는 없지만 바르셀로나 시가 편찬한 통계연감에 따르면 출산율이 인구 천 명당 1907년 24.35명에서 1912년 21.87명으로 2.48명이나 감소했음을 알 수 있다.[120] 이는 시정부의 출산장려 정책이 진행되는 가운데 나타난 감소 수치여서 그 의미가 더욱 부각된다. 부유한 계층은 자녀를 덜 낳고 가난한 계층은 더 많이 낳는 당시의 사회 풍조에 변화가 나타났음을 감지할 수 있다. 출산장려 정책을 추진한 부르주아들이 이 수치를 보고 대경실색했을지도 모르겠다. 그들은 한걸음 더 나아가 출산율 감소의 원인이 피임법을 확산시킨 신맬서스주의에 있다고 부산을 떨면서 대응책을 마련했을 것이다. 카탈루냐 지방의원 유이스 두란 벤토사(Lluís Duran Ventosa)가 1912년 10월에 바르셀로나 전 지역을 대상으로 다섯 가지 포상 정책

119) Leopoldo Bonafulla, *Generación Libre*, p.19.
120) Eduard Masjuan, *La ecología*, p.277.

을 제시한 데서 이를 짐작할 수 있다. 하지만 당시의 출산율 감소가 신맬서스주의 확산 때문인지는 좀더 과학적으로 따져 봐야 할 문제이다. 공업 부문의 발전이나 도시의 생활 여건 변화도 무시하지 못할 요인이기 때문에 현재로서는 그것이 신맬서스주의 운동 때문이라고 단정하기에는 무리가 있다.[121] 에스파냐의 인구변동을 연구한 호르디 나달(Jordi Nadal)이 제시했다시피 한 가지 분명한 사실은 이 시기에 출산율이 의미심장할 정도로 감소했다는 점이다.[122] 그 결과 1914년 이후 인구학적 측면에서 에스파냐의 출산율이 유럽의 출산율 수준에 육박하게 된다.[123]

에스파냐 신맬서스주의 운동은 이처럼 안팎의 시련에 직면하여 그 세력이 점차 약화되어 갔다. 1913년 2월에는 관련 세금을 명부에 기입하지 않았다는 이유로 바르셀로나 시정부가 기관지 편집부에 벌금을 물렸다. 그와 더불어 잡지사의 자금이 고갈되기 시작했고, 노동자들의 참여도 점차 줄어들었다.[124] 1914년에 들어서는 잡지 구독자 수가 500여 명으로 감소했다. 설상가상으로 잡지에 글을 기고하던 이론가들도 하나둘씩 떠나갔다. 결정타는 세계대전의 발발이었다. 1914년 여름에 세계대전이 확산되면서 에스파냐인류재생연맹의 활동은 거의 전무하게 되었다. 이렇게 에스파냐 신맬서스주의 운동의 1단계가 막을 내리게 되었다. 대전 이후 1920년대와 1930년대에 걸쳐 전개되는 2단계의 신맬서스주의 운동에서는 신맬서스주의가 우생학에 흡수 통합되고 만다.[125]

---

121) 하지만 마스후안은 신맬서스주의가 중대한 요인이라고 확신하고 있다. Eduard Masjuan, *La ecología*, p.281.
122) Jordi Nadal, *La Población Española (s. XVI-XX)* (Barcelona: Editorial Ariel, 1973), p.234.
123) Jordi Nadal, *La Población*, p.233.
124) *Salud y Fuerza*, nº 51 (1913), p.234.
125) 신맬서스주의와 우생학의 관계에 대해서는 별도의 연구가 필요하다. 둘 사이의 연속성 여

주요 아나키스트들

이 시기에 아나키즘을 선전하는 데 가장 크게 활약한 이론가는 안셀모 로렌소였다. 1841년에 톨레도에서 태어난 로렌소는 마드리드에서 짧은 시기를 보내고 바르셀로나와 카탈루냐에서 주로 활동했다. 파리에 망명한 아나키스트들이 발간하던 잡지 《문턱》(Umbral) 1968년 7·8월호에 그의 생애에 관한 흥미로운 내용이 소개되었다. 마드리드에서 호세 미란다(José Miranda)라는 동지를 알게 되었는데 그가 바르셀로나에서 부인과 어린 아들을 남겨두고 사망하자 로렌소가 그들을 책임지기로 하고 그들을 집으로 모셨다는 이야기이다. 그는 호세 미란다의 어린 아들 프란세스크를 자신의 양자로 삼았는데 그가 바로 20세기 초 바르셀로나에서 활동한 아나르코생디칼리슴 활동가 프란세스크 미란다였다. 로렌소는 미란다 부인과 함께 살면서 사랑을 싹틔웠고 두 사람은 결국 가정을 꾸렸다. 그리고 두 사람 사이에 세 자녀를 두었다.

로렌소는 이 시기에 여러 권의 책을 냈다. 주로 소책자였다. 1903년에는 《자유지상주의의 기준》을 냈고, 1905년에는 《노동조합의 방해》를, 1908년에는 《평등, 자유, 우애》를, 1911년에는 《진화의 권리》와 《해방의 프롤레타리아계급》, 《아나키의 승리》를, 1913년에는 《무지에 대한 투쟁》과 《인민 대중에게》를, 1914년에는 《해방을 향해》를 각각 출

부를 놓고 학자들 사이에 논란이 있다. 마스후안은 불연속성을 주장하고 있고(Eduard Masjuan, *La ecología*, p.287), 클레민슨은 연속성을 주장하고 있다(Richard Cleminson, *Anarquismo*, p.55). 한편 아나키스트 호세 추에카(José Chueca)는 《건강과 힘》에 기고한 글에서 "과학을 자처하는 우생학은 어리석음과 정제정치 그 이상이요 추종자들이 바라는 결과를 가져다주지 않는다. (……) 우생학은 인류 재생에 이바지할 수 없다. 우생학적 절차로는 아무런 결과도 얻을 수 없다. 우리 사회에 존재하는 퇴화를 불러온 여러 원인들을 억제하지 못하기 때문이다"[*Salud y Fuerza*, nº57 (1914), pp.321-322]라며 우생학을 신맬서스주의와 구별하여 비판했다.

간했다. 《노동조합의 방해》에서는 노조에 가입했으면서도 '아나키즘의 이상을 이해하지 못하는 노동자를 비판했다. 연구와 독서, 교육에 전념하지 않고, 당구와 잡담, 카드놀이, 음주를 일삼는 것이 문제라고 지적했다. 《해방의 프롤레타리아계급》에서는 로렌소 자신이 반대하는 두 가지 내용을 소개하고 있다. 첫째로, 노조들이 '저항의 상자'를 무분별하게 사용하는 것에 반대한다. 노조의 신화가 된 저항이 사회를 구원하는 데는 쓸모가 없다는 이야기이다. 둘째로, 정치권력의 장악에 반대한다. 의회주의를 받아들이는 것이 계급투쟁과 이상의 실현을 포기하는 것이기 때문이다. 《아나키의 승리》에서는 "모기도 모이면 천둥소리를 낸다"면서도 "건전하고 정력적이며 교양이 있고 의식이 있는 아나키스트 한 명이 (……) 의지가 박약한 군중들보다 훨씬 낫다"고 강조했다. 《무지에 대한 투쟁》에서는 노동자 문화기관의 필요성을 역설했다. 노조와 지역연맹은 적어도 한 곳에는 학교와 문예원을 설립해야 한다고 주장했다. 피착취 계급이 무지 가운데 있으면서 해방되기를 바라는 것은 적절치 않다는 얘기이다. 마지막으로 《인민 대중에게》에서는 최저임금 투쟁을 비판했다. 최저임금 투쟁은 "내일의 현실이 되지 않는 (……) 오늘의 개혁주의 이상"이라고 지적했다.[126]

1914년에 로렌소가 사망하자 바르셀로나의 언론은 그를 '세속의 사도'라고 치켜세웠다. 시인이자 문예비평가인 가브리엘 알로마르(Gabriel Alomar)는 그를 두고 '에스파냐 아나키즘의 은자이자 조상'이라고 불렀다. 자유사상가인 콘스탄시오 로메오(Constancio Romeo)는 시를 써서 그를 기렸다.

그의 신은 언제나 과학이었고,

---

126) Josep Termes, *Historia del anarquismo*, pp.266-271.

이성은 그의 조언자였으며,

전 국토가 그의 조국이었고,

재판관이 그 자신의 의식이었다.

근면이 그의 규범이었고,

진실이 그의 방패였다.

그는 인류를 사랑했다.

인종과 분파와 계급을 가리지 않고.

그리고 그는 싸웠다.

새로운 사회의 기초를 위해.

이 시기에 활동한 또 다른 이론가는 에스파냐 아나르코생디칼리슴을 개척한 조제프 프랏이다. 바르셀로나미술관 사환의 아들인 프랏은 어려서부터 독서를 많이 했다. 마르크스에서부터 그의 제자들에 해당하는 카우츠키, 베른슈타인, 드빌, 게드를 거쳐 맬서스와 고드윈, 다윈, 스펜서, 니티, 세르지, 르봉, 몽테뉴, 칼데론, 셸리, 프랑스, 졸라에 이르기까지 폭넓게 책을 읽었다.

그는 1901년에 출간한 소책자 《논쟁》에서 아나키즘과 폭력을 분리했다. 그는 아나키스트들이 사회혁명을 물질적 장애물의 과감한 파괴라는 단순한 의미로 파악하지는 않는다고 지적하고 무엇에 집중해야 하는지를 다음과 같이 설명했다.

사회혁명은 매순간의 작업이다. 미래 사회를 1차 봉기 직후의 사회로 설정하지 않는다. 사회를 재건하는 교육 작업은 더디게 진행되고 파괴 속에서 이미 시작된다. 편견에 사로잡힌 지도자들은 이 점을 이해하지 못한다.

그들은 먼저 편견을 버려야 한다. (……) 지식과 대중의 의지가 결여된 곳에다 (……) 새로운 사회를 세울 수 없다. 따라서 지배를 받는 데 익숙한 대중 속에 잠들어 있는 지식과 의지를 일깨우고 그들이 스스로 통치하는 법을 배우도록 하는 데 우리의 선전을 집중해야 한다. (……) 선거와 의회에서 벌어지는 다수의 횡포에 맞서 개인의 의식을 존중하고, 지배계급의 도덕적 불감증에 맞서 쇄신의 의지를 불러일으켜야 한다.[127]

그는 또한 1903년에 《경쟁이냐 연대냐》란 책과 《여성들에게》라는 소책자를 냈다.[128] 1905년에 출간한 소책자 《존재의 여부》에서는 권력을 민주화하고 국민을 주권자로 만들려고 제공한 보통선거가 이바지한 것이라고는 고작 허세를 부리고 국가의 다양성을 통제하려드는 대표를 둔 수십 개의 정당들을 만들어 낸 것에 불과하다고 비판했다. 이어서 1906년에는 아나키즘과 신맬서스주의 문학을 수집하여 《노동의 이익》을 펴냈고, 1908년에는 《부르주아지와 프롤레타리아트》를 출간했다. 그는 이 책에서 개인주의에 빠진 나머지 "혁명과 봉기를 외치며 폭력을 위한 폭력을 일삼고 있다"면서 일부 아나키스트들을 비판하고 노조가 정당보다 더욱 더 분명하게 계급적 특성을 지니고 있다고 강조했다. 1910년 무렵에는 개혁주의적 사회주의에 반대하는 내용을 골자로 하는 소책자 《생디칼리슴과 사회주의》를 출간했다.[129]

19세기 말과 20세기 초 안달루시아에서 페르민 살보체아와 페드로 바이나 다음으로 중요한 아나키즘 활동가는 호세 산체스 로사(José Sánchez Rosa)이다. 1864년에 카디스 주의 그라살레마에서 제화공의 아들로 태어난 그는 1883년에 흑수단 재판에 반대하는 시위에 참여

---

127) Josep Termes, *Historia del anarquismo*, pp.274-275에서 재인용.
128) 후자는 1912년에 신맬서스주의 기관지인 《건강과 힘》 도서관에 의해 재판이 나왔다.
129) Josep Termes, *Historia del anarquismo*, pp.271-276.

했고 1892년 1월에는 헤레스델라프론테라 습격에 가담했다. 카디스 교도소에 수감되는 그는 그곳에 수감 중이던 프랑스인 아나키스트한 테서 프랑스어를 배웠고 그곳에 수감 중이던 페르민 살보체아를 멘토로 모시기 시작했다. 교도소에서 석방된 뒤에는 캄포데히브랄타르와 탕헤르에서 노동자 자녀들을 교육하는 일에 몰두했다. 1904년부터는 간단한 홍보 책자를 제작하기 시작했고, 1910년부터는 카디스와 세비야, 코르도바에서 아나키즘을 선전하는 활동에 참여했다. 그는 여러 판을 찍을 정도로 대박을 터뜨린 소책자《노동자의 변호사》를 출간하기도 했다. 이 책이 대박을 터뜨린 비결은 법망을 피하는 비법이 담겨 있었기 때문이다.[130]

마지막으로 일찍이 정치와 생디칼리슴에 관심을 가진 조안 문세니는 19살에 사회노동당에 입당했으며 스물다섯 살에 테레사 마녜 미라벳과 결혼한 뒤에는 아나키즘 사상에 심취했다. 몬주익 재판 결과 1896년에 영국으로 추방당한 그는 1897년과 1898년 사이에 마드리드로 돌아와 숨어 지냈다. 그가 페데리코 우랄레스라는 필명을 사용한 것은 바로 이때였다. 그는 마드리드에서 매우 중요한 아나키즘 문화 잡지《백색평론》을 창간하고 직접 일련의 글을 게재하기도 했다. 훗날 두 권의 책으로 출간되는 이 글들[131]은 아나키스트의 교양 수준을 보여 주는 것이어서 무척 흥미롭다. 1권은 고대부터 18세기까지 사상가들을 다루고 있고, 2권은 저자가 알고 있는 인물과 사상, 곧 리카르도 메야와 페르난도 타리다 델 마르몰 같은 당대의 아나키즘 이론가들은 물론이고 미겔 데 우나무노를 비롯한 19세기 말의 사상가들도 다루고 있다. 그는 에스파냐 사회주의의 기원이 제1공화국 시절 대통령

130) Josep Termes, *Historia del anarquismo*, p.276.
131) Joan Montseny, *La evolución de la filosofía en España* (Barcelona, 1934).

을 지낸 연방제 공화주의 정치인 프란세스크 피 이 마르갈(Francesc Pi i Margall)의 저작에 있다고 생각했다.

자유지상주의 교육과 출판

이 시기 카탈루냐에서는 자유지상주의 교육 운동이 특별한 의미를 지니게 되었다. 이미 19세기 말에 시작된 이 운동이 20세기 초에 매우 중요한 역할을 하게 된 것이다. 자유롭게 적성을 계발하도록 지원하는 자유지상주의 교육을 주창한 대표적 인물은 프란세스크 페레르와 리카르도 메야였다. 20세기 초 바르셀로나에 설립된 근대학교와 안달루시아의 합리주의학교(escuela racionalista), 아나키즘문예원의 노동자학교들이 이런 부류의 교육기관에 속한다. 이들 가운데 가장 중요한 기관은 근대학교였다. 프란세스크 페레르가 1901년에 그것을 설립하면서 설정한 근대학교의 목표는 "합리적이고 세속적이며 자율적인 방식으로 노동자계급을 교육하는" 것이었다. 이를 위해 시험과 상벌 제도를 배격하고 개인과 사회의 위생을 강조하며 남녀공학을 장려했다. 학생들은 파격적인 자유를 누리고 야외에서 게임과 놀이를 하며 현장학습과 수학여행을 다녔다. 학교는 실험실과 박물관, 도서관 시설을 갖추고 회보 발간을 위한 인쇄 시설도 마련했다. 학교에서 발간한 《근대학교회보》(Boletín de la Escuela Moderna)는 알폰소 13세 암살 기도 이후 학교가 폐쇄되는 1906년까지 간행되었다. 회보에는 프랑스 아나키즘 교육자인 폴 로뱅과 아나키즘 지리학자 엘리제 르클뤼, 프랑스 합리주의 교육자 클레망스 자키네(Clémence Jacquinet), 에스파냐 아나키스트 안셀모 로렌소, 학교 설립자인 프란세스크 페레르, 바르셀로나대학 교수이자 의사인 마르티네스 바르가스(Martínez Vargas), 자

그림 10 《근대학교회보》 창간호 표지

연주의자 오돈 데 부엔(Odón de Buen) 등이 글을 기고했다.[132] 하지만 1906년에 정부 탄압의 일환으로 근대학교는 폐교되었고 설립자인 프란세스크 페레르도 1909년에 비극의 주간 사건을 선동했다는 이유로 처형되고 말았다.

당시 근대학교 출판부는 교육용 교재들을 출판해 냈다. 안셀모 로렌소, 셀스 고미스(Cels Gomis), 샤를 말라토, 장 그라브, 알베르 블로흐(Albert Bloch), 파라프 자발, 오돈 데 부엔, 엔릭 유리아(Enric Lluria), 니콜라스 에스테바네스(Nicolás Estévanez), 클레망스 자키네,

---

132) 자유지상주의 교육에 관해서는 Pere Solà, *Educació i movimiento libertari a Catalunya (1901-1939)* (Barcelona: Edic. 62, 1980)를 참고하라.

엘리제 르클뤼의 저서들이 그것이다. 프란세스크 페레르가 교도소에 투옥되었다가 출소한 뒤에는 아나키즘 혁명가들의 저서들도 출판했다. 표트르 크로폿킨, 에리코 말라테스타, 에밀 푸제(Émile Pouget), 조르주 이브톳(Georges Yvetot), 알프레드 나케(Alfred Naquet)의 저서들이 그것들이다.

이 시기에 아나키즘 문학과 사상을 확산시키는 데는 다수의 소규모 출판사들이 중대한 기여를 했다. 19세기 말과 20세기 초에 아나키즘 사상과 진보 사상을 확산시키는 데 이바지한 대표적인 출판사는 발렌시아의 셈페레 출판사이다. 이 출판사는 프란시스코 셈페레(Francisco Sempere)가 좌파와 진보주의자들의 저술을 확산시키기 위해 1898년 무렵에 설립한 출판사다. 그는 도서 보급을 활성화하기 위해 책을 저렴한 가격에 팔았다. 책 한 권을 당시 노동자 일당의 10퍼센트 정도에 해당하는 1페세타 정도를 받고 팔았다. 그는 이런 방식으로 바쿠닌과 크로폿킨, 프루동, 말라토, 그라브, 슈티르너, 르클뤼, 뷔크너, 포레 같은 위대한 아나키즘 저술가들을 소개했고, 소렐과 파브리 같은 생디칼리스트들, 다윈과 스펜서 같은 진화론자들, 디드로와 볼테르, 르낭, 위고, 졸라, 니체, 하이네, 쇼펜하우어, 입센 같은 프랑스 교양 세계에 알려진 저자들을 지역 사회에 널리 알렸다.[133]

---

133) Josep Termes, *Historia del anarquismo*, p.285.

5장

전국노동연합 재건과 프리모 데 리베라 독재

전노련 재건

앞장에서 언급한 것처럼 전노련이 실질적으로 재출범하기 시작한 때는 1915년이다. 이때부터 서서히 추진해 나간 재건 작업이 1918년의 카탈루냐 지방대회와 1919년의 전국대회로 마무리된다.

전노련을 재건하기로 한 것은 1915년 4월 29일 갈리시아 지방의 도시 엘페롤에서 열린 국제평화대회의 결정이었다. 엘페롤 생디칼리슴 문예원(Ateneo Sindicalista de El Ferrol) 주관으로 열린 이 국제평화대회는 1914년 여름에 발발한 전쟁을 반대한다는 유럽 노동자들의 공동입장을 천명하기 위한 대회였다.[1] 에두아르도 다토(Eduardo Dato)의

---

1) 1914년 여름 유럽에는 동맹국과 협상국 사이에 전쟁이 벌어졌다. 제1차 세계대전에서 중립을 지킨 에스파냐는 교전국들을 상대로 농산물과 공산품의 대규모 교역을 진행했다. 하지만 에스파냐 여론은 협상국 편을 드는 좌파와 독일 편을 드는 우파로 갈렸다. 좌파 가운데서도 사회주의자들은 협상국을 확실하게 지지한 반면에 아나키스트들은 반전주의와 반군국주의 입장을 견지했다. 1916년 2월에 크로폿킨과 말라토, 그라브를 비롯한 유럽의 저명한 아나키스트들이 협상국을 지지하는 성명서에 서명했을 때 에스파냐 아나키스트들의

보수당 정부가 취한 금지 조치에도 불구하고 에스파냐 각 지역에서는 물론이고 유럽 각 지역에서 대의원들이 참석했다.[2] 대회의 합의 사항 가운데 가장 중요한 사안은 전노련 재건 방안이었다. 앙헬 페스타냐 (Angel Pestaña)가 제안한 이 재건 방안은 대회에서 설립하기로 한 생디칼리슴 성격의 노동자인터내셔널에 힘을 실어 주려는 노력의 일환이기도 했다. 대회에서는 또한 1913년에 카탈루냐노동연합이 합법화되면서 열망해 온 카탈루냐노동연합의 기관지《노동자연대》를 일간지로 발간하기로 합의했다.[3] 그 후 카탈루냐노동연합은 전노련 재건 운동에 전력을 기울이기 시작했고 기관지《노동자연대》도 그와 관련한 선전 활동을 펼쳐 나갔다.[4]

1915년에서 1919년에 이르는 재건 시기에 전노련의 조직과 지도부 구성에 중대한 변화가 생겼다. 조제프 네그레와 프란시스코 호르단(Francisco Jordán), 프란세스크 미란다, 마누엘 안드레우(Manuel

입장이 다소 흔들리긴 했지만 그들은 여전히 모든 교전국들에 대해 적대적 입장을 고수했다. 이러한 반전주의 입장에 이견을 보인 아나키스트들도 있었다. 그들은 리카르도 메야와 엘레우테리오 킨타니야를 비롯한 아스투리아스와 갈리시아 지방의 아나키스트들이었다. 이들 소수 집단은 카탈루냐 아나르코생디칼리스트들의 혹독한 비판을 면치 못했다. 바르셀로나에서는 평화를 촉구하는 집회가 여러 차례 열렸다. 이들 집회에서 두각을 나타내기 시작한 인물이 바로 앙헬 페스타냐이다.

2) 이 대회에 관한 내용이 당시 노동자 언론에 자세히 보도되었다. *Solidaridad Obrera*, 13 de mayo de 1915; *Acción Libertaria*, 14 de mayo de 1915; *Tierra y Libertad*, 15 de mayo de 1915. 그리고 다음 저작들에도 그 내용이 소개되어 있다. Angel Pestaña, *Lo que aprendí en la vida* (Madrid: Editorial ZYX, 1971), vol. I, p.49; Juan Díaz del Moral, *Historia*, p.171; Diego Abad de Santillán, *Contribución a la historia del movimiento obrero español* (México: Editorial Cajica, 1965), vol. II, pp.120 y ss.

3) 사실은 1914년 1월부터 일간지로 발간하기로 했지만 재정이 부족하여 실행에 옮기지 못했다.

4) 이를 테면 다음과 같은 사설을 게재했다. "Confederación Nacional del Trabajo," *Solidaridad Obrera*, 3 y 17 de junio de 1915; "Por la Confederación Nacional del Trabajo ¡Adelante en toda línea," *Solidaridad Obrera*, 8 de julio de 1915; "Hacia la constituciónde la Confederación Nacional del Trabajo," *Solidaridad Obrera*, 22 de julio de 1915; "Necesidad de la Confederación Nacional del Trabajo," *Solidaridad Obrera*, 12 de agosto de 1915.

Andreu) 등으로 구성되어 있던 지도부가 살바도르 세기(Salvador Seguí)와 앙헬 페스타냐, 마누엘 부에나카사(Manuel Buenacasa), 호세 비아디우(José Viadiu) 등으로 교체되었다.[5] 이른바 지도부에 세대교체가 일어나기 시작한 것이다. 노동자연대 시절부터 중요한 역할을 해온 살바도르 세기를 제외한 대부분의 지도자들이 이 시기에 바르셀로나로 이주한 새로운 인물들이었다.[6] 조합원도 급증했다. 불법 단체로 지정되기 직전인 1911년에 2만6천여 명이던 조합원이 재건 초기인 1915년에는 3만 명으로 회복되었으며 1916년 5월에는 5만 명가량으로 늘어났고, 1918년에는 무려 8만 명가량으로 증가했다.[7] 게다가 지방연합들도 등장하게 된다. 1918년 5월 안달루시아노동연합이 출범한 것을 필두로 1918년과 1919년 대회들을 거치면서 다른 지방연합들도 조직되었다.[8] 이러한 세력 확대와 조직 구성은 믿기지 않을 정도로 급속하게 진행되었다.[9]

이러한 급속한 성장의 이면에는 서로 다른 투쟁 개념과 이념 갈등 문제가 제기되고 있었다. 이는 지도부의 세대교체와 관련된 문제이기도 했다.[10] 다시 말해 종래의 순수한 혁명적 생디칼리즘 세력이 아나

---

5) 이런 세대교체는 노동자연대를 창설하는 데 공을 세운 저항 단체인 인쇄술협회가 레룩스의 급진당에 접근하여 카탈루냐노동연합의 기관지 《노동자연대》를 비판하기 시작한 사건과 《노동자연대》의 자금 횡령 사건의 결과로 발행 지도부와 전노련 전국위원회의 인적 구성이 바뀌면서 나타났다. Confederación Regional del Trabajo de Cataluña, *Memoria del Congreso Regional celebrdo en Barcelona los días 28, 29 y 30 de julio y 1º de julio del año 1918* (Barcelona, 1918), p.xxvii; Manuel Buenacasa, *El movimiento*, pp.216 y 251-253.
6) Angel Pestaña, *Lo que aprendí*, p.48.
7) CNT, *Memoria del Congreso celebrado en el Teatro de la Comedia de Madrid los días 10 al 19 de diciembre de 1919* (Barcelona, 1932), p.136; Antonio Bar, *La CNT*, pp.340-341.
8) 이를테면 레반테노동연합, 아스투리아스노동연합, 아라곤노동연합, 중부(카스티야)노동연합, 갈리시아노동연합이 그것이다. Juan Díaz del Moral, *Historia*, p.173.
9) *Solidaridad Obrera*, 30 de septiembre de 1918.
10) 이를테면 신구 세력 간의 논쟁이 1917년 3월 카탈루냐 지방위원회의 교체를 둘러싸고 전

르코생디칼리슴 세력으로 교체되는 과정에서 생겨난 갈등과 혼란으로 볼 수 있다. 프란세스크 페레르의 절친한 협력자였던 프란세스크 미란다, 노동자연대 시절의 활동가 프란시스코 호르단이나 마누엘 안드레우, 새로운 세대의 전노련 활동가를 대표하는 마누엘 부에나카사 모두 생디칼리슴적 아나키즘으로 묶을 수 있는 아나키즘 노동운동가들이었다. 애초에 혁명적 생디칼리스트였던 살바도르 세기와 앙헬 페스타냐도 이들과 비슷한 성향을 보였다.[11] 따라서 지도부가 교체되면서 불거진 전노련의 조직과 이념 문제를 좀더 명확히 정립할 지방대회나 전국대회가 필요한 실정이었다. 이들 문제가 가장 첨예하게 부각된 곳은 무엇보다도 카탈루냐 지방이었다. 따라서 당시 주도권을 쥐고 있던 카탈루냐노동연합이 현안 문제를 다루기 위한 지방대회를 가장 먼저 소집하기에 이르렀다.

1918년 산츠 대회

1918년 6월 28일에서 7월 1일까지 개최된 카탈루냐 지방대회는 바르셀로나 산츠 구역에서 열렸다고 해서 산츠 대회라고 부른다. 산츠 대회는 아나르코생디칼리슴 역사에서 매우 중대한 의미가 있다. 이 대회에서 규모나 종류 면에서 훨씬 압도적인 전통적인 기업노조의 노동운동을 정리하고 새로운 산별노조의 구성을 승인했기 때문이다. 다른 한편으로는 이 대회에서 제1차 세계대전 종전과 더불어 발생한 사

개최되었다. 전노련이 직면한 기능상의 문제가 무엇인지를 두고 기관지인 《노동자연대》에서 갑론을박 논쟁을 벌였다. 이 내용에 관해서는 Antonio Bar, *La CNT*, pp.349-357를 참고하라.

11) Constant Leroy, *Los secretos*, p.221; Angel Pestaña, *Lo que aprendí*, p.57.

회적 위기를 고려하여 조합원 대중의 신속한 확대를 강조했다. 세계대전은 사회구조의 변화를 불러일으켰고 카탈루냐와 에스파냐의 사회적 현실을 뒤흔들어 놓았다. 그것은 문화와 태도의 변화도 유발했다. 1917년 러시아혁명과 중유럽의 혁명들, 여러 제국들(독일, 오스트리아, 러시아, 터키)의 해체, 민주적 공화주의의 확대 또한 불안정한 사회정치적 균형에 상당한 변화를 가져다주었다.

대회는 원래 1917년 6월 말에 개최할 예정이었으나 정부의 반대로 무산되었다. 카탈루냐 지방위원회(Comité Regional)[12]는 지방대회의 필요성을 강력히 촉구해 왔다. 규정을 마련하고 오류를 바로 잡으며 새로운 기초를 놓기 위해서는 지방대회를 열 필요가 있다고 밝혀 왔다.[13] 지방위원회가 관심을 둔 문제는 두 가지였다. 조직 문제와 이념 문제가 그것이다. 전자는 동일 직업과 동일 지역에 존재하는 두 개 이상의 복수노조 문제와 노동자연대 처리에 관한 문제였다. 그들은 이념 문제보다 조직 문제를 우선하여 다루어야 한다고 생각했다. 하지만 1918년 들어 《노동자연대》에서는 이념 문제에 초점을 맞추어야 한다는 주장들이 쏟아졌다. 이념적 방향을 정립하고 절대시해 온 생디칼리슴의 중요성을 상대화하고 단순한 하나의 전술로 고려해야 한다는 주장이 제기되었다.[14] 특히 1918년 6월 27일자 《노동자연대》는 《토지와 자유》에 실린 〈대회 전야에〉라는 기사를 인용하며 그것을 자신들의 입장으로 삼았다. 생디칼리슴은 단지 한 가지 목적, 곧 아나키즘을 완수하기 위한 전술이자 수단이라는 내용이 그 기사의 골자였다.

---

12) 당시 지방위원회는 후안 페이(Juan Pey), 살바도르 세기, 엔리케 루에다(Enrique Rueda), 카밀로 피뇬(Camilo Piñón), 살바도르 케마데스(Salvador Quemades)로 구성되어 있었다.
13) *Solidaridad Obrera*, 19 de mayo de 1917.
14) Josep Prat, "Sobre un Congreso," *Solidaridad Obrera*, 26 de junio de 1918.

전술과 이론을 구분할 필요가 있다. 이 두 가지는 혼동하기 쉬운데 그렇게 되면 서로에게 해가 된다. 이론은 사후에 달성할 목적이고 전술은 이론을 실현하는 데 동원되는 적절한 수단이다. (……) 생디칼리슴은 (……) 문제 해결을 위한 투쟁에 동원되는 전술이다. 이 지점에서 논의되는 문제들을 분석한다면 대회는 엄청난 결과를 얻게 될 것이다. 무엇보다도 인류가 지향할 목적인 아나키를 간과하지 말아야 한다. 여기에 앞서 언급한 차이점이 있다. 생디칼리슴은 전술이고 아나키즘은 미래를 위한 이론이다.[15]

이 시기의 전노련을 연구한 안토니오 바르는 이 기사에 두 가지 의미가 함축되어 있다고 본다.[16] 한편으로는 혁명적 생디칼리슴을 이론의 지위에서 끌어내린다는 의미가 들어 있다. 다시 말하면 혁명적 생디칼리슴을 더 이상 노동자계급의 해방을 위한 생디칼리슴 활동을 추동해 나갈 이념적 개념으로 삼을 수 없다는 의미이다. 이제는 아나키즘이 그 역할을 대신하게 된다. 그런 점에서 생디칼리슴은 이제 목적 그 자체가 아니고 다른 목적을 완수하기 위한 하나의 수단에 그치게 된다. 여기서 다른 목적은 아나키를 가리킨다. 다른 한편으로는 이렇게 생디칼리슴의 중요성을 상대화하면서 노동 조건 개선을 위한 노조 활동을 부차적으로 간주해야 한다는 의미가 담겨 있다. 이는 생디칼리슴 지도자들이 최근 들어 이러한 활동에 치중해 왔다고 비판한 조제프 프랏의 견해[17]와도 일맥상통한다.

이렇듯 대회 일정이 가까워지면서 이념 문제의 중요성이 더욱 부각되자 지방위원회의 태도도 바뀌었다. 이념 문제를 조직 문제와 대등하

15) *Solidaridad Obrera*, 27 de junio de 1918.
16) Antonio Bar, *La CNT*, p.366.
17) Josep Prat, "Sobre un Congreso," *Solidaridad Obrera*, 26 de junio de 1918.

게 다루어야 한다고 본 것이다.[18] 하지만 실제로 대회는 이념 문제를 거의 다루지 않았고 조직 문제 해결에 더 큰 비중을 두었다.

산츠 대회에는 153개 단체를 대표하여 대의원 152명이 참석했다. 대표를 파견한 단체들의 조합원들을 모두 합하면 73,860명에 달했다.[19] 바르셀로나를 대표해서는 살바도르 세기, 앙헬 페스타냐, 시모 피에라, 살바도르 케마데스, 리카르도 포르넬스, 에밀리 미라, 조제프 비아디우, 마누엘 부에나카사, 카밀 피뇬, 미겔 아르보스, 프란세스크 코마스가 참여했고, 바달로나를 대표해서는 조안 페이로가, 이괄라다를 대표해서는 조안 페레르가 각각 참여했다. 카밀 피뇬과 살바도르 세기, 앙헬 페스타냐가 사회를 맡았다.

대회는 이념적이고 이론적인 논쟁을 뒤로 미루고 실천적 입장을 확립하는 데 심혈을 기울였다. 실제로 중심 의제는 단일노조(sindicato único) 문제였다. 아나키즘 저술가이자 활동가인 디에고 아밧 데 산티얀(Diego Abad de Santillán)은 당시 상황을 이렇게 서술했다.

열띤 논란거리는 단일노조를 둘러싼 찬반 토론이었다. 소규모 동업조합에 집착하는 사람들은 이를 독선적이라고 생각했고 직업별 연맹을 선호했다. 그런가 하면 노동자들을 통일하더라도 유사 조직체의 연맹을 통해 직업을 잃지 않고 노동자들의 전통적 개성을 유지할 수 있다고 생각하는 이들도 있었다. 살바도르 세기와 에밀리오 미라는 단일노조 결성을 옹호했다. 조직을 갖춘 고용주 계급에 맞서 노동자들이 단결력을 과시해야 한다고 했다. 이른바 단일노조의 독점에 반대하는 핵심 세력은 피아노 제작자 대의원들이었다. 그들은 각 단체가 완전한 자율성을 확보하는 직업

---

18) *Solidaridad Obrera*, 26 de junio de 1918.
19) Confederación Regional del Trabajo de Cataluña, *Memoria*, p.xxxv.

별 연맹을 선호했다. 다른 대의원들도 소규모 직업의 특수성을 지지했다. 그들은 전문 활동 영역에 대한 자기 결정권을 주장했다."[20]

대회는 마침내 다음과 같은 결론에 다다랐다.

대회는 노동자 단체가 산업별 단일노조를 창설하는 데 최선의 노력을 기울이지 않는다면 그것이 최대의 역량을 발휘하지 못하게 된다는 점을 받아들인다. 산업과 부문에 따라 조직된 기존의 노조는 아직 독자적인 조직으로 남아 있는 다른 부문으로 그 조직을 계속 확대해 나가야 할 것이다. 산업별로 조직되고 고립된 일부 부문이 포함되어 있는 기존의 노조는 조직 노동자들과 격리되지 않으려면 각 부문의 노조와 합병 절차를 밟아야 한다.[21]

또한 에스파냐 프롤레타리아계급의 보편적인 바람은 단결이라고 밝혔다.

이런 문제를 말하기에 앞서서 그리고 어떤 전술과 방법보다도 먼저 자본주의의 전제에 맞서 싸우기 위해서는 전노련과 노총련이 합병해야 한다. 이것이 일시적인 필요에 불과하다고 보는 것은 잘못된 생각이다. 우선 우리 세력을 강력한 블록으로 만들어야 한다. 어떻게? 산업별 단일노조 결성이 바로 그것이다.[22]

---

20) Diego Abad de Santillán, *Contribución*, vol. II, pp.180-181; Juan Gómez Casas, *Historia del anarcosindicalismo español* (Madrid: La Malatesta, 2006), p.134; Josep Termes, *Historia del anarquismo*, pp.295-296.
21) "Discurs de Joan Peiró i Belis en l'acte de clausura del Congrés de Sants," *Solidaridad Obrera*, 1 de julio de 1918.
22) "Discurs de Joan Peiró i Belis en l'acte de clausura del Congrés de Sants,"

대회는 결국 "자본가의 독점에서 노동자들을 온전히 해방하기" 위한 목적의 단일노조를 결성하고 에스파냐와 유럽과 전 세계에 존재하거나 생겨나게 될 유사 연합체와 협정을 통해 그 활동 범위를 확대하며 순수한 경제 투쟁이나 직접행동을 벌이기로 했다.[23] 그리고 모든 노조들을 지역연맹에 가입하게 하고 지역연맹들을 토대로 지방노동연합을 구성하기로 의결했다. 이어서 대회는 지방위원회를 구성하고 살바도르 세기에게 총비서직을 맡겼다. 신설된 지방위원회는 산업 분야별 노동자 조직으로 구성되었는데 초기에는 노동자 단체들을 13개 산업별 연맹으로 조직했다.[24] 하지만 13개 산업 분야가 영원한 것은 아니었다. 경제가 발전하면서 변화가 나타날 수도 있기 때문이다. 지방위원회를 이렇게 조직한 이유에 대해 당시 대회의 서기를 맡았던 조제프 비아디우는 이렇게 설명했다.

생산과정이 갈수록 집약적으로 발전하면서 노동자들을 더욱 효과적으로 보호할 필요가 생겨났다. 종전의 직업별 노조는 거의 아무런 소용이 없게 되었다. 당시에는 직업과 생산과정이 저마다 다양한 노조와 작은 기도실을 갖추고 있었다. 그럴 때는 반자본주의 투쟁이 최소 규모로 축소되었다. (……) 새로운 개념은 노동자들이 사회 투쟁을 하면서 그런 한계에 구속될 필요가 없다는 사실을 깨닫게 해준다. 한 부문이나 한 산업과 관련이 있는 문제는 나머지 생산 분야 전체와 밀접한 관련이 있기 때문이다. 요컨대 사회 투쟁은 프롤레타리아계급 전체의 관심을 끌고 그 전체에 영

Solidaridad Obrera, 1 de julio de 1918.

23) Confederación Regional del Trabajo de Cataluña, *Memoria*, pp.101-112.

24) 식품, 해상과 육상 수송, 목재와 가구, 야금, 건축, 직물과 제조, 의류, 가죽, 제지와 인쇄, 가정용 공구, 개인용품과 위생, 유통, 서비스(교육과 예술) 연맹이 그것이다. 여기서 이 조직에 농민을 포함시키지 않았다는 점에 유의할 필요가 있다. 이는 농민의 사회문제가 노조의 그것과 유사하지 않았다는 점을 보여 주는 증표라고 할 수 있다

향을 미친다. 한 가지 청원이나 한 차례의 파업이 성공하거나 실패하는 것
은 좋은 의미이든 나쁜 의미이든 조합 노동자 전체에 영향을 미친다. 단
일노조나 유사 산업 집단을 토대로 조직된 새로운 노조가 지니는 효과는
바로 이런 점에 있다."[25]

대회가 끝나고 전노련 전국위원회(Comité Nacional)도 구성되었다.
목공 분야의 마누엘 부에나카사와 그래픽 아티스트 에벨리오 보
알(Evelio Boal), 염색공 비센테 힐(Vicente Gil), 선반공 조제프 리폴
(Josep Ripoll), 마차 제작자 안드레스 미겔(Andrés Miguel)이 위원으
로 참여했다. 서기는 에벨리오 보알이 맡았다. 이 위원회는 1918년 가
을부터 1919년 12월까지 활동했다. 1918년 10월에는 에스파냐 전역에
걸쳐 선전 활동을 전개했다. 이에 깜짝 놀란 로마노네스 정부는 선전
활동 가담자와《노동자연대》편집인들에 대한 체포령을 내렸다. 이때
살바도르 세기와 토마스 에레로스(Tomás Herreros), 마누엘 부에나카
사, 프란세스크 미란다, 조제프 네그레, 에밀리 미라와 더불어 전노련
지방위원회 위원들과《노동자연대》편집인들이 체포되었다. 모두 24명
의 지도자들이 바르셀로나의 모델로교도소에 투옥되었다.[26] 그 무렵
1919년 2월 카탈루냐에서는 에스파냐 역사상 가장 중대한 파업 가운
데 하나인 '라카나디엔세 파업'(Huelga de La Canadiense)[27]이 시작되
었다.

---

25) Josep Viadiu, "Aspectos de nuestras luchas," *Solidaridad Obrera*, Paris, 10 de marzo
   de 1960.
26) Juan Cristóbal Marinello Bonnefoy, "Sindicalismo y violencia en Catalunya 1902-
   1919" (Tesis, Universitat Autònoma de Barcelona, 2014), p.391; Josep Termes, *Historia
   del anarquismo*, p.297.
27) "La Canadiense: triunfo y derrota," *La Vanguardia*, 19 de marzo de 2019.

라카나디엔세 파업

파업은 좁은 분야의 노동쟁의로 시작하여 바르셀로나 전체와 카탈루냐의 상당 지역에 영향을 미친 총파업으로 발전했다. 1919년 2월 5일에 시작된 파업은 그해 4월 9일까지 지속되었다.

라카나디엔세사는 에브로관개에너지회사(Riegos y Fuerzas del Ebro)의 대중적 명칭으로 영국계 캐나다 자본으로 운영되는 대규모 전력 회사였다. 쟁의는 1919년 1월 말에 경영진이 종업원들의 급여를 삭감하면서 시작되었다. 이 사건은 또한 회사 노동자와 종업원들 일부가 전노련의 단일노조인 물·가스·전기노조에 가입하면서 발생했다. 이렇듯 장기간에 걸친 일련의 쟁의는 노조에 힘을 실어 주지 않으려는 사용자 측과 분열되지 않고 강력해진 산별노조 사이에서 벌어졌다.[28]

회사 경영진이 종업원을 해고하자 2월 5일에는 해고된 종업원들의 동료들이 농성 파업에 돌입했다. 그 후 회사 내의 다른 부서들이 파업 참가자들과 연대했으며 2월 8일에는 소비자들에게 보내는 전기료 영수증 발부를 거부했다. 같은 날 카탈루냐전기에너지(Energía Eléctrica Catalana) 노동자들 대다수가 연대파업을 선언했다. 로마노네스 정부가 헌법상의 기본권을 정지하고 파업 지도부 상당수를 바르셀로나 항구의 군함에 투옥했지만 전노련의 대응은 확고했다.

갈등은 갈수록 심각해졌다. 라카나디엔세사가 공급하는 에너지가 산업과 서비스업 상당 부분에 필수적인 비중을 차지하고 있어서 파업

28) 이하 라카나디엔세 파업에 관해서는 Alberto Balcells, *El sindicalismo en Barcelona (1916-1923)* (Barcelona: Nova Terra, 1965), pp.74-99; Gerald H. Meaker, *La izquierda revolucionaria en España. 1914-1923* (Barcelona: Ariel, 1978), pp.212-233; Josep Termes, *Historia del anarquismo*, pp.297-310을 참고하라.

그림 11 라카나디엔세 파업, 세계 최초로 8시간 노동제를 확립했다는 글귀가 보인다.
(www.usomucia.org)

이 장기화되고 에너지 공급이 달릴수록 산업 활동이 점차 마비될 것으로 보였다. 2월 17일에는 여성이 전체 노동력의 80퍼센트를 차지하는 직물업 분야에서 파업이 시작되었다. 그들은 8시간 노동제와 주 5일 노동제, 도급 노동 폐지, 14세 미만의 미성년 노동 금지를 주장했다. 2월 21일에는 전력 회사들의 전체 종업원이 일을 중단했고, 전차 회사는 전차 600대 가운데 60대를 거리에 세워 두고 나머지를 차고지에 입고해 버렸다. 전력 산업의 파업이 전차 파업을 촉발시킨 것이다. 일간지의 발행이 중단되고 도시는 암흑으로 뒤덮였으며 가정집은 카바이트 등과 양초로 불을 밝혀야 했다. 총리 로마노네스가 영국대사관으로부터 라카나디엔세사의 압수수색 허가를 받고 공병대와 해군부대를 투입하고 나서야 공공 조명이 정상화되었다. 바르셀로나 주에 있던 공장의 70퍼센트는 여전히 가동을 멈춘 상태였다.

군사령관 밀란스 델 보슈(Milans del Bosch)가 바르셀로나 주에 계엄령을 선포하고자 했지만 주지사는 노조와 협상을 하고 싶어 했다. 2월 27일에는 전차 승무원들이 파업에 합류했고, 바르셀로나상수도회사

노동자들과 레본(Lebon)가스회사 노동자들, 카탈라나가스전력회사 노동자들도 마찬가지였다. 이제 전기와 가스, 상수도 부문도 전면 파업에 들어갔다. 바르셀로나 시장이 나서서 양측의 협상을 중재했지만 협상은 실패로 돌아가고 기업들은 최후통첩을 제시했다. 3월 6일까지 복귀하지 않는 노동자들은 해고하겠다는 내용이었지만 전노련의 입장은 확고부동했다.

3월 7일에는 카탈루냐 철도 노동자들이 파업에 참여했다. 공병대 병력과 단기 복역 사병들이 전차 운행을 재개하려고 노력했지만 부분적인 재개에 그쳤고 공공서비스는 전면 마비 상태에 빠졌다. 3월 13일에 상황은 막바지에 다다랐다. 정부가 계엄령을 선포했으며 카탈루냐 민족주의에 호감을 지닌 카를로스 몬타녜스(Carlos Montañés)를 바르셀로나 주지사에 임명하고 헤라르도 도발(Gerardo Doval)을 지방경찰청장에 임명했다. 그와 동시에 개혁주의자인 총리부 차관 호세 모레테(José Morete)를 내세워 협상을 모색했다. 그의 노력으로 라카나디엔세사와 노동자위원회 대표들이 합의에 이르게 됐다. 이제 소송 절차가 진행 중인 자들을 제외한 수감자들 전원이 석방되고 해고된 파업 참가자들이 일터로 복귀할 수 있게 되었다. 라카나디엔세사는 임금 인상과 8시간 노동제, 파업 기간 봉급의 절반을 지급하는 방안을 수용했다. 파업 참가 노동자들의 승인이 필요했던 노동자위원회는 라스아레나스 투우장에 운집한 2만5천 명가량의 노동자들에게 합의 내용을 전달했다. 이를 전해들은 노동자들은 군사재판에 회부된 수감자들을 사흘 안에 석방해야 한다는 조건을 달고 파업 종결 방안을 받아들였다. 라카나디엔세 파업은 이렇듯 노조의 승리로 끝이 났다.

하지만 사건이 여기서 마무리되지 않았다. 기소된 노조 지도자들을 군사 당국이 석방하지 않는 바람에 3월 24일 노동자위원회는 다시 총파업에 들어갔다. 이에 군대는 바르셀로나의 주요 지점들을 점령하고 계엄령을 선포했다. 3월 25일에 정부는 전국에 걸쳐 헌법상의 기본권 정지 조치를 취했다. 그동안 거의 소집하지 않던 비상경비대를 소집했다. 3월 31일에는 바르셀로나에서 제2차 총파업이 실시되었다. 4월 1일에는 지로나와 팔라프루헬에서도 파업이 단행되었다. 하지만 노조 활동이 금지되고 파업위원회를 구성한 노조 대표들 200명이 몬주익 성에 투옥되었다. 4월 3일에는《노동자연대》발행인 앙헬 페스타냐와 상공업노동자자치회(CADCI)[29] 부회장 조안 토렌츠가 체포되었다. 이렇듯 군대가 적극적으로 활약한 나머지 4월 7일에 파업은 막을 내리게 되었다. 4월 16일에는 로마노네스 정부가 사임하고 그 뒤를 이어 안토니오 마우라를 수반으로 하는 새 정부가 들어서게 된다.

그 후에도 갈등은 가라앉지 않았다. 라카나디엔세 파업과 그에 뒤이은 총파업이 진행되는 동안 정부는 로마노네스 내각, 안토니오 마우라 내각, 산체스 데 토마 내각으로 세 차례나 교체되었다. 바르셀로나 주지사 훌리오 아마도(Julio Amado)가 노사합동위원회(Comisión Mixta de Trabajo) 구성 카드를 내걸고 협상을 시도했지만 이렇다 할 성과를 거두지 못했다.

계엄령과 탄압, 공장 폐쇄에 대한 두려움으로 바르셀로나를 비롯한 카탈루냐 지방에서는 노조 활동이 거의 자취를 감추게 되었다. 파업으로 세력이 약화된 카탈루냐노동연합은 과격한 노선을 걷기 시작했다. 이제 노조는 테러 활동, 곧 일반화된 권총 테러(pistolerismo) 활동에 호소하게 된다.

---

29) 당시 회원이 6천 명 정도였던 이 자치회는 자유지상주의가 아니라 급진 공화주의 성격의 카탈루냐 자치주의를 표방하고 전노련에 가입하지 않았다.

1919년 마드리드 대회

이렇듯 심각한 사회적 위기가 카탈루냐를 덮치고 있던 1919년 12월 10일부터 18일까지 전노련은 마드리드의 라코메디아극장에서 최초의 '전국' 대회를 개최했다. 이 임시대회는 전노련의 회원 수가 급증하고 사회적 갈등이 증대하며 에스파냐 안팎에서 혁명적 분위기가 고조되는 가운데 열렸다.

우선 제1차 세계대전 직후 경기가 위축되면서 에스파냐 경제는 다시 불안정한 상태에 빠졌다. 대전에서 중립을 유지한 에스파냐는 전쟁 피해를 모면했을 뿐 아니라 교전국들의 수요로 공업과 농업 부문의 수출이 크게 늘었다.[30] 하지만 에스파냐 경제사학자 자우메 비센스 비베스(Jaume Vicens Vives)가 지적하고 있다시피 "대전이 종결되고 경제가 차츰 정상으로 돌아가면서 호황이 어느 정도는 허구였음이 드러났다. 그것을 이용해 공업을 부흥시키지도 못했고 농업 문제도 만족스럽게 해결하지 못했다. 요컨대 전쟁에서 누린 혜택으로 (……) 공공의 복지를 창출하지도 못했다."[31] 전후에 농산물 수요가 감소하면서 발생한 농업 위기로 도시로 떠나는 농민들의 물결이 이어졌으며 그 결과 노동자들의 임금이 하락하고 실업자가 양산되었다. 이것이 안달루시아 지방을 중심으로 벌어지게 되는 사회 갈등, 곧 1918년에서

---

30) 이에 관해서는 다음 저작들을 참고하라. Ramón Tamames, *Estructura económica de España* (Madrid: Guadiana de Publicaciones, 1971), p.649; Jaume Vicens Vives, *Historia económica de España* (Barcelona: Vicens Vives, 1969), p.725; Juan Antonio Lacomba, *Introducción a la historia económica de la España contemporánea* (Madrid: Guadiana de Publicaciones, 1972), pp.423 y ss; Manuel Tuñón de Lara, *La España del siglo XX* (Barcelona: Laia, 1971), vol. I, pp.83 y ss; Santiago Roldán, José Luis García Delgado y Juan Muñoz, *La formación de la sociedad capitalista en España, 1914-1920* (Madrid: Confederación Española de Cajas de Ahorro, 1973).

31) Jaume Vicens Vives, *Historia económica*, p.725.

1920년에 이르는 '볼셰비키 3년'(trienio bolchevique)[32]의 배경으로도 작용했다.

사실 러시아혁명이 에스파냐 노동운동에 끼친 영향은 상당했고 아나키스트들에게 끼친 영향은 더욱 컸다. 그것은 크게 다음 두 가지로 나타났다. 우선 그들은 러시아혁명을 통해 자신들의 이념이 실현 가능하다는 인식을 하게 됐다. 차르의 퇴위로 이어진 2월 혁명과 그 직후에 전개된 과정들을 보면서 그들은 전제 체제도 무너질 수 있고 부르주아 체제가 얼마나 허약한지를 새삼 확인하게 되었다. 또한 10월의 사회주의혁명에서는 '아나르코코뮌주의의 정의와 평등의 원리'가 실제로 실현되고 있다고 그들은 파악했다. 심지어 러시아 인민이 승리를 거두었고 자신들이 걸어가야 할 길을 보여 주었다고 판단했다.[33] 하지만 시간이 지나면서 그리고 혁명에 대한 소식을 좀 더 자세히 파악하게 되면서 그들은 러시아혁명에 대해 우려를 표시하기도 했다. 그 우려는 두 가지로 나타났다. 하나는 그들이 염원해 온 평화의 도래가 혹시 혁명에 의해 지체되지나 않을까 하는 염려였고,[34] 다른 하나는 소비에트러시아의 권력 구조에 대한 우려였다. 후자는 '프롤레타리아독

---

32) 러시아혁명에 자극을 받아 일으킨 남부 지역 농민들(주로 아나키스트들과 사회주의자들)의 봉기를 일컫는다. 이에 관해서는 다음 저작들을 참고하라. Juan Díaz del Moral, *Historia*, Capítulos 10 y 11; Jacques Maurice, "A propósito del trienio bolchevique," Manuel Tuñón de Lara, Antonio Elorza, José Luis García Delgado (dirs.), *Crisis de la Restauracion* (Madrid: Siglo XXI, 1986), pp.337 y ss.

33) *Tierra y Libertad*, 21 de noviembre de 1917; "La revolución rusa en marcha," *Solidaridad Obrera*, 11 de noviembre de 1917; Gerald H. Meaker, *La izquierda*, pp. 145 y ss; Manuel Buenacasa, *El movimiento*, p.64. 마누엘 부에나카사는 러시아혁명의 최대 장점을 '정치경제적 자유'의 성취와 '코뮌 자치체'의 수립에서 찾았다("¡¡Rusia!!," *Solidaridad Obrera*, 12 de noviembre de 1917). 전노련 전국위원회도 러시아혁명이 '인간에 의한 인간의 착취'와 개인 소유를 폐지하고 코뮌주의와 자유, 정의의 법률을 제정했다고 밝혔다("Solamente el proletariado debe ser el dueño del Poder," *Solidaridad Obrera*, 12 de noviembre de 1918.

34) "Notas a la revolución rusa," *Solidaridad Obrera*, 12 de noviembre de 1917.

재', '권력 탈취', '인민의 정부' 같은 말로 표현되는 볼셰비키의 주장과 혁명의 성과물들이 아나키즘의 핵심 내용과 충돌을 불러일으킨다는 데서 비롯된 우려였다.[35] 하지만 이때까지만 해도 그들은 자신들의 이념과 러시아혁명의 실제를 어떻게든 잘 연결해 보려고 애를 썼다. 이를테면 아나키즘 사회를 수립하려면 일정한 혁명기가 필요하고 그 혁명기에는 지도부와 권위가 필요하다는 논리를 개발해 냈다. 그러니까 아나키를 수립하기 위해서는 독재 형태의 권위나 권력을 행사하는 것이 별로 이상하지 않다는 얘기였다.[36]

러시아혁명은 또한 새로운 인터내셔널 창설에 대한 전노련의 태도에도 영향을 끼쳤다. 제1차 세계대전 당시 자국 정부의 전쟁 수행에 협력하게 되면서 제2인터내셔널이 와해되자 유럽의 좌파 진영에서는 프롤레타리아계급의 이해를 대변하고 국제주의 정신을 실현하기 위한 새로운 인터내셔널을 구성하자는 방안이 제기되었다. 그 방안이 1919년 3월 초에 제3인터내셔널, 곧 코민테른의 창설로 구체화되었다.[37] 러시아 혁명가들이 추진하는 새로운 인터내셔널 창설에 관심을 보인 전노련[38]은 곧 열리게 될 전국대회에서 제3인터내셔널 가입 여부를 다루기로 했다.

요컨대 러시아에서 일어난 변화를 보며 전노련은 에스파냐에서도 그것이 가능하고 자신들이 주창해 온 이념이 더 이상 유토피아가 아니라 실제적인 현실이 될 수 있다고 생각하기에 이르렀다.[39] 라카나

35) "Un año de dictadura proletaria, Noviembre de 1917-18," *Solidaridad Obrera*, 24 de noviembre de 1918.
36) *Tierra y Libertad*, 5, 12, 19 y 26 de diciembre de 1917; *La Voz del Campesino*, 30 de diciembre de 1917, 15 de enero de 1918, 30 de marzo de 1918 y 30 de abril de 1918.
37) Heleno Saña, *La Internacional Comunista, 1919-1945* (Madrid: Zero, 1975), vol. I, p.12.
38) "La reunión de la Internacional," *Solidaridad Obrera*, 19 de noviembre de 1918.
39) *Solidaridad Obrera*, 12 de noviembre de 1918.

디엔세 파업이나 '볼셰비키 3년'에서 드러난 것처럼 이 시기에 전노련의 입장이 좀더 과격화된 이유를 이런 점에서도 찾아볼 수 있을 것이다.[40] 러시아혁명이 여기에 중대한 요인으로 작용했던 것이다.

마지막으로 1919년 마드리드 대회 전야에 전노련의 규모가 급속도로 팽창한 사실을 짚고 넘어갈 필요가 있다. 이는 단일노조 설립 덕분이다. 산츠 대회 이후 카탈루냐에서는 지역마다 산업별로 단일노조를 구성했다. 이 단일노조 구성은 통제가 어려울 정도로 분산되어 있던 단체에 응집력과 힘을 제공해 주었다. 그것은 전노련 활동을 활성화하는 데도 기여했다. 산츠 대회 이후 전노련은 기존 노조들을 재조직하는 작업뿐 아니라 노조가 없는 곳에는 노조를 신설하는 작업에도 박차를 가했다. 그 결과 1918년에는 안달루시아와 레반테에 각각 지방노동연합이 창설되었고 1919년에는 북부노동연합이 창설되었으며, 1920년에는 아스투리아스노동연합이, 그리고 1921년에는 갈리시아노동연합이 창설되게 된다.[41] 1920년 9월에 살바도르 세기가 제시한 수치에 따르면 레반테 지방의 조합원이 18만 명, 안달루시아 지방의 조합원이 16만 명, 아라곤 지방의 조합원이 6만 명, 갈리시아 지방의 조합원이 5만 명에 달했다.[42] 조합원이 가장 많던 카탈루냐 지방은 1919년에 42만여 명에 달한 것으로 알려졌다. 1년 전 산츠 대회에 보고된 7만여 명과 비교할 때 그 수가 얼마나 급증했는지를 잘 알 수 있다. 1919년 12월 전국대회가 소집될 무렵 전노련의 규모는 말 그대

---

40) 사회개혁청이 제시한 파업 건수에 따르면 1918년 463건이던 파업이 1919년에는 895건으로, 1920년에는 1,060건으로 늘었다(*Anuario Estadístico de España*, año XVI, p.553. Antonio Bar, *La CNT*, p.485에서 재인용). 파업 횟수의 증가는 전노련의 과격화와 상당한 관련이 있다.

41) Antonio Bar, *La CNT*, pp.486-487.

42) *El Sol*, 4 de septiembre de 1920. 이 수치는 1919년 대회의 회고록에 제시된 수치와 다소 차이가 난다. 하지만 전노련의 규모가 급증했다는 사실을 짐작하게 해주는 데는 별 문제가 없는 차이라고 생각한다.

로 최고조에 달했다.[43]

전노련 전국위원회는 1919년 전국대회를 소집하면서 국내의 모든 노동자 단체들을 초청했다. 회원 가입 여부와 상관없이 자본에 저항하는 노동자 단체들이면 참여가 가능했다.[44] 전노련은 당시 자체 내에 지배적이던 노동자계급의 통일 의지를 이렇게 보여 주었다. 규모가 큰 노총련과 통합하는 데도 관심을 기울였지만 성과를 거두지는 못했다. 전노련은 이후 노총련 단체와의 통합이 아니라 노동자들을 대거 영입하는 방향으로 통합 전략을 전면 수정했다. 전노련이 이렇게 전략을 바꾼 이유는 두 가지였다. 하나는 노총련의 태도 변화에 있었다. 한때 혁명 정신을 추구한 노총련이 사회노동당의 의회정치를 지원하고 선거에서 공화-사회주의 연립 후보들을 지지하는 합법적 노선으로 돌아선 것이다. 또 다른 이유는 앞서 언급한 여러 계기들로 전노련의 규모가 커진 데 있었다.[45] 노총련과의 통합에 그렇게 신경을 쓰지 않아도 될 만큼 규모가 커졌다.

전노련은 될 수 있으면 많은 노동자 단체들이 전국대회에 참여하도록 온 힘을 기울였고, 그 노력은 성공적이었다. 1919년 12월 10일에 개최된 전국대회에 450명 정도의 대의원들이 참석했다. 그들은 회원 790,948명과 비회원 54,857명, 곧 전체 845,805명을 대표하는 이들이었다. 이는 1918년 9월 현재 조합원이 89,601명이고 1920년 5월에는 211,342명으로 늘어난 노총련과 비교해 볼 때 실로 엄청난 규모라고 할 수 있다.[46]

대회 지도자들의 면면을 보면 앞서 언급한 세대교체가 이 무렵에 확

43) 이 규모는 제2공화국 초기에 다시 회복된다.
44) *Revista de Trabajo*, nº 49-50 (1975), pp.217-219.
45) Antonio Bar, *La CNT*, p.490.
46) Antonio Bar, *La CNT*, pp.490-492.

실히 이루어졌음을 확인할 수 있다. 카탈루냐노동연합을 이끌고 있던 살바도르 세기, 1917년부터 《노동자연대》의 발행 책임을 맡고 있던 앙헬 페스타냐, 1918년 8월 전노련 총서기에 선출된 마누엘 부에나카사, 1919년 1월에 마누엘 부에나카사의 뒤를 이어 총서기가 되고 1919년 대회를 조직하는 데 커다란 역할을 한 에벨리오 보알이 세대교체를 보여 주는 대표적 인물들이다. 이들은 대체로 아직 명확하게 선을 그을 수는 없는 두 가지 흐름을 대표했다. 혁명적 생디칼리슴 노선과 아나르코생디칼리슴 입장이 그것이다. 살바도르 세기와 앙헬 페스타냐는 전자를 대표했고, 마누엘 부에나카사와 에벨리오 보알은 후자를 대표했다.

대회에서 다룬 의제는 다양했다. 이념 문제, 프롤레타리아계급의 통일 문제, 제3인터내셔널 가입 문제 등이 그것이었다. 우선 이념 문제와 관련해서는 상당한 변화가 있었다. 아나키즘이 전노련을 이끌 핵심 이념으로 등장한 것이다. 전노련 총서기 에벨리오 보알은 개회사에서 자신들이 자랑스럽게 지켜온 아나르코코뮌주의를 후배 동지들이 잘 따라주기 바란다면서 아나키즘을 강조했다.[47] 이번 대회에서는 종전 대회들에서와 달리 아나키즘이 전노련의 활동 원리와 정치 이념, 사회강령으로 자리 잡았다. 다만 도덕적 원리로서뿐 아니라 정치 이념으로서 아나키즘을 어떻게 이해해야 할지가 문제였다. 상당수는 그것을 정치 활동과 정치권력의 부정을 의미하는 직접행동의 원리로 파악했다. 자치단체나 의회에는 물론이고 노사합동위원회에도 대표를 파견해서는 안 된다는 얘기였다. 그런가 하면 아나키즘을 전노련이 추구해야할 해방 이념으로 파악하는 이들도 있었다. 이를테면 지로나 지역 출

---

47) CNT, *Memoria*, p.55. 대회 보고서는 정부의 탄압으로 지연되다가 1932년에야 출간되었다. 그에 앞서 1931년 4월부터 《노동자연대》에 그 내용이 연재되기 시작했다. 여기서는 이 보고서 내용을 분석한다.

신 저널리스트이자 아나키즘 선전가인 에우세비오 카르보(Eusebio C. Carbó)는 자유를 말하고 권리를 말하며 정의를 말하는 자는 아나키를 얘기해야 한다고 역설했다. 아나키가 아니면 해방과 평등, 정의와 권리는 단순한 유토피아에 불과하고 실현 불가능한 원리에 불과하기 때문이라는 이유에서였다.[48] 발언자들 대다수가 해방이나 사회주의, 아나키즘, 코뮌주의 같은 용어들을 별다른 구별 없이 사용했는데 이는 동일한 것을 다르게 표현한 것에 불과했다. 그것은 바로 아나키즘이었다.[49]

하지만 이견도 없지 않았다. 혁명적 생디칼리스트들은 전노련이 특정 정치 이념을 따라서는 안 된다고 주장했는데, 아나키즘도 예외가 될 수 없다는 얘기였다. 전노련은 그냥 단순히 혁명적 생디칼리슴 단체여야 한다고 그들은 생각했다.[50] 그러나 그들이 개인 이념으로서 아나키즘을 배격하거나 도덕적 원리로서 그것을 부정하지는 않았다. 다만 정치 이념으로서 부정했을 뿐이다.[51]

이념 문제는 또 다른 의제인 프롤레타리아계급의 통일 문제와 러시아혁명 지원 문제에 관한 논의에서도 제기되었다. 전자는 에스파냐 프롤레타리아계급을 단일 기구로 통일하는 것이 가능한가, 그리고 가능하다면 통일의 토대는 무엇이어야 하는가에 관한 문제였다. 이 문제를 연구한 위원회는 프롤레타리아계급의 통일이 필요하며 국내에서 활동하는 모든 노동자 단체들과의 통합이 가능하다는 견해를 내놓았다.[52] 대회에 참석한 대의원들 대다수는 모든 노동자들이 통합을 이루어야

---

48) CNT, *Memoria*, pp. 94 y 367.
49) Antonio Bar, *La CNT*, p.499.
50) CNT, *Memoria*, pp. 132-133.
51) 이는 혁명적 생디칼리스트들이 정치 이념 일체를 거부했다는 의미이다. CNT, *Memoria*, p.106.
52) CNT, *Memoria*, p.82.

한다는 점에 공감했다. 문제는 노총련과의 통합이었다. 이에 대해서는 세 가지 견해가 존재했다. 노총련과의 통합에 반대하는 입장과 통합을 하되 일정한 조건 하에 통합해야 한다는 입장, 아무런 전제 조건 없이 통합해야 한다는 입장이 그것이다. 우선 통합에 반대하는 이들은 노동자들의 통합 자체에 반대한 것이 아니고 노총련과의 통합에 반대했다. 전노련과 노총련 두 단체들의 이념과 전술이 너무도 달라서 통합을 하게 되면 전노련의 원리를 포기하게 될 심각한 위험에 빠질 수도 있다는 이유에서였다. 전노련에 가입한 노조들이 반정치주의 원리를 포기할 수 없기에 정치적 성격의 노총련과 통합할 수 없다고 그들은 강조했다.[53] 대의원들 대다수는 통합을 하되 일정한 전제 아래 통합해야 한다는 두 번째 입장을 지니고 있었다. 이들은 사전에 조건을 명확히 하지 않고 통합을 하게 되면 자신들의 원리가 부차적인 것으로 전락할까봐 우려했다. 여기서 그들이 말하는 원리는 기본적으로 직접행동과 반정치주의, 곧 아나키즘 원리였다.[54] 마지막으로 조건 없는 통합을 주장한 참석자들도 있었다. 이들은 모든 이념들을 존중하고 그 이념들을 관용해야 통합이 가능하다는 입장을 보이고 있었다.[55] 전노련의 노총련 흡수통합을 경계한 아스투리아스의 아나키즘 지도자 엘레우테리오 킨타니야(Eleuterio Quintanilla)가 그 대표적 인물이었다. 장기적으로 볼 때 그것은 해체의 불씨가 될 뿐이라는 이유에서였다. 그 대신에 그는 사전 조건을 달지 않고 통합을 위한 대회를 개최하자고 제안했다.[56]

프롤레타리아계급의 통일 문제에 관한 논의는 결국 두 가지 결의안

---

53) CNT, *Memoria*, pp.86 y 130.
54) CNT, *Memoria*, pp.92-93, 104, 111, 135.
55) CNT, *Memoria*, p.105.
56) CNT, *Memoria*, p.129.

으로 모였다. 앙헬 페스타냐 안과 엘레우테리오 킨타니야 안이었다. 앞에서 말한 두 번째 입장에 속한 앙헬 페스타냐 안은 노총련과 통합을 하되 전노련의 기본 원리를 노총련이 사전에 수용해야 한다는 내용을 담고 있었다.[57] 그와 달리 엘레우테리오 킨타니야 안은 통합을 위한 사전 조건을 달지 않고 통합 대회를 개최하자는 내용이었다. 그가 이런 방안을 제기한 것은 그렇게 하더라도 결국에는 전노련의 원리가 우세하게 되리라는 고려에서였다.[58] 논의 도중에 앙헬 페스타냐가 자신의 방안을 철회했고, 그 결과 엘레우테리오 킨타니야 안으로 결론이 나는 듯했다. 하지만 곧 제3의 방안이 제기되었다. 엔리케 발레로 (Enrique Valero)가 제기한 제3의 안은 노총련과의 통합을 배격하고 전노련이 노총련 조합원들을 흡수 통합해야 한다는 내용이었다.[59] 이것은 앞서 언급한 첫 번째 입장에 포함되는 방안이었다. 결국 두 결의안을 표결에 부친 결과 후자가 압도적 다수의 표를 얻어 통과되었다.[60] 하지만 이런 결의에도 불구하고 1919년 대회 이후 정부의 탄압과 고용주의 폐업 조치에 직면한 전노련은 당분간 노총련과 긴밀한 관계를 유지해 나갔다.[61]

다음으로 러시아혁명에 대한 지원과 제3인터내셔널 가입에 관한 논의가 있었다. 전자에 대해서는 계급 특권을 타파하고 프롤레타리아 계급에 권력을 제공한 러시아혁명이 혁명적 생디칼리슴의 이상을 구현한 것이라며 그것에 도덕적 지원과 물질적 지원을 아끼지 말아야

57) CNT, *Memoria*, p.116.
58) CNT, *Memoria*, pp.117-118.
59) CNT, *Memoria*, pp.117-118.
60) CNT, *Memoria*, p.172: Manuel Buenacasa, *El movimiento*, p.86.
61) 이에 관해서는 다음 저작을 참고하라. Amaro del Rosal, *Historia de la UGT de España 1901-1939* (Barcelona: Grijalbo, 1977), pp.211-229; Manuel Buenacasa, *El movimiento*, pp.95-99; Antonio Bar, *La CNT*, pp.520-525.

한다는 의견이 제시된 반면에, 후자, 곧 공산주의 인터내셔널 가입에 대해서는 그럴 필요가 없고 에스파냐에서 국제대회를 개최하여 자유지상 코뮌주의 수립을 위한 생디칼리슴 인터내셔널을 결성하는 방안을 검토해야 한다는 견해가 제시되었다.[62] 사실 대회 참석자들 가운데 러시아혁명에 반대 의견을 개진한 사람은 아무도 없었다. 발언자들은 러시아에서 벌어진 혁명적 사건들에 한결같은 찬사를 보냈다. 하지만 러시아혁명의 이념적 측면이나 그에 대해 전노련이 취해야 할 태도에 대해서는 견해가 갈렸다.

마누엘 부에나카사는 아나키스트 입장에서 러시아혁명에 찬사를 보내야 하는 이유를 분명하게 밝혔다. "대회에서 승인한 일부 동의안들에서 명확히 천명한 바대로 국가의 타도를 주장하는 우리는, 그것이 모든 경제적 가치들을 전복한 혁명이라는 점에서, 아니 프롤레타리아계급에 권력과 생산수단과 토지를 양도한 혁명이라는 점에서 러시아혁명에 관심을 가져야 합니다."[63] 한걸음 더 나아가 "러시아혁명이 프롤레타리아계급에 권력과 모든 생산 요소들과 부의 사회화를 제공하는 혁명적 생디칼리슴의 이념을 구현했다"고 강조하는 목소리도 있었다.[64] 1921년에 모스크바에서 열린 제3차 인터내셔널 대회에 전노련 대표로 참석하게 되는 일라리오 아를란디스(Hilario Arlandis)는 러시아혁명의 이념이 전노련이 구현하고자 하는 이념과 완전히 일치한다고 주장하기까지 했다. 그러면서 그는 전노련의 열망을 구체화시켜줄 제3인터내셔널에 가입해야 한다는 결론을 내렸다.[65] 그런가 하면 에우세비오 카르보는 인류가 실현한 최대의 해방 실험인 러시아혁명의 교

---

62) CNT, *Memoria*, pp.341-342.
63) CNT, *Memoria*, p.343.
64) CNT, *Memoria*, p.345.
65) CNT, *Memoria*, pp.347 y ss.

훈은 혁명 노선의 효율성을 보여 준 데 있다고 주장했다.[66] 이들과 달리 살바도르 세기는 러시아혁명이 전노련의 생디칼리슴 교리나 방법을 실현한 것이 아니라고 했다. 하지만 그러면서도 그는 전노련의 공산주의 인터내셔널 가입을 지지했다. 그렇게 하는 것이 전노련의 국제주의를 보증하고 새로운 생디칼리슴 인터내셔널을 결성하는 데에 도움이 되리라는 판단에서였다.[67]

한편 제3인터내셔널 가입에 반대하는 목소리도 있었다. 이들은 러시아혁명이 혁명적 생디칼리슴의 이념을 구현했다는 주장에 맞서서 그것이 마르크스주의 원리에 입각한 혁명임을 강조했다.[68] 더 나아가 러시아혁명은 개인의 활력을 말살하는 그런 부류의 사회주의 사회와 공산주의 사회를 수립했을 뿐이라고 비판했다.[69] 러시아혁명을 신랄하게 비판한 대표적 인물은 엘레우테리오 킨타니야였다. 그는 러시아혁명이 전노련의 혁명적 이념을 구현하지 않았다고 평가했다.

러시아혁명은 (……) 혁명적 생디칼리슴의 원리와 이념 자체도 아니고 그것을 대표하지도 않았으며 그것을 구현하지도 않았습니다. 러시아혁명은 이를테면 사회주의의 공통분모인 노동·생산·교환 수단들의 사회화와 부의 사회화를 골자로 하는 온갖 종류의 국제사회주의 운동 정신에 부합하는 사회혁명 내지 사회주의혁명입니다. 하지만 대의원 동지 여러분, 거듭 말씀드리지만, 이 원리는 러시아혁명 고유의 원리도 아니고 생디칼리슴 고유의 원리도 아닙니다. 그것은 인터내셔널 초기부터 유럽에 존재해 온 온갖 부류의 사회주의들이 지향하고 있는 원리들의 공통분모입니다.

66) CNT, *Memoria*, pp.363-367.
67) CNT, *Memoria*, pp.368-371.
68) CNT, *Memoria*, p.345.
69) CNT, *Memoria*, p.346.

그것이 혁명적인 내용이든 아니든 말입니다. 우리도 이 원리에 동의해야 합니다. 우리가 러시아혁명에 공감하고 그것을 지지하며 그것에 찬사를 보내는 이유는 바로 이 점에 있습니다. 하지만 러시아혁명에서 우리의 이념적 열망이 구체적으로 실현된 흔적은 찾아볼 수 없습니다.[70]

엘레우테리아 킨타니야가 러시아혁명에서 이질감을 느낀 이유는 두 가지였다. 첫째로, 그것이 정치인들의 작품이기 때문이다. 혁명을 노조나 노조원 대중들이 주도한 것이 아니라 정치인들과 볼셰비키정당이 주도했다는 것이다. 둘째로, 고전적인 혁명 개념, 곧 마르크스주의 혁명 개념에 입각한 중앙집권적 정부가 구성되었기 때문이다. 그가 이해한 혁명은 다름 아니라 생디칼리슴 혁명이었다. 그는 프롤레타리아계급의 독재를 인정하면서도 그것이 노조의 통제 하에 이루어져야 한다고 생각했다. 제3인터내셔널 가입 문제에 관해서도 그는 이와 유사한 주장을 폈다. 그것이 노조 단체가 아니고 사회주의 정당들로 구성된 정치 단체이기 때문에 노조 단체인 전노련이 거기에 가입할 수도 없고 가입해서도 안 된다고 주장했다.[71]

전노련 전국위원회는 위원회가 마련한 동의안을 제시했다. 동의안의 골자는 전노련이 아나키즘 단체임을 재확인하고 제3인터내셔널에 잠정 가입한 다음에 살바도르 세기가 제안한 대로 국제대회를 열어 노동자들의 진정한 생디칼리슴 인터내셔널을 창설하자는 것이었다.[72] 전국위원회는 실제로 대회를 마친 직후에 인터내셔널 가입을 위해 러시아에 파견할 전노련 대표단을 구성하는 작업에 착수했다. 이때 에우세비오 카르보와 살바도르 케마데스(Salvador Quemades)가 대표로

---

70) CNT, *Memoria*, p.356.
71) CNT, *Memoria*, pp.357-362.
72) CNT, *Memoria*, p.373.

지명되긴 했지만 그들은 사정이 있어 참석할 수 없게 되고 앙헬 페스타냐가 결국 전노련의 유일한 대표로 1920년 6월에 러시아를 방문하게 된다.[73]

요컨대 안토니오 바르가 지적한 대로 1919년 대회 이후 전노련은 명실상부한 아나르코생디칼리슴 단체로 변모했다. 전노련의 이념적 길잡이로서 아나키즘이 혁명적 생디칼리슴을 대체하고 혁명적 생디칼리슴은 아나키즘의 지도를 받는 노조 활동의 원리로 축소되었다. 생디칼리슴은 이제 아나키를 실현하기 위한 수단이 되었다.[74]

정부의 탄압과 권총 테러

앞서 얘기한 대로 바르셀로나에는 직업별노조에서 분리되어 소규모 아나키즘 화친회의 지원을 받는 개인주의 아나키스트들의 테러 활동이 진행되고 있었다. 기업가들을 암살하는 개인 테러 활동이었다. 당시 희생된 기업가들은 노동쟁의와 아무런 관련이 없었고 다만 제1차 세계대전 당시 참여한 국제 교역과 관련이 있었다. 교전국에 전쟁 물자를 제공했다는 이유로 희생된 것이다. 이를테면 협상국을 위해 첩보 활동을 벌인 조제프 알폰스 바렛(Josep Alfons Barret) 암살 사건이 여기에 해당된다. 1914년에서 1918년 사이 바르셀로나에서는 교전국을 위한 첩보단들이 결성되었다. 이들 첩보단원들은 전쟁이 끝나고 할 일이 없게 되자 사용자를 위한 활동가들로 변신했다. 브라보 포르티요

---

73) 앙헬 페스타냐는 제3 인터내셔널 제2차 대회에 참석한 보고서를 전국위원회에 제출했다. Angel Pestaña, *Memoria que al Comité de la Confederación Nacional del Trabajo presenta de su gestión en el II Congreso de la Tercera Internacional el delegado Angel Pestaña* (Madrid: Biblioteca "Nueva Senda", 1921).

74) Antonio Bar, *La CNT*, p.554.

(Bravo Portillo) 사찰단(banda del policía)이 그 대표적 사례다. 바르셀로나는 반노동자 행동대에서 은신처를 찾는 탈주자와 첩보원, 범죄자들로 넘쳐났다. 이제 1923년이 되어서야 잦아들게 될 테러 활동의 시기가 시작되었다. 이 시기는 파업과 시위, 선전, 교육을 중시하는 사회적 투쟁의 시기라기보다는 폭력과 약탈을 일삼는 사회적 전쟁의 시기였다. 가톨릭사회활동센터와 카를로스회는 아나키스트들이 주장하는 전 지구적 혁명운동과 자유지상주의 독점에 반대하는 노조를 출범시켰다. 이들을 전노련의 단일노조(sindicato único)와 달리 '자유노조'(sindicato libre)라고 불렀다.[75]

제1차 세계대전이 끝난 뒤 경찰관 브라보 포르티요는 백지 위임장을 갖고 활동하기 시작했고, 라카나디엔세 파업과 러시아혁명 소식에 놀란 고용주들은 테러와 공장 폐쇄 조치로 대응했다. 그런 가운데 1919년 9월 5일 브라보 포르티요가 암살되는 사건이 벌어졌다. 그 결과 바르셀로나에는 계엄령이 선포되고 《노동자연대》는 폐간 조치를 당했다. 브라보 포르티요를 대신해 사찰단의 책임을 맡은 독일인 쾨니히가 60명에 달하는 무장 인력을 갖추고 고용주연맹의 청부 용역을 수행해 나갔다.

아나키스트들이 권총 테러 활동에 뛰어들기 시작한 때가 바로 이 무렵이다. 1919년 12월에 아옌데살라자르(Allendesalazar) 정부가 출범하고 살바티에라(Salvatierra) 백작의 바르셀로나 주지사 임기가 시작되었다. 그에 따라 고용주의 압력이 강화되고 기업 내에서 활동하던 전노련 산하 노동자 대표들이 해고 조치를 당했다. 이들 해고 노동자들 가운데 일부가 권총 테러 활동에 뛰어들었다. 1920년 1월 5일에 발생한 카탈루냐고용주연맹(Federación Patronal Catalana) 대표 펠릭스 그

---

75) Josep Termes, *Historia del anarquismo*, p.313.

라우페라(Fèlix Graupera)에 대한 암살 시도가 그 대표적 사례이다. 암살 테러가 발생하자 당국은 노동자 사무실을 폐쇄하고 전노련 활동가들을 체포하는 것으로 대응했다. 그 무렵 사라고사에서 아나키즘 봉기가 일어나자 정부는 헌법상의 기본권마저 정지시켰다. 이때 전노련 활동가들 수백 명이 체포되었다. 앙헬 페스타냐는 파리로 망명하고 살바도르 세기도 몸을 피했다.[76]

한편 상원에서는 프리모 데 리베라(Primo de Rivera)가 부르고스 이 마소(Burgos y Mazo) 정부가 무력하다는 비난을 퍼부었고 하원에서는 델라 시에르바(De la Cierva)가 테러 소송을 위한 시민배심원제 중지, 사면과 특사 폐지, 계엄령 선포 절차 간소화, 폐업과 파업의 금지를 촉구했다. 고용주들이 폐업을 일삼자 노조는 무력화되었고 일자리로 복귀한 노동자들은 고용주가 요구하는 대로 계약을 체결해야 했다. 그들 가운데 상당수는 자유노조에 가입했다.[77]

1920년 5월에는 총리에 오른 지 5개월 만에 아옌데살라자르가 사표를 제출했고 그 대신에 보수당원 에두아르도 다토(Eduardo Dato)가 내각을 구성했다. 5월 22일에는 온건파인 페데리코 카를로스 바스(Federico Carlos Bas)가 바르셀로나 주지사에 임명되었다. 노조와 새로운 관계를 모색한 카를로스 바스는 쾨니히가 이끄는 사찰단을 해체하고 수형자들을 석방하였으며 사전 검열을 폐지하고 노조를 합법화했다. 하지만 헌법상의 기본권을 복원하지는 않았다.

1920년 11월 20일 이후에는 전노련 집행부에 대한 박해가 절정에 달했다. 하룻밤 사이에 무려 64명이 체포되었고 8일에 걸쳐 500명 넘게 체포되었다. 전노련 참모부 전체가 지중해에 있는 미노르카 섬으

---

76) Josep Termes, *Historia del anarquismo*, pp.315-316.
77) Josep Termes, *Historia del anarquismo*, p.316.

로 추방되었다. 도망자에게 실탄을 쏘아도 좋다고 규정한 도주법(Ley de Fugas)이 시행되기 시작했다.[78] 노조 집행부, 전노련 전국위원회와 지방위원회 지도부, 지역연맹 지도부는 체포와 암살 때문에 조직을 재정비하지 않을 수 없었다. 이를테면 1921년 7월 17일에 전노련 전국위원회 서기를 맡고 있던 에벨리오 보알이 도주하다가 암살되자 안드레우 닌(Andreu Nin)이 그를 대신해 서기를 맡았다. 1920년 11월 27일에는 살바도르 세기의 친구가 암살당했다. 게다가 에두아르도 다토는 1920년 11월에 향후 잔혹한 탄압으로 이름을 떨치게 될 마르티네스 아니도(Severiano Martínez Anido) 장군을 바르셀로나 주지사에 임명했다. 그는 주지사에 즉위하자마자 전노련의 노조 권력을 무력화시키고자 했고 도주법을 자주 악용하던 치안대의 행태를 눈감아 주었다.[79] 그런 가운데 에두아르도 다토 암살 사건이 발생했다. 1921년 3월 8일 저녁에 권총을 든 아나키스트들이 사이드카를 타고 접근해 관용차량으로 귀가하던 그를 암살했다.[80] 이듬해 여름인 8월 24일에는 앙헬 페스타냐를 겨냥한 테러가 발생했다. 부상을 당해 입원 중이던 병원 문에는 그를 확실하게 처리하기 위해 파견된 권총 테러 요원들이 잠복해 있었다.[81] 사건의 파장이 일파만파 확산되었고 사회주의자 인달레시오

---

78) 당국은 이를 악용해 구속된 자를 놓아주고 그가 마치 도주한 것처럼 그를 사살하기도 했다.

79) Richard Herr, *España contemporánea* (Madrid: Marcial Pons, 2004), pp.190-191.

80) Carlos Seco Serrano, *Estudios sobre el reinado de Alfonso XIII* (Madrid: Real Academia de la Historia, 1998), p.228; Eloy Ramos Martínez, *La política de la Pistola y la Bomba. Cien años de magnicidios* (Sevilla: Punto Rojo Libros, 2016), p.132. 다토의 암살에 관해서는 다음 저작을 참고하라. Salazar Alonso, *La muerte de Don Eduardo Dato. Procesos de mi tiempo* (Madrid: Facta, 1928); Eduardo Stern Castells, *El proceso Dato. Proceso histórico descriptivo de este proceso* (Mir y Jorba, 1923); Maria Amàlia Pradas Baena, *L'anarquisme i les lluites socials a Barcelona 1918-1923: la repressió obrera i la violència* (Barcelona: Publicacions de l'Abadia de Montserrat, S. A., 2003).

81) José Andrés Gallego, *El socialismo durante la Dictadura, 1923-1930* (Madrid: TEBAS,

프리에토가 의회에서 산체스 게라(Sánchez Guerra) 정부에 항의 발언을 했다. 그런 가운데 마르티네스 아니도 장군의 자작극 테러까지 벌어졌다. 이에 산체스 게라 정부는 1922년 10월 25일 마르티네스 아니도를 비롯한 사건 관계자들을 파면했다.[82]

마르티네스 아니도의 지원이 사라지자 자유노조는 움츠러들었고 전노련이 반격에 나섰다. 온건 정책을 펴려던 카탈루냐노동연합과 달리 전노련 활동가들은 1923년 2월부터 과격한 행동을 벌이기 시작했다. 이를 선도한 조정위원회(comité de coordinación)에는 훗날 이베리아아나키스트연맹(Federación Anarquista Ibérica, 이아연으로 줄임)의 대표 주자가 되는 아우렐리오 페르난데스(Aurelio Fernández)와 리카르도 산스(Ricardo Sanz)가 참여하고 있었다. 2월에서 6월 사이에 자유노조를 겨냥한 테러가 50여 차례나 발생했다. 1922년 12월에서 1923년 5월까지 5개월여 기간 동안 바르셀로나에서는 34명이 테러에 희생되었다. 그 가운데 가장 충격적인 사건은 1923년 3월 10일 바르셀로나의 카데나 거리에서 발생한 살바도르 세기와 그의 절친 프란세스크 코마스(Francesc Comas)에 대한 암살 사건이다. 프랑코주의 역사가 리카르도 델라 시에르바는 이 사건을 자유노조 지도자 호세 마르티 아르보네스(José Martí Arbonés)가 암살당한 데 대한 보복 조치라고 보았다.[83] 자유노조 측 권총테러단의 소행이었다.

백색 테러에 희생된 살바도르 세기는 앞서 이따금씩 언급한 데서 짐

    1977), pp.29-30.
82) Eduardo de Guzmán, "Medio siglo de sindicalismo español: Ángel Pestaña."
    Tiempo de Historia, 48 (1978), pp.45-46.
83) Ricardo de la Cierva, Franco: Un siglo de España (Madrid: Editora Nacional, 1972).
    p.209. 이에 비해 보수 반동적인 역사가 코민 콜로메르는 살바도르 세기의 죽음을 전노련
    내부자의 소행으로 돌리고 있다. 온건한 그의 행보가 미치는 파장을 차단하려고 극단적 아
    나키스트들이 범행을 저질렀을 것이라고 추정하고 있다. Eduardo Comín Colomer,
    Historia del anarquismo español (1836-1948) (Madrid: Radar S. A., 1948), pp.33 y ss.

작할 수 있다시피 20세기 초 카탈루냐와 에스파냐의 아나르코생디
칼리슴 운동에서 가장 중요한 인물이었다. 그는 레리다 주의 토르나
보우스에서 바르셀로나로 이주한 노동자 가정에서 1886년 12월에 태
어났다. 외아들이었던 그는 열 살 때부터 일하기 시작했고 혼자서 공
부했다. 소렐, 크로폿킨, 르클뤼 같은 사상가들을 추종하면서 자유지
상주의 사상에 관심을 갖기 시작했고 젊을 때부터 사회 투쟁에 참여
했다. 공화주의 정치인 알레한드로 레룩스를 추종하는 레룩스주의
자들과 자주 충돌을 빚다가 레룩스주의자를 암살했다는 누명을 쓰
고 9개월 동안 교도소에 수감되기도 했다. 1907년에는 노동자연대
를 창설하는 데 앞장섰고 1909년에는 바르셀로나 생디칼리슴문예원
(Ateneo Sindicalista de Barcelona)을 창립했다. 1915년 1월부터는 전
노련의 건축연맹 대표를 맡았다. 1923년에 사망할 당시 그는 여섯 살
난 아들과 임신한 여성 테레사 문타네르(Teresa Muntaner)를 두고 있
었다.[84]

1923년 4월 29일 바르셀로나에는 민간대테러위원회(Comité Civil
contra el Terrorismo)가 발족되었다.[85] 카탈루냐사회주의동맹(Unió
Socialista de Catalunya) 의원들이 구상한 이 위원회에 전노련의 온건
파 조합원들과 프리메이슨, 카탈루냐행동, 포도재배농연맹(Unió de
Rabassaires) 등이 참여했다. 뿐만 아니라 이 시기 아나키스트들은 무

---

84) 그를 다룬 책과 전기를 소개하면 다음과 같다. José Viadiu, *Salvador Seguí (Noi del
Sucre). El hombre y sus ideas* (Valencia: Estudios, 1930); Manuel Cruells, *Salvador
Seguí. El Noi del Sucre* (Barcelona: Ariel, 1974); Josep María Huertas, *Salvador Seguí.
El Noi del Sucre. Materiales para una biografía* (Barcelona: Laia, 1974); Salvador
Seguí, *Escrits* (Barcelona: Edicions 62, 1975); Antonio Elorza (ed.), *Artículos
madrileños de Salvador Seguí* (Madrid: Editorial Cuadernos para el diálogo, S. A., 1976);
Pere Foix, *Apòstols i mercaders* (Barcelona: Editorial Nova Terra, 1976).
85) 좀 더 확인이 필요한 사안이기는 하지만 살바도르 세기의 희생이 이 단체의 발족에 영향을
미친 것으로 보인다.

장 행동대(grupo de acción)를 결성해 정부의 탄압과 고용주의 백색테러에 맞섰다. 행동대는 대개 바르셀로나에 이주한 지 얼마 되지 않은, 25세 미만의 타지인들로 구성되었다. 1918년에서 1923년 사이에 생겨나 전노련 수호 활동을 벌인 이 행동대들은 19세기 말에 활동한 바쿠닌 계열의 지하 단체들을 떠올리게 한다.[86]

아나키즘 행동대는 1923년 봄에 전 비스카야 주지사 페르난도 곤살레스 레게랄(Fernando González Regueral)을 제거하고 6월 4일에는 추기경 후안 솔데비야(Juan Soldevilla)를 암살했다. 1923년 상반기 6개월 동안 바르셀로나에서는 23건의 은행과 기업 강도 사건, 22차례의 총격 사건, 2차례의 방화 사건, 11건의 폭파 사건이 일어났고, 52명의 사망자와 102명의 부상자가 발생했다. 1923년 9월 20일 프리모 데 리베라의 쿠데타가 일어났을 때도 은행강도 사건이 발생하여 비상경비대원 한 명이 사망했다.[87]

이 시기 바르셀로나에서 발생한 사회 폭력을 살펴보려면 당시 발간된 연대기적 보고서들[88]을 참고하면 좋을 것이다. 최근에는 알버트 발

---

86) 그 이름도 무척 다양했다. '행동대'라는 명칭 앞에 '아나키즘', '희망과 자유', '스파르타쿠스', '빛', '횃불', '프로메테우스', '영원한 불꽃', '정의', '연대' 같은 상징적 의미가 매우 강한 수식어를 붙였다. 이들 가운데 1920년에 창설된 '정의'(Los Justicieros) 행동대는 1922년에 창설되어 활동하던 '도가니'(Crisol)와 합병하여 1923년에 '연대'(Los Solidarios)라는 이름으로 새로운 출발을 시작했다. 부에나벤투라 두루티(Buenaventura Durruti)와 프란시스코 아스카소(Francisco Ascaso), 리카르도 산스, 조안 가르시아 올리베르(Joan García Oliver)가 이 '연대'에 참여했다. César M. Lorenzo, *Los anarquistas españoles y el poder (1868-1969)* (Paris: Ruedo Ibérico, 1972), p.46; Abel Paz, *Durruti. El proletariado en armas* (Barcelona: Bruguera, 1978), p.41; Josep Termes, *Historia del anarquismo*, pp.341-342.

87) Josep Termes, *Historia del anarquismo*, pp.343-344.

88) Miquel Sastre i Sanna, *La esclavitud moderna, martirologio social (relación de los atentados y actos de sabotaje cometidos en Barcelona, y bombas y explosivos hallados desde junio de 1910 hasta junio de 1921)* (Barcelona: Librería Ribó, 1921); Josep Maria Farré i Moregó, *Los atentados sociales en España* (Madrid: Faure, 1922); Ramón Rucabado, *Entorn del sindicalisme* (Barcelona: Políglota, 1925).

셀스(Albert Balcells)의 탁월한 논문[89]과 마리아 아말리아 프라다스 (María Amàlia Pradas Baena)의 박사학위 논문[90]이 나왔다. 에두아르도 곤살레스 카예하(Eduardo González Calleja)의 저서[91]도 빼놓을 수 없다. 알버트 발셀스는 1918년에서 1923년까지 사망자 수를 264명으로 집계하고 있는 데 반해 마리아 아말리아 프라다스는 424명이라고 주장하고 있다. 알버트 발셀스는 부상자를 포함하여 927명의 사상자가 발생한 것으로 파악했다. 좀더 구체적으로 보면 고용주가 101명, 종업원이 52명, 정부 당국 관계자가 85명, 자유노조원이 74명, 아나키스트와 생디칼리스트가 205명, 전노련 변호사가 3명, 단체에 소속되지 않은 노동자가 248명, 신원 미상자가 159명이었다.[92] 고용주와 자유노조 측 사상자가 312명인데 비해 아나키스트 측 희생자 수는 208명 정도였다. 우리는 여기서 당시 바르셀로나에서 전개된 사회 투쟁이 매우 엄혹했음을 알 수 있다.

이런 분위기 속에서 프리모 데 리베라 장군은 바르셀로나에 군대와 비상경비대를 배치했다. 헌법상의 기본권은 여전히 보장되고 있었지만 계엄 분위기나 다름없었다. 그런 가운데 카탈루냐 자치단체연합 (Mancomunidad de Cataluña) 대표 조제프 푸이그 이 카다팔크(Josep Puig i Cadafalch)가 1923년 8월 상순에 프리모 데 리베라와 회동하고 나서 그의 쿠데타 계획을 수락했다. 전노련의 폭력 행위를 통제하고 카탈루냐의 자치를 보장한다는 조건 하에서였다.[93]

---

89) Albert Balcells, "Violencia y terrorismo en la lucha de clases en Barcelona de 1913 a 1923," *Historia Social* (1987).
90) Maria Amàlia Pradas Baena, *L'anarquisme*.
91) Eduardo González Calleja, *El máuser y el sufragio. Orden público, subversión y violencia política en la crisis de la Restauración (1909-1931)* (Madrid: 1999).
92) Josep Termes, *Historia del anarquismo*, pp.345-347.
93) Andreu Navarra Ordoño, *La región sospechosa. La dialéctica hispanocatalana entre 1875 y 1939* (Barcelona: Universidad Autónoma de Barcelona, 2013), p.180.

내부 갈등과 1922년 사라고사 전국회의

앞서 살펴본 것처럼 1919년 마드리드 대회 이후 전노련은 정부의 탄압에 시달렸다. 전노련은 사실 1919년에 최고의 전성기를 누렸다. 아나르코생디칼리슴으로 이념적 방향을 정립한데다 조합원 수도 최고조에 달했다. 하지만 그 이후 전노련의 세력은 하락세를 보였다.[94] 프리모 데 리베라 독재의 탄압으로 단체가 거의 사라지다시피하기까지 약화되었다. 전노련이 이렇게 약화되기 시작한 데는 주요 지도자들을 구속하거나 암살한 정부의 탄압과 고용주들의 백색테러가 커다란 요인으로 작용했다.[95] 하지만 그것이 전부는 아니었다. 전노련 내부의 노선 갈등 심화와 확대도 그에 못지않게 중대한 영향을 미쳤다. 아나키스트들과 혁명적 생디칼리스트들의 기존 대립에 긴장을 더하는 새로운 요소가 추가되었다. 새로운 요소는 다름 아니라 제3인터내셔널, 곧 코민테른 가입 유지와 적색노조인터내셔널(Red International of Labor Unions)[96] 가입을 지지하는 친볼셰비키들의 등장이었다.

기존의 아나키스트들이나 혁명적 생디칼리스트들의 그것에 비하면 친볼셰비키들의 세력이나 영향은 사실 보잘것없었다. 하지만 이들이 등장하게 되면서 전노련이 혁명적 생디칼리스트들과 아나르코생디칼리스트들, 친볼셰비키들의 세 부류로 나뉜 것처럼 보이게 되었다.[97]

---

94) 양적으로 보면 프리모 데 리베라 독재가 시작되기 직전인 1923년에 전노련의 회원 수가 1919년 회원 수의 절반 이하로 줄어든 것으로 추정된다. Joaquín Maurín, "La España actual. La CNT y la descomposición del Sindicalismo anarquista," *Solidaridad Obrera*, 26 de agosto de 1923; Antonio Bar, *La CNT*, p.563.
95) Manuel Buenacasa, *El movimiento*, p.103; Juan García Oliver, *El eco de los pasos* (Barcelona: Ruedo Ibérico, 1978), pp.625-626.
96) 1921년 7월 모스크바에서 1차 대회를 연 적색노조인터내셔널은 1937년까지 존속한 국제 노조연맹이었다. 흔히 프로핀테른(Profintern)으로 알려진 이 인터내셔널의 목적은 코민테른의 산하 조직으로서 노조 활동을 조직하고 조정하는 데 있었다.
97) 편의상 이렇게 세 부류로 나누기는 하지만 그 경계를 명확하게 구분하기는 사실상 어렵다.

갈수록 온건한 입장을 보이게 되는 혁명적 생디칼리스트들은 혁명적 활동을 개시하기에 앞서 조직을 강화하고 확대하는 데 관심을 두었다. 살바도르 세기와 앙헬 페스타냐가 그 대표 주자들이었고 전노련의 요직을 맡게 되는 조제프 비아디우(Josep Viadiu)와 조안 페이로(Joan Peiró)도 한때 이 부류에 속했다.[98] 아나르코생디칼리슴 노선의 대표 주자는 총서기를 맡았던 마누엘 부에나카사와 에벨리오 보알이었다. 이들은 조직보다 행동을 강조했고 갈수록 더욱 급진적인 경향을 보였다. 나중에 친볼셰비키로 돌아서게 되는 다빗 레이(David Rey)와 북부노동연합(Confederación Regional del Norte)의 지도자 갈로 디에스(Galo Díez)가 여기에 속했고, 부에나벤투라 두루티와 토레스 에스카르틴(Torres Escartín), 아스카소 형제들(프란시스코 아스카소와 도밍고 아스카소), 조안 가르시아 올리베르(Joan García Oliver) 등 제2공화국 시기에 명성을 떨치는 활동가들도 이 부류에 속했다. 마지막으로 친볼셰비즘 노선의 대표 주자는 안드레우 닌과 호아킨 마우린(Joaquín Maurín)이었다. 이들은 그 수가 얼마 되지는 했지만 질적으로는 매우 중요한 역할을 했다. 정부의 탄압으로 주요 지도자들이 교도소에 수감되거나 암살된 위기의 시기에 1년여 기간 동안 전노련의 조직과 대외 관계를 이들이 유지해 나갔다.[99]

앞서 살펴보았다시피 전노련은 마드리드에서 개최한 전국대회에서 제3인터내셔널에 임시로 가입하고 대표단을 파견해 코민테른과 모종의 관계를 수립하기로 합의했다. 아나키스트들은 1917년 러시아혁명

---

98) Juan Peiró, *Pensamiento de Juan Peiró* (México: Ediciones CNT, 1959), p.191; Salvador Seguí, *Escrits*, p.13.
99) 안드레우 닌은 1921년 3월에 전노련 전국위원회 총서기로 선출되었고, 호아킨 마우린은 1921년 적색노조인터내셔널 창립대회에 전노련 대표로 참석했으며 그해 10월에는 전노련 전국위원회 총서기에 선출되었다. Víctor Alba, *El marxisme a Catalunya. 1919-1939* (Barcelona: Pòrtic, 1974), vol. I, pp.19-21; Antonio Bar, *La CNT*, pp.561-562 y 565.

초기에 열렬한 반응을 보였다. 혁명이 발생한 러시아에서 사상 처음으로 공정하고 평등한 노동자 사회가 수립되었다고 보았기 때문이다. 그들은 특히 혁명의 사회적 측면을 높이 평가했다. 그리고 소비에트(평의회)의 역할을 노조의 그것으로 보았다. 그들은 러시아혁명이 대중 혁명의 서광을 비춰 주었다고 보았다. 하지만 그에 대한 반응이 한결같지는 않았다. 아나키즘 잡지 《토지와 자유》가 그것을 적극 옹호하고 나선 반면에, 앙헬 페스타냐가 편집 책임을 맡고 있던 《노동자연대》는 혁명에 대해 신중한 태도를 보였다.

하지만 시간이 지나면서 《토지와 자유》의 입장에도 변화가 생겼다. 러시아혁명의 실상이 소개되자 볼셰비키 독재와 거리를 두고 혁명에 냉담한 태도를 보이기 시작했다. 심지어는 일련의 소책자들을 발간하면서 소비에트러시아에 대한 반대 운동을 벌이기까지 했다. 이는 보수와 부르주아 진영이 아닌, 프롤레타리아 좌파 진영이 추진한 혁명에 대한 반대 운동이었다. 비판의 화살은 관료제와 권력과 정치로 모였다. 러시아가 불공정하고 중앙 집중적이며 노동자를 억압하는 자본주의 국가로 탈바꿈했다고 비판했다.

그 무렵에는 러시아혁명에 관한 정보가 부족했다. 그런 가운데 혁명의 실상을 파악하는 데 도움을 준 소식원은 크게 세 부류였다. 우선 코민테른 제2차 대회에 참석하고 돌아온 사회주의자들에게서 흘러나온 소식이 있었다. 다니엘 앙기아노(Daniel Anguiano)와 페르난도 델로스 리오스(Fernando de los Ríos)가 1921년 4월에 열린 사회노동당 대회에서 코민테른 대회 참석에 관한 보고를 했다. 델로스 리오스는 러시아혁명을 바라보는 자신의 시각을 책으로 펴내기도 했다.[100] 다음

---

100) Fernando de los Ríos, *Mi viaje a la Rusia Sovietista* (Madrid, 1921). 이 책은 1970년에 문고판으로 다시 출판되었다.

으로 세계 각국의 주요 아나키스트들이 볼셰비키 혁명을 비판하는 글을 쏟아내기 시작했다. 유대계 미국인 엠마 골드만과 알렉산더 버크만(Alexander Berkman), 프랑스인 장 그라브, 독일인 루돌프 로커가 그들이다. 이들의 글이 에스파냐의 신문과 잡지에 번역 소개되었다. 마지막으로 앙헬 페스타냐의 러시아혁명에 대한 비판이다. 코민테른 대회 참석차 1920년 6월부터 9월까지 러시아에 머물렀던 앙헬 페스타냐가 마르티네스 아니도의 탄압으로 교도소에 수감된 가운데 집필한 회고록이 1921년 11월이 되어서야 출간되었다. 이 책이 이듬해 상반기에 상당한 반향을 불러일으키게 된다.

그에 앞서 1921년 3월에 아나르코생디칼리스트 에벨리오 보알이 체포되고 안드레우 닌이 대신해 전국위원회 총서기에 오르면서 전노련 내에 친공산주의자들이 볼셰비즘에 접근할 기회가 생겼다. 이러한 추세는 공산주의에 심취한 호아킨 마우린이 카탈루냐 지방위원회에 가담하면서 더욱 촉진되었다. 두 사람은 전노련을 정통 공산주의 노선으로 이끌어 가려고 노력했다. 카탈루냐의 레리다에서 이들의 주재로 열린 1921년 4월 28일자 비밀 총회는 프로핀테른(Profintern) 창립대회에 파견할 대표단을 선출했다.[101] 이에 대해 볼셰비키들의 음모가 있었다는 비난이 일기도 했지만 친볼셰비키 인사 네 명으로 구성된 대표단이 결국 러시아를 방문했다. 안드레우 닌과 호아킨 마우린은 물론이고 바르셀로나에 망명한 프랑스인 식자공 가스통 르발(Gaston Leval)도 대표단에 이름을 올렸다.[102] 이들이 참석한 모스크바대회에

---

101) 전노련 소속 노조들이 새로 출범하는 적색노조인터내셔널(프로핀테른) 참여 여부를 두고 1920년 내내 열띤 논란을 벌였다. Joaquín Maurín, "La CNT y la III Internacional," *España Libre*, 6 de noviembre de 1960

102) 이 밖에 일라리오 아를란디스(Hilario Arlandis)와 헤수스 이바녜스(Jesús Ibáñez)가 참석했다. Joaquín Maurín, *El Bloque Obrero y Campesino. Orígen. Actividad. Perspectivas* (Barcelona, 1932), p.7.

서 프로핀테른이 창설되었다.

대회에 참석한 가스통 르발은 러시아의 실상에 환멸을 느끼고 일찌감치 비판적 입장으로 돌아섰다. 그런가 하면 다른 세 사람은 러시아 공산주의에서 아나르코생디칼리슴에서 찾지 못한 정치적 유사점을 발견했다. 이들 대표단은 대회가 끝나고 귀국하는 데 어려움을 겪었다. 베를린에서 잠시 체포되었다가 석방된 안드레우 닌은 소련으로 돌아갔고 그곳에서 노조 직원으로 활동하다가 러시아 여성과 결혼하여 자녀 둘을 두었다. 한편 카탈루냐의 상황이 심상치 않다고 판단한 호아킨 마우린은 파리에 들러 그곳에서 몇 달을 머물렀다. 그러는 사이 카탈루냐와 에스파냐에는 소련에 대한 비판적 소식이, 특히 러시아 아나키스트들에 대한 탄압 소식이 전해졌다.

1922년 2월 22일에는 안드레우 닌을 대신해 총서기를 맡고 있던 호아킨 마우린마저 체포되었다. 그러고 나서 얼마 지나지 않아 전노련은 전국위원회를 새로 구성했다. 공산주의 독재에 반감을 지니고 있던 조안 페이로가 총서기를 맡았다. 그가 이끄는 전국위원회는 그해 3월에 아나키즘을 전노련의 기본 원리로 재천명하는 성명서를 발표했다.[103] 친볼셰비키들이 한동안 주도한 일탈 행위는 그렇게 끝이 났다.

시간이 지나면서 이념과 전략의 혼란도 점차 해소되었다. 1922년 6월 사라고사에서 열린 전국회의(Conferencia Nacional)는 이를 해소하는 결정적인 계기가 되었다. 전노련을 정상화시키는 데 온 힘을 기울이고 있던 조안 페이로에게 때마침 매우 우호적인 환경이 조성되었다. 1922년 4월 산체스 게라 정부에 의해 헌법상의 기본권이 다시 복원되었고, 다른 한편으로는 교도소 생활을 하던 전노련 주요 지도자들이 석방되었다. 이들이 노조 활동에 합류하면서 전노련이 다시 활

---

103) *Acción Social Obrera*, 1 de marzo de 1922; *Lucha Social*, 18 de marzo de 1922.

기를 찾게 된 것이다. 이런 분위기 속에서 전국위원회는 새로운 전국대회를 구상했다. 하지만 전국대회를 치르기에는 아직 무리가 있어서 단순한 노동자 집회인 전국회의 개최로 만족해야 했다. 사라고사 회의에는 38개 단체의 대표들이 참여했는데 단체 대다수는 지역연맹들이었다.[104]

회의에서 가장 중요하게 다룬 의제는 코민테른과 적색노조인터내셔널 가입 문제였다. 이것은 이념 문제와도 관련이 있었다. 토론에 참여한 자들 대다수는 모스크바의 인터내셔널에 반대한다는 입장을 명확히 밝혔다. 마누엘 부에나카사는 좀 색다르게 모스크바와 단절하고 베를린에 본부를 두고 있는 국제노동자협회에 가입하자는 주장을 폈다.[105] 회의는 결국 살바도르 세기와 앙헬 페스타냐가 작성한 보고서를 받아들였다. 그들은 "원칙적으로는 탈퇴"를 하되 총회나 회의보다 심급이 높은 대회를 열어서 그 문제를 매듭지어야 한다고 주장했다.[106] 요컨대 사라고사 회의에 참석한 자들은 1919년 대회에서 채택한 전노련의 자유지상 코뮌주의를 단체의 이념으로 재확인하고 그 이념의 실현이 가능한 곳으로 대외 관계의 범주를 축소하기로 잠정 결정했다.

군사정부의 탄압과 반독재 투쟁

1923년 9월 13일에는 카탈루냐군사령관 미겔 프리모 데 리베라가 다른 군사령관들과 더불어 쿠데타를 일으켰다. 국왕 알폰소 13세의

---

104) *Lucha Social*, 24 de junio de 1922.
105) Manuel Buenacasa, *El movimiento*, p.111. 새로운 국제노동자협회는 1922년 12월 25일과 1923년 1월 2일 사이 베를린에서 결성되었다.
106) *Vida Nueva*, 14 de junio de 1922. 전노련의 인터내셔널 가입 문제와 관련한 자세한 내용은 안토니오 바르의 저서를 참고하라. Antonio Bar, *La CNT*, pp.612-628.

암묵적 동의하에 감행된 쿠데타였다.[107] 계엄령이 선포된 가운데 군사 정부가 구성되었다. 이렇듯 쿠데타는 합법적 성격을 획득하는 것처럼 보였다. 1921년 아누알 재난(Desastre de Annual)[108] 이후 에스파냐 사회에 일반화된 위기 의식, 복고왕정 체제를 쇄신하려는 시도에 찬물을 끼얹은 에두아르도 다토 암살 사건, 에스파냐 전국, 특히 카탈루냐에서 벌어지고 있던 사회갈등이 '독재로 기울어진 운동장'을 만들어 낸 중요 요인들이었다.[109]

이러한 군사쿠데타에 전노련은 서둘러 대응했다. 마누엘 부에나카사는 쿠데타 이튿날 사회주의 지도자 파블로 이글레시아스를 만나려고 마드리드로 갔다. 프리모 데 리베라의 권력 장악을 방지하기 위한 전노련과 노총련 공동의 총파업을 논의하기 위해서였다. 그러나 쿠데타 상황을 파악하는 데 시간이 필요하다는 이유로 사회주의자들이 그 제안을 거절하는 바람에 총파업 시도는 무산되고 말았다.[110]

1923년 9월에 시작된 군사독재는 1930년까지 지속되었다. 군사정부는 의회를 해산하고 계엄령을 선포했으며 헌법상의 기본권을 정지시켰다. 게다가 반아나키스트인 마르티네스 아니도 장군과 로사다(Lossada) 장군을 각각 내무부 차관과 카탈루냐 행정관에 임명했다.[111]

107) Shlomo Ben-Ami, "Hacia una comprensión de la dictadura de Primo de Rivera," Revista de Derecho Político, 6(1980), p.107.
108) 1921년 7월 리프 전쟁에서 아브드 엘카림(Abd el-Karim)이 이끄는 군대에 에스파냐 아프리카군이 대패한 사건을 일컫는다. 모로코 북부의 아누알에서 사망한 에스파냐 군인들이 무려 1만 명에 달한 것으로 알려졌다.
109) Carlos Seco Serrano, "El plano inclinado hacia la Dictadura," José María Jover (dir.), Historia de España Menéndez Pidal. tomo XXXXVIII, La España de Alfonso XIII. El Estado y la política (1902-1931). vol. I, Del plano inclinado hacia la Dictadura al final de la Monarquía, 1922-1931 (Madrid: Espasa Calpe, 1995), pp.9-130.
110) Manuel Buenacasa, El movimiento, pp.300-301; Eduardo González Calleja, La España de Primo de Rivera (1923-1930). La modernización autoritaria (Madrid: Alianza, 2005), p.327; Antonio Bar, La CNT, pp.628-629.
111) Carmen González Martínez, "La Dictadura de Primo de Rivera: una propuesta de

전노련의 앞날이 어떠할지 짐작하고도 남을 인사 조치였다.

프리모 데 리베라는 당시 상황의 책임이 전노련에게 있음을 암시하는 성명서를 발표하고 1923년 3월 10일 법을 엄격하게 적용하라고 관계자들에게 주문했다. 이제 노조들은 정기적으로 회원 명부와 회계장부를 제출하고 정부의 승인을 받아야 했다. 그렇게 하지 않으면 불법 단체가 되고 노조 사무실을 폐쇄당할 수 있다.[112] 이에 합법 단체가 되기를 바라며 관련 자료를 제출한 노조들도 있었지만 지하조직의 길을 걷기로 하고 그것을 거부한 단체도 있었다. 바르셀로나연맹(Federación Local de Barcelona)은 노조 사무실을 자진 폐쇄하고《노동자연대》발간을 중단했다. 이는 노조들을 이끌고 있던 지도부를 보호하려는 고육지책이었다. 하지만 지하활동이 조직 해체와 전노련 자체의 소멸을 불러오게 될 것이라고 내다본 사람들은 이를 받아들이기가 쉽지 않았다.[113] 결국 합법성 문제를 둘러싼 논란이 카탈루냐노동연합 내부로 확산되어 나갔다.

카탈루냐노동연합은 조직 해체의 위기를 타개하기 위한 지역대의원총회(Pleno Regional)를 개최했다. 1923년 12월 8일 바르셀로나의 마타로에서 열린 지방총회에서 카탈루냐노동연합은 공석이던 지방위원회 총서기와 재무서기를 선출했다. 총서기에 선출된 제르미날 에스글레아스(Germinal Esgleas)는 아나르코생디칼리슴 노선을 대표했고, 재무서기에 선출된 아드리안 아르노(Adrián Arnó)는 생디칼리

---

análisis," *Anales de historia contemporánea* (Murcia: Universidad de Murcia) 16(2000), p.357.

112) Antonio Elorza, "El anarcosindicalismo español bajo la Dictadura (1923-1930) (I)," *Revista de Trabajo*, núm. 39-40 (1972), p.126; Antonio Elorza y Marta Bizcarrondo, *Queridos camaradas. la internacional comunista y España, 1919-1939* (Barcelona: Planeta, 1999), p.43).

113) Angel Pestaña, "Consideraciones sobre lo pasado," *Solidaridad Obrera*, 25 de abril de 1924.

슴 노선을 대표했다. 이는 세력균형을 고려한 구성인 것으로 보인다. 같은 해 12월 30일 그라노예르스에서 개최된 지방총회(Asamblea de Granollers)는 마타로 지역대의원총회의 합의 사항인 지방위원회 구성을 승인하고 노조위원회들과 지역연맹을 다시 구성하기로 했다. 이들을 구성하는 작업은 우선 노조위원회를 구성하고 새로 구성된 노조위원회들이 모여 지역위원회 위원들을 선출하는 방식으로 진행되었다. 그 결과 강경파 아나르코생디칼스트들이 압승을 거두었다. 이를 반영하기라도 하듯이 마누엘 부에나카사는 마드리드 대회의 결의를 인용하면서 전노련의 목표가 자유지상 코뮌주의에 있음을 다시금 강조했다. 그라노예르스 총회는 이처럼 자신들의 정체성이 아나르코생디칼리슴에 있음을 재확인했다. 하지만 그러면서도 지나친 분파주의를 경계하고 개별 단체들의 자치를 최대한 보장하려고 노력했다.[114]

카탈루냐노동연합의 이러한 자구 노력에도 불구하고 독재 정부의 탄압을 피해 갈 수는 없었다. 1924년 5월 29일 당국은 전노련을 불법 단체로 지목했다. 전날 발생한 바르셀로나지방법원 소속 사형집행인 암살에 대한 보복 조치였다. 이어서 《노동자연대》의 발간을 정지시키고[115] 노조 사무실들을 폐쇄했으며, 활동가들을 구속 수감했다. 이에 일부 활동가들은 외국, 특히 프랑스로 망명을 떠나 재불 에스파냐어아나키스트모임연맹(Federación de Grupos Anarquistas de Lengua Española)을 결성하고, 그곳에서 독재 타도와 알폰소 13세의 군주제 종식을 도모했다.[116] 며칠 뒤 6월 2일에는 비밀리에 활동 중이던 전노

---

114) Antonio Bar, La CNT, pp.632-639.
115) 1930년 8월까지 발간이 중단된다.
116) 프리모 데 리베라 독재는 아나키즘 운동은 물론이고 카탈루냐 자치운동에 대해서도 강력하게 대응했다. 반면에 사회주의자들에게는 그들의 저항을 잠재우려는 속셈에서 관직을 제공하는 등 호의를 베풀었다.

련 전국위원회마저 사라고사에서 체포되었다.[117]

전노련이 탄압에 의해 공식 해체되고 말았지만 반독재를 위한 지하 활동은 멈추지 않았다. 이를 두고 조안 페이로는 1931년 6월 마드리드 대회에서 이렇게 말했다. "1923년부터는 단 한 차례의 전국위원회나 단 한 차례의 지방위원회도 정치적 요소들을 멀리하지 않았다. 이는 공화정을 수립하기 위해서가 아니라 우리 모두를 압박하고 있는 치욕 스런 정권을 종식시키기 위해서다."[118]

이 시기에 전노련 내부에는 지하활동 여부를 놓고 세 가지 입장이 존재했다. 그 입장들은 물론 이념 노선과도 관련이 있었다. 우선 지하 활동에 반대하고 합법성을 유지하면서 체제 내에서 전노련의 발전을 꾀하자는 입장이 있었다. 이 부류를 대표하는 앙헬 페스타냐는 세력 에는 세력으로 맞서야 한다면서 우파의 결집에 맞설 좌파 세력의 연 합을 주장했다. 그러면서 아나키즘보다는 생디칼리슴에 전노련의 이 념적 기초를 세우고자 했다. 그에 반해 지하활동에 반대하면서도 전노 련의 이념과 전술, 목적을 1919년 마드리드 대회의 결론에 맞게 그대 로 유지하려는 부류도 있었다. 조안 페이로가 이런 부류에 속했다. 그 는 자유지상 코뮌주의 사회로 사회를 변혁시키기 위해서는 무엇보다 교육이 급선무인데 지하활동을 하면서는 그것을 수행할 수가 없고 합 법적인 틀 안에서라야 가능하다고 파악했다.[119] 그러면서도 그는 독재 체제의 타도를 부르짖었고, 그것을 위해 체제 반대 세력들과 협력하 는 것이 불가피하다고 주장했다.[120] 마지막으로 반독재 운동을 주장하 는 아나키즘 입장이 있었다. 마누엘 부에나카사로 대표되는 이 부류

117) Antonio Elorza, "El anarcosindicalismo," p.129.
118) CNT, Memoria del Congreso, p.66.
119) Joan Peiró, Trayectoria de la CNT. Sindicalismo y anarquismo (Madrid: Júcar, 1979).
120) Antonio Elorza, "El anarcosindicalismo," p.140.

는 아르헨티나에서 활동하던 에스파냐 아나키스트 디에고 아밧 데 산티얀과 에밀리오 로페스 아랑고(Emilio López Arango)의 영향을 많이 받았다. 생디칼리슴을 개혁주의라고 배격하고 바쿠닌주의 원리로 되돌아가야 한다고 주장한 이 두 사람은 아나르코코뮌주의를 전노련의 운동 목적으로 재확인했다.[121] "아나키스트들이 영감의 원천인 자유지상주의와 노동운동을 이간질하는 일탈 행위들에 과감하게 맞서고 이념에 충실하기 원한다면 프롤레타리아계급의 경제 단체들이 일시적인 단체들임을 잊어서는 안 된다. '노조는 행동의 수단이고 혁명의 목표는 아나르코코뮌주의여야 한다.'"[122]

이렇게 세 부류로 전노련 내부의 입장이 갈리기는 했지만 반독재 운동과 반독재 세력들의 협력에 대해서는 대체로 공감했다. 여기에는 1922년 사라고사 회의에서 합의한 내용이 상당한 영향을 주었다. 사라고사 회의에서 아나르코생디칼리슴을 국내 정치의 주역으로 자리매김해야 한다는 보고가 제기되었다. 그에 따라 중대한 시기에는 다른 정치 세력들과 일시적인 협정을 체결할 길이 열리게 되었다. 이념 문제가 아니라면 언제나 단일 전선을 구축할 수 있게 된 것이다.[123] 비판이 없었던 것은 아니지만 이것이 프리모 데 리베라 독재 시기 전노련의 행동 지침으로 작용했다. 요컨대 당시 전노련 내부에서는 독재와 알폰소 13세의 군주제를 타도해야 하고 그것을 위해 반대 세력들이 협력해야 한다는 입장이 지배적이었다.[124]

---

121) 이들의 주장에 관해서는 다음 저작을 참고하라. Diego Abad de Santillán, *El anarquismo y la revolución en España. Escritos 1930-1938* (Madrid: Ayuso, 1976), pp.9-52; Diego Abad de Santillán, *La FORA. Ideología y trayectoria* (Buenos Aires: Proyección, 1971), p.264; Diego Abad de Santillán y Emilio López Arango, *El anarquismo en el movimiento obrero* (Barcelona: Cosmos, 1925).

122) Diego Abad de Santillán y Emilio López Arango, *El anarquismo*, p.171.

123) Antonio Bar, *La CNT*, p.610.

124) Eduardo González Calleja, *La España*, p.342.

1923년 말이나 1924년 초에 망명을 떠나 있던 카탈루냐 민족주의자이자 공화주의자인 프란세스크 마시아(Francesc Macià)와 접촉하기 시작한 아나르코생디칼리스트들의 태도 변화를 이런 차원에서 이해할 수 있다. 혁명운동을 위한 프란세스크 마시아의 인터뷰 요청에 전노련 전국위원회는 프랑스 남부의 국경 도시 페르피냥에 두 명의 대표를 파견했다. 인터뷰 도중에 프란세스크 마시아는 혁명 음모에 참여하기 위한 전노련의 조건이 무엇이냐고 물었고 그들은 자유의 확립과 수감 중인 전노련 활동가들의 석방이라고 대답했다. 이어서 바스크 분리주의자들과 다른 정치 세력들이 참여한 퐁트로미우 회의에서는 파리에 혁명위원회(Comité Revolucionario)를 설치하기로 합의했다. 이렇게 전노련은 재불 단체들과 협력해 나가기 시작했다.[125]

1924년 11월 7일에는 무장을 갖춘 전노련 활동가 40명 정도가 프랑스를 떠나 에스파냐 북부의 베라데비다소아로 침투했다. 에스파냐 내부에 무르익은 혁명을 일으키겠다고 기획한 베라데비다소아 침투 사건은 실패로 끝났다.[126] 상황 파악 미숙과 준비 부족 때문이었다. 같은 날 바르셀로나에서 아타라사나스 병영을 습격한 사건도 마찬가지였다. 당시 베라데비다소아 침투에 참여한 적이 있는 오라시오 마르티네스 프리에토(Horacio Martínez Prieto)에 따르면 그들은 혁명 의지로 불타오르기는 했지만 특별한 지식이나 전략은 갖고 있지 못했다.[127]

1925년 5월에는 프란세스크 마시아가 카탈루냐 독립 운동을 위해 창당한 카탈루냐국가당(Estat Català)의 당원들이 알폰소 13세가 타고

125) Antonio Elorza, *Anarquismo*, p.100.
126) 아나키스트들은 그곳에서 자신들을 기다리고 있던 치안대와 접전을 벌였고 양쪽에 두 명씩 사망자가 발생했다. 전노련 활동가 36명이 군법회의에 회부되어 재판을 받았고 세 명은 사형을 언도받았다. 사형을 언도받은 3명 가운데 한 명은 자살했고 다른 두 명은 12월 6일에 처형되었다.
127) Josep Termes, *Historia del anarquismo*, p.371.

가던 열차의 폭파를 시도했는데 전노련도 그들에게 폭발물을 제공하는 방식으로 가담했다. 그 이듬해에는 부에나벤투라 두루티와 프란시스코 아스카소가 파리에서 국왕 암살을 모의했지만 성공을 거두지 못했다. 군대 내의 일부 불만 세력과 구정치인들이 1926년 6월 24일 성 요한의 밤에 프리모 데 리베라 독재를 종식시키기 위한 쿠데타를 꾸미는 데 전노련이 지원을 했지만 쿠데타는 실패로 돌아갔다. 그 결과 당시 히혼에 본부를 두고 있던 전노련 전국위원회가 해체 조치를 당하고 전노련 활동가들 상당수가 체포되었다.[128]

전노련 전국대의원총회(Pleno Nacional)는 전국위원회의 만류에도 불구하고 1928년에 반독재 정치인 및 군인들과 접촉할 행동위원회를 구성하고 전 총리이자 보수당 지도자인 라파엘 산체스 게라와 접촉했다. 1929년 1월에는 1928년 7월 29일자 전국대의원총회에서 결의한 대로 발렌시아에서 열린 반독재 운동에 참가했지만 별다른 반향을 불러일으키지는 못했다.[129]

1929년 가을에는 전노련 활동가들 사이에 열띤 논란이 벌어졌다. 독재 정부가 사회입법을 마련했는데 그것을 수용할 지의 여부와 정권의 합법성을 받아들이고 공적 생활에 참여할지 여부가 쟁점이었다. 이는 사회 갈등에 개입할 국가의 권리를 받아들일 것인지의 문제와도 관련이 있었다. 이는 행정부의 중재를 거부하고 직접행동에 나서야 한다는 아나키즘의 기본 원리와 관련된 문제이기도 했다. 논쟁에서는 조안 페이로로 대표되는 부류와 앙헬 페스타냐로 대표되는 부류의 두 부류가 대립했다. 전자는 전통적 원리를 강조한 반면에, 후자는 개혁주의와 우발성(accidentalismo)을 내세웠다. 앙헬 페스타냐는 독재 정

128) Josep Termes, *Historia del anarquismo*, pp.371-372.
129) Josep Termes, *Historia del anarquismo*, p.372.

부가 제시한 노사 동수의 위원들로 구성되는 단체법을 사실상 수용하기로 하고 전노련의 합법화를 가장 중요한 목표로 삼았다. 반면에 조안 페이로는 이러한 그의 주장을 '현실적 개혁주의'(posibilismo)라고 비난하고 독재 정권의 지배를 받는 전노련의 합법화를 거부했다.[130]

앙헬 페스타냐는 조안 페이로, 살바도르 세기와 더불어 에스파냐 아나키즘 운동 역사에서 가장 중요한 삼총사 가운데 한 명이다. 그는 부에나벤투라 두루티, 디에고 아밧 데 산티얀과 더불어 레온 출신 아나키스트 3인방에 속하기도 한다. 그는 당시에 '수심이 가득한 기사'로 알려졌다. 그의 기질과 생김새 때문에 붙여진 별명이다.[131]

1886년 2월에 레온 주의 폰페라다에서 광부의 아들로 태어난 앙헬 페스타냐는 불안정하고 복잡하며 격정적인 인생을 살았다. 세 살 때 그의 어머니가 그를 남겨두고 남편을 떠났고 열네 살 때는 아버지마저 세상을 떠났다. 가족도 없고 배우지도 못한 페스타냐는 이때부터 천민 생활을 시작했다. 스무 살 때 행운을 찾아 파리로 간 그는 거리에서 캐러멜과 샌들을 팔았다. 그러면서 별거 중인 아라곤 출신 여성과 동거를 했고 두 아들을 두었다. 1909년 초에는 동거녀와 북아프리카의 알제로 이주해 그곳에서 제1차 세계대전이 시작되는 1914년 8월까지 살았다. 그는 그곳에서 시계 제조 기술을 배웠고 에스파냐에서 건너온 아나키스트 이주민들과 관계를 맺기 시작했다. 1914년 8월 11일에는 바르셀로나로 갔고 그때부터 바르셀로나와 카탈루냐를 중심으로 활동하기 시작했다.

그가 아나키즘 활동을 벌이기 시작한 것은 이때부터였다. 1917년에

---

130) Josep Termes, *Historia del anarquismo*, pp.372-373.
131) 이하 앙헬 페스타냐의 생애에 관해서는 다음 저작을 참고하라. Ángel María de Lera, *Ángel Pestaña. Retrato de un anarquista* (Barcelona: Argos, 1978); Antonio Elorza, *Ángel Pestaña. Trayectoria sindicalista* (Madrid: TEBAS, 1974); Eduardo de Guzmán, "Medio siglo", pp.40-47.

는 카탈루냐 지방위원회의 서기를 맡았다. 라카나디엔세 파업이 진행될 때는 비밀리에 활동을 벌였고 권총 테러 시기에도 마찬가지였다. 1922년 8월에는 바르셀로나 북부의 만레사에서 습격을 당해 목숨을 잃을 뻔했다. 1929년과 1930년~1932년에는 전노련 전국위원회 총서기를 지냈다.

앙헬 페스타냐는 엄격한 아나키스트로서 살바도르 세기와 실용적 생디칼리슴을 놓고 논쟁을 벌이기도 했다. 하지만 그 자신도 프리모 데 리베라 쿠데타 이후 엄격한 아나키즘에서 실용주의로 돌아서는 코페르니쿠스적 전환을 보였다. 제2공화국이 선포될 무렵 그는 온건한 생디칼리스트로서 공화좌파와 혁명의 교두보를 구축하는 데 찬성했으며, 영국의 노동당과 유사한 생디칼리슴 정당(조합당)을 창당하는 데 관심을 두고 있었다.

그는 독학을 했음에도 문화적 소양이 높았고 자신의 이념을 글로 표현할 수 있었으며, 마침내는 언론인이 되어 문필로 먹고살 수 있게 되었다. 1926년에는 〈이것이 세계다〉라는 연극을 상연하고 《천진난만한 아이들》이라는 소설을 출간하기도 했다.

제2공화국 시기에는 이아연과 갈등을 벌이다가 조합당을 창당하게 되지만 성공을 거두지는 못했다. 1936년 2월에는 인민전선 연립내각에 참여했고 내전 때는 병참장교 임무를 수행했다. 1937년 초부터 기관지염을 앓다가 그해 12월에 사망했다. 50살을 갓 넘긴 나이였다.

또 다른 전노련 지도자 조안 페이로는 1887년 바르셀로나의 산츠구에서 태어났다.[132] 바르셀로나의 라보르데타 유리 가마에서 일을 배

---

132) 조안 페이로의 생애와 활동에 관한 자료는 상당히 많다. 우선 역사가 페레 가브리엘이 1916년과 1917년 신문과 잡지에 실린 조안 페이로의 글들을 모아서 책으로 펴냈고 페이로의 아들 조제프 페이로도 부친에 관한 책을 저술했다. 조안 페이로 자신도 관련 저서를 출간했고 최근에는 조르디 알바달레호와 조안 삼브라나가 관련 저서를 펴냈다. Pere Gabriel, *Joan Peiró. Escrits, 1917-1939* (Barcelona: Edicions 62, 1975); Josep Peiró,

우기 시작한 여덟 살 때부터 프랑코 정권에 의해 처형되던 1942년까지 그는 평생을 유리 제조공으로 살았다. 열다섯 살 때부터 독학으로 읽고 쓰기를 배우기 시작했고 1906년부터는 노동운동가의 삶을 살기 시작했다. 그는 바달로나에서 바달로나 노조 기관지를 창간하고 1917년 1월부터는 발행인이 되었다. 이때부터 그는 카탈루냐와 에스파냐 유리 제조공 노조의 최고 지도자가 되었다. 1922년 2월 전노련 전국위원회의 총서기에 선출된 그는 적색노조인터내셔널 가입에 반대했다. 1925년부터는 바르셀로나 북쪽에 위치한 마타로에서 유리 제조협동조합(Sociedad Cooperativa Cristalerías)을 지도했고, 에스파냐 내전 때는 라르고 카바예로 정부에서 공업부 장관을 지냈다. 제2차 세계대전 당시 페탱이 이끄는 비시 정부 지역으로 망명을 떠났다가 1940년 11월 게슈타포에게 체포되어 그 이듬해 2월 프랑코 정부 당국에게 인도되었다. 프랑코 정권의 협력 제의가 있었지만 거절한 그는 자신을 지지하는 수많은 증언들이 있었음에도 불구하고 사형선고를 받고 1942년 7월에 처형되고 말았다.[133]

이베리아아나키스트연맹의 등장

다른 한편 1927년 7월에는 아나키즘 교리에서 추호의 양보도 허용

Juan Peiró. *Teórico y militante del anarcosindicalismo español* (Barcelona: Foil, 1978); Joan Peiró, *Trayectoria de la Confederación Nacional del Trabajo (páginas de crítica y de afirmación)* (Mataró: Grupo Cultura del Arte Fabril y Textil de Mataró, 1925?); Jordi Albadalejo y Joan Zambrana, *Inicis d'un sindicalisme llibertari. Joan Peiró a Badalona. 1905-1920* (Badalona: Fet A Má, 2005).

133) Paul Preston, *El Holocausto Español. Odio y Exterminio en la Guerra Civil y después* (Barcelona: Debolsillo, 2013), p.647.

하지 않는 이베리아아나키스트연맹이 탄생했다. 그동안 이아연은 전노 련 내에서 아나키즘 이념의 순수성을 유지하려는 압력 단체이자 과격 한 활동을 펼치는 단체로 알려져 왔다. 하지만 회원이 그렇게 많지도 않았고 그와 유사한 성격의 화친회들도 여럿 있었기 때문에 이아연이 실제로 그런 평판을 받을만 한지에 관해서는 좀더 연구해 볼 필요가 있다.[134]

이아연은 이베리아반도 여기저기에 흩어져 활동하던 다양한 아나키 즘 단체들을 하나의 단체로 결집할 필요성에서 비롯되었다. 이 필요성 이 제기된 것은 프리모 데 리베라 독재 하에서였다. 국내 아나키스트 들이 프랑스로 망명하면서 아나키즘교류위원회(Comité de Relaciones Anarquistas)를 파리에 설치하게 되었고 1925년에는 에스파냐어아나 키스트모임연맹을 창설했다. 그들은 이 연맹의 목적을 군사독재와 군 주제 타도에 두었다. 이를 위해서는 비아나키즘 세력과도 협력할 필요 가 있다고 보았다.[135] 1926년 5월에는 마르세유에서 대회를 열고 반독 재 세력 집단들과의 협력 문제를 논의했다. 한편 국내에서는 에스파 냐아나키스트모임연맹(Federación Nacional de Grupos Anarquistas de España)이 반도 전체를 아우르는 아나키즘 단체의 조직 방안을 모색 하고 있었고 1926년과 1927년에 열린 각종 회의에서 포르투갈인 아 나키스트들을 만날 때마다 공동 조직의 필요성을 교류했다. 그런 가 운데 1927년 7월 25~26일 양일간 발렌시아에서 비밀회의를 진행 했다. 카탈루냐와 레반테, 안달루시아 지방의 지방위원회 서기들과 마 드리드와 발렌시아, 엘다 지역의 지역위원회 서기들이 참석한 이 대회

---

134) Julián Vadillo Muñoz, *Historia*, pp.173-174: Josep Termes, *Historia del anarquismo*, p.378. 이에 대한 연구서로는 후안 고메스 카사스의 책이 거의 유일하다. Juan Gómez Casas, *Historia de la FAI* (Madrid: Fundación Anselmo Lorenzo, 2002).
135) Juan Gómez Casas, *Historia de la FAI*, pp.77-78.

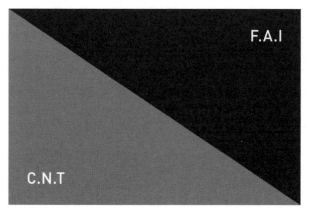

그림 12 전노련-이아연 깃발(우상단 검은색 좌하단 붉은색)

에서 에스파냐아나키스트모임연맹과 재불 에스파냐어아나키스트모
임연맹, 포르투갈아나키스트연합(União Anarquista Portuguesa)이 참
여하는 이아연이 창설되었다.[136]

이아연은 전노련을 형제 단체로 간주한 반면에 노총련에 대해서는
그렇게 생각하지 않았다.[137] 이아연과 전노련은 이듬해에 양측 대표들
로 총평의회를 구성하고 공동 행동을 장려하기로 했다. 두 단체는 이
론상 동일한 목표를 갖고 있었다. 하지만 이아연의 젊은 운동가들은
사실 전노련 내부의 개혁주의자들을 못마땅하게 생각하고 있었다. 대
표로 지목된 인물이 앙헬 페스타냐였다.[138] 애초에는 그가 전노련과
이아연의 공동위원회 구성에 반대하지 않았다. 하지만 얼마 지나지 않
아 이아연이 전노련의 활동에 개입하려 든다고 불평을 토로했다. 그러

---

136) 조제프 테르메스는 이에 대해 발렌시아 "해변에서 파에야를 게걸스럽게 먹어대는 가운데
    아나키즘 역사상 신화적인 집단이 생겨났다"고 서술했다. Josep Termes, *Historia del
    anarquismo*, p.378.
137) 그들은 노총련을 '개혁주의 단체'로 파악했다.
138) John Brademas, *Anarcosindicalismo y revolución en España (1930-1937)* (Barcelona:
    1973), pp.24-25.

그림 13 이베리아아나키스트연맹 기관지《토지와 자유》의 제호

나 그에 아랑곳하지 않고 이아연은 전노련과 이아연 공동조직(CNT-FAI)의 필요성을 계속 고집했다.[139]

이아연은 조직의 기반을 3~10명으로 구성되는 소규모 모임, 곧 화친회에 두었다. 전노련의 그것처럼 이 화친회들이 모여 지역연맹을 이루고, 지역연맹들이 모여 지방연맹을 이루며, 지방연맹들이 모여 반도연맹을 구성하게 된다. 이아연은 집행부인 반도위원회(Comité Peninsular)의 본부를 세비야에 설치하고 포르투갈인 아나키스트 제르미날 지 소우자(Germinal de Souza)를 이아연의 초대 총서기로 선출했다. 1930년부터는 기관지《토지와 자유》를 발간하기 시작했다.

군주제 타도 음모

시간이 흐르면서 프리모 데 리베라 독재에 대한 정치적 군사적 불만이 갈수록 높아 갔다. 독재 정권에 대한 여론이 갈수록 나빠지자 알폰소 13세는 프리모 데 리베라를 해임하고 1930년 1월에 다마소 베렝게르(Dámaso Berenguer) 장군을 총리로 임명했다.

그런 가운데 전노련은 1930년 2월에 전국대의원총회를 열고 전노련

---

139) John Brademas, *Anarcosindicalismo*, p.25.

단체를 합법화하기로 하는 한편 그 목표도 분명히 했다. 그것은 바로 군주제 타도였다. 그해 3월에 발표되는 공화주의지식인선언(Manifiesto de Inteligencia Republicana)에 조안 페이로가 서명한 것을 이러한 맥락에서 이해해 볼 수 있다. 공화주의자들과 카탈루냐 자치주의자들이 참여한 공화주의지식인선언의 골자는 카탈루냐와 에스파냐를 정상화하는 유일한 길이 국민주권의 깃발을 들고 질서를 회복하는 데 있다는 것이었다.[140] 이 선언문의 내용이 자신의 이념과 다르다는 사실을 잘 알면서도 조안 페이로는 서명에 참여했다. 그리고 개인으로서 그렇게 했다고 밝혔다.[141]

당시 프리모 데 리베라 독재가 무너졌음에도 불구하고 교도소는 여전히 정치범들로 가득했다. 이들의 석방을 바란 아나키스트 모임들과 전노련이 체제 변화를 위한 가두시위에 나섰고 일부 아나키스트들은 심지어 공화주의자들과 협상을 벌이기도 했다.[142] 1930년 4월 전노련 전국대의원총회는 이아연의 반대에도 불구하고 전노련이 합법단체로 돌아가야 된다는 방침을 재확인했다. 다음 달인 5월에 전노련은 마침내 정부의 승인을 받아 합법단체가 되었다.[143]

1930년 8월에는 일간지 《노동자연대》가 다시 등장했다. 조안 페이로가 발행 책임을 맡았고 라몬 마그레(Ramón Magre)와 페레 포익스(Pere Foix), 세바스티아 클라라(Sebastià Clara)가 편집에 참여했다. 복간 1호?에서 전노련의 정체성과 역할을 다음과 같이 밝히고 있다.

혁명적 생디칼리슴의 강령을 엄중하게 재확인한다. 강령의 확실한 목적

---

140) José Peirats, *La CNT en la revolución española* (Toulouse, 1951), vol. I, pp.24-25.
141) John Brademas, *Anarcosindicalismo*, p.26.
142) Antonio Elorza, *Anarquismo*, p.151; Shlomo Ben Ami, *Los orígenes de la II República española. Anatomía de una transición* (Madrid: Alianza, 1990), p.167.
143) John Brademas, *Anarcosindicalismo*, p.28; Shlomo Ben Ami, *Los orígenes*, p.152.

은 아나르코코뮌주의이고 이를 위해 자본주의와 국가에 반대하는 투쟁을 공개적으로 전개한다. 프롤레타리아계급의 직접행동과 새로운 경제를 조직하기 위한 혁명 활동이 그 수단이다. 이를 통해 개인은 정치적, 경제적, 사회적 자유를 얻게 될 것이다. 우선 정부는 물론이고 노사조정위원회(comités paritarios)마저도 파렴치하게 부정하고 있는 노조의 자유와 집회와 파업의 권리를 지켜나갈 예정이다. 또한 헌법에 규정되어 있지만 그것이 선포되면서부터 박탈된 개인과 집단의 자유도 적극적이고 대담하게 수호해 나갈 것이다.

이것은 앞서 4월에 열린 전국대의원총회가 발표한 성명서의 내용과 흡사하다. 디에고 아밧 데 산티얀이 소개하는 성명서의 내용은 다음과 같다.

우리 노동조합 운동은 국가 및 개인 소유와 양립할 수 없는 두 가지 목적을 지니고 있다. 노조의 직접행동을 통하여 국가와 자본주의의 관리를 불필요하게 만드는 데에 우리 혁명의 본질이 있다. 이 모든 것은 결과적으로 자본주의 정치 영역을 지배하는 체제와 정반대가 되는 새로운 사회질서를 수립해야 한다는 것을 의미한다. 우리는, 개인의 권리의 평등과 인류의 연대, 인간의 온전한 자유를 바라면서, 노조의 질서정연한 활동으로 자본주의를 대체하고, 사회적, 정치적, 윤리적, 경제적으로 자유롭거나 혹은 오직 자유의지에 의해 양도되는 집단들로 국가를 대체하기를 바라는 사람들이다.[144]

게다가 전노련은 이제 좀더 실용적으로 "제헌의회를 소집하여 과거

---

144) Diego Abad de Santillán, *Contribución*, p.341.

를 청산하고 새로운 현대사상의 길을 열도록 하는 데 동의하는 모든 정치사회 세력과 일시적 연대를 선언해야 한다"고 밝혔다. 또한 그것이 자신들의 견해와 계급적 특성, 혁명적 신념과 양립할 수 없는 게 아니라고 덧붙였다. 그러면서도 "전국위원회가 혁명 활동을 위해 다른 누구와 타협한 적은 결코 없었다. 타협도 하지 않았고 협정을 맺지도 않았다"고 강조하는 것을 잊지 않았다.[145] 이는 아마도 이아연의 비판을 염두에 둔 것으로 보인다.

나중에 이아연에 참여하게 되는 디에고 아밧 데 산티얀도 1930년 10월 5일자 《노동자연대》의 사설에서 당시는 "반동의 물결이 자유를 짓밟든지, 아니면 자유가 군국주의와 신권정치, 군주제의 형태로 출몰하는 반동을 굴복시킬" 때라면서 "에스파냐인들은 독재와 자유 가운데 하나를 선택해야 할 문제를 안고 있다"고 지적했다. 그러면서도 그는 그것이 초래할 우려를 다음과 같이 간접적으로 표현했다.

전노련 운동의 주요 세력이 좌파의 카탈루냐 자치주의 정치 세력과 갈수록 더욱 긴밀한 관계를 유지했다. 전노련이 공화주의 지식인 선언에 서명을 하고 반군주제 선동과 음모에 가담한 데서 이를 확인할 수 있다. 원칙에서 벗어나지나 않을까 두려워하던 아나키즘 핵심부는 이에 대한 우려를 나타냈다. 당시 프로그레소 알파라체(Progreso Alfarache)와 마누엘 시르벤트가 이끄는 전국위원회는 불안정한 상태에 있었고 (……) 앞서 언급한 선언에 대해 '협정이나 타협은 안 돼'라고 선언했다.[146]

요컨대 당시 아나키즘 지도부는 원칙과 현실적 필요 사이에서 무척

---

145) Diego Abad de Santillán, *Contribución*, p.342.
146) *Solidaridad Obrera*, 5 de octubre de 1930.

고민했던 것으로 보인다. 그러면서도 군주제 반대 세력 및 공화주의 집단들과 접촉 면적을 넓혀 나갔다. 이를테면 1930년 8월에 산세바스티안 협정(Pacto de San Sebastián)을 체결할 당시에 전노련은 참관인을 보냈다. 공화주의자들과 사회주의자들, 카탈루냐 자치주의자들이 서명한 이 협정은 장차 공화국을 수립하는 데 매우 중요한 의미를 띠게 된다. 전노련은 이 협정 체결에 두 명의 참관인, 프로그레소 알파라체와 라파엘 비디에야(Rafael Vidiella)를 보냈다. 얼마 후 바르셀로나에서 모인 전노련 전국위원회는 이 협정의 전말을 조사한 다음에 그 운동을 지원하기로 합의했다.

심지어 산세바스티안 협정을 체결한 무리들이 시간을 지체하고 있다고 생각한 전노련 활동가들은 아나키즘위원회와 카탈루냐 민족주의자들의 지원을 받아 자체적으로 혁명을 조직했다. 그러나 빌바오와 로그로뇨, 사라고사, 발렌시아에서 시도한 일련의 파업과 사보타주는 10월 중순에 주요 지도자들이 체포되면서 물거품으로 돌아갔다.

그런 가운데 전노련은 11월 5일과 6일 양일간 비밀리에 대의원총회를 개최하여 상황을 분석하고 전략 문제를 논의했다. 전노련의 정치 개입에 저항하면서 자발적으로 혁명을 이룩하기를 바라는 세력도 일부 있었다. 하지만 대다수는 공화제 수립을 위한 협정을 체결할 필요가 있다고 생각했다. 이러한 대의원총회의 내용에 대해 정통 잡지 《백색평론》은 반대 입장을 표시했다. 조안 문세니 가족[147]은 1930년 12월

---

147) 조안 문세니('페데리코 우랄레스')와 그의 부인 테레사 마녜('솔레닷 구스타보'), 그의 딸 페데리카 문세니로 이루어진 문세니 가족이 카탈루냐와 에스파냐의 아나키즘 역사에서 차지하는 비중은 매우 크다. 이 가족이 펼친 가장 중요한 활동은 《백색평론》 발행이었다. 출판사를 설립하여 잡지뿐만 아니라 일간지 《투사》(El Luchador)를 발행하고 문학서적과 이상소설(La Novela Ideal) 총서를 펴냈다. 32쪽 분량으로 이루어진 소책자 형태의 이상소설을 1925년부터 1938년까지 600편 가량 출판했다. 이 소설은 대개 개인적 차원에서 본 사회적 착취를 고발했다.

1일자 《백색평론》에서 전노련이 노동자계급의 조직이라면 그 방식이 평화적이든 혁명적이든 간에 나라의 정치 문제에 참여할 수 없다고 썼다.

하지만 군주제 타도 음모가 계속 이어졌으며 11월 중순 이후 바르셀로나는 거의 마비 상태에 빠졌다. 1930년 12월 12일에는 하카에서 페르민 갈란 로드리게스(Fermín Galán Rodríguez)와 앙헬 가르시아 에르난데스(Ángel García Hernández)가 민군 합동의 공화주의 봉기를 시도했으나 진압되고 말았다.[148] 한편 전노련은 12월 15일에 총파업을 시도했다. 카탈루냐 지방위원회 위원들은 프랏데요브레갓 공항의 비행기를 탈취하려다가 체포되었다. 이렇듯 봉기와 총파업이 좌절되자 교도소는 전노련 활동가들과 공화주의 음모자들로 넘쳐났다.

위기는 갈수록 심화되었고 알폰소 13세가 아스나르(Juan Bautista Aznar) 제독에게 총리를 맡기자 사태는 걷잡을 수 없이 전개되었다. 1931년 4월 12일에는 사실상 국민투표의 성격을 지닌 지방자치단체 선거가 있었다. 선거 결과 공화-사회주의 연립세력이 대도시에서 군주제파에 압도적 승리를 거두었다. 이를 지켜본 조안 페이로는 훗날 다음과 같이 기록했다.

혁명적 생디칼리스트들이 (……) 4월 12일 선거를 승리로 이끄는 데 간접적인 기여를 했다는 사실을 부정하지 않는다. (……) 포학한 독재에서 비롯된 고통을 잘 알고 있는 인민 대중은 에스파냐의 정치 무대가 바뀌기를 학수고대하고 있었다. 그들의 열망이 공화제에 대한 갈망으로 바뀌었고 거대한 반군주제의 물결을 공화제보다 우월한 길로 안내할 수 없었

---

148) 하카 봉기에 관해서는 다음 저서를 참고하라. Esteban Gómez, *La insurrección de Jaca* (Barcelona: Escego, 1996).

던 우리는(아나키스트들도) 한쪽으로 물러나서 거룩한 열정으로 불타오른 인민들이 자신들의 뜻을 펼치게 내버려 두었다. 우리는 노동자들에게 투표를 하라고 말하지도 않았고 투표를 하지 말라고 얘기하지도 않았다.[149]

선거 결과를 지켜본 국왕이 망명을 떠났고 에스파냐는 공화국이 되었다. 군주제가 사라지고 새로운 체제가 들어선 것이다. 그와 더불어 에스파냐 아나키즘 운동에도 새로운 국면이 열리게 되었다.

---

149) "El sindicalismo y problema político de España," *El Combate Sindicalista* (Valencia), 6 de septiembre de 1935. John Brademas, *Anarcosindicalismo*, p.37에서 재인용.

3부

혁명의 불꽃

아나르코생디칼리스트들은 이상한 사회를 꿈꾸고 있다.
아시시의 성 프란체스코처럼 욕심이 없고
스파르타쿠스처럼 대담하며 뉴턴과 헤겔처럼
재능이 많은 사람들이 사는 사회를.
— 라몬 J. 센데르

6장

개혁이냐 혁명이냐

공화국 출범과 아나키스트들

1931년 4월 14일 에스파냐에는 마침내 공화국이 선포되었다. 그에 앞서 이틀 전에 치러진 지방선거에서 공화·사회주의 연합 후보자들이 압승을 거둔 결과였다. 도시 유권자들 대다수가 공화제를 지지하고 나선 것이다. 이 사실을 확인한 국왕은 도망치듯 비밀리에 국외로 망명을 떠났다. 이렇게 선포된 공화국은 1873년에 짧은 기간 존속한 제1공화국에 이어 에스파냐 역사상 두 번째로 수립된 제2공화국이다.[1]

공화국 선포는 에스파냐 사람들의 마음에 돌풍을 불러일으켰다. 기대감에 부풀어 오른 대중들은 공화국 출범을 열렬히 환영했다. 아나키스트 발레리아노 오로본 페르난데스(Valeriano Orobón Fernández)는 그들이 "마치 복권에 당첨된 것처럼" 즐거워했다고 표현했다.[2] 그

---

1) 황보영조,《토지, 정치, 전쟁》(삼천리, 2014), pp.73-74.

2) La carta en el Archivo Histórico Nacional, Salamanca (AHNS), Sección Polítíco-Social, carpeta 886 de Barcelona. Julián Casanova, *De la callle al frente. El*

그림 14 제2공화국 선포(바르셀로나 산자우메 광장)

들은 명사들로 이루어진 과두 세력과 특권을 지닌 성직자들, 억압적인
군부 세력이 지배하는 사회에 상당한 변화가 일어나리라고 기대했다.
실제로 교회의 역할과 군대, 노사관계, 교육, 토지소유, 지방자치에 이
르기까지 폭넓은 변화가 필요한 실정이었다.[3]

이렇듯 대중의 환영을 받으며 출범한 공화국에 대해 아나키스트들
은 과연 어떤 태도를 갖고 어떤 반응을 보였을까? 축제를 벌이며 즐거
워하는 대중들과 마찬가지로 그들도 공화국 출범을 환영했을까?

전노련은 사실 프리모 데 리베라 군사독재의 탄압을 받으면서 줄곧

anarcosindicalismo en España (1931-1939) (Barcelona: Crítica, 1997), p.13에서 재인용.
다른 한편으로 지주들과 기업가들, 보수적인 군 장교들, 가톨릭교회 같은 전통적 세력은
새롭게 출범한 공화국을 두렵고 불안한 마음으로 맞이했다. 이들은 공화국이 자신들의 이
해관계를 위협하고 에스파냐의 정체성을 훼손하게 될 것이라고 생각했다.
3) Santos Juliá, Manuel Azaña. Una biografía política (Madrid: Alianza Editorial, 1990),
p.17.

독재종식을 위한 음모를 꾸며 왔다.[4] 이를 위해 정당들과도 기꺼이 협력했다. 에스파냐 아나르코생디칼리슴 운동의 대표 지도자 조안 페이로가 1931년 6월에 열린 전노련 임시전국대의원대회에서 언급한 바에 따르면 그들이 정치인들과 접촉하기 시작한 것은 1923년부터였다.[5]

1930년 하반기부터는 전노련의 아나르코생디칼리스트들이 군주제를 폐지하고 공화제를 수립하려는 공화주의자들의 체제 변혁 운동에 관심을 기울이면서 그 운동을 지원해 왔다. 정의로운 사회를 수립하는 데 뛰어들기 위해서는 우선 군주제를 무너뜨려야 한다는 생각에서였다.[6]

하지만 막상 군주제 종식과 공화제 수립이 현실화되자 공화국 출범을 바라보는 아나키스트들의 입장이 둘로 나뉘기 시작했다. 현실 정치에 협력해야 한다는 입장과 정치적인 것을 배제하고 아나키즘 고유의 비정치성에 충실해야 한다는 입장이 그것이었다. 이때만 하더라도 아나키스트들 대다수는 전자의 입장을 취하고 있었다. 공화국 출범으로 전노련의 혁명적 열망이 온전히 실현된 것은 아니지만 노동자 단체들에 대한 관용과 자유가 늘어나게 될 터이기에 자신들의 단체도 활성화되리라고 그들은 내다봤다. 그런가 하면 과격파들은 총파업과 같은

---

4) Emilio Mola Vidal, *Memorias de mi paso por la Dirección General de Seguridad* (1ª ed. en 1931-1933) (Madrid: Crítica Literaria, 2011); "El derrumbamiento de la monarquía," *Obras Completas* (Valladolid, 1940), p.761.

5) Confederación Nacional del Trabajo, *Memoria del Congreso Extraordinario celebrado en Madrid los días 11 al 16 de junio de 1931* (Barcelona, 1931), pp.66-67.

6) Dámaso Berenguer, *De la Dictadura a la República* (Madrid: Tebas, 1975), p.292 이하; Miguel Maura, *Así cayó Alfonso XIII* (Barcelona: Ariel, 1981), p.119 이하. 지방선거에서 아나키스트들이 공화국을 위해 대거 투표했다는 주장[Horacio M. Prieto, *Marxismo y socialismo libertario* (París, 1947), p.109.]이 있기는 하지만 그들의 투표 참여가 공화사회 연합 후보자들이 압승을 거두는 데 어느 정도 기여했는지는 여전히 불확실하다. 다만 전노련 지도부가 노동자들에게 투표에 참여하라고 말하지도 않았고 그렇다고 해서 투표하지 말라고도 말하지 않았다는 페이로의 진술(Joan Peiró, "El sindicalismo y el problema político de España," *El Combate Sindicalista*, 6 de septiembre de 1935)은 참고할 만하다.

대중운동을 전개할 수 있는 이러한 체제 변화의 순간이야말로 자신들의 혁명적 기대를 실현해 나갈 적기라고 판단했다.[7]

1930년 3월부터 현실의 법칙을 따르기로 한 전노련은 군사독재의 탄압으로 흩어진 조합원들을 다시 불러 모으고 조합원들을 새로 모집하는 노조 재건 사업에 관심을 기울여 왔다. 현실을 고려하지 않은 가운데 일으키는 봉기는 반드시 실패로 돌아가게 된다고 확신한 이들 온건파는 혁명을 부추기는 일부 집단들의 경솔한 선동은 이러한 재건 사업을 위태롭게 할 뿐이라고 생각했다. 일부 집단들이 선동하는 혁명은 무산되기 쉬운데, 혁명이 무산되면 정국을 주도하는 세력들의 기세가 더욱 드세질 것이고, 그에 따라 전노련의 입지는 더욱 좁아지게 된다는 논리였다.

한편 전노련 산하의 카탈루냐노동연합은 공화국이 선포되던 날에 총파업을 소집해 놓고도 곧바로 취소했다. 신생 공화국에 부담으로 작용할지도 모를 사회 갈등을 미리 방지하려던 바르셀로나 주지사 유이스 콤파니스(Lluís Companys)가 전노련 지도부에 면담을 요청했고 그와 면담을 마친 지도부가 파업을 취소한 것이다.[8]

당시 전노련 지도부는 온건파의 수중에 있었다. 앙헬 페스타냐와 조안 페이로가 대표적 인물이었다. 이들은 모순과 결함을 점진적으로 개선하려는 개혁주의 입장을 취하고 있었다.[9] 이들의 이러한 성향을 파

---

7) Juan García Oliver, *El eco de los pasos*, p.217.
8) Francisco Madrid, *Ocho meses y un día en el gobierno civil de Barcelona* (Barcelona, 1932), pp.134-135.
9) 전노련 전국위원회는 1930년 2월부터 공개적으로 개혁주의 입장을 취해왔다. 전국위원회 위원들은 전노련 이름으로 낸 성명서에 대한 해명서를 첨부하면서 전노련의 온건 노선을 분명히 했다. "Desde Barcelona: El Mitin de la Afirmación," *¡Despertad!*, 10 de mayo de 1930; "Aclaración al Manifiesto de la CNT," *Acción Social Obrera*, 26 de abril de 1930.

악한 카탈루냐 자치정부 총리 권한대행 프란세스크 마시아[10]는 공화국이 선포되던 날 밤에 이들에게 카탈루냐 임시정부의 부처를 맡아달라고 제의했다. 하지만 페스타냐는 물론이고 페이로도 그 제의를 받아들이지는 않았다. 이 최고 지도자들은 카탈루냐 지방정부에 참여하지 않기로 결정했다. 그러나 이들과 달리 아래의 2선 지도자들은 지방정부에 참여하기로 했고, 마시아가 이끄는 카탈루냐공화좌파(ERC, Esquerra Republicana de Catalunya)와 협력하는 데 우호적 입장을 보였다.[11]

한편 이아연 조합원들을 비롯한 정통 아나키스트들[12]은 이러한 전노련 지도부를 못마땅하게 생각했다. 바쿠닌의 혁명적 신조와 반정치적 전통의 수호를 내걸고 1927년 7월 발렌시아에서 창설된 이아연은 기본적으로 창설 취지에 공감하는 젊은 혁명가들로 구성되었다. 전노련 조합원이면서 이아연에도 가입한 이들은 한걸음 더 나아가 두 단체가 대등한 입장에서 긴밀하게 협력하는 공동 조직, 곧 전노련-이아연(CNT-FAI) 창설을 추진했다.[13] 조안 가르시아 올리베르, 프란시스코 아스카소 부드리아(Francisco Ascaso Budría), 부에나벤투라 두루티를 비롯한 이아연 조합원들은 공화국이 선포되자마자 정치인들과 일체의 협력을 거부하기로 하고 여전히 협력을 도모하고 있는 아나르코생디

---

10) 카탈루냐의 자치를 바랐던 마시아는 아나르코생디칼리스트들과 접촉한 최초의 정치인이었다. 페이로의 말에 따르면 아나르코생디칼리스트들은 1923년이나 1924년 초에 마시아와 접촉하기 시작했고, 그 이후에도 공화국 출범 때까지 정치인들과 계속 관계를 맺어왔다. John Brademas, *Anarcosindicalismo y revolución en España* (Digitalización: KCL), pp.16-17.

11) Borja Libertario, "CNT, FAI y II República: La lucha ideológica dentro del movimiento anarquista," *Regeneración Libertaria*, 19 de diciembre de 2015.

12) 에스파냐어로 'Los anarquistas puros'를 옮긴 것인데 이를 직역하면 '순수 아나키스트'로 옮길 수 있겠으나 비정치성을 표방하는 바쿠닌주의를 따른다는 점에서 여기서는 '정통 아나키스트'로 옮긴다.

13) John Brademas, *Anarcosindicalismo y revolución*, p.25.

칼리스트들에게 압력을 행사하기 시작했다.[14] 이아연 창설 당시부터 함께해 온 페데리카 몬세니는 아나르코생디칼리슴 지도부가 마시아와 더불어 이아연을 압박해올 것이라며 우려를 표시했다.[15]

전노련은 공화국이 선포되던 4월 14일 오후에 아래와 같은 내용의 전단지를 바르셀로나 거리에 뿌렸다.

에스파냐에 공화국이 선포되었다.

우리의 목을 옥죄던 부르봉이 권력을 버리고 달아났다.

시청과 시의회, 우정국을 인민이 장악했다.

우리 모두 거리로 나와 이것을 확인하자.

우리는 부르주아 공화국을 바라지 않는다. 다만 새로운 독재를 방지하기 위해 잠시 이를 허용할 뿐이다.

우리 인민은 혹시 일어날지 모를 무장 세력의 반동에 대비해야 한다.

공화국이 건재하려면 노동자 단체를 존중해야 할 것이다. 그렇게 하지 않으면 무너지고 말 것이다.

우리는 무엇보다 먼저 재소자들의 즉각적인 석방을 요구한다.

(……)

재소자들의 석방을 위하여! 혁명을 위하여! 전노련 만세![16]

---

14) John Brademas, *Anarcosindicalismo y revolución*, p.38. 1931년 6월에 열린 전노련 임시전국대의원대회에서 이아연 소속 조합원들 일부가 좌파 정치인들과의 협력을 지지했다는 증언들이 제기되었다. 증언자는 페이로였는데 그는 이아연의 이름으로 말하는 조합원들과 그 연맹 소속 조합원들이 이러한 협력을 지지했다고 말했다(CNT, *Memoria del Congreso Extraordinario*, p.68.). 전국위원회 위원을 지낸 프란시스코 아린은 한걸음 더 나아가 연맹이 위선적이었다고 비난했다. 이에 대해 연맹 조합원들은 사실과 다르다면서 분개했다[Manuel Buenacasa, *La CNT, "Los Treinta" y la FAI* (Barcelona, 1933), pp.109-110.].

15) Federica Montseny, "La crisis interna y externa de la Confederación," *El Luchador*, 18 de septiembre de 1931.

16) José Gaya Picón, *Los hombre que trajeron la república (núm. 5): La jornada histórica de Barcelona* (Madrid, 1931), p.30.

우리는 여기서 제2공화국 출범에 대한 전노련의 공식 입장이 무엇이었는지 확인할 수 있다. 제2공화국을 부르주아 공화국으로 규정하면서 그것을 잠시 허용하겠다는 입장이다. 그 이유는 혹시 모를 또 다른 독재를 방지하려는 데 있었다.

하지만 이아연의 입장은 좀 달랐다. 그동안 정치인들과의 협력을 거부해 온 '세 명의 저격수', 곧 가르시아 올리베르와 아스카소 부드리아, 두루티가 곧바로 행동에 나섰다. 그들은 5월 1일 바르셀로나에서 노동자대회를 열었고, 곧이어 치안대 해산과 독점 종식, 사냥 금지 구역의 토지 분배 등을 내걸고 가두시위를 벌였다. 그에 뒤이어 5월과 6월에도 아나키스트들은 이따금씩 여기저기서 파업을 벌이거나 수도원을 불태웠다.[17] 그러나 이때까지만 해도 그들의 입장이 그렇게 과격하지는 않았다.[18]

1931년 임시대회

다른 한편으로 아나키스트들은 6월 중순에 마드리드에서 전노련 임시대회를 개최했다. 이 대회는 1919년 대회 이후 처음 열린 전국대회였다. 이 대회는 두 가지 면에서 특별한 의미를 지닌다. 첫째, 무려 418명에 달하는 대의원들이 참석했다. 이들은 노조원 535,565명과 511개 노조를 대표했다. 둘째, 제2공화국 시기 에스파냐 아나르코생디칼리슴의 특징을 이루게 되는 태도와 경향이 이 대회에서 제시되었다.

앙헬 페스타냐가 개회 선언을 했고, 국제노동자협회의 이름으로 대

---

17) John Brademas, *Anarcosindicalismo y revolución*, p.41.
18) Alexander Schapiro, *Repport sur l'Activité de la Confédération Nationale du Travail d'Spagne, 16, diciembre, 1932-26, février, 1933* (Ciclostilado, 1933), pp.38-40.

회에 참석한 아나키즘 이론가이자 독일 생디칼리슴 지도자인 루돌프 로커가 축사를 했다.[19] 그에 뒤이어 벌어진 토론에서는 두 가지 주제가 집중 거론되었다. 정치인들과의 협력 문제와 산업연맹 신설 문제가 그것이었다.[20]

먼저 정치인들과의 협력을 둘러싼 문제는 6월 28일 실시하기로 되어 있는 제헌의회 선거에 대해 전노련이 어떤 입장을 취할 것인가를 놓고 벌어졌다. 갈리시아 지방의 대표적 아나키스트 호세 비야베르데(José Villaverde)는 준비한 보고서를 통해 "우리는 우리를 억압하는 모든 권력에 반대하듯이 제헌의회에 반대"하고 제헌의회에 별다른 기대를 하지 않는다고 밝혔다.[21] 그러면서도 제헌의회가 아나키스트들이 직·간접적으로 참여한 혁명의 산물이라면서 최소한의 요구 사항들을 제헌의회에 주문했다.[22] 그러자 여기저기서 비난이 쏟아졌다. "또 협력하자는 얘기냐!" 하는 고함도 나왔다. 제헌의회에 뭔가를 주문한다는 것 자체가 제헌의회를 인정한다는 얘기나 마찬가지라고 과격파들은 주장했다. 페데리카 문세니의 남편 제르미날 에스글레아스[23]는 보고서 내용이 1919년 대회의 원칙을 포기한 것이라고 지적했고, 발렌시아에서 온 개인주의 아나키스트 프로그레소 페르난데스(Progreso Fernández)는 이 보고서는 다름 아닌 '협력' 보고서라고 비아냥거

19) 루돌프 로커는 축사에서 전노련이 직면한 최대의 위험은 다름 아니라 민주주의라고 했다. 그 이유로 민주주의는 오직 자본주의를 지키려 한다는 점을 들었다. CNT, *Memoria del Congreso Extraordinario*, p.25.

20) John Brademas, *Anarcosindicalismo y revolución*, pp.42-45; Josep Termes, *Historia del anarquismo*, pp.406-408; Julián Casanova, *De la calle*, pp.24-27; José Peirats, *The CNT*, vol.1, pp.33-37.

21) CNT, *Memoria del Congreso Extraordinario*, pp.180-182.

22) 그는 최소한의 요구사항으로 교육 지원, 언론의 자유, 개인의 자유, 파업권과 결사권, 실업 문제 해결 등을 제시했다.

23) 조제프 에스글레아스(Josep Esgleas)로 알려지기도 했다.

렸다.[24]

이러한 분위기 속에서 빌바오 출신의 아나르코생디칼리스트 갈로 디에스(Galo Díez)와 기관지《노동자연대》의 편집장을 맡고 있던 조안 페이로가 비야베르데를 지지하고 나섰다. 디에스는 공화국이 비록 우리의 바람을 만족시켜 줄 수는 없지만 그것이 독재보다는 낫다고 주장했고,[25] 페이로는 전노련이 자본주의 국가를 타도할 수 있을지는 모르겠지만 우리 모두가 염원하는 사회를 건설하기에는 역부족이라며 아직 전노련이 혁명을 꾀할 채비가 돼 있지 않다고 보았다.[26] 이에 대해 과격파들은 이들의 주장이 개혁주의에 해당한다고 비난했다. 하지만 보고서는 결국 약간의 수정을 거쳐 채택되었고, 이에 반발한 일부 대의원들은 별도의 의견서를 제출했다.

다음으로 산업연맹 신설과 관련해서는 조안 페이로가 보고서를 제출했다. 산업연맹 조직과 관련한 문제는 사실 1919년 대회에 상정되었다가 부결된 적이 있다. 하지만 이번에는 압도적 다수로 통과되었다. 자본주의가 갈수록 집중화되는 상황에서 노동자계급도 그에 대한 투쟁 방식을 집중시킬 필요가 있다고 본 것이다.[27] 일부 아나키스트들은 이 방안을 격렬하게 반대했다. 이를테면 에스파냐 고유의 조직을 찬미해 온 가르시아 올리베르는 산업연맹이 독일의 사정에서 비롯된 것이고 에스파냐의 실정은 독일과 다르다고 주장했다.[28] 하지만 곧 '30인회'(Los treinta)로 알려지게 될 주요 지도자들은 산업연맹 신설 방안을 적극 지지하고 나섰다.

이렇듯 1931년 6월의 임시대회에서는 제헌의회 선거에 대한 입장과

24) CNT, *Memoria del Congreso Extraordinario*, pp.200, 209.
25) CNT, *Memoria del Congreso Extraordinario*, p.191.
26) CNT, *Memoria del Congreso Extraordinario*, p.208.
27) Julián Casanova, *De la calle*, p.25.
28) CNT, *Memoria del Congreso Extraordinario*, p.147.

산업연맹 신설 문제를 둘러싸고 온건파의 주장이 관철되었다. 하지만 온건파와 과격파의 견해차가 매우 뚜렷하게 드러난 대회였다.

한편 공화국이 출범하고 두 달 정도 지난 1931년 여름철에 카탈루냐와 안달루시아를 중심으로 사회 갈등이 부쩍 늘어나기 시작했다. 이를테면 1924년에 설립된 통신업체인 텔레포니카사(Compañía Telefónica Nacional de España)의 종업원들이 7월 6일에 에스파냐 전국에서 파업에 돌입했다. 종업원 7,000명 가운데 6,200명이 파업에 참가했는데 그들 모두 전노련 조합원들이었다.[29] 내무장관 미겔 마우라의 방해로 노사 협상이 난항을 거듭하게 되면서 파업은 더욱 악화되었다. 전노련은 텔레포니카사의 파업을 지지하는 총파업을 소집했다. 7월 20일에는 에스파냐 남부의 세비야가 마비 상태에 이르렀다. 그러자 내무장관은 그 도시에 비상사태를 선포하고 군대를 투입하여 전노련 건물에 포격을 가했다. 마드리드에서는 파업 중인 노동자들이 텔레포니카 건물을 공격했으나 장악하지는 못했다. 바르셀로나에서도 파업이 커다란 폭력으로 이어지지는 않았다. 그러는 사이 사회주의 노동자들이 파업 중인 아나키스트 노동자들을 대체했다. 파업은 결국 실패로 돌아갔다. 사상자가 230명에 달했고 구속자가 2천 명을 넘었다.[30]

7월 7일에는 바르셀로나의 수송 분야 아나키즘 노조원들이 파업에 돌입하여 바르셀로나 부두가 마비 상태에 빠졌다. 2주 뒤에는 파업이 다른 분야로 확산되기 시작했다. 하지만 정부는 물론이고 사회주의자들이 이를 내버려 두지 않았다. 마우라는 치안대를 조직하여 이에 맞

29) Gabriel Jackson, *The Spanish Republic and the Civil War (1931-1939)* (Princeton, 1967), p.43.
30) Miguel Maura, *Así cayó Alfonso XIII ...* (Barcelona, 1965), p.278; Gabriel Jackson, *The Spanish Republic*, pp.43-44.

섰고, 사회노동당과 노총련은 노동자계급이 혁명을 일으켜야 하지만 아직은 때가 아니라는 태도를 견지했다.[31] 사회주의자들과 아나키스트들 사이에 반감은 갈수록 커져 갔다.

이러한 사회 갈등을 겪으면서 한편으로는 전노련의 대정부 입장이 좀더 명확해지기 시작했고, 다른 한편으로는 전노련 내부에 벌어지고 있던 온건파와 과격파의 갈등이 더욱 심화되게 되었다.

그런 와중에 1931년 8월 1일자 기관지에서 전노련은 자신들과 제헌 의회 사이에 더 이상 평화나 휴전은 없다고 밝혔다.[32] 그들이 왜 갑자기 이런 입장으로 돌아섰을까? 그 이유를 대체로 다음 두 가지에서 찾아볼 수 있다. 우선 체제가 바뀌었는데도 에스파냐가 안고 있는 중대 문제들이 해결될 기미가 여전히 보이지 않고 있다는 점과 내각에 참여한 사회주의자들[33]이 자신들에게 유리한 정책을 펴기 시작했다는 점이다. 이를테면 노동부 장관에 취임한 사회주의자 프란시스코 라르고 카바예로(Francisco Largo Caballero)의 정책이 특히 그러했다. 라르고 카바예로는 취임 직후 5월 1일을 공휴일로 선포하고 노동 문제 해결을 위한 노사조정위원회도 설치했다. 아나키스트들은 이러한 그의 노동 정책이 아나키즘 노조에는 불리하고 사회주의 노조에는 유리한 정책이라고 판단했다. 그들이 이렇게 판단한 데는 그럴 만한 이유가 있었다. 1931년 8개월 동안 노동부 주도로 공포된 법과 시행령이 51개에 달했고, 이를 시행하는 데 필요한 관료들도 늘어났다. 그런데 당시 충원된 관료들 대다수가 사회주의자들이었다. 이 시기에 단행된 조치들이 사회주의 노조에 유리한 조치들이었다는 지적이 나오는 이유가

---

31) Frank Manuel, *The Politics of Modern Spain* (New York, 1938), p.80.
32) *Solidaridad Obrera*, 1 de agosto de 1931.
33) 라르고 카바예로 외에도 공화국 임시정부에서 각료를 맡은 사회주의자가 두 명 더 있다. 페르난도 델로스 리오스와 인달레시오 프리에토가 그들이다. 그들은 각각 법무부와 재무부 장관직을 맡았다.

여기에 있다.[34] 이 시기에 급증세를 보인 노총련 조합원의 증가도 이와 무관하지 않을 것이다.[35]

이런 가운데 정치적 무관심에 대해 미온적 태도를 보인 전노련 지도부의 입장이 갈수록 설 자리를 잃게 되었다. 당시에 기록된 증언대로 "극단적 생디칼리슴이 전노련의 핵심을 차지하기에 이르렀다." 여기서 '극단적 생디칼리슴'은 이아연을 일컫는다. "이아연이 프롤레타리아 대중의 관심을 사로잡게 되었고" "전노련 간부들에게 영향력을 미쳤으며 그들을 지배하기에 이르렀다."[36]

전노련의 분열

전노련의 분열은 1931년 9월 1일 온건파 아나르코생디칼리스트들의 원칙 선언으로 구체화되기 시작했다. 이른바 '30인 선언'(Manifiesto de los Treinta)[37]이 그것이다. 이 선언은 성명서에 30명이 서명하였다 하여 그렇게 불리게 되었다.

마드리드에서 임시대회가 열리던 1931년 여름에 이아연도 자체 총회를 열고 전노련이 수립해야 할 전술을 논의했다. 총회에 참석한 대의원들은 정치인들과 협력해 온 연맹 지도부의 과거 활동을 비판하고 전노련 내에서 연맹 활동을 확대해 나가기로 의견을 모았다.[38] 하지만

---

34) Gerald Brenan, *The Spanish Labyrinth*, p.259; John Brademas, *Anarcosindicalismo y revolución*, p.40.
35) 1930년 말에 27만여 명이던 노동자총연맹 노조원 수가 1932년 6월에 1백만 명을 넘어섰다. Germaine Picard-Moch y Jules Moch, *L'Oeuvre d'une Révolution: L'Espagne Républicaine* (Paris, 1933), p.280.
36) Francisco Madrid, *Ocho meses*, pp.185-187.
37) José Peirats, *The CNT*, vol. 1, pp.39-43.
38) *Solidaridad Obrera*, 19 de junio de 1931.

앞서 살펴본 대로 임시대회에서 자신들의 주장이 관철되지 않게 되자 이아연은 임시대회의 합의를 무시하고 직접행동에 호소했다. 그들이 바란 것은 즉각적인 혁명이었다. 곧이어 열린 카탈루냐노동연합 대의원 총회에서 그들은 이 점을 분명히 밝혔다. 건설 노동자이자 전노련 조합원이었던 후안 로페스 산체스(Juan López Sánchez)는 당시 상황을 다음과 같이 전했다.

전노련 대회 직후 바르셀로나의 푸에블로세코 지구 카바냐스가에서 노조 총회가 열렸다. 당시 카탈루냐노동연합 소속 노조원이 거의 50만 명에 육박했다. 나도 대의원으로 참석했다. 가르시아 올리베르와 두루티는 바르셀로나 직물공업노조의 대의원이었다. 회의가 시작되자 직물공업노조 대표단이 비공개 회의를 주문했고 그 제안이 받아들여졌다. 그렇게 열린 비공개 회의에서 가르시아 올리베르와 두루티는 혁명 계획과 더불어 청원 한 가지를 제기했다. 마드리드 대회에서 일간지 《세에네테》(CNT)를 전국 규모의 기관지로 발간하기 위하여 전노련 소속 조합원들 전원이 특별 회비를 내기로 의결한 적이 있는데 그 특별회비 수거 임무를 '방위위원회'(Comité de Defensa)에 맡겨 달라는 청원이었다. 특별회비는 단 한 차례 내기로 했고, 내 기억이 틀리지 않다면 그 액수는 2페세타 정도였다. 총회는 그 청원을 거부했다. 마드리드 대회의 합의 사항에 위배된다는 이유에서였다. 하지만 그 청원은 대의원들에게 깊은 인상을 남겼다.[39]

이 대의원 총회에서 가르시아 올리베르와 두루티가 제기한 청원이 비록 부결되기는 했지만 이아연의 세력을 확인하기에는 충분했다. 그

---

39) Juan López, "Recordatorio: La historia no debe repetirse," *Material de discusión para los militantes de la Confederación Nacional del Trabajo en España*, cuarta serie (Milford Haven, 1945), p.16.

뒤 이아연이 노조와 지역연맹, 지방위원회를 장악해 나가거나 아니면 적어도 영향력을 확대해 나갔다.

'30인 선언'이 등장한 것은 바로 이런 상황에서였다. 프란시스코 아린(Francisco Arín)이 성명서를 내자고 제안했고, 앙헬 페스타냐가 초안을 작성했다. 네 차례에 걸친 수정 작업을 거쳐 마침내 완성된 성명서에는 두 가지 기본 원칙이 담겼다. 전노련은 모든 활동들을 철저하게 독립적으로 결정할 권리가 있고, 혁명은 소수의 활동이 아니라 대중의 건설적인 노력으로 이루어져야 한다는 주장이 그것이다. 이것은 새로운 주장이 아니었다. 혁명은 확실한 준비의 산물이어야 한다는 선언이었다. 이런 주장은 이아연이 추진하고 있던 활동 내용과 배치되는 내용이었다.[40]

이아연은 30인 선언에 심각한 전술적 실수가 있다고 보았다. 공화국이 수립되자 연로한 일부 전노련 조합원들이 부르주아적 공화제에 만족을 느끼면서 전노련이 견지해 온 전통적인 사회혁명 정신을 버리고 공화제에다 자신들의 단체를 적응시켜 나가려 하고 있다고 판단했다.[41]

게다가 당시 상황도 30인회에 불리하게 돌아갔다. 30인 선언이 언론에 발표되던 바로 그날에 공교롭게도 대중이 거리로 쏟아져 나왔다. 9월 3일에는 파업으로 바르셀로나가 마비되었다. 경찰과 노동자들 사이에 무력 충돌이 벌어졌고 사상자가 발생했다. 그러자 카탈루냐노동연합 기관지는 공화제도 다른 체제만큼이나 나쁘다는 결론을 내렸다. 사상자 발생이 신중파에게 불리하게 작용했다.[42]

이아연에 참여하고 있던 페데리카 문세니는 바르셀로나에서 일어난

---

40) Juan López, "Recordatorio," pp.17-18.
41) John Brademas, *Anarcosindicalismo y revolución*, p.53.
42) John Brademas, *Anarcosindicalismo y revolución*, p.54.

일련의 사건들, 곧 30인 선언과 파업, 유혈 충돌이 이아연에 대한 격렬한 탄압과 더불어 전노련의 분열 위기를 낳았다고 분석했다. 자본가들의 이해관계를 대변하는 공화국이 탄압을 가하기 시작했고, 이런 자치단체장과 카탈루냐 아나르코생디칼리슴 지도부가 타협의 길을 모색하고 있다고 지적했다.[43]

전노련 지도부의 분석과 달리 이아연은 전술적 착오를 범하지 않았고 이아연의 활동은 오히려 대중의 혁명적 열정을 고조시키는 결과를 낳았다. 9월 21일에는 결국 이아연이 커다란 성공을 거두었다. 이아연이 각종 위원회를 장악하는 데서 한걸음 더 나아가 전노련 기관지인 《노동자연대》를 장악하기에 이르렀다.[44] 《노동자연대》 편집진은 이튿날 게재한 〈불가역적 결의〉라는 제목의 기사를 통해 전노련이 "무책임한 기관들의 프롤레타리아 대중 문제 개입을 더 이상 수수방관하지 않고 …… 혁명적 프롤레타리아계급의 대의 기구로서 다시 제 구실을 담당하기로 결의한다"고 밝혔다.[45]

이 무렵 공화국 정치에도 커다란 변화가 생겼다. 4월부터 집권해 온 임시정부가 해산되고 마누엘 아사냐(Manuel Azaña)가 총리에 올랐다. 그와 더불어 일부 사회주의자들이 내각에 참여하는 연립정부가 구성되었다. 아사냐 정부는 공화국방위법(Ley de Defensa de la República)을 통과시키고 그 법에 따라 시위와 파업에 대응했다.[46] 아나키스트들은 이를 전노련에 대한 박해를 강화하고 노조를 무력화시키려는 조

---

43) "La crisis interna y externa de la Confederación," *El Luchador*, 18 de septiembre de 1931.
44) Francisco Madrid, *Ocho meses*, pp.248-249. 당시 편집진에 남아 있던 유일한 인물은 펠리페 알라이스(Felipe Alaiz)였다. 그는 이아연의 지원을 받아서 10월 중순에는 편집국장에까지 오른다("Impresiones del Pleno Regional," *El Luchador*, 23 de octubre de 1931).
45) "Una resolución irrevocable," *Solidaridad Obrera*, 22 de septiembre de 1931.
46) 내무장관은 공화국방위법에 의거하여 집회나 시위를 중지시키고 전복 활동을 일삼는 단체들을 금지하며 그 본부를 폐쇄할 수 있게 되었다.

치라고 판단했다.[47]

12월에는 아라곤 지방의 우에스카와 사라고사에서도 파업이 발생했다. 12월 17일에는 바르셀로나의 항만 노동자들과 경찰 사이에 충돌이 있었고 사망자 한 명을 포함하여 부상자가 여러 명 발생했다. 사정이 이렇게 되자 이아연은 기관지에 파업 희생자들 사진을 싣고 전노련이 지원을 하지 않고 있다며 전노련을 공격했다. 이에 30인회는 《노동자연대》의 새로운 편집진을 신랄하게 비판하고 나섰고, 대표 인사인 페이로와 페스타냐도 집회를 열고 30인회의 입장을 설명했다. 30인회는 또한 자체 기관지인 《자유지상주의 문화》(Cultura Libertaria)를 발간하기 시작했다. 이처럼 전노련의 내분은 갈수록 확대되고 있었고, 아나르코생디칼리스트들과 정통 아나키스트들 간의 해묵은 분열이 전노련의 핵심 문제로 떠올랐다. 훗날 《이아연의 역사》를 집필한 후안 고메스 카사스(Juan Gómez Casas)는 이들 30인회와 이아연 간의 투쟁을 흥미롭게도 세대 갈등 차원에서 접근했다.[48] "1918~1922년에 손에 권총을 들고 전노련을 지켰던 20~22세에 이르는 청년들은 보다 사려 깊고 경험이 많은 활동가들과 다른 질적인 전환을 이루어 냈다"고 그는 강조했다. 하지만 이것이 정말 세대 간의 갈등 문제인지는 좀더 연구해 볼 필요가 있다.

전노련의 내분은 이후 두 가지 사건, 곧 알토요브레갓 봉기와 카사스비에하스 사건을 겪으면서 더욱 심화되었다. 알토요브레갓 봉기는 1932년 1월 18일에 요브레갓 강과 카르데네르 강 유역에서 발생하여 인근의 피골스와 만레사, 사옌, 수리아, 베르가, 카르도나 지역으로 확대되었다. 이들 지역에서 자유지상주의 코뮌이 선포되었다. 페데리카

---

47) "La Defensa de la República: La ofensiva contra la CNT," *Solidaridad Obrera*, 22 de octubre de 1931.
48) Juan Gómez Casas, *Historia de la FAI*.

문세니는 이를 두고 에스파냐에서 처음으로 시도된 사회혁명이었다고 기록했다.[49]

광산 지역인 알토요브레갓에서는 무장한 광부들이 경찰을 제압하고 시청을 장악했다. 만레사와 베르가에서도 마찬가지였다. 베르가에서 시작된 직물 노동자들의 파업은 곧 총파업으로 확대되었다. 이튿날인 19일에 피골스의 광부 800명은 혁명적 총파업을 선언하였으며, 무기를 탈취하고 화약고를 장악했다. 그리고 자유지상주의 코뮌을 선포하고 화폐를 폐지하였다. 1월 20일에는 이러한 혁명운동이 요브레갓강 하류로 확대되었다. 사엔에서는 광부 1,500명이 광산을 장악하고 에스파냐 전국을 대상으로 사회혁명을 선언했다. 파업은 카르데네르강 유역으로 확산되었으며, 카르도나와 수리아의 광부들도 마을을 점령하고 아나키즘 깃발인 흑적기를 게양했다. 만레사 병영에 주둔하고 있던 군대가 베르가를 점령하기 위해 출동한 것은 22일 새벽이었다. 같은 날 군대가 사엔도 점령했다. 봉기는 결국 닷새 만에 진압되었다. 유혈 사상자가 발생하지는 않았지만 광부 150명가량이 체포되었으며 그 가운데 44명은 바르셀로나의 모델로교도소에 투옥되었다. 그리고 관련 노조 폐쇄와 관련자 추방 조치가 뒤따랐다.

봉기가 이렇게 실패로 돌아가자 전노련파와 이아연파, 곧 온건파와 과격파 사이에 책임 공방과 비난이 이어졌다. 페데리카 문세니는 공화국 정부를 비난하면서도 30인회에 책임을 전가했다. 그러면서 교도소에 투옥된 온건파는 단 한 명도 없었다는 점을 강조했다.[50] 가르시아

---

49) "Ante un momento grave de la historia de España," El Luchador, 29 de enero de 1932.

50) "Yo acuso," El Luchador, 19 de febrero de 1932. 호세 루이스 오욘은 한걸음 더 나아가 알토요브레갓 봉기 결과 교도소에 수감된 자들의 80퍼센트 정도가 카탈루냐 외부 지역 태생이라는 점을 밝혀냈다. 이들은 이주민들이었고 그들 대다수가 이아연에 속해 있었다. José Luís Oyón, La quiebra de la ciudad popular. Espacio urbano, inmigración y

올리베르도 페스타냐가 봉기를 지원하지도 않았고 그것이 실패로 돌아간 뒤에는 체포된 자들과 추방된 자들을 위해 과감한 조치를 취하자는 데 반대하고 나섰다면서 그를 비난했다.[51] 그는 또한 바르셀로나 모델로교도소에 수감된 수형자들이 페스타냐의 해임을 촉구하고 나섰다고 덧붙였다.[52] 비난의 수위는 매우 높았고 이러한 비난의 목소리에 대중들이 연대하면서 온건파의 주장은 설득력을 잃었다. 페스타냐는 결국 얼마 지나지 않아서 전노련 총서기에서 물러났고 이아연파의 마누엘 리바스(Manuel Rivas)가 그를 대신했다. 페스타냐는 자신이 속한 바르셀로나 금속노조에서도 추방되었다.[53]

1932년 4월 말에는 사바델에서 카탈루냐노동연합 지방대회가 열렸다. 25만 명에 달하는 조합원들을 대표하여 300명 이상의 대의원들이 참석했다. 회의는 격렬했고 온건파와 과격파는 상대방에 대한 인신공격을 서슴지 않았다. 온건파는 기관지 《노동자연대》를 다시 장악하려고 시도했지만 뜻을 이루지 못했다. 이아연은 30인회가 교도소에 수감된 자들과 추방된 자들을 위해 싸우지 않았다며 그들의 배신을 비난했다.

이 사바델 대회에서 사바델의 지역 노조들로 구성된 사바델지역연맹이 대회장을 박차고 나갔다. 바달로나 지역 노조들도 곧 그 뒤를 따

anarquismo en la Barcelona de entreguerras, 1914-1936 (Barcelona, 2008)을 참고하라. 카탈루냐에 정착한 아르헨티나인 역사가 알레한드로 안드레아시도 이아연 내에 이주민들이 압도적 다수를 차지하고 있었다는 주장을 펼쳤다[Alejandro Andreassi, Libertad también se escribe en minúscula. Anarcosindicalismo en Sant Andrià del Besòs. 1925-1939 (Barcelona, 1996)]. Josep Termes, Historia del anarquismo, pp.427-429.

51) "Historia y Liquidación de una Campaña," El Luchador, 1 de abril de 1932.

52) "Por los fueros de la verdad," El Luchador, 25 de marzo de 1932. "La expulsión de Ángel Pestaña," Boletín de la Confederación Nacional del Trabajo (Barcelona), marzo de 1933.

53) "La expulsión de Ángel Pestaña," Boletín de la Confederación Nacional del Trabajo (Barcelona), marzo de 1933.

랐다. 그들은 지방서기 선출에 조작이 있었다면서 이아연의 독재를 비난했고[54] 지방연합 분담금을 내지 않겠다고 밝혔다.[55] 카탈루냐노동연합 내에도 분열의 조짐이 일어나기 시작했다.

9월 24일에는 카탈루냐 지방위원회가 사바델 노조연맹을 지방연합에서 퇴출시켰다.[56] 사바델 지역 노조들이 이아연의 지방연합 지배에 반기를 들면서 분담금 납부를 계속 거부하고 있다는 이유에서였다. 사바델 지역연맹은 당시 30인회의 영향 아래 있었다. 러시아인 아나르코생디칼리스트 알렉산드르 샤피로(Alexander Schapiro)는 30인회가 사바델 지역연맹을 카탈루냐노동연합의 지도부 장악을 위한 지렛대로 삼고자 했다고 지적했다.[57] 하지만 그들의 시도는 실패로 돌아갔고 카탈루냐노동연합 내부에 불화만 더욱 키웠다.

이러한 카탈루냐노동연합의 내분이 곧 다른 지방으로 확산되었다. 카탈루냐에서 벌어진 30인회파와 이아연파의 갈등이 발렌시아와 갈리시아, 아스투리아스로 퍼져 나갔다. 하지만 과격파보다 온건파의 세력이 더 강한 다른 지방들에서는 온건파가 여전히 권력을 유지했다.[58] 이러한 갈등을 해결하기 위해 전노련 전국위원회가 중재 노력을 기울였으나 별다른 실효를 거두지 못했다.[59]

---

54) 사바델 대회는 이아연파인 알레한드로 힐라베르트(Alejandro Gilabert)를 지방서기로 선출했다.

55) Juan López, "Recordatorio," p.20; John Brademas, *Anarcosindicalismo y revolución*, p.60.

56) *Memoria del Pleno Regional de sindicatos únicos de Cataluña celebrado en Barcelona del 5 al 13 de marzo de 1933* (Barcelona, 1933), pp.64-65.

57) Alexander Schapiro, *Repport sur l'Activité*, p.34.

58) Josep Termes, *Historia del anarquismo*, p.430.

59) "El pleno de comarcales y federaciones locales celebrado el 3 de marzo," *El Combate Sindicalista* (Valencia), 11 de marzo de 1933; John Brademas, *Anarcosindicalismo y revolución*, p.62.

1933년 바르셀로나 봉기와 카사스비에하스 사건

이런 가운데 알토요브레갓 봉기 1주년이 되는 1933년 1월에 카탈루냐와 안달루시아에서 또 다시 봉기가 발생했다. 카탈루냐 봉기의 첫 단추는 전국철도산업연맹(Federación Nacional de la Industria Ferroviaria)에 의해 채워졌다. 전국철도산업연맹 전국위원회 서기인 나티비닷 아달리아(Natividad Adalia)가 1932년 12월 12일에 철도 노동자들의 임금을 올려 주지 않으면 파업에 돌입하겠다고 카탈루냐 지방 총리에게 통지했다.[60] 이에 전노련 전국위원회는 철도 부문에서 파업을 하면 전노련이 지원하겠다고 전국철도산업연맹 전국위원회에 약속했다. 하지만 기다려도 파업 소식이 들려오지 않자 전노련 전국위원회 총서기인 마누엘 리바스는 파업 선언을 재촉했다.[61] 이에 파업 준비 상태를 점검하고 있던 전국철도산업연맹 전국위원회는 1933년 1월 25일 파업 여부를 알려주겠다고 회신했다.[62] 당시 철도원들 대다수가 사회주의 계열의 노총련 소속 조합원들인데다가 그들이 파업에 별로 관심이 없어 보여서 판단을 미루고 있던 터였다.[63] 그러자 전노련과 이아연의 연결 고리 역할을 하는 카탈루냐방위위원회는 좀더 기다려보자는 전노련 전국위원회의 요청을 무시하고 전노련 총서기에게 1월

---

60) "La FNIF al presidente del Gobierno," *CNT* (Madrid), 12 de diciembre de 1932. 1932년 12월 첫 주에 마드리드에서 열린 전국대회에서 전국철도산업연맹 대의원 90명 가운데 89명이 파업 찬성에 표를 던졌다("La FNIF presenta las bases de reivindicaciones," *CNT*, 13 de diciembre de 1932).

61) "Actas del Pleno de Regionales celebrado los días 30 y 31 de enero y 1 y 2 de febrero," *Boletín de la Confederación Nacional del Trabajo*, marzo de 1933; John Brademas, *Anarcosindicalismo y revolución*, pp.65-66.

62) 전국철도산업연맹 지부들 가운데 절반이 넘는 36개 지부가 파업할 채비가 돼 있지 않다고 했다.

63) John Brademas, *Anarcosindicalismo y revolución*, p.66.

8일 오후 8시에 혁명을 시작하겠다고 알렸다.[64]

바르셀로나 봉기는 이렇게 시작되었다. 전노련 전국위원회 총서기이자 전국방위위원회 서기이기도 했던 마누엘 리바스는 하는 수 없이 카탈루냐에서 봉기를 일으켰다는 사실을 지방연합들에게 전보로 알렸다. 소식을 접한 레반테와 안달루시아의 지방연합들은 전노련이 카탈루냐 봉기를 지원하고 있다고 생각하고 봉기 지시를 내렸다.[65]

바르셀로나에서는 방위위원회 간부들과 행동대가 병영들을 공격했다. 반격에 나선 경찰은 관련자들을 체포하고 노조 사무실을 폐쇄했으며 무기고를 적발하고 기관지《노동자연대》에 벌금을 물렸다. 이아연 반도위원회 위원들 거의 모두가 체포되었다. 마누엘 리바스도 마찬가지였다.[66]

카탈루냐의 다른 지역에서도 노동자들이 봉기를 일으켰다. 바르셀로나 주 남동부에 위치한 리포예트에서는 노동자들이 시청을 접수하고 보편적 우애를 선언했다. 그들은 군대가 당도하기 전에 흑적기를 게양하고 광장에서 공증 문서들을 찢었으며 화폐와 개인 소유, 인간에 의한 인간 착취 등의 폐지를 선언했다.[67]

그런데 흥미롭게도 전노련은 봉기가 일어난 다음 날에 "이것은 우리가 일으킨 혁명이 아니"라고 선을 그었다.[68] 이는 아마도 이아연, 곧 과격파들이 벌인 봉기를 아나르코생디칼리슴 탓으로 돌리는 것을 사전에 차단하기 위해 내린 판단으로 보인다. 페이로도 소수파의 행동

64) Alexander Schapiro, *Repport sur l'Activité*, pp.9-10.
65) Alexander Schapiro, *Repport sur l'Activité*, pp.9-10.
66) John Brademas, *Anarcosindicalismo y revolución*, p.67.
67) José Peirats, *La CNT*, I, p.54.
68) *CNT*, 9 de enero de 1933: "La Confederación Nacional del Trabajo fija su posición, haciendo oír su voz," *Solidaridad Obrera*, 12 de enero de 1933.

이론이 또다시 파국을 낳았다고 평가했다.[69] 그런가 하면 이아연은 1월 8일 봉기를 자신들이 주도했음을 부정하지 않았을 뿐만 아니라 그것이 자신들의 작품이라고 강력하게 주장했다.[70] 가르시아 올리베르는 사회주의 정당과 공화주의 정당들의 영향력에 타격을 미칠 정도로 1933년 1월 봉기의 파장이 컸다며 훗날 그 의미를 확대해석했다.[71] 여기서 우리는 도달하려는 최종 목표는 같을지 몰라도 양측의 전술에서는 타협할 수 없는 차이가 있음을 다시금 확인할 수 있다. 봉기를 혁명과 동일시한 이아연을 비롯한 과격파가 무력을 동원하여 봉기를 시도한 반면에 임금 인상을 도모해 온 철도원 대표들은 정작 봉기에 참여하지 않았다.

이보다 더 중요한 사건은 안달루시아 지방 카디스 주에 위치한 조그만 도시 카사스비에하스(Casas Viejas)에서 일어났다.[72] 1월 10일 밤에 전노련 소속 농민들 일부가 봉기를 일으켰다. 소총과 권총으로 무장한 그들은 이튿날 아침에 치안대 병영을 포위하고 총격전을 벌였다. 이때 중상을 입은 부사관 한 명이 이튿날 사망하고 치안대 대원 한 명은 이틀 뒤에 사망하게 된다.[73] 1월 11일 오후에 지원 부대가 급파되었고 그들이 관련 용의자들을 체포하기 시작했다. 이때 '육손이'라는 별명을 지닌 프란시스코 크루스 구티에레스(Francisco Cruz Gutiérrez)가 집으

---

69) "Una tragedia más," *Cultura Libertaria*, 19 de enero de 1933.
70) "Federación Anarquista Ibérica al pueblo," *CNT*, 11 de febrero de 1933.
71) Julián Casanova, *De la calle al frente*, p.110.
72) 이 사건을 다룬 저서들 일부를 소개하면 다음과 같다. Gerald Brenan, *The Spanish Labyrinth*, pp.247-248; Ramón J. Sender, *Casas Viejas* (Madrid, 1933); CNT, *La verdad sobre la tragedia de Casas Viejas* (Barcelona, 1933); Eric Hobsbawm, *Rebeldes primitivos* (trad. española, Barcelona, 1958), pp.115-124; Manuel García Ceballos, *Casas Viejas. Un proceso que pertenece a la Historia* (Madrid, 1965); Gerald Brey-Jacques Maurice, *Historia y leyenda de Casas Viejas* (Madrid, 1976); Antonio Ramos Espejo, *Después de Casas Viejas* (Barcelona, 1984); Jerome R. Mintz, *Los anarquistas de Casas Viejas* (Granada, 1999).
73) Julián Casanova, *De la calle al frente*, pp.111-112.

그림 15 카사스비에하스 농민 학살

로 피신하여 돌격대와 대치를 벌이다가 그가 쏜 총에 돌격대원 한 명이 사망하고 다른 대원 한 명도 부상을 입게 되었다. 일이 이렇게 되자 헤레스에 주둔하고 있던 돌격대 부대가 출동하여 "부대에 사격을 가한 자들을 사정없이" 소탕하고 그 집에 불을 질렀다. 그 결과 '육손이'를 비롯하여 여섯 명이 불에 타 죽고 그의 손녀만 살아남았다. 12일에는 아나키스트가 아니라고 외치는 74세 노인을 사살하고 열두 명을 체포하여 '육손이' 집으로 데려가 사살했다.[74] 결국 20여 명의 민간인들이 살해되고 치안대원과 돌격대원 세 명이 사망했다.

에스파냐 사회를 충격에 빠지게 만든 카사스비에하스 사건은 곧 심각한 정치 문제로 비화되었다. 급진공화당의 디에고 마르티네스 바리오(Diego Martínez Barrio)가 아사냐 정부를 '악창과 피와 눈물'의 정부

---

74) Julián Casanova, *De la calle al frente*, pp.112-113.

라고 불렸지만 마누엘 아사냐는 책임을 회피했다.[75]

이러한 1933년 1월의 시도가 실패로 돌아갔음에도 불구하고 전노련 지도부는 봉기를 위한 기존 노선을 계속 견지해 나갔다. 1월 말에 마드리드에서 개최된 지방연합들 총회에서 전노련은 노조 폐쇄 해제와 아나키즘 언론 금지 해제, 수감자 석방 등을 요구하는 총파업을 결의했다. 그리고 공화·사회주의 연립으로 이루어진 아사냐 정부를 독재 체제로 규정했다. 하지만 노동자들이 이런 극단적인 인식에 공감을 표시하지 않았다. 따라서 전노련 전국위원회는 총파업을 5월로 연기하지 않을 수 없었다.[76]

전노련 전국위원회가 주도한 총파업은 5월 9~10일 양일에 전국에 걸쳐 진행되었다. 하지만 이 파업은 정부의 탄압을 강화시키는 결과만 낳았다. 노조 세력이 강한 카탈루냐와 안달루시아에서는 상당수의 노조들이 이미 폐쇄 조치를 당한데다 그 지도자들 상당수도 투옥된 상태였다. 게다가 지방연합들의 협조가 잘 이루어지지 않았으며 사회주의 노조와 공산주의자들의 반대도 거셌다.

결국 파업이 실패로 돌아가자 그것을 반대해 온 30인회파가 비판의 목소리를 높였다. 5월 총파업의 실패는 "그 어떤 실패보다도 더 끔찍스럽고 수치스러운 패배"라고 페이로는 성토했다.[77] 이아연의 독재가 파국으로 귀결되었다는 비판도 제기되었다. 수감된 동지들을 석방하기 위해 그랬다는데 석방은커녕 구속자 수가 더 늘고, 폐쇄된 노조의 재개를 위해 그랬다는데 거의 모든 노조들이 폐쇄당하고 말았다

---

75) Julián Casanova, *De la calle al frente*, p.113.
76) "Comunicaciones a las regionales: cartas circulares del número 25 al 30," *Boletín de la Confederación Nacional del Trabajo*, marzo de 1933. 하지만 바르셀로나에서는 4월에도 크고 작은 파업이 진행되었고 도시가 마비 상태에 이르기도 했다.
77) "El 'trentismo' y la escisión," *Sindicalismo*, 15 de diciembre de 1933.

며 30인회파는 그동안 추진해 온 파업들을 싸잡아 비판했다.[78] 4월에 구속된 두루티와 프란시스코 아스카소를 비롯하여 1933년 여름에 교도소에 수감되어 있던 전노련-이아연 조합원들이 무려 9천 명에 달했다.[79]

그런가 하면 1933년 1월 말 카탈루냐 중부에 위치한 만레사에서는 일부 노조들이 모여 회의를 열고 전노련-이아연이 주도하는 노선에 맞서는 반대 운동을 조직하기로 결정했다.[80] 그리고 6월에는 바르셀로나에서 지방대회를 열고 대항노조(Sindicatos de Oposición) 지방연맹을 결성했다. 이 연맹에 참여한 노동자들이 2만6천 명 정도에 달했다. 대항노조는 카탈루냐 내륙 지역, 특히 사바델과 만레사, 발스, 마타로, 이괄라다, 비크, 지로네야 등지에서 두각을 나타냈다. 카탈루냐 밖에서는 우엘바와 발렌시아에서 뿌리를 내렸고, 사라고사와 마드리드, 그라나다, 세비야 등지에도 관련 노동자들이 존재했다. 이 노조들은 1933년 2월부터 기존에 발행해 오던《자유지상주의 문화》대신에《생디칼리슴》(Sindicalismo)이라는 제목의 주간지를 발행하기 시작했다.[81] 카탈루냐의 대항노조는 결국 그해 12월 8일 봉기가 실패로 돌아간 직

---

78) "La triste realidad que nadie supo evitar," *Sindicalismo*, 23 de junio de 1933; Juan Miranda, "El fracaso del faísmo: reaccionemos contra el desastre," *Sindicalismo*, 19 de marzo de 1933.

79) John Brademas, "Anarcosindicalismo y revolución," p.71.

80) 대항노조 결성을 논의하던 1933년 초에 앙헬 페스타냐는 그것과 동시에 정치단체를 결성하기로 하고, 조안 페이로, 후안 로페스와 더불어 자유지상주의생디칼리슴연맹(Federación Sindicalista Libertaria)을 창설했다. 이 연맹은 회원이 600명에 불과한 소규모 단체였고 페스타냐가 연맹의 초대 총서기를 맡았다. "Ateneo sindicalista libertario," *El Combate Sindicalista*, 27 de mayo de 1933; Eulàlia Vega, *Anarquistas y Sindicalistas durante la Segunda República: La CNT y los sindicatos de oposición en el País Valenciano* (Alfons el Magnànim, 1987), p.173.

81) "Los Sindicatos de la Oposición adoptan una resolución firme: ni un paso atráso ante el faísmo," *Sindicalismo*, 9 de junio de 1933.

후에 성명서를 내고 전노련과 공식 결별했다.[82]

총선 기권 운동과 12월 봉기

한편 이 무렵 아사냐 연립내각에 참여하고 있던 사회주의자들이 갈수록 정부에 불만을 드러냈다. 농업 노동자들의 가입이 늘어나면서 사회주의 지지자들의 성향이 갈수록 과격해졌다. 여전히 미온적인 아사냐 정부의 토지정책 시행과 카사스비에하스 사건에서 드러난 정부의 폭력적 억압이 이들을 자극했다. 10월 들어 연립내각이 결국 해체되고 말았다. 이에 대통령 알칼라 사모라는 차기 의회 선거관리를 위해 급진공화당의 디에고 마르티네스 바리오를 총리에 임명했다.

총선 일정이 잡히자 전노련 산하의 지방연합들은 1933년 10월 말과 11월 초에 마드리드에서 총회를 열고 선거에 대한 입장을 정리했다. 물론 투표에 참여해서는 안 된다는 것이었다. 한걸음 더 나아가 프롤레타리아계급에게 기권을 권유하기로 했다.[83] 그리고 이런 결의에 따라 기권 운동을 벌이고 선거반대 운동과 사면 운동을 강화하기로 했다. 만일에 파시즘 세력이 승리를 거두고 인민이 궐기하게 된다면 전노련은 이를 자신들의 목표인 자유지상 코뮌주의로까지 밀고 나가야 한다고 밝혔다. 이아연도 10월 말에 마드리드에서 반도총회를 열고 기권운동 노선을 지원하기로 결의했다.[84]

---

82) 30인회파의 상당수는 1936년 5월에 열린 사라고사 대회 이후 전노련에 복귀하게 된다.
83) "El Pleno de Regionales de la CNT: Nuestra posición ante las elecciones y ante múltiples problemas," CNT, 3 de noviembre de 1933.
84) FAI, *Memoria del Pleno Peninsular de Regionales de la F.A.I. celebrado en Madrid los días 28, 29 y 30 de octubre 1933* (Barcelona, 1933), pp.3-4; John Brademas, *Anarcosindicalismo y revolución*, p.73.

이 무렵 사회주의자들의 입장도 전노련과 이아연의 이런 태도와 크게 다르지 않았다. 1933년 여름만 하더라도 합법적인 혁명을 주장하던 라르고 카바예로가 내각을 탈퇴하면서 그 입장을 바꾸었다. 그를 포함한 사회노동당의 일부 지도자들은 만일 우파가 득세하게 된다면 공화주의 질서보다 사회혁명을 더 우선해야 한다고 보았다.[85]

이런 가운데 30인회파도 우파가 승리할 경우 봉기를 일으켜야 한다고 주장했다. 하지만 기권 운동과 관련해서는 이아연 자체와는 물론이고 이아연의 수중에 들어간 전노련과도 다소 다른 견해를 지니고 있었다. 기권 운동은 좋지만 이아연이나 전노련이 택하고 있는 중립적인 태도는 바람직하지 않다고 판단했다. 중립적인 태도가 파시즘에 유리한 결과를 안겨 주고 반동 세력에게 무기를 안겨 준다고 생각해서였다.[86] 다시 말해 중립적 입장의 기권 운동은 파시즘 세력에게 약진할 기회를 제공해 줄 뿐이라는 것이다. 이러한 30인회파의 입장은, 이 시기 에스파냐 아나키즘을 연구한 미국의 존 브레이드마스가 지적한 대로, 실용적이기는 했지만 이론적으로 명쾌하다고 볼 수는 없다. 기권과 중립을 지키면서도 반파시즘 투쟁을 벌인다는 것이 선거를 치르는 국면에서는 어렵기 때문이다.[87]

30인회파는 이런 점에서 갈수록 급진적인 성향을 보이는 사회노동당의 입장을 오히려 긍정적으로 평가했다. 후안 로페스는 심지어 사회노동당의 입장을 존중하기에 이르렀다.

사회주의자들과 우리 사이에 교리적 차이가 있기는 하지만 사회주

---

85) John Brademas, *Anarcosindicalismo y revolución*, p.74.
86) "¿Frente a todos?," *Sindicalismo*, 3 de noviembre de 1933; "La perspectiva política y social," *Sindicalismo*, 20 de noviembre de 1933.
87) John Brademas, *Anarcosindicalismo y revolución*, p.74.

적 급진주의에 박수갈채를 보내면 안 되는 이유를 찾을 수 없다. (……) 그
리고 사회노동당의 역사와 심성 구조를 살펴볼 때 요즘 전노련에서 찾아
볼 수 없는 것을 이 정당에서 발견할 수 있다. 자유롭게 진화하고 민첩하
며 일관성 있게 움직이는 몸이 그것이다. 사회주의는 몸을 민첩하게 움직
이고 있는 데 비해 전노련 지도부 대다수의 머리는 돌대가리인 것처럼 보
인다.[88]

페스타냐도 사회주의자들에게 우호적인 입장을 드러냈다. 그는 선
거에서 사회주의 후보자들이 완승을 거두기를 바랐다.[89] 파시즘의 위
협에 직면하여 30인회파는 프롤레타리아들이 공동전선을 구축해야
한다고 판단했다. 후안 로페스는 노동계급이 분열되면 혁명이 불가능
하다고 생각했다. 하지만 그를 비롯한 30인회파가 전노련-이아연을 설
득하지는 못했다. 전노련-이아연은 1933년 12월에 결국 단독으로 혁
명을 시도했다.[90]

1933년 11월 총선에서는 우려한 대로 우파가 승리를 거두었고 선거
법에 따라 그들이 압도적 다수 의석을 차지했다. 이는 에스파냐자치우
익연합(CEDA)을 비롯한 우파 정당들이 선거 공조를 이룬 반면에 공화
좌파와 사회노동당이 선거연합을 포기한 것은 물론이고 공화 좌파 자
체마저 사분오열된 데서 비롯된 결과였다.[91] 단독으로 내각 구성을 할
수 없었던 급진공화당의 알레한드로 레룩스가 우파 정당 에스파냐자
치우익연합의 지원을 받아 정부를 조직했다. 새롭게 출범한 레룩스 정
부는 우파의 승리에 맞서 노동자계급이 반대 시위를 벌이지 않을까 염

88) "En pie contra el fascismo," *Sindicalismo*, 10 de noviembre de 1933.
89) "Ni frases ni tópicos: realidades," *Sindicalismo*, 3 de noviembre de 1933.
90) John Brademas, *Anarcosindicalismo y revolución*, p.75.
91) 황보영조, 《토지, 정치, 전쟁》, pp.184-185.

려하지 않을 수 없었다.

아니나 다를까 코르테스(의회) 개원일인 12월 8일에 봉기가 시작되었다. 그에 앞서 전노련 전국위원회가 봉기를 촉구하는 성명서를 발표했다. 전노련과 이아연의 혁명 정신이 담긴 성명서의 전문은 다음과 같다.

전노련과 이아연이 인민들에게 무장봉기를 호소한다. 혁명의 시계가 울리고, 인민들이 그토록 염원해 온, 고통과 궁핍과 억압을 단숨에 종식시킬 때가 이르렀다. 자유지상 코뮌주의를 실현하자. 혁명적 노동자들은 모두 무장혁명에 나서야 한다. 여성들은 가정에서, 노동자들은 일터에서 나서야 한다. 한 인간으로서 전노련과 이아연의 호소에 응답해야 한다. 우리는 먼저 해방을 보증하는 무기를 장악하고 조직권력, 곧 국가를 타도하는데 몰두할 것이다. 권력이 타도되면 사람들은 동일한 권리와 동일한 범주로 평준화될 것이다. 권력기관을 존중할 필요가 없게 된다. 군복무 중인자들은 혁명방위군이 되어 자유와 인민을 위해 무기를 들어야 한다.

개인 소유를 폐지하고 집단이 모든 부를 관리한다. 공장과 작업장과 모든 생산수단들은 조직 프롤레타리아들이 차지하고 적절한 생산을 유지하도록 공장위원회가 그것을 통제하고 관리한다. 농촌에서는 마을의 부를 구성하는 모든 것과 토지를 자치단체에 맡긴다. 그동안 누추한 집에서 살아온 노동자들은 살기 좋은 건물과 부유한 계층의 저택을 자유롭게 차지한다. 가게와 상점들은 지구위원회가 관리하고 지구위원회는 생산물 분배와 보급을 책임진다. 부가 생산자에게 돌아가도록 혁명위원회가 은행을 감시한다. 화폐 사용과 상업 활동을 폐지한다. 혁명가들은 이러한 혁명적 합의를 위반하는 행위를 모두 찾아내서 처벌해야 한다. 전노련과 이아연을 표상하는 흑적기를 게양한 건물들은 보호를 받지만 다른 깃발들은 모두 반혁명적인 것으로 간주한다. 혁명의 무장방위는 방위대가 담당한다.

그들은 모두 혁명을 수호하는 데 목숨을 바쳐야 한다. 그들에게는 두 가지 안정된 생활수단, 곧 경제적 독립과 자유를 제공해 준다."[92]

전노련과 이아연은 무장봉기에 참여하지 않는 이들은 배신자라면서 노동자들에게 한 치도 물러서지 말고 노동자해방 투쟁에 즉시 동참하라고 촉구했다. 하지만 이 투쟁은 거의 아라곤과 라리오하 지방에 국한되어 전개되었다. 계속되는 파업으로 구속자가 늘어나고 노조가 폐쇄되었으며 언론이 폐간된 바르셀로나와 마드리드에서는 새로운 봉기를 일으킬 여력이 없었다. 1933년 1월 봉기의 실패에서 헤어나지 못하던 레반테와 안달루시아 지방에서도 마찬가지였다. 가르시아 올리베르마저 봉기의 실효성을 의심한 나머지 오랜 시간 우정을 다져온 두루티의 견해를 따르지 않았다.[93]

운동을 지도하기 위해 사라고사로 간 부에나벤투라 두루티와 이삭 푸엔테(Isaac Puente), 시프리아노 메라(Cipriano Mera) 등은 곧 교도소에 수감되었다. 12월 8일 밤에 당국은 수백 명을 구속했다. 그날 밤과 이튿날에 노동자들은 바리케이드를 치고 거리 투쟁을 벌였으며 수도원을 불태웠다. 우에스카 주의 여러 지역들에서는 테루엘의 일부 마을에서와 마찬가지로 자유지상 코뮌주의를 선포했다. 라리오하에서도 노동자들이 치안대와 가두 총격전을 벌였으나 군대가 도착하면서 곧 진압되고 말았다. 결국 구속자가 수천 명으로 늘어났다. 사망자가 87명이었고 부상자는 수백 명에 이르렀다. 전노련은 불법단체가 되었고 그 언론은 폐간되었으며 그 위원회들은 재판에 회부되었다.[94]

92) "Un manifiesto que ha lanzado la CNT y la FAI," *CNT*, 9 de diciembre de 1933.
93) "La represión de Zaragoza," suplemento de *Tierra y Libertad* (Barcelona) III, enero-marzo de 1934.
94) John Brademas, *Anarcosindicalismo y revolución*, p.77.

봉기가 실패로 돌아가자 30인회파는 그것을 비판하는 데 지체하지 않았다. 이아연이 강성해질 때 전노련이 쇠락했고 프롤레타리아혁명을 마비시킨 것은 배타주의라고 후안 로페스는 비판했다.[95] 페이로는 이 일에 책임져야 할 세력은 전노련도, 생디칼리슴도, 아나르코생디칼리슴도, 정통 아나키즘도 아니고 오직 이아연이라고 지적했다.[96] 이들이 비판한 내용의 핵심은 전노련이 혁명을 일으켰지만 조합원 대중들이 그것에 부응하지 않았으며 그에 대한 책임은 전노련과 조합원 대중들을 유리시킨 이아연에게 있다는 것이다.

요컨대 30인회파는 이상에서 살펴본 대로 1933년 한 해 동안 독립조직을 갖추고 이아연을 공격하였으며 대항노조의 미덕을 선전하는 데 집중했다. 특히 총선에서 우파가 승리를 거두자 새로운 활동 방향을 모색했다. 그것은 바로 노동자동맹(Alianza Obrera) 결성이었다.

노동자동맹

반파시즘노동자전선 결성 문제는 1934년 에스파냐 아나키즘 운동을 달군 핵심 쟁점이었다. 이 문제는 사실 1933년에 제기되었다. 그해 9월에 아사냐 내각이 해체되고 그를 대신해 마르티네스 바리오가 총리에 오르자 30인회파는 위기의식을 느꼈다. 에스파냐에도 파시즘이 약진하고 있다는 위기의식이었다. 그런데 이에 단독으로 맞설 정당이나 단체가 존재하지 않았다. 이를 위해 앙헬 페스타냐는 노동자 관련 단체나 정당, 곧 전노련과 노총련, 사회노동당, 공산당, 노동자농민블

---

95) "Enseñanzas del último movimiento," *Sindicalismo*, 19 de diciembre de 1933.
96) "La severa lección de los hechos," *Sindicalismo*, 29 de diciembre de 1933.

록(Bloque Obrero y Campesino), 이아연, 자유지상주의생디칼리슴연
맹(Federación Sindicalista Libertaria, 자생련으로 줄임)으로 구성되는 동
맹이나 협상 같은 것을 결성할 필요가 있다고 주장했다.[97] 조안 페이로
는 한걸음 더 나아가 노동자동맹의 한계도 명확히 했다. 여하한 경우
에도 그것이 선거동맹이어서는 안 되고 두 가지 목표, 곧 파시즘 반대
와 사회주의연방공화국 수립을 추구해야 한다고 못 박았다.[98] 노동자
동맹에 관한 이러한 구상이 30인회파 사이에 신속하게 확산되었다.

12월 봉기가 일어난 다음 날인 12월 9일에 마침내 카탈루냐에서 노
동자동맹이 결성되었다. 여기에는 노총련과 대항노조, 바르셀로나사회
주의연맹, 노동자농민블록, 자생련, 카탈루냐사회주의동맹 등이 참여
했다. 하지만 카탈루냐에서 세력이 강한 전노련이 불참했기에 카탈루
냐 노동자동맹의 위력은 보잘것없어 보였다.

노동자동맹 결성에 결정적 진보를 이뤄 낸 곳은 카탈루냐가 아니라
아스투리아스였다. 아스투리아스에서 이게 가능했던 이유는 두 가지
정도로 생각해 볼 수 있다. 아스투리아스에서는 전노련의 규모가 작
았다는 점과 통일전선 구축에 유리한 전통이 존재했다는 점이 그것
이다.[99] 더욱이 1933년 말과 1934년 초는 아스투리아스에서 노동자
동맹을 결성하기에 더할 나위 없이 좋은 시기였다. 1932년과 1933년
봉기들에 별로 관여하지 않았기에 전노련 아스투리아스 지부의 세력
이 별다른 손상을 입지 않았던데다가 총선에 패배한 노총련과 사회

---

97) "Frente al fascismo," *Sindicalismo*, 13 de octubre de 1933.
98) 여기서 그가 말한 사회공화국은 마을들의 연맹체를 뜻한다. 동맹을 구성하는 각 주체들이
   이 사회공화국을 수용할 것이라고 그는 파악했다. "El frente obrero antifascista,"
   Sindicalismo, 15 de diciembre de 1933.
99) 7만 명에 달하는 노동자들 가운데 전노련 조합원들은 2만5천 명 정도였고 나머지 대다수
   는 노총련 조합원들이었다. 그리고 아스투리아스에서는 노동자 세력을 통일할 필요성이
   1919년에 이미 제기된 바 있었다. John Brademas, *Anarcosindicalismo y revolución*,
   pp.82-83.

노동당이 전노련에게 협상의 의지를 내비친 것이다. 협상을 벌인 양대 노조는 결국 1934년 3월 28일에 전노련과 노총련 양대 단체 산하아스투리아스 지방위원회 이름으로 서명한 협정문을 발표했다. 그 골자는 모든 부문의 노동자들이 사회혁명을 위해 협력한다는 내용이었다.[100]

다른 지방에서 노동자동맹의 대변자 역할을 한 인물은 바야돌리드태생의 젊은 지식인 발레리아노 오로본 페르난데스였다. 1934년 2월에 마드리드에서 발간되는 일간지 《토지》(La Tierra)에 실은 기사에서그는 혁명을 위한 동맹을 기정사실화했다. 전노련파가 현실에 눈을 감았다고 비판한 그는 에스파냐에서 정치적 민주주의가 실패로 돌아갔다고 선언했다. 그리고 사회주의자들이 좌파로 기울고 부르주아지가 파시즘으로 치닫는 등 최근 두 달 사이에 정치적 상황이 완전히 바뀌었다면서 노동자동맹의 필요성을 역설했다. 이러한 견해는 30인회파의 그것과도 다르고 이아연파의 그것과도 다른 제3의 입장이었고국제노동자협회 서기단의 그것과 같은 견해였다.[101]

오로본 페르난데스가 공산주의자들에게는 그들의 분파주의를 내려놓으라고 요청했고 사회주의자들에게는 전노련에 대한 근거 없는 비판을 중단하라고 요구했다.[102] 그는 이 세력들 간에 공통분모를 찾을수 있고 그 공통분모를 토대로 동맹을 구축할 수 있다고 판단했다. 그는 이것이 자유지상 코뮌주의를 보장하지 않으리라는 점을 알고 있었다. 그가 기대를 건 것은 계급 착취나 특권이 없는 프롤레타리아 민주주의 체제였다. 이 체제 아래에서는 때가 되면 언젠가 자유지상 코

---

100) John Brademas, *Anarcosindicalismo y revolución*, pp.83-84.
101) 오로본 자신이 국제노동자협회 서기단의 일원이기도 했다. John Brademas, *Anarcosindicalismo y revolución*, pp.84-85.
102) 사회주의자들은 당시 전노련이 보수반동 세력과 타협을 하고 있다고 비판했다.

민주의가 실현되리라고 보았던 것이다.[103] 하지만 노총련 지도부는 아직 혁명에 대한 입장을 명확히 하지 못한 상태였으며, 전노련도 그의 주장에 귀를 기울이지 않았다.

전노련 산하 지방연합들은 1934년 2월 중순 바르셀로나에서 대의원총회를 열고 노동자동맹 문제를 다루고 나서 그에 대한 반대 입장을 내놓았다. 카탈루냐노동연합이 특히 완강하게 반대했다. 사회주의자들이 참여한 아사냐 연립내각이 저지른 탄압을 그들은 잊을 수 없었다. 게다가 프리모 데 리베라 독재와 협력한 사회노동당의 과거 전력은 물론이고 정치인들과 함께 군주제 타도 음모를 벌이면서 아나키스트들의 혁명적 투쟁력이 약화되었던 경험도 잘 알고 있었다.[104] 1933년 11월 총선에서 패배한 카탈루냐공화좌파가 1934년 1월 지방선거에서는 아나키스트들의 투표 참여 덕분에 승리를 거두었는데도 불구하고 여전히 반전노련 정책을 추구했다는 점 또한 카탈루냐노동연합이 동맹을 반대하는 데 상당한 영향을 미쳤다.[105] 대의원총회는 결국 사회노동당이나 노총련이 공개적으로 혁명을 천명하지 않는 이상 동맹은 불가능하다는 결론을 내렸다.

전노련 지방연합들은 그해 6월 23일에도 대의원총회를 열고 노동자동맹 문제를 다루었다. 아나키스트들의 견해가 서로 다르고, 심지어 아나키즘 사상조차 이념적으로 모호하다는 생각이 들 정도로 토론은 격렬했다. 짐작할 수 있다시피 아스투리아스노동연합은 동맹 참여를 제안했다. 이에 대한 최초의 반론은 다름 아닌 국제노동자협회 서기단에서 나왔다. 사회주의자들과 공산주의자들이 바라는 것은 권

---

103) José Peirats, La CNT, I, pp.70-79.
104) "Los anarquistas ante el llamado frente único y la unidad revolucionaria," Tierra y Libertad, 16 de febrero de 1934.
105) Gabriel Jackson, The Spanish Republic, p.132.

력 장악이라고 지적하면서 권력 파괴를 도모하는 아나키스트들은 그들과 협력할 입장이 아니라고 설명했다. 게다가 사회노동당 당원을 겸하고 있는 노총련 지도자들이 아사냐 정부 시절에 아나키스트들을 탄압하는 데 협력했다고 덧붙였다. 그러면서도 그들은 한걸음 물러나서 제한된 목표를 갖고 지역별로 동참 여부를 결정하는 것은 가능하리라고 보았다.[106] 국제노동자협회의 반론이 끝나자 다른 지방연합들도 아스투리아스인들을 비난하는 데 가세했다. 그리고 다음과 같은 결의안을 통과시켰다.

아스투리아스, 레온, 팔렌시아 지방들이 노총련과 협정을 맺고 관련 절차를 밟으면서 지난번에 열린 지방연합들 대의원총회의 합의를 깨뜨렸다고 판단하기 때문에, 그리고 작금의 상황이 매우 중대하여 최종 결정을 내릴 수 없다고 생각하기 때문에, 앞으로 두 달 안에 '혁명적 노동자동맹'에 대해 논의할 전국노조대회를 열고, 그 대회에서 도출된 합의를 모든 단체들이 따르기로 결정한다.[107]

이처럼 전노련 산하 지방연합들의 입장은 일정하지 않았다. 전노련은 라르고 카바예로와 사회주의자들을 여전히 비난했고 아나르코생디칼리스트들은 운동을 재정비하여 새로운 활력을 불어넣어야 한다고 보았다. 그래서인지 노동자동맹 결성에 별다른 진전이 나타나지도 않았다.

이 시기 에스파냐 정치에 나타난 변화도 여기에 한몫했다. 당시 내

106) Comité Nacional de la CNT, *Informe confidencial acerca de los debates cenetistas en torno a la Alianza Obrera y el papel desempeñado por la CNT en el alzamiento de octubre de 1934*, pp.11-22; John Brademas, *Anarcosindicalismo y revolución*, p.88.

107) Comité Nacional de la CNT, *Informe confidencial*, p.33.

각을 구성하고 있던 급진공화당의 알레한드로 레룩스는 제2당인 에스파냐자치우익연합의 지원에 의존해야 했다. 이에 좌파 세력은 우파인 에스파냐자치우익연합의 내각 참여 여부를 예의주시하고 있었다. 하지만 1934년 여름까지만 해도 그런 사태는 벌어지지 않았다. 그러다 보니 혁명파 사회주의자들의 주장이 온건파 사회주의자들에게 잘 먹혀들지 않았다. 따라서 사회주의자들이 노동자동맹에 참여하기를 기대하기도 쉽지 않았다.[108]

결국 카탈루냐와 레반테 지방에서 노동자동맹을 지지한 아나키스트들은 대항노조들뿐이었다. 하지만 이 대항노조들이 전노련에게 심각한 위협이 되지는 않았다. 조합원 수가 6만 명 정도밖에 되지 않았던 것이다.[109] 게다가 앙헬 페스타냐가 1934년 1월에 자생련을 사임하고, 이어서 정치투쟁이 가능한 조합당(Partido Sindicalista)이란 당명으로 정당 창당 의사를 밝혔다.[110] 이러한 그의 주장이 아나키스트들에게는 이단과 같은 것이었다. 그의 뒤를 이어 자생련의 총서기직을 맡은 후안 로페스도 페스타냐의 창당 결정을 비판했다. 그는 그것이 혁명을 도모해야 할 중대한 시기에 허약한 카탈루냐 노동자동맹을 더욱 약화시키는 결과를 낳는다고 지적했다.[111]

이것이 1934년 9월 말까지의 상황이었다. 10월 1일에는 삼페르 정부가 해체되는 정치적 변화가 발생했다. 에스파냐자치우익연합의 힐 로블레스(José María Gil Robles) 대표가 그에 대한 지지를 철회한 결과였다. 힐 로블레스의 지지 철회 의도를 파악한 공화국 대통령 알칼라

---

108) "El Frente Único en las luchas económicas y morales," *CNT*, 21 de agosto de 1934.
109) "Los sindicatos representados en el segundo Congreso Nacional Extraordinario de la CNT," *Solidaridad Obrera*, 8 de mayo de 1936.
110) "La verdadera posición de Pestaña," *Sindicalismo*, 14 de marzo de 1934.
111) "¿Sindicalismo fascista? Todo esto es agua de borrajas," *Sindicalismo*, 18 de abril de 1934.

사모라(Niceto Alcalá Zamora)는 그의 입각을 방지하려고 애를 썼다. 하지만 역부족이었다. 결국 10월 4일 새로 조각한 레룩스 내각에 에스파냐자치우익연합 의원 3명이 입각하게 되었다. 이에 에스파냐자치우익연합의 입각 여부를 예의주시해오던 좌파 세력이 봉기를 일으켰다. 힐 로블레스에게서 파시즘의 위협을 느껴온 그들은 에스파냐자치우익연합의 입각을 혁명을 위한 신호탄으로 간주했다. 이렇게 발생한 10월 혁명이 카탈루냐와 아스투리아스를 주요 무대로 전개되었다.

1934년 10월 혁명

에스파냐자치우익의 입각이 바르셀로나에서는 두 가지 측면에서 혁명의 도화선으로 작용했다. 첫째로, 좌파 연립으로 이루어진 카탈루냐 지방정부가 이들의 입각으로 자신들의 정치적 특권이 위험에 봉착하게 됐다고 생각했다. 그들은 힐 로블레스를 정치적 자유와 카탈루냐의 문화적 자치를 무너뜨릴 프리모 데 리베라와 같은 인물로 간주했다. 둘째로, 노동자동맹은 이들의 입각을 파시즘의 엄습으로 파악했다.[112] 이에 노동자동맹은 총파업을 계획했다. 노동자동맹 지도자들은 총파업을 방해하지 말아 달라고 지방정부에 요청했고 지방정부가 그 요청을 받아들였다.

이튿날인 10월 5일 노동자동맹 소속 노동자들이 바르셀로나에서 파업에 돌입했다. 하지만 다른 노동자들 대다수는 파업 호소에 아랑곳하지 않고 일터로 향했다. 게다가 카탈루냐의 독립을 추구하는 카탈루냐국가당의 조제프 뎅카스(Josep Dencàs)가 자체 민병대 에스카

---

112) 하지만 전노련은 이 사건을 그렇게 심각하게 생각하지 않았다.

모츠(escamots)를 투입하는 바람에 부상자가 발생했다.[113] 그런 가운데 노동자동맹이 카탈루냐공화국을 선포하라고 요구했고 카탈루냐 지방총리 유이스 콤파니스는 그들의 요구대로 라디오 방송 담화를 통해 '에스파냐연방공화국 안의 카탈루냐국가'를 선포하기에 이르렀다.[114] 하지만 그것이 사회혁명으로까지 발전되지는 않았다.

이렇듯 초기에 성공을 거둔 바르셀로나 봉기는 곧 실패로 돌아갔다. 카탈루냐공화좌파가 사회혁명에 별다른 관심이 없었고, 전노련이 봉기에 참여하지 않았으며, 지방정부가 무력 지원을 하지 않았던 데에 그 까닭이 있었던 것으로 보인다.[115] 무엇보다도 도밍고 바텟(Domingo Batet) 장군의 군대가 투입되면서 상황이 신속히 종료되었다. 콤파니스는 체포되고 뎅카스는 망명을 떠났다.

마드리드에서는 노총련을 비롯한 사회주의자들과 공산주의자들이 레룩스와 에스파냐자치우익연합의 연립내각 구성에 반대하는 시위를 벌였다. 이 시위는 8일간 지속되었으나 10월 12일에 진압되고 말았다. 그런가 하면 전노련과 이아연은 중부방위위원회 위원들과 다른 기관 대표들로 구성되는 혁명위원회를 발족시켜 활약하기 시작했다. 그들은 중부 지방에 마련한 이 혁명위원회를 전국으로 확대하고 전노련의 지도 아래 사회혁명을 완수해 나가려고 했다. 하지만 아나키스트들 내부의 비판과 사회주의자들의 비협조 때문에 그 뜻을 이루지 못한 가운데 혁명위원회마저 10월 11일에 해체되고 말았다.[116]

---

113) 공권력을 투입하지 않으려던 콤파니스의 노력이 파시스트로 알려진 뎅카스와 그의 추종 세력에게 밀리고 말았다.

114) Salvador Cánovas Cervantes, *Apuntes históricos de "Solidaridad Obrera": Proceso histórico de la revolución española* (Barcelona, s. f.), p.349.

115) 전노련과 이아연이 참여하지 않은 데는 나름대로 이유가 있었다. 조합원들 8천 명 정도가 이미 교도소에 수감되어 있었고, 노조와 문화센터가 폐쇄된 상태에 있었으며, 언론도 정간 조치를 당한 상태였다. John Brademas, *Anarcosindicalismo y revolución*, p.96.

116) Comité Nacional de la CNT, *Informe confidencial*, pp.66~67; Abad de Santillán,

아스투리아스에서는 앞서 살펴본 대로 다른 지역에서와 달리 전노련이 노동자동맹 결성에 우호적 입장을 지니고 있었다. 그 결과 1934년 2월에 이미 아나키스트들과 사회주의자들이 프롤레타리아형 제동맹(Uníos Hermanos Proletarios)을 결성했고, 여기에 노동자농민 블록과 공산당이 가세했다. 아스투리아스는 이렇듯 아나키스트들과 사회주의자들, 공산주의자들이 공동 투쟁을 벌이는 프롤레타리아통 일전선의 요람이 되었다.

10월 5일에 광부들이 무장을 갖추고 혁명을 조직했다. 그들은 해안 도시 히혼에서 아스투리아스사회주의공화국을 선포하고 치안지구대와 교회, 시청을 습격했다. 항구의 노동자 대중을 지배하고 있던 전노련 히혼 지부도 곧바로 혁명위원회를 구성하여 거리투쟁에 나섰다. 광부들은 사흘 만에 아스투리아스의 대부분을 장악했다. 아나키스트들이 히혼을 장악한 것은 특히 중요했다. 군부대 상륙이 가능한 전략적 거점이었기 때문이다.[117]

하지만 히혼이 곧 정부군의 수중에 들어갔다. 힐 로블레스의 요청으로 1917년에 아스투리아스 총파업을 진압한 경험이 있는 고넷 장군과 프랑코 장군이 진압을 지휘하게 되었다. 10월 8일에는 이 장군들의 요청으로 모로코 주둔 부대가 아빌레스와 엘무젤 항구에 상륙했다. 증원된 정부군과 맞서 싸우게 된 아나키스트들은 무기가 부족하게 되었고 10일 오전에 결국 히혼을 정부군에게 내주고 말았다.[118]

다른 한편 일찌감치 미에레스를 점령한 혁명가들은 그곳에서 사회

"Los anarquistas y la insurrección de octubre," *Solidaridad Obrera*, 20 de enero de 1935.
117) 히혼에는 또한 아스투리아스, 레온, 팔렌시아를 포괄하는 전노련 지방위원회인 북부위원회의 본부가 있었다.
118) 오비에도에 있던 사회주의자들과 공산주의자들이 이들에게 무기 제공을 거부했다. Gabriel Jackson, *The Spanish Republic*, p.157.

주의자들과 아나키스트들, 공산주의자들로 이루어진 혁명위원회를 구성하고 민병대를 조직하여 북쪽에 있는 오비에도를 공격했다. 10월 6일에 그들은 오비에도와 인근 마을들을 점령하는 데 성공했다. 하지만 12일 밤에 오비에도는 항공부대와 포병대를 투입한 정부군의 수중에 들어갔다. 10월 18일에는 아스투리아스 혁명이 거의 진압되었다.

아스투리아스 혁명은 이렇듯 단명에 그쳤다. 하지만 이 짧은 기간에 사회경제적 변혁의 시도가 진행되었다. 특히 두 마을에서 진행된 시도가 매우 인상적이다. 라펠게라(La Felguera)에서는 아나르코생디 칼리스트들이 혁명위원회를 구성하고 야금공장 두로-펠게라(Duro-Felguera)를 접수했다. 두로-펠게라는 노사 대립의 전통이 오랜 공장이었다.[119] 마을 주민들은 주민총회를 열고 자유지상 코뮌주의를 선언했다. 그들은 화폐를 폐지하고 생산수단을 사회화했다. 보급위원회를 설치하였으며, 마을을 구역으로 편성하여 대표를 선임하고 그들로 하여금 구역의 필요를 파악하게 했다. 이른바 집산화를 시도한 것이다. 라펠게라의 집산화는 이웃 마을 아나키스트들이 따라야 할 모범 사례로 부각되었다. 한편 이 지방 사회주의자들의 본거지인 사마에서는 사회주의자들이 민병대를 조직하여 치안지구대를 습격하고 거리를 순찰하게 했다. 이러한 아스투리아스 혁명은 곧이어 전개될 1936년의 사회혁명을 미리 보여 준 예고편에 해당한다고 볼 수 있다.

아스투리아스 혁명을 다룬 저작은 매우 방대하다. 그 가운데는 당대 아나키스트들이 남긴 저작도 있다. 이그노투스라는 필명을 쓴 마누엘 비야르(Manuel Villar)의 저서와 페르난도 솔라노 팔라시오(Fernando Solano Palacio)의 저서가 그것이다.[120] 마누엘 비야르는 파

119) Gerald Brenan, *The Spanish Labyrinth*, pp.263-264.
120) Manuel Villar(Ignotus), *El anarquismo en la insurrección de Asturias. La CNT y la FAI en octubre de 1934* (Valencia: Ediciones Tierra y Libertad, 1935); Fernando Solano

시즘의 진전을 막아 낼 유일한 해결책이 사회혁명임을 강조했고, 페르난도 솔라노 팔라시오는 아스투리아스에서 전개된 자유지상 코뮌주의를 자세히 서술했다.

1935년에 치안국(Dirección de Seguridad)에서 발간한 소책자 《10월 혁명》에 따르면 10월 혁명으로 발생한 민간인 사망자와 부상자가 각각 1,051명과 2,051명에 달했다. 그리고 1만 명 정도가 구속되었으며 구속된 자들의 3분의 1이 교도소에 수감되었다.[121] 반면에 에스파냐 아나키즘을 연구한 세사르 로렌소(César M. Lorenzo)는 완전히 다른 수치를 제시했다. 그에 따르면 전투 가운데 사망한 노동자가 3천 명이 넘고 정부군과 치안대가 학살한 노동자도 3천 명에 달했다. 구속자 수는 심지어 3만~4만 명에 이르렀다.[122] 그 수치가 실제로 얼마였든 간에 정부의 진압은 매우 가혹했고 노동자동맹에 참여한 좌파 세력이 엄청난 피해를 입었음에는 틀림없다. 그 결과 좌파 세력과 더불어 아나키스트들은 혹독한 시련을 겪게 되었다.

통합 움직임과 1936년 2월 총선

노총련뿐 아니라 전노련에 대한 공화국 정부의 탄압이 10월 혁명 이후에도 이어졌다. 3만 명이 넘는 노동자들이 교도소에 투옥되었고 노조는 폐쇄되었으며 언론은 폐간되거나 검열을 받았다. 이런 상황 속에서 비록 더디긴 하지만 에스파냐 노동운동 단체들이 서로 접근하는

Palacio, *La Revolución de Octubre: Quince días de comunismo libertario en Asturias* (Barcelona: El Luchador, 1936).

121) Josep Termes, *Historia del anarquismo*, pp.455-456.
122) César M. Lorenzo, *Los anarquistas*, p.68.

움직임을 보였다. 전노련의 입장에도 다소 변화가 나타났다. 1935년 초만 하더라도 전노련은 노동자동맹에 별다른 관심이 없었고 선거 반대 입장에도 변함이 없었다.[123] 하지만 1935년을 거치면서 전노련은 기존의 협력 반대 방침을 다소 누그러뜨리고 약간의 융통성을 발휘하기 시작했다.

이러한 전노련의 노선 변화는 지도자들의 태도 변화에서 비롯되었다. 30인회파는 노동자동맹에 대한 기존 신념을 그대로 유지한 채 분열된 전노련을 통합하는 데 상당한 관심을 기울였다. 조안 페이로는 먼저 전노련을 하나로 강하게 만들고 이어서 노총련 및 프롤레타리아 정당들과 대화를 하자고 말했다.[124] 후안 로페스가 남긴 기록에 따르면 발렌시아 자생련은 1935년 초에 비밀회합을 갖고 노동자동맹 편성 문제를 다루었다. 이 문제를 심도 있게 다룬 결과 그들은 우선 전노련을 통합해야 한다는 합의에 도달했다. 그리고 그것을 위해 자생련, 특히 발렌시아 지방의 자생련이 주도적 역할을 감당해야 한다고 의견을 모았다.[125] 전노련을 통합하는 데 발렌시아 자생련이 발 벗고 나서야 한다고 본 이유는 아마도 30인회파가 카탈루냐에서는 소수파였던 데 비해 발렌시아에서는 다수파였기 때문인 것으로 보인다.

전노련 통합 문제는 곧 30인회파와 30인회파를 따르는 대항노조들의 전노련 복귀 문제나 다름없었다. 전노련 지방연합들은 1935년 5월 26일 사라고사에서 전국대의원총회를 열고 이 문제를 다루었다. 카탈루냐노동연합 대표가 이 문제에 적극 반대를 하고 나섰다. 하지만 논의는 재허입 쪽으로 가닥이 잡혔고, 결국 '원칙상' 재허입을 받아들이기로 했다. 여기서 '원칙상'을 강조한 이유는 대항노조의 조합원 개인

---

123) "La CNT y la política," *Solidaridad Obrera*, 13 de enero de 1935.
124) "El problema de las unidades," *Sindicalismo*, 30 de mayo de 1935.
125) Juan López, "Recordatorio," p.22.

은 조건 없이 받아들이되 정통 아나키스트들이 보기에 문제가 있는 노조들은 제외하려는 데 있었다. 이것은 카탈루냐노동연합의 제안을 고려한 조치였다.[126]

30인회파는 이러한 카탈루냐노동연합의 제안이 마음에 들지는 않았지만 그렇다고 해서 자신들의 갈망과 기대를 혼동하지 않았다. 조안 페이로는 전노련의 내분이 치유될 거라고 생각하지 않았다. 그럼에도 그는 전노련의 통합을 염원했다. 대항노조들은 사실 진작부터 전노련 복귀를 희망해 왔고 앙헬 페스타냐가 탈퇴한 이후에는 특히 그러했다.[127]

사실 30인회파 자신들도 그다지 일관성을 지키지는 못했다. 그들은 한편으로는 노동자동맹의 필요성을 역설하고 동맹의 일원들이 동맹을 선거에 활용하려 한다고 비판했다.[128] 그러면서 다른 한편으로는 노동자들의 투표 참여를 촉구했다. 이를테면 노동자들이 기권한 대가로 파시스트들이 선거에서 승리를 거두게 된다면 그들을 기권하게 만든 기권 운동은 그야말로 '끔찍한' 것이라고 조안 페이로는 지적했다. 노동자들이 투표를 해서는 안 되고 그것이 분명한 원칙이라고 말하면서도 그는 파시즘을 물리치기 위해서는 노동자들이 투표해야 한다고 덧붙였다.[129]

---

126) "La verdad de lo tratado en el Pleno de Regionales de la CNT relacionado con el movimiento de oposición," El Combate Sindicalista, 15 de noviembre de 1935; Juan Peiró, "Ese deber está reconocido," El Combate Sindicalista, 21 de noviembre de 1935; Joan Peiró, "Las infamias no edifican," El Combate Sindicalista, 28 de noviembre de 1935.

127) "Sin comentario. Para los 'sindicalistas' de Santiago," Solidaridad (semanario de la Regional de Galicia, La Coruña), 14 de septiembre de 1935. John Brademas, Anarcosindicalismo y revolución, p.104에서 재인용.

128) 이는 마르크스주의통일노동자당(POUM)을 염두에 두고 한 말이다. "Federación Sindicalista Libertaria," Sindicalismo, 13 de junio de 1935.

129) "El sindicalismo y el problema política de España," El Combate Sindicalista, 6 de septiembre de 1935.

아나키즘의 전통적 원칙에서 한발 물러선 것으로 보이는 30인회파의 이러한 주장은 정통 아나키스트들의 분노를 사기에 충분했다. 하지만 전노련은 이에 분개하거나 통합 노력을 중단하지 않았다. 전노련은 종전과 달리 관용적인 반응을 보였다. 그렇다면 그들이 왜 이런 태도를 보였을까?

존 브레이드마스는 세 가지 답변을 제시했다.[130] 첫째, 지향하는 목표가 동일하다는 점을 자각했기 때문이다. 이 점을 전노련 전국위원회가 작성한 1934년 보고서에서 확인할 수 있다. 그들은 이 보고서에서 운동의 진행 방식에 대해서는 서로 견해가 다를지 몰라도 온건파나 과격파 가릴 것 없이 모두 한 가지 목표를 지향하고 있음을 강조했다. 그 목표는 바로 자유지상 코뮌주의 수립이었다.[131] 둘째, 이 시기에 양측이 겪은 공동의 시련 때문이었다. 혁명에 적극 가담한 30인회파가 아스투리아스 혁명 이후 힘든 시기를 보내는 동안 전노련도 정부의 탄압으로부터 자유롭지 않았다. 전노련은 1935년 4월까지 대중 집회를 열 수도 없었고 전노련 기관지에 대한 정부의 검열은 그 어느 때보다 더욱 집요했다. 셋째, 그해 여름을 지나면서 레룩스와 에스파냐자치우익연합의 연립정부에 대한 증오를 양측이 공유하게 되었다. "파시즘을 척결하자!", "상기하자, 아스투리아스!" 같은 구호들이 이 무렵 에스파냐 노동운동의 공동 구호로 떠올랐다. 양측이 조금씩 서로 입장을 좁힐 수 있었던 것은 바로 이런 이유들 때문이었다.

1935년 가을에는 연립내각이 차츰 해체되기 시작했다. 금융 스캔들로 집권 여당인 급진공화당의 위신이 바닥에 떨어졌다. 이렇듯 정부가 위기에 빠져들수록 힐 로블레스와 에스파냐자치우익연합의 입지는 더

---

130) John Brademas, *Anarcosindicalismo y revolución*, pp.105-106.
131) Comité Nacional de la CNT, *Informe confidencial*, p.117.

욱 확고해져 갔고, 그들은 호시탐탐 집권할 기회를 엿보았다. 이를 탐
탁지 않게 생각하고 있던 공화국 대통령 알칼라 사모라는 포르텔라
바야다레스(Portela Valladares)에게 조각을 위촉하고 차기 총선을 관
리하게 했다.

이런 가운데 전노련은 노조 활동의 합법화 운동을 강화해 나갔다.
10월부터 노조 활동을 공개적으로 추진해 나가기 시작했다. 안달루시
아와 레반테, 카스티야에서는 아나키스트들이 노조 활동을 재개했고
기푸스코아에서는 지역총회를 개최하기도 했다. 종전과 다름없이 제
약을 받고 있던 카탈루냐에서는 비밀리에 활동했다. 전노련이 정상적
으로 활동할 수 있게 된 것은 1936년 1월 7일에 코르테스가 해산되면
서부터였다. 이때부터 적어도 총선이 열리는 2월 16일까지는 합법성을
보장받게 되었다.

이 무렵에 공화좌파를 포함한 좌파 진영은 선거연합을 추진하고 있
었다. 당시 사회주의자들은 거의 만장일치로 부르주아 좌파들과의 선
거연합에 찬성했다. 그들은 한걸음 더 나아가 전노련을 선거연합에 초
대했다. 선거 반대가 능사가 아니라는 사실을 알고 있던 전노련은 모
호한 답변을 내놓았다. 사회주의 노조와 혁명적 동맹을 구축하는 건
좋지만 사회노동당이나 공화주의 정당들과 접촉하는 건 말도 안 된다
는 얘기였다. 이에 대해 30인회파는 한편으로는 노동자동맹에 호의적
태도를 보인 전노련에 박수갈채를 보내면서도, 다른 한편으로는 사회
노동당이 승인하지 않으면 노총련이 아무것도 할 수 없기 때문에 전
자를 배제한 가운데 후자와만 협력하겠다는 건 비현실적이라고 지적
했다.[132] 하지만 전노련은 꿈쩍도 하지 않았다.

---

132) "El llamamiento de *El Socialista* a la CNT," *El Combate Sindicalista*, 2 de enero de
1936.

좌파 진영은 1936년 1월 15일 마침내 인민전선 강령에 서명했다.[133] 인민전선의 목표는 너무도 분명했다. 그것은 단순한 선거연합이었다. 따라서 토지나 은행의 국유화를 다루지도 않았고 비자발적 실업자들에 대한 보상 문제도 다루지 않았다. 사회주의자들과 노총련이 인민전선 협정으로 얻고자 것은 한 가지였다. 교도소에 수감된 노동자들 수천 명에 대한 사면이 그것이었다. 그들은 이 사면을 바라고 협정에 참여했다.

아나키즘 노조들은 총회를 열고 노총련에 혁명동맹을 제안하라고 전노련에 요청하기 시작했다. 이에 전노련은 1월 25일에 바르셀로나의 메리디아나극장에서 카탈루냐 지방대회를 열고 이 문제에 대한 입장을 정리했다. 논점은 두 가지, 곧 다른 노동자 단체들과의 협력 문제와 다가올 선거에 대한 대응 문제였다.[134] 우선 전자와 관련하여 카탈루냐 지방연합은 노총련과의 혁명동맹 협정 초안을 수용하기로 의결했다. 그리고 될 수 있으면 빠른 시일 안에 전국대회를 열어 그 문제를 최종 매듭지어 달라고 전노련에 요청했다. 후자, 곧 총선 투표 참여 여부의 문제는 열띤 논란의 대상이 되었다. 결국 대회는 기권 결의안을 승인했다. 하지만 조합원들에게 기권을 권하지는 않기로 했다. 전노련 지도자들은 오히려 대중들이 투표하기를 바라고 있었다. 조안 문세니는 전노련이 선거에 대해 이러쿵저러쿵 얘기해서는 안 된다고 말했다. 그런 논란으로 좌파의 표가 줄어들게 될지 모른다는 이유에서였다. 그런 논란으로 우파가 좌파에 대해 승리를 거두게 된다면 그 잘못이 아

---

133) 인민전선 결성 과정과 주요 내용에 관해서는 황보영조, 《토지, 정치, 전쟁》, pp.247-269를 참조하라.
134) 당시 대의원 대다수는 노조가 폐쇄되어 있던 탓에 소속 단체의 위임을 받지 않고 참석했다. 대회의 논의와 의결 내용에 관해서는 1월 26일부터 1월 31일에 발간된 전노련 기관지 《노동자연대》를 참고하라.

나키스트들에게 있다고 지적했다.[135] 이런 점에서 그의 생각은 조안 페이로와 같았다.

1월 30일에는 이아연도 바르셀로나에서 반도총회를 열었다. 이들 정통 아나키스트들은 1934년 10월 혁명에 참여했던 노동자 단체들이 1936년이 되니 부르주아 정당들과 입장을 같이 하려고 한다고 개탄했다. 그들은 선거 문제와 관련하여 카탈루냐 지방대회가 내린 결론을 재확인했다. 그러면서 이아연이 기존의 기권 입장을 수정할 이유가 하나도 없다고 강조했다.[136] 하지만 좌파 정당들이 전노련의 중요성을 잘 모른다고 이아연의 한 저명인사가 불평한[137] 데서 짐작할 수 있다시피 이들이 내린 결론은 사실 기존 입장을 고수하고 있다는 생색내기에 불과한 것으로 보인다.

전노련은 이후 총선 직전까지 전국에서 시위 집회를 열었다. 시위 내용의 주요 골자는 파시즘 반대와 사형 반대, 노총련-전노련의 혁명동맹 찬성이었다. 물론 수감자 석방은 단골 메뉴였다. 여기서 눈여겨 볼 것은 그들이 선거반대 운동을 벌이지 않았다는 사실이다. 선거 전에 발표한 여러 성명서들에서도 투표 반대를 일체 언급하지 않았다. 두루티를 비롯한 일부 이아연파들은 심지어 조합원들에게 투표 참여를 독려한 것으로 알려져 있다.[138]

인민전선으로 결집한 좌파 진영은 마지막까지 분열되지 않고 투표

135) Federico Urales, "Tribuna Libre: ante las próximas luchas políticas," *La Revista Blanca*, 3 de enero de 1936.
136) FAI, *Memoria del pleno peninsular celebrado el día 30 de enero y 1º de febrero de 1936* (Barcelona, 1936), p.18.
137) Diego Abad de Santillán, *Por qué perdimos la guerra: una contribución a la historia de la tragedia española* (Buenos Aires, 1940), p.36.
138) Diego Abad de Santillán, *Por qué perdimos*, p.37. 한편 국제노동자협회 지도자들은 에스파냐 아나키스트들의 이러한 태도에 놀라움을 감추지 못하고 기권의 전통을 유지하라고 요청했다(Josep Termes, *Historia del anarquismo*, p.460).

에 참여했다. 그 결과 2월 16일 총선에서 그들이 승리를 거두었다. 우파가 약 400만 표를 얻은 데 비해 좌파는 470만 표가량을 획득했다.[139] 양 진영이 얻은 표차가 그렇게 크지는 않았지만 선거법 규정에 따라 양 진영이 차지하게 될 의석수 차이는 매우 컸다. 인민전선 측이 271석을 차지했고, 우파 진영이 142석을 차지했으며, 중도파가 39석을 차지했다. 이런 변화를 가져오는 데 아나르코생디칼리스트들이나 전노련 지지자들이 얼마나 영향을 끼쳤을까? 사실 이를 제대로 가늠하기는 어렵다. 그들이 백만 명에 달했을 것이라고 보는 마누엘 아스나르의 추정[140]은 과장으로 보인다. 하지만 좌파의 승리에 전노련 조합원들이 상당히 기여했음에는 틀림이 없을 것 같다.

총선이 끝나고 포르텔라 바야다레스의 후임으로 아사냐가 총리에 올랐다. 그 뒤로 내전이 발발하기까지 공화좌파가 집권하게 된다.[141] 사회노동당은 다수당이었음에도 불구하고 당내 좌파의 반대로 내각에 참여하지 않았다.

한편 노동자들은 정부의 사면 조치를 기다리지 않았다. 오비에도와 히혼의 노동자들은 자신들이 직접 사면령을 내리고 교도소에 수감 중인 동료들을 석방시켰다. 사라고사에서는 사면을 위한 총파업을 실시했고, 마드리드와 바르셀로나, 알리칸테에서는 가두시위를 벌였다. 2월 19일에 출범한 아사냐 정부는 이틀 뒤인 2월 21일에 사면령을 내리고 이튿날 석방을 단행했다. 하지만 전노련은 사면이 충분히 이루어지지 않았다며 사면 범위를 확대해 달라고 정부에 요청했다.

139) 중도 정당들은 45만 표 가량을 얻었다. 선거 결과에 관해서는 다음을 참고하라. Gabriel Jackson, The Spanish Republic, Capítulo 10; Jean Bécarud, La Segunda República española (Madrid, 1967), Capítulo V.
140) Solidaridad Obrera, 23 de febrero de 1936.
141) 1936년 5월에 아사냐가 공화국 대통령으로 선출된 이후에는 갈리시아자치공화조직(ORGA)의 카사레스 키로가가 총리를 맡았다.

바르셀로나에서는 전노련이 운수노조 파업과 직물노조 파업을 전개하고 있었다. 그런 가운데 2월 28일에는 시 당국이 1934년 1월 이후 이념이나 파업 참여를 이유로 해고된 노동자들의 복직을 허용하라는 조치를 취했다. 하지만 상당수의 사용자들은 이를 따르지 않았다. 아나르코생디칼리스트들은 시 당국의 조치가 인색하다며 불만을 표시하면서도 3월 7일과 3월 16일에 각각 직물노조 파업과 운수노조 파업을 끝냈다.

그러나 내전이 일어나기까지 에스파냐 전국에서는 파업이 끊일 날이 없었다.[142] 이따금씩 전노련과 공동 파업을 벌여 온 노총련이 전노련에게 전술 변화를 요청할 정도였다. 하지만 전노련은 아랑곳하지 않았다. 6월 1일에는 마드리드에서 건설노동자들이 임금 개선과 노동시간 단축을 내걸고 파업에 돌입했다. 다른 주들로 확산되어나간 이 파업은 내전이 발발하고 나서야 끝이 났다. 그전에는 정부의 중재를 받아들이려는 노총련의 배신과 정부의 노조 폐쇄 조치에도 불구하고 파업을 계속 이어 나갔다.[143]

1936년 사라고사 대회

전노련이 사라고사에서 전국대회를 개최한 것은 이런 와중에서였다. 제2차 임시대회였다. 대회는 5월 1일에 개최되어 열흘 동안 지속되었다. 982개 노조와 550,595명의 조합원들을 대표하여 649명의 대

---

142) 호세 페이라츠에 따르면 1936년 2월부터 7월 중순까지 에스파냐에 파업이 113건 발생했고 부분 파업은 228건에 달했다(José Peirats, *La CNT*, I, p.133).
143) 페냐로야(아스투리아스), 비고, 아빌라, 바야돌리드, 세비야, 우엘바, 말라가, 카디스에서도 파업이 전개되었다. John Brademas, *Anarcosindicalismo y revolución*, pp.111-113을 참고하라.

의원들이 대회에 참여했다.[144]

대의원들은 1932~1934년에 일으킨 봉기들을 평가하고 노총련과의 혁명동맹 문제를 검토했으며, 토지 문제와 실업 문제를 다루고 자유지상 코뮌주의의 개념에 관해서도 논의했다. 그들은 특히 조직의 분열과 통합 문제에 많은 시간을 할애했다. 이는 미래를 내다보며 지난 5년의 아나키즘 운동을 평가하는 작업이었다. 그 핵심에는 대항노조 문제가 있었다. 며칠에 걸친 논의 끝에 대회는 그동안 별개의 단체로 활동해 온 대항노조를 전노련에 다시 통합시킨다는 결의안을 거의 만장일치로 채택했다. 이와 관련이 있는 지역과 지방은 저마다 지역총회와 지방대회를 열어 양측의 통합을 위한 절차를 밟기로 합의했고, 그 절차를 두세 달 안에 완수하기로 했다.[145] 이에 대항노조 전국위원회 위원장이 제 자리에서 일어나 대항노조, 곧 30인회파 노조는 이제 더 이상 존재하지 않는다고 선언했다. 이어서 자신은 이제 전노련 산하에 있는 한 노조 집단의 이름으로 말하고 있는 것이라고 덧붙이기까지 했다. 이때 "전노련 만세!"라는 구호가 대회장에서 터져 나왔다. 전노련은 이렇게 다시 통합되었다.

다음으로 노총련과의 관계 대해서는 혁명동맹을 추진하기로 결의했다. 하지만 사회노동당은 제외하기로 못을 박았다.[146] 당시 노총련은 1933년부터 혁명 노선으로 돌아서기 시작한 라르고 카바예로가 이끌고 있었다. 때마침 그가 부르주아 정당들과의 협력을 도외시하고 혁명전선 결성을 위해 아나르코생디칼리스트들에게 제휴의 손을 내밀었다.[147] 혁명동맹이 곧 성사될 것처럼 보였다. 하지만 실제로 이루어지

144) 대회 관련 내용이 전노련 기관지 《노동자연대》 5월 3일자에서부터 5월 23일자에 실렸다.
145) José Peirats, *La CNT*, I, pp.116-117.
146) "Hacia la alianza revolucionaria," *Solidaridad Obrera*, 20 de mayo de 1936.
147) "Por qué se propugna la unidad sindical," *Boletín de la Unión General de Trabajadores de España*, diciembre de 1936, p.173. 사회주의 지도부는 2월 선거 이후

지는 않았다.

노총련이 전국대회를 열고 혁명동맹을 위한 기초 작업을 실행했어야 하는데 그것을 추진하지 않았다. 일이 이렇게 되자 아나르코생디칼리스트들은 라르고 카바예로를 못마땅하게 생각했다. 프롤레타리아계급의 통합을 주장하지만 구체적 대안은 제시하지 못하고 있다고 그에 대한 불평을 늘어놓았다.[148] 내전이 발발할 때까지 이러한 양대 노조 간의 불신은 해소되지 않았고 혁명동맹의 꿈도 실현되지 않았다.

이런 가운데 에스파냐는 점점 폭력의 소용돌이에 휩말려들었다. 우파의 팔랑헤당원과 국민행동청년단(Juventudes de Acción Popular) 단원들이 사회주의청년단원들과 총격전을 벌였다. 몇몇 지역에서는 아나키스트들과 사회주의자들 사이에 폭력이 발생하기도 했다. 군대는 쿠데타를 준비하고 있었고 파업이 끊이지 않았다. 바르셀로나의 항만 노동자들과 운송 노동자들이 7월 13일에 파업에 돌입했다. 같은 날에 군주제 복귀를 주장하던 칼보 소텔로(Calvo Sotelo)가 암살됐다. 7월 18일에는 장군들이 쿠데타를 일으켰고 7월 19일에는 사회주의자들과 아나키스트들이 봉기를 일으켰다.

내분에 휩싸여있었다. 노총련은 라르고 카바예로가 이끌고 있었고, 사회노동당은 온건파인 베스테이로계와 중도파인 프리에토계가 장악하고 있었다. 이에 관해서는 Frank Manuel, *The Politics*, pp.146-171을 참고하라.

148) "El discurso de Largo Caballero en Zaragoza," *Solidaridad Obrera*, 2 de junio de 1936. 에스파냐 내전의 배경을 연구한 제럴드 브레넌도 이 당시의 라르고 카바예로를 혁명에 뛰어든 혁명가라기보다는 그것을 기다리는 사회민주주의자라는 평가를 내놓았다 (Gerald Brenan, *The Spanish Labyrinth*, p.305). 이는 라르고 카바예로의 성향을 파악할 수 있게 해주는 좋은 단서가 된다.

문화와 성, 〈자유여성〉

한편 아나키스트들 가운데 저술 활동과 예술 활동에 종사한 이들도 있었다. 대표적인 인물로 문세니 부녀와 라몬 센데르(Ramón J. Sender), 앙헬 삼블란캇(Ángel Samblancat), 라몬 아신(Ramón Acín), 펠리페 알라이스(Felipe Aláiz)를 꼽을 수 있다.

앞서 살펴보았다시피 '페데리코 우랄레스'라는 필명으로 더 잘 알려진 조안 문세니는 부인과 함께 격주간지《백색평론》을 창간했다. 사회학과 문학, 과학, 예술을 노동자들에게 소개하는 이 잡지는 1923년에 바르셀로나에서 다시 발행되기 시작하여 1936년까지 간행되었다.[149] 개인주의적 아나키스트로서 생디칼리슴보다는 아나키즘에 더 가까웠던 우랄레스는 이 잡지를 통해 전노련의 생디칼리슴적 성향과 그 지도부를 비판했다. 이렇게 시작된 전노련 지도부와 우랄레스의 갈등은 1925년 말에 수감된 노동자들의 석방 문제를 둘러싸고 절정에 달했고 1928년까지 이어졌다.[150] 아나키즘 운동 최초의 위대한 역사가('아나키의 헤로도토스')로 알려진 독일의 막스 네틀라우(Max Nettlau)의 기사들은 물론이고 팔미로 데 리디아(Palmiro de Lidia)와 페데리코 우랄레스의 회고록들을 게재한《백색평론》은 에스파냐 아나키즘 운동을 연구하는 데 매우 귀중한 자료를 제공한다.

조안 문세니의 딸 페데리카 문세니는 1920년대와 1930년대에《백색평론》을 비롯하여《투사》,《노동자연대》,《새로운 시대》(Tiempos Nuevos),《우리》(Nosotros) 같은 여러 정기간행물에 수백 편에 달하

---

149) 제1기는 잡지가 창간된 1898년부터 1905년까지이다.
150) Teresa Abelló y Enric Olivé, "El conflicto entre la CNT y la familia Urales-Montseny, en 1928. La lucha por el mantenimiento del anarquismo puro," *Estudios de Historia Social*, 32-33(1985), pp.317-332.

는 기사를 썼고, 출판사 라 레비스타 블랑카(La Revista Blanca)[151]에서 출간한 소설 모음집 《이상 소설》(La Novela Ideal)과 《자유 소설》(La Novela Libre)에 각각 34편과 9편의 작품을 실었다.[152]

센데르는 전노련과 여러 해 동안 협력하면서 1930년 이후에는 사회소설과 역사소설을 펴냈다. 제2차 모로코 전쟁으로 알려진, 모로코 북부의 산악 지대에서 벌어진 리프 전쟁을 다룬 소설과 안달루시아의 한 마을에서 일어난 아나키즘 봉기를 다룬 소설 등이 그것이다.[153] 그리고 30인회를 주도하게 되는 조안 페이로와 앙헬 페스타냐가 발행하는 월간지 《아침》(Mañana)을 비롯해 《자유지상주의 문화》와 《노동자 연대》 등에 200편이 넘는 기사를 실었다. 하지만 곧 이아연이 전노련을 주도하게 되자 전노련과 거리를 두고 1932년 중반부터는 공산주의에 관심을 기울이기 시작했다.[154] 그러면서 문학과 예술에 관한 기사를 썼다.

1888년 우에스카 태생인 라몬 아신은 다재다능한 예술가이자 풍자 만화가였다. 1913년부터 친구 삼블란캇과 더불어 바르셀로나에서 아나키즘 성향의 주간지 《분노》(La Ira)를 발행해 온 그는 우에스카에

151) 잡지 《백색평론》을 발행하는 출판사명이다.
152) 그녀가 쓴 작품 몇 편을 예로 들면 다음과 같다. *La indomable* (Barcelona: La Revista Blanca, 1928); *La victoria: Novela en la que se narran los problemas de orden moral que se le presentan a una mujer de ideas modernas* (Barcelona: La Revista Blanca, 1930); *Tres vidas de mujer* (Unión Gráfica, 1937). 페데리카 문세니에 관한 연구도 최근 들어 상당히 진행되었다. 여기에 몇 편을 소개하면 다음과 같다. Susanna Tavera, *Soledad Gustavo, Federica Montseny i el periodisme àcrata ¿ofici o militància?* (Barcelona, 1988); *Federica Montseny. La indomable (1905-1994)* (Madrid: Temas de Hoy, 2005); Carmen Alcalde, *Federica Montseny, palabra en rojo y negro* (Barcelona: Argos Vergara, 1983).
153) Ramón J. Sender, *Imán* (Madrid: Zénit, 1930); *O. P.(Orden Público). Novela de la cárcel* (Madrid: Zénit, 1931); *Siete domingos rojos* (Barcelona, 1932); *Viaje a la aldea del crimen (documental de Casas Viejas)* (Madrid: Pueyo, 1934).
154) José Domingo Dueñas, *Ramón J. Sender. Periodismo y compromiso (1924-1939)* (Huesca: Instituto de Estudios Altoaragoneses, 1994).

서 총파업을 주도하기도 했다. 그는 1936년 8월에 프랑코 군에게 총 살당하게 된다. 친구 알라이스가 그의 생애를 이듬해에 전기로 출간 했다.[155]

이 무렵 성 개방과 자유연애에 관심을 둔 아나키스트들도 있었다. 이들이 이 문제에 관심을 가진 데에는 프랑스의 영향이 컸다. 프랑스 인 의사이자 화학자인 알프레드 나케(Alfred Naquet)의 책 《자유연애》 와 더불어 프랑스인 아나키스트 장 마레스탕(Jean Marestan)의 두 책 《결혼, 자유연애, 자유모성》과 《성교육》이 번역 소개되었다.[156] 특히 1932년에 번역된, 프랑스 개인주의 아나키즘의 대변자인 에밀 아르망 (Émile Armand)의 저서 《방탕과 성매매》는 노동자들과 노조 지도자 들의 전통적 도덕관을 뒤흔들어 놓을 내용이었다.[157]

한편 이른 나이에 저술 활동을 시작한 일데가르트(Hildegart)[158]는 열일곱 살이던 1931년에 성 문제에 관한 책 두 권을 내고 1932년에는 신맬서스주의에 관한 책 한 권을 냈다.[159] 1932년 10월에는 마르크스 를 비판하는 책을 내고 사회주의와 결별하였으며 아나키즘으로 돌아 섰다.[160] 하지만 불행하게도 이듬해에 어머니가 쏜 총에 맞아 사망하고

155) Felipe Aláiz, *Vida y muerte de Ramón Acín* (Barcelona, 1937). 최근에는 그의 전위예술 활동을 조명한 저서가 출간되었다[Sonya Torres, *Ramón Acín (1888-1936). Una estética anarquista y de vanguardia* (Barcelona: Virus, 1998)].

156) Alfred Naquet, *Vers l'union libre* (Paris: E. Juven, 1908); Jean Marestan, *La Mariage, l'Amour Libre et la Libre Maternité* (Paris: Éditions de Génération consciente, 1911); *l'Éducation sexuelle* (Paris: La Guerre Sociale, 1910).

157) Émile Armand, *Libertinaje y prostitución: Grandes prostitutas y famosos libertinos* (Valencia: Biblioteca Orto, 1932).

158) 일데가르트의 어머니는 갈리시아 여성 아우로라 로드리게스이지만 아버지가 누구인지는 알려져 있지 않다. 훌리안 베스테이로를 알고 지내면서 사회주의자가 되었고 사회주의청년 단과 노총련에 가입하여 활동했다(Josep Termes, *Historia del anarquismo*, pp.477-478).

159) Hildegart, *La rebeldía sexual de la juventud* (Javier Morata, 1931); *El problema sexual tratado por una mujer española* (Javier Morata, 1931); *Malthusianismo y neomalthusianismo: El control de la natalidad* (Javier Morata, 1932).

160) Hildegart, *¿Se equivocó Marx?* (1932); Eduardo de Guzmán, *Mi hija Hildegart*

그림 16 《자유여성》 9호 표지

말았다.

　이 밖에 페미니즘 성향을 보인 여성 아나키스트들도 있었다. 페데리카 문세니와 그의 어머니 테레사 마녜, 테레사 클라라문트, 암파로 포치(Amparo Poch) 같은 이가 대표적 인물이다. 이 가운데 암파로 포치는 '자유여성'(Mujeres Libres)이란 단체의 공동 설립자였다.

　마드리드와 바르셀로나의 여성 아나키스트들이 설립한 '자유여성'은 1936년 4월에 그 윤곽을 드러냈다. 당시 여성 아나키스트들의 여러 제안들과 비판들을 소개할 기관지 발간 준비 작업을 해오던 일부 여성들이 1936년 5월 2일자로 '자유여성'이란 단체명과 같은 이름의 잡지 《자유여성》을 창간했다. '자유여성'이 알려지게 된 것은 이 때

(Barcelona: G.P., 1977)을 보라.

문이었다.[161] 단체의 설립자는 루시아 산체스 사오르닐(Lucía Sánchez Saornil)과 메르세데스 코마포사다(Mercedes Comaposada), 암파로 포치였다.[162]

이들이 단체를 구상한 것은 1933년 무렵이었다. 마드리드에서 열린 노조 집회에서 남성 아나키스트들이 여성에 대해 비아냥거리는 것을 목격한 코마포사다가 산체스 사오르닐과 문제를 공유하고 대책을 논의하다가 이를 구상하게 되었다. 그러니까 여성 아나키스트들이 별도의 독립 단체를 꾸린 것은 바로 남성 아나키스트들의 태도 때문이었다.

이 단체에 가입한 여성들의 가입 동기도 다를 바 없었다. 더 나은 사회를 위한 투쟁은 남녀 모두의 공동 투쟁이기 때문에 여성 별도의 단체를 꾸려서는 안 된다고 생각하던 사라 베렝게르(Sara Berenguer)가 '자유여성'에 가입하게 된 것도 남성 아나키스트들의 이러한 태도 때문이었다. 그녀는 자신이 생각을 고쳐먹게 된 계기를 이렇게 회상했다.

사무실 입구 양쪽에 각 지부의 활동을 알리는 게시판 내지는 칠판 두 개가 설치되어 있었다. 하나는 자유지상청년단(Juventudes Libertarias)의 것이었고, 다른 하나는 '자유여성'의 것이었다. 내가 입구로 들어설 당시 청년들이 공고문을 읽고 있었다. '자유여성' 지역연맹 대표위원인 콘치타 기옌이 그날 오전에 집담회를 주최했다는 내용이었다. 그들은 연사가 여성이라는 대목을 읽더니 여성의 일을 (마치 어린아이 엉덩이 닦기나 요리 외에는 달리 할 일이 없다는 듯이) 조롱하면서 비웃었다. 화가 치밀어 올랐다.

---

161) 이 단체에 관해서는 황보영조, 《〈자유여성〉의 설립과 성 문제》, 《서양사론》, 97(2008) 참조.
162) 코마포사다는 특정 개인의 권력이나 권위를 거부하려는 생각에서 자신들을 결코 '설립자'로 부르지 않았다. 다만 창시자라고 생각했다. Martha A. Ackelsberg, *Free Women of Spain. Anarchism and the Struggle for the Emancipation of Women*, 2nd edition (Oakland, 2005), p.29.

(……) 수많은 생각이 교차했다. 마음이 들끓었고 고삐 풀린 남성우월주의가 생각났다.[163]

이는 자유지상청년단 단원이던 베렝게르가 1937년 어느 날 '자유여성'이 주최한 모임에 참석하면서 겪은 일이었다. 토론이 끝날 무렵 여성 동지들이 지역연맹 회의에 파견할 대의원으로 자신을 선출하자 베렝게르는 대의원직을 수락하고 '자유여성' 지역연맹 회의에 참석했다. 나중에는 카탈루냐 '자유여성'의 선전 담당 서기를 지냈다.

그런가 하면 바르셀로나에서도 아나키즘 성향의 여성 집단이 생겨났다. 전노련 활동에 적극적이던 솔레닷 에스토라크(Soledad Estorach)가 1935년에 '여성문화모임'(Grupo Cultural Femenino)을 설립했다.[164] 남녀평등을 지향하는 '여성문화모임'에는 젊은 여성들이 주로 참여했다. 단체 설립에 대한 반응은 '자유여성' 설립에 대한 반응과 유사했다. 남녀 가릴 것 없이 일부는 열광적인 반응을 보였고, 다른 일부는 모호한 반응을 보였다. '분리' 집단이 출현한 데 대한 두려움을 표시하는 단체들도 있었고, 여성들이 '페미니즘'의 위험에 빠지고 있다는 주장을 제기하며 반대하는 이들도 있었다.[165]

마드리드의 '자유여성'과 바르셀로나의 '여성문화모임'이 통합하게 된 것은 1936년 9월 무렵이었다. 나중에 '자유여성' 카탈루냐 지방위원회의 서기를 맡게 되는 콘치타 리아뇨(Conchita Liaño)의 친구 마르티네스가 두 단체 사이에 다리를 놓았다. 마르티네스의 요청으로 바르셀로나를 방문한 코마포사다가 '여성문화모임' 지역집회에 참석해 '자

---

163) Sara Berenguer, *Entre el sol y la tormenta*, 2ª edición (Valencia, 2004), pp.114-116.
164) Antonina Rodrigo, *Una mujer libre. Amparo Poch y Gascón, médica y anarquista* (Barcelona: Flor del Viento, 2002), pp.95-96.
165) Martha A. Ackelsberg, *Free Women*, p.124.

유여성'의 사역을 소개했다. '자유여성' 단체를 알게 된 카탈루냐 여성들은 양 단체의 상관성을 인식하고 총회를 열어 '자유여성' 가입과 명칭 개정을 가결했다. 그리고 단체 이름을 자유여성연맹(Agrupación Mujeres Libres)으로 개정했다. 이렇게 하여 '자유여성' 전국연맹의 길이 열리게 되었다.[166]

'자유여성'은 1937년 8월 20일 발렌시아에서 제1회 '자유여성' 전국대회를 열고 전국 조직을 체계적으로 갖추었다. 지역연맹과 주연맹, 지방연맹을 나누고, 주위원회와 지방위원회, 전국위원회, 전국부위원회를 구성했다. 전국부위원회에는 사무총장을 두고 조직, 정치·사회, 경제·노동, 문화선전·언론, 사회구제 등의 사무국을 설치했다. 자유여성 전국연맹이 이렇게 출범되었다.[167] 대회는 자유여성연맹 국제연합을 창설할 계획까지 세웠다.

이렇게 출범한 자유여성연맹이 다음 2년 동안 공화 진영 전역으로 확대되었다. 연맹이 가장 많은 지방은 카탈루냐였다. 바르셀로나 시를 제외한 시군에 40개 연맹이 구성되었다. 마드리드에는 도심 지역에 구성된 15개 연맹 외에도 13개 지구에 연맹이 조직되었다. 레반테 지방에도 28개 연맹이 창설되었고, 아라곤에는 14개 연맹들이 지방연맹을 구성했다. 이렇게 구성된 자유여성연맹은 모두 147개에 달했다. 2만여 명에 달하는 회원들 대다수는 노동자들이었다.[168]

'자유여성'은 여성 노동자의 해방을 최고의 목적으로 삼았다. 이를

---

166) Martha A. Ackelsberg, *Free Women*, pp.124-125; Antonina Rodrigo, *Una mujer libre*, pp.97-98.

167) 여기서는 이를 편의상 〈자유여성연맹〉 또는 〈자유여성〉이라 칭한다. 다른 연구자들도 이 두 명칭을 혼용하고 있다.

168) Mercedes Comaposada, "Origen y actividades de la agrupación de Mujeres Libres," *Tierra y Libertad*, 27 de marzo de 1937; Mary Nash, *"Mujeres Libres": España, 1936-1939*, 2.ª edición (Barcelona: Tusquets, 1976), p.14.

위한 투쟁은 이중적인 투쟁이었다. 한편으로는 남성들과 마찬가지로 기존의 사회경제 체제를 전복한 다음에 계급 착취가 없는 자유지상 코뮌 사회를 수립하는 사회 투쟁을 펼치고, 다른 한편으로는 남성들과 달리 여성의 착취를 종식시키기 위한 투쟁을 벌여 나가야 한다. 후자는 여성해방 투쟁이 된다.[169] 이 투쟁을 위해 여성들의 역량 강화가 필요했고 여성들을 준비시킬 필요가 있었다. 여성들이 "미래사회를 건설하는 데에 이바지하고" "맹목적 추종이 아니라 스스로 결정하는 법을 배우도록" 그들의 역량을 강화할 필요가 있었다.[170] 여성 아나키스트들이 잡지 《자유여성》을 발행한 것은 바로 이러한 목적에서였다. 노동계급 여성들에게 자유지상주의 사상에 대한 의식을 일깨워 주기 위함이었다.[171]

젠더에 대한 '자유여성'의 인식은 어떠했을까? 이 문제에 관해서는 1935년 9월과 10월에 《노동자연대》를 통해 벌어진 지상 논쟁을 참고할 필요가 있다. 저술가이자 시인인 루시아 산체스 사오르닐과 전노련 서기 마리아노 로드리게스 바스케스(Mariano Rodríguez Váquez) 사이에 젠더, 곧 여성의 역할 문제를 놓고 논쟁이 벌어졌다. 이 논쟁은 바스케스가 두 편의 글을 게재하고 산체스 사오르닐이 다섯 차례에 걸쳐 반론을 전개하는 것으로 이루어졌다.[172]

---

169) Ilse, "La doble lucha de la mujer," *Mujeres Libres*, VIII mes de la Revolución.

170) Comité Nacional de la Federación Nacional 'Mujeres Libres', "Anexo al informe que la federación Mujeres Libres eleva a los comités superiores del movimiento libertario y al pleno del mismo" (Barcelona, octubre de 1938), Instituto Internacional de Historia Social/CNT: 40.c.4.

171) 《자유여성》 편집자들이 아나키즘 지도자 엠마 골드만(Emma Goldman)에게 보낸 1936년 4월 17일자 편지(Archivo Histórico Nacional/Sección Guerra Civil-5, P.S. Madrid: 432. 잡지는 모두 14집까지 편집되었지만 마지막 집은 빛을 보지 못했다. 14집의 원고가 인쇄될 무렵 바르셀로나에 내전이 들이닥쳤다.

172) Mariano Vázquez, "Mujer: factor revolucionario," *Solidaridad Obrera*, 18 de septiembre de 1935; "Avance: Por la elevación de la mujer," *Solidaridad Obrera*, 10 de octubre de 1935; Lucía Sánchez Saornil, "La cuestión femenina en nuestros

바스케스는 먼저 아나키즘 내부에서 벌어진 여성 문제에 공감을 표시했다. 여성들이 역사의 주체인데 현대 에스파냐 여성은 사실상 노예로 전락해 있다고 그는 지적했다. 그 이유는 다름 아니라 남성에 대한 경제적 종속에 있다. 이를 극복하기 위해서는 여성이 남성과 더불어 사회변혁에 동참해야 한다. 모든 사람이 경제적 독립을 보장받는 새로운 사회를 건설할 때 여성도 남성의 횡포로부터 자신을 해방시킬 수 있을 것이다. 이것이 그의 논지였다.

이에 대해 산체스 사오르닐은 아나르코생디칼리스트들 대부분이 여성 참여를 독려하는 데에 별다른 관심이 없어 보인다고 지적했다. "공장과 학교, 문예원, 가정 등 여성들을 조직할 환경은 다양하게 존재하는데 여성들이 운동에 충원되는 경우는 거의 없다. 이것은 그에 대한 남성들의 관심이 결여되어 있음을 반증한다. 따라서 여성을 위한 진정한 선전 활동은 여성을 대상으로 할 것이 아니라 남성을 대상으로 해야 한다"고 그녀는 주장했다. 곧 "사회를 개혁하기 이전에 가정을 개혁하는 편이 낫다"는 것이다.

산체스 사오르닐은 이어서 여성 고유의 역할이 어머니와 아내라는 개념에 문제를 제기했다. 여성이 태어나서 임신하고 죽는 것으로 환원되고 말았다고 주장했다. 다시 말해 남성이 노동자이기 이전에 언제나 남성이듯이 여성이 어머니나 아내이기 이전에 언제나 여성이어야 한다는 것이다. 또한 여성이 남성보다 낮은 임금을 받는 것은 남성이 여성을 열등한 존재로 대우하기 때문이라고 했다.

바스케스는 상당수의 남성들이 가정에서 폭군 행세를 한다는 산체스 사오르닐의 지적에 동의하면서도 자신들의 권리를 주장하지 않은

---

medios," *Solidaridad Obrera*, 26 de septiembre, 2, 9, 15, 30 de octubre de 1935. 이 내용은 Martha A. Ackelsberg, *Free Women*, pp.126-128에도 잘 정리되어 있다.

여성들에게도 책임이 있다고 반박했다. 게다가 남성들이 여성을 동등하게 대우하지 않은 것이 사실일 수 있지만 특권을 유지하려는 것은 '단지 인간적인 것'일 뿐이라고 변명했다. 그러면서 남성들이 자신들의 특권을 자발적으로 포기하지는 않을 것 같으니 여성들의 해방은 여성들 자신의 작업이어야 한다고 외치라고 항변했다.

이에 대한 산체스 사오르닐의 반응은 날카로웠다. "그들(남성들)이 그들의 특권을 유지하는 것이 '퍽 인간적인' 것일지 모르지만 (그들을) '아나키스트'라고 부를 수는 없다"고 비판했다. 그러면서 남녀 모두를 위한 미래 사회를 건설하는 일에 남성과 여성이 동등하게 참여해야 한다고 강조했다.

여성 해방과 미래 사회 건설을 위한 여성의 역할에 대한 견해가 두 사람 사이에 이렇듯 서로 달랐다. 이러한 견해 차이가 비단 두 사람에 국한되지는 않았을 것이다. 일부 여성 아나키스트들이 독자적인 '자유 여성'을 구상하게 된 배경이 여기에 있다고 볼 수 있다.

7장

내전과 혁명

1936년 7월 19일

1936년 7월 19일은 일요일. 바르셀로나 수비대가 도심으로 진입했다. 새벽 네 시도 채 되지 않은 이른 시간이었다. 이틀 전인 7월 17일 에스파냐령 모로코에서 시작된 군사쿠데타의 물결이 바르셀로나에 들이닥친 것이다. 하지만 이들은 곧 카탈루냐 자치정부의 명령을 따르는 치안 부대들에 의해 격퇴되었다. 전노련과 이아연이 주도하는 좌파 인사들과 노동자 대중도 이들을 물리치는 데 합세했다.[1]

7월 19일과 20~21일에 걸친 이 사건에서 반란군의 피해는 생각보다 적었다. 반면에 치안 부대들과 노동자 대중의 사상자는 257명에 달했다. 사상자들의 대다수는 노조원들과 좌파 정치인들이었다. 카탈루냐 지방의 사망자 수는 모두 450명 정도였다.

---

1) 군사 반란은 마드리드와 발렌시아, 바스크, 안달루시아, 엑스트레마두라 등의 다른 지역에서도 곧 진압되었다. 반란군 지원 세력이 적었기 때문이다.

반란군을 물리친 이들의 영웅적인 시가전은 팔랑헤당원 루이스 로메로(Luis Romero)가 쓴 르포 소설 《7월의 3일》[2]에 잘 묘사되어 있다. 아벨 파스(Abel Paz)라는 필명으로 잘 알려진 아나키스트 디에 고 카마초(Diego Camacho)도 1936년 7월 19일의 사건을 다루었다. 그는 1967년에 출간한 책 《혁명의 패러다임》[3]에서 이 사건이 두 가지 면에서 내전의 전개에 영향을 끼쳤다고 주장하고 있다. 법치국가의 와 해와 아나키스트들의 길거리 장악이 그것이다. 공권력이 해체되고 치 안 부대가 혼란에 빠지면서 법치국가의 질서가 무너졌고 산 안드레우 병영의 무기고를 장악하면서 아나키스트 세력이 전보다 더욱 우세하 게 되었다는 것이다.[4]

어찌됐건 이 사건으로 이제 내전과 사회혁명이 시작되었다. 아나키 즘 역사가 세사르 로렌소는 혼란스럽고 들뜬 당시의 분위기를 이렇게 서술했다.

기쁨의 절규, 경적 소리, 크고 작은 깃발들의 물결, 적색과 흑색의 스카 프를 목에 두른 사람들, 탈취한 자동차와 벽에다 커다랗게 써 놓은 전노 련-이아연, (……) 전례 없는 자유로움으로 축제가 시작되었다. 하지만 감 정싸움도 있었다. 반파시즘의 승리에 뒤이어 협박, 우익 인사들과 부르주 아들에 대한 즉결처형, 사제 납치, 수도원과 교회 방화가 잇따랐다. (……) 넥타이와 예쁜 모자가 사라지고 모든 사람들이 작업복을 입었다. 불그스 레한 혁명의 여명이 밝아 왔다. 대중들의 주도와 젊은이들의 열정으로 낡

2) Luis Romero, *Tres días de julio* (Madrid: Editorial Ariel, 2014).
3) Abel Paz, *Paradigma de una revolución (19 de julio 1936, en Barcelona)* (Paris: Asociación Internacional de los Trabajadores, 1967). 이 책은 2005년에 《에스파냐 내전: 혁 명의 패러다임》이란 제목으로 다시 출간되었다[Abel Paz, *La guerra de España: Paradigma de una revolución* (Flor del Viento, 2005)].
4) Josep Termes, *Historia del anarquismo*, pp.507-508.

은 제도가 폐지되고 불합리한 금기나 낡은 관습이 사라지며 새로운 사회가 부상하고 있다는 생각을 하게 되었다.[5]

축제와 같은 혁명의 분위기와 무질서, 미래 사회에 대한 기대가 압축적으로 잘 드러나 있다. 특히 내전 초기 몇 달 동안에는 권총 테러가 잦았다. 심지어 아나키스트 조안 페이로가 혁명을 욕보이는 행위라고 비난할 정도로 심각했다.[6] 보수 인사들과 사제들이 암살의 대상이었는데 희생자들 상당수가 사실은 군사 반란과 아무런 상관이 없었다. 흔히 이들의 죽음을 자유지상주의자들의 탓으로 돌리곤 하는데, 아나키스트들의 소행이 어느 정도이고 다른 정치 세력의 책임은 얼마 정도인지 가늠하기란 사실 쉽지 않다.

법치국가가 자취를 감추고 의회민주 공화국의 제도와 가치가 혁명의 물결 속에 잠겨 버렸다. 다른 곳보다 카탈루냐에서 이런 분위기가 더욱 분명하게 드러났다. 요컨대 내전이 혁명을 수반하게 된 것이다.

이렇게 시작된 혁명에 대해 조제프 테르메스는 두 가지 사실을 지적한다.[7] 첫째로, 혁명은 그 기운이 무르익은 가운데 일어난 것이 아니라는 사실이다. 그러니까 결국에는 대대적인 사회변혁으로 이어질 점진적 발전이 없었다는 얘기이다. 혁명은 사실 반민주적 군사 반란으로 생겨난 파국에서 시작되었다. 공권력을 해체하고 기성 사회의 메커니즘과 규범을 무너뜨리며 새로운 사회를 수립하려는 일부 대중들의 혁명적 시도가 이때부터 시작되었다. 둘째로, 전면적인 내전과 반파시즘 투쟁 속에서 유력자들의 반대를 무릅쓰고 혁명을 지속하기는 어렵다.

---

5) César M. Lorenzo, *Le Mouvement anarchiste en Espagne. Pouvoir et révolution sociale* (Toulouse, 2006). Josep Termes, *Historia del anarquismo*, p.509에서 재인용.
6) Joan Peiró, *Perill a la rereguarda* (Mataró, 1936).
7) Josep Termes, *Historia del anarquismo*, pp.515-516.

게다가 혁명을 이끌어 갈 패권주의적 운동도 없었고 구체적인 혁명의 방향도 없었다.[8] 그것이 전적으로 타당해 보이지는 않지만, 이러한 테르메스의 지적은 혁명이 갑작스럽게 시작되었고 매우 불안정했다는 점을 파악하는 데 도움을 준다.

1936년 7월에서 1939년 3월에 이르는 시기는, 비록 정권의 권력과 제도가 형식적으로 유지되기는 했지만 엄밀히 말해 의회민주 공화국의 연속은 아니었다. 카탈루냐에는 물론이고 에스파냐 전역에 새로운 정권들이 들어섰다. 마을과 구, 시에 각종 위원회들이 들어섰다. 정당과 노조들이 억압 기구를 설치하고 계급과 종교의 적들을 소탕했다. 치안 유지가 불가능했고 언론 활동도 자유롭지 못했다. 1936년 7월 이후 수개월 동안 한편으로는 새로운 혁명 세력과 다른 한편으로는 민주적이고 대의제적인 질서를 복구하고 유지하려는 세력 사이에 갈등이 드러나기 시작했고 시간이 갈수록 그 갈등이 더 깊어졌다. 아나키스트들과 반스탈린주의자들[9]은 전자에 속했고, 공화주의 정당들과 카탈루냐 지역 정당들, 사회노동당과 일부 노총련 세력, 차츰 두각을 나타내기 시작한 공산주의자들은 후자에 속했다.

1936년 10월 말에 카탈루냐 지방정부가 후방의 무기 수거령을 내렸지만 별다른 효과를 거두지는 못했다. 1937년 2월에는 공화국 정부가 후방에서 인가를 받지 않은 자들이 소유하고 있던 권총과 소총, 기관총을 강제 수거하는 작업에 직접 나섰다. 1937년 3월에는 카탈루냐 지방정부가 치안국(Departamento de Orden Público) 설치령을 공포하

---

8) 그 근거로 그는 다음 두 가지를 지적했다. 첫째로, 주도 세력이 이념이 서로 다른 아나키스트들과 사회주의자들, 공산주의자들로 구성되어 있었다. 둘째로, 가장 적극적인 아나키스트들조차 혁명을 안착시킬 구체적 방안을 지니고 있지 못했고, 카탈루냐나 발렌시아 이외의 지역에서는 그들이 소수에 불과했다. Josep Termes, *Historia del anarquismo*, p.516.

9) 반스탈린주의를 지향하는 마르크스주의통일노동자당(POUM, Partido Obrero de Unificación Marxista) 세력을 일컫는다. 이하에서는 반스탈린주의자들로 옮긴다.

고 지방정부 산하에 단일 치안 부대를 창설하여 이른바 '통제 불능자들'(incontrolados)을 제압하는 일에 뛰어들었다. 이러한 치안 유지 조치들에 대해 바르셀로나 아나키스트연맹, 특히 자유지상청년단은 강하게 반발하고 나섰다.

반파시즘민병대중앙위원회 창설과 이원정부

전노련과 이아연 조합원들도 1936년 7월 19일 바르셀로나에서 군사 반란을 물리치는 데 앞장섰다. 그들은 돌격대와 치안대의 지원을 받으며 반란군을 물리치고 병영의 무기고를 점령했다. 7월 20일에는 바르셀로나 시를 장악하고 카탈루냐의 다른 지역들도 수중에 접수했다. 이렇게 반란군을 물리치고 난 카탈루냐노동연합은 이제 두 갈래 갈림길에 놓였다. 자신들이 장악한 카탈루냐에서 아나키즘 혁명을 실시할 것인가, 아니면 무능력한 정부와 협력할 것인가? 그들이 어떤 길을 선택하든지 간에 그 파장은 무척 클 것이었다.[10]

우선 협력 가능성을 타진하기 위해 가르시아 올리베르가 동지 두 명과 함께 지방정부 청사를 방문했다. 지방 총리 콤파니스와 면담하기 위해서였다. 수염이 더부룩한 채 소총과 권총을 들고 찾아온 이들 아나키스트 대표단 앞에서 콤파니스는 전노련과 이아연이 바르셀로나 시와 카탈루냐 지방의 주인임을 인정했다. 그들이 파시즘 군대를 물리쳤다고 말했다. 그러면서 만약에 자신을 지방 총리로 인정하지 않는다면 반파시즘 투쟁에 백의종군할 것이고, 만약에 그것을 인정해 준다면 자신의 이름과 명예를 걸고 반파시즘 투쟁에 최선을 다겠다고 말

---

10) John Brademas, *Anarcosindicalismo y revolución*, p.117.

했다.[11]

가르시아 올리베르 일행이 콤파니스와 면담을 마치고 옆방으로 갔다. 그곳에는 반파시즘 단체들 대표들이 모여 있었다. 콤파니스의 요청으로 회동하게 된 것이다. 그때 카탈루냐공화좌파(ERC) 지도자가 반파시즘민병대중앙위원회(El Comité Central de Milicias Antifascistas, 민병대위원회로 줄임) 구성을 제안했다. 카탈루냐의 치안을 확보하고 아라곤 지방의 반란군을 진압하는 데 동원하자는 취지에서였다. 이 제안에 대해 가르시아 올리베르는 아나키스트들의 입장을 대변하여 다음과 같이 말했다.

전노련과 이아연은 혁명적 전체주의를 포기하고 협력과 민주주의를 선택하기로 결정했습니다. (카탈루냐)노동연합의 아나키즘 독재가 혁명의 목을 졸라 죽일 것이기 때문입니다. 우리는 카탈루냐 민주주의를 대변하는 자와 그의 말을 믿었고 콤파니스를 지방정부의 총리로 인정했습니다. 민병대위원회를 수용하고 그 기구를 구성할 세력들 간의 비율을 설정했습니다.[12]

가르시아 올리베르는 이러한 내용을 1936년 7월 21일에 열린 전노련 카탈루냐 지방총회에 보고했다. 카탈루냐노동연합 총회는 이때 중대한 결정을 내렸다. 반란군 수중에 들어간 지역을 수복할 때까지 더 이상 자유지상 코뮌주의를 거론하지 않기로 했으며, 민병대위원회 창설 동의를 추인하고 그것을 구성하는 노조 및 정당들과 협력하기로

---

11) Juan García Oliver, "El comité central de las milicias antifascistas de Cataluña," *Solidaridad Obrera*, 18 de julio de 1937.
12) Juan García Oliver, "El comité central."

결정했다.[13] 이는 사회혁명의 잠정 중단을 의미했기 때문에 매우 중대한 결정이었다. 사회혁명과 민병대위원회 창설의 갈림길에서 카탈루냐 노동연합이 후자의 길을 선택한 것이다.

이렇듯 아나키스트들이 카탈루냐의 반파시즘민병대위원회를 구성하는 데 동의하자 더 기다릴 것도 없었다. 반파시즘 단체 대표들은 곧바로 민병대위원회를 구성했다. 민병대위원회는 전노련 대표 3인(두루티, 가르시아 올리베르, 호세 아센스), 이아연 대표 2인(아밧 데 산티얀, 아우렐리오 페르난데스), 카탈루냐공화좌파와 공화연합(Unión Republicana) 대표 4인, 노총련 대표 3인, 카탈루냐통합사회당(PSUC, Partido Socialista Unificado de Cataluña) 대표들로 구성되었다.

이제 카탈루냐에는 이원정부제가 시작된 것이나 다름없었다. 아나키스트들은 민병대위원회를 진정한 정부로 생각하고 카탈루냐 지방정부를 형식적 정부로 간주했다. 그런가 하면 카탈루냐 지방정부는 그 나름대로 민병대위원회를 임시 기구로 보고 정부 부처의 기능을 회복할 기회를 엿보고 있었다.[14] 내전 초기에는 실제로 민병대위원회가 모든 업무를 도맡아 처리했다. 이를 위해 위원회는 산하에 여러 소위원회를 설치했다. 가장 중요한 소위원회는 전쟁소위원회였고 전쟁소위의 위원장은 가르시아 올리베르가 맡았다.[15] 아나키스트들은 이렇듯 민병대위원회의 주도권을 쥐고 있었다.

---

13) 바호요브레갓(Bajo Llobregat) 군만 이 협력에 반대 의사를 표시했다. 지방총회의 토론 과정에 관해서는 Josep Termes, *Historia del anarquismo*, pp.521-523을 참고하라.

14) Josep Termes, *Historia del anarquismo*, p.524; Ángel Orrosio y Gallardo, *Vida y sacrificio de Companys* (Buenos Aires, 1943), p.172. 아밧 데 산티얀도 민병대위원회가 전시 상황에서는 전쟁부와 내무부, 외교부 등의 기능을 한 것으로 파악했다(Diego Abad de Santillán, *Por qué perdimos*, p.70).

15) 전쟁소위는 다시 보건위원회와 보급위원회로 나뉘었다. "Le rôle du comité central des milices antifascistes," *La Révolution Espagnole* (semanario del POUM en Barcelona), 10 de septiembre de 1936.

민병대위원회 산하에는 사상범, 곧 파시스트를 색출하기 위한 진상조사위원회도 설치되었다. 진상조사위는 이를 위해 순찰대(Patrullas de control)를 구성하여 운영했다. 1936년 11월 현재 순찰대원들은 무려 1,500명에 달했고 대다수는 물론 아나키스트였다.[16] 이들은 테러나 약탈 같은 반혁명 활동을 저지하기도 했다.

아나키스트들이 바르셀로나를 확실하게 장악하게 되자 일부 전노련 민병대원들은 심지어 바르셀로나지방법원에까지 진입했다.[17] 자유지상주의자들과 매우 가까운 변호사이자 카탈루냐공화좌파 정치인인 앙헬 삼블란캇이 전노련 대표 두 명과 더불어 카탈루냐 고등사법위원회(Comité superior de Justicia de Cataluña)를 구성했다. 이렇게 구성된 고등사법위원회의 임무는 다름 아니라 군사 반란 지원자들을 재판하는 일이었다.[18]

카탈루냐 지방정부는 또 1936년 8월 17일에 법무국을 신설하는 법령을 공포했다. 사회문제 관련 재판을 검토할 법무국(Oficina Jurídica)의 초대 국장은 삼블란캇이 맡았다.[19] 그해 9월 말에 법무국이 다루어야 할 사건은 하루 수백 건에 달할 정도였다. 전노련이 전하는 정보에 따르면 항소를 제기한 원고들 대부분은 노동자들이었고 대다수는 그 결과에 만족했다고 한다.[20] 하지만 법무국은 겨우 80일 정도밖에

---

16) Hans Erich Kaminski, *Ceux de Barcelone* (Paris: Editions Denoël, 1937), pp.233-236; Franz Borkenau, *The Spanish Cockpit* (Ann Arbor: University of Michigan Press, 1963), p.182.

17) 여기 소개하는 사법 활동의 내용은 John Brademas, *Anarcosindicalismo y revolución*, pp.120-122를 참고했다.

18) José Peirats, *La CNT*, vol. III, pp.106-111; John Brademas, *Anarcosindicalismo y revolución*, pp.120-121.

19) 삼블란캇은 이어서 특별재판(Tribunal Extraordinario)의 재판장을 맡아 고뎃(Goded) 장군과 페르난데스 부리엘(Fernández Burriel) 장군을 비롯한 군사 반란에 가담한 장교들을 재판하여 사형을 구형하기도 했다.

20) *Boletín de Información CNT, AIT, FAI*, 9 de septiembre de 1936.

존속하지 못했다. 이 기간 동안에 법무국은 무려 6천 건에 달하는 소송을 다루었다.[21]

같은 해 8월 말 바르셀로나에서는 특별인민재판(Tribunal Popular Especial)이 열렸다. 군사 반란 관련 범죄를 다루는 재판이었다. 배심원단은 노동자들로 구성되었다.[22] 배심원들은 절차나 규정을 따르지 않았다. 판결은 엄중했고[23] 항소의 여지도 없었다. 그렇다고 해서 재판이 맹목적으로 진행된 것은 아니다. 자유주의 법률가 앙헬 오소리오의 주장에 따르면 피고가 변호를 받을 수 있었다.[24] 그해 10월에는 카탈루냐에 인민재판이 일곱 차례나 더 열렸다. 이때는 반혁명 군사 활동 이외에 정치 범죄도 다루었다.

혁명 세력은 또한 안전위원회도 창설했다. 민병대위원회 산하에 있던 진상조사위가 이때부터 안전위원회의 관리를 받게 되었으니 안전위원회의 권한이 막강했음을 알 수 있다. 하지만 그것은 라르고 카바예로가 총리 겸 전쟁부 장관직에서 물러나는 1937년 5월까지였다. 시간이 지나면서 그 기능이 차츰 국가기구로 귀속되었다. 이것은 전노련-이아연 세력이 카탈루냐 지방정부에는 물론 중앙정부에 참여하면서 진행되었다. 존 브레이드마스가 지적한 대로, 아나르코생디칼리스트들의 정치 참여는 마치 트로이의 목마와 같았다. 그들이 바란 대로 전노련의 카탈루냐 지방정부 활동 참여가 권위를 드높여 주기는 했지만 결국에는 지방정부의 권한을 회복시켜 주는 결과를 블러오고 말았던 것이다.[25] 카탈루냐 지방정부는 1936년 10월에 이미 아나키스트들의 수중에 있던 사법과 치안에 관한 관할권을 차츰 회복하기 시작

---

21) Frank Jellinek, *The Civil War in Spain* (London, 1938), p.450.
22) Hans Erich Kaminski, *Ceux de Barcelone*, pp.130-134.
23) 네 차례나 사형 판결을 내렸다.
24) Ángel Ossorio, *Vida*, p.246.
25) John Brademas, *Anarcosindicalismo y revolución*, p.122.

했다. 11월 20일에는 카탈루냐 지방정부가 법무국을 해체했다. 아나르코생디칼리스트들은 1936년 7월과 8월에 행사했던 자신들의 지배권을 결코 다시 누리지 못했다.

다른 한편으로 민병대위원회가 창설되기 전에 이미 상당수의 지역에는 지역위원회(comité local)가 구성되었다. 카탈루냐의 도시와 마을에는 물론이고 공화 진영 상당수의 도시와 마을에도 위원회가 들어섰다. 이른바 혁명위원회로도 불리는 이 지역위원회는 지역이나 주도 세력에 따라 매우 다양했다. 지역위원회는 민병대위원회가 창설되자 긴밀하게 협력하면서 종전에 자치단체에 속한 행정, 경제, 문화, 군사 기능들을 도맡았다. 그런데 이 지역위원회들도 1936년 12월과 그 이듬해 1월에 걸쳐 해체되게 된다.[26]

지역위원회는 그것이 존속한 시기에 정치군사적 측면에서 해당 지역민의 삶에 커다란 영향을 미쳤다. 지역위원회의 위원들은 노동자총회에서 선출되었다. 이것은 마치 인민민주주의의 본질을 보여 주는 것 같았다. 하지만 각 지역위원회는 저마다 해당 지역의 정치적 세력 관계를 반영한 것으로 보인다. 이를테면 바르셀로나에서 70킬로미터 정도 떨어진 빅(Vic)의 지역위원회는 이아연과 차지농연맹, 노총련, 마르크스주의통일노동자당, 카탈루냐공화좌파의 대표 각 1명과 전노련 대표 2명으로 구성되었다.[27] 그런가 하면 카탈루냐 북동부에 위치한 푸체르다(Puigcerdà)의 지역위원회는 카탈루냐공화좌파와 전노련, 노총련, 공산당 위원들로 구성되었다.[28] 카탈루냐공화좌파 위원 2명과 마르크스주의통일노동자당 위원 1명, 카탈루냐사회주의동맹 위원 1명, 노

<hr />

26) 반면에 카탈루냐에서는 아나키스트들의 세력이 약화되는 1937년 5월까지 지역위원회가 존속된다.

27) *Boletín de Información CNT, AIT, FAI*, 4 de agosto de 1936.

28) John Langdon-Davies, *Behind the Spanish Barricades* (London, 1936), pp.108-109.

총련 위원 1명, 전노련-이아연 위원 5명으로 구성된 타라고나의 발스(Valls) 지역위원회는 9월 말에 지역에 거주하는 '반란자와 성직자' 소유의 건물들을 수용하고 그것을 학교와 협동조합, 노조, 정당, 소위원회에 불하해 주었다.[29] 이러한 지역위원회들(또는 혁명위원회들)의 구성과 활동은 1936년 여름과 가을의 혁명을 이해하는 데 매우 중요하다. 하지만 안타깝게도 그것들이 단기간 존속한데다가 관련 자료도 거의 없어 그 실상을 제대로 알기가 어렵다. 확실한 것은 여기서도 아나키스트들이 주도권을 장악했다는 사실이다. 그들의 권력에 대항할 지역 세력은 거의 없었다. 하지만 전선에 무기가 부족하고 후방의 경제 혁명이 실패로 돌아가게 되자 아나키스트들의 세력은 차츰 약해졌다. 이런 아나키스트 세력을 무력화시키는 데 결정타가 된 것은 친공산주의 성향을 보인 후안 네그린(Juan Negrín) 정부의 공략이었다.[30]

민병대 조직과 활동

다른 한편 후방에서 혁명을 도모하던 아나키스트들이 전방에서는 공화군 전선을 유지하는 일을 떠맡았다. 내전 초기 민병대위원회가 당면한 시급한 과제는 아라곤 전선에서 싸울 부대를 조직하는 일이었다. 이 무렵 아라곤 지방의 대부분과 그 수도 사라고사가 이미 반란군의 수중에 들어가 있었다. 사라고사는 에스파냐에서 아나키즘이 가장 우세한 지역 가운데 한 곳이었으며 카탈루냐를 공격하기에 좋은 거점이기도 했다.[31]

---

29) *Boletín de Información CNT, AIT, FAI*, 26 de septiembre de 1936.
30) 마누엘 아사냐는 1937년 5월에 사회노동당의 후안 네그린을 총리에 임명했다.
31) 이하 민병대의 조직과 활동에 관해서는 황보영조, 〈에스파냐 내전 초기 아나키스트들의 군

아라곤 지방에 무장 부대를 파병하는 작업은 앞서 얘기한 대로 아나키스트들이 주도하는 민병대위원회가 맡았다. 민병대위원회는 곧 아라곤 지역의 반란군과 싸울 민병대를 조직하는 작업에 착수했다. 이를 위해 가르시아 올리베르는 1936년 7월 22일 바르셀로나라디오 방송에 출연해 민병대 모집을 알리는 방송 연설을 했다.[32]

첫 번째 민병대는 7월 24일 오전 10시 바르셀로나의 파세지데그라시아(Passeig de Gràcia)에 소집되었다.[33] 민병대위원회의 기대와 달리 이날 모인 민병대원 수는 몇 천 명밖에 되지 않았다. 대부분 군 경력이 전무한 사람들이었다. 그들 가운데서 병역 의무를 마친 사람이나 참전 경력이 있는 자를 지휘관으로 세웠다. 하지만 소총을 쏴 본 적이 없기는 그들도 마찬가지였다.[34]

첫 번째 민병대 부대를 이끈 사람은 아나키즘 정치 지도자 부에나벤투라 두루티와 군사고문 엔리케 페레스 파라스(Enrique Pérez Farràs) 중령이었다. 부대 명칭은 두루티의 이름을 따서 '두루티 부대'라고 불렀다. 두루티는 처음에 바르셀로나 수비대원들 일부를 동원하려고 생각했다. 하지만 무슨 영문인지 그들이 동원되지는 않았다. 부대가 출정한 이후에도 모병 활동은 계속되었고 기존 군부대를 탈영해 자원 입대하는 병사들도 있었다.[35]

두루티 부대에 이어서 다른 민병대들도 조직되었다. 아나키즘 민병대로는 안토니오 오르티스(Antonio Ortiz)가 지휘하는 오르티스 부대, 도밍고 아스카소(Domingo Ascaso)가 지휘하는 아스카소 부대, 제르

사 활동), 《역사와 경계》, 79(2011), pp.260-286을 수정·보완하여 실었다.
32) Juan García Oliver, *El Eco de los Pasos*, p.196.
33) Diego Abad de Santillán, *Por qué perdimos*, p.84; Abel Paz, *Durruti*, p.397.
34) Robert J. Alexander, *The Anarchists in the Spanish Civil War* (London: Janus Publishing Company, 1999), p.160.
35) Lola Iturbe, *La mujer*, p.122.

미날 지 소우자(Germinal de Souza)가 지휘하는 티에라이리베르탓 부대(Columna Tierra y Libertad)가 창설되었다. 그밖에 카탈루냐공산당(PCC)과 카탈루냐통합사회당(PSUC)은 카를마르크스 부대를 조직했고, 공산당에서 갈라져 나온 마르크스통일노동자당은 레닌 부대를 파병했으며, 카탈루냐공화좌파는 마시아-콤파니스 부대를 조직했다. 내전 초기에 카탈루냐에서 파병된 이들 민병대원들의 수는 대략 3만 명 정도 되었다.[36)]

1936년 7월 26일 아라곤의 카스페 시를 점령한 두루티 부대는 북동쪽으로 진격해서 그 이튿날에는 부하랄로스를 비롯한 일부 도시들을 점령하고 그곳에 총사령부를 설치했다. 다른 민병대들은 에브로 강 동안의 아라곤 지역 대부분과 강 서안의 일부 지역을 점령했다. 기초적인 훈련만 받고 전투에 투입된 민병대원들이 거둔 성과 치고는 대단한 성과라고 할 수 있다.[37)]

그러나 1936년 가을 추수기에 접어들어 아라곤 전선은 교착상태에 빠졌다. 그러면서 부대 배치가 명확하게 드러났다. 프랑스와 인접한 국경에는 카탈루냐좌파의 민병대가 배치되었고, 그 남쪽에는 마르크스주의통일노동자당의 레닌 부대가 위치했다. 그 이남에는 아나키스트들의 아스카소 부대가, 그 왼쪽에는 아나키스트 청년들로 구성된 아길루초스 부대가 각각 자리를 잡고 있었다. 아길루초스 부대의 남쪽에는 카탈루냐통합사회당의 카를마르크스 부대가 있었고, 그 남쪽에는 마르크스주의통일노동자당의 마우린 부대가 있었으며, 그 왼쪽에 두루티 부대가 배치되어 있었다.

에브로 강 이남인 아라곤 남부 전선에는 오르티스 부대를 비롯해

---

36) Juan García Oliver, *El Eco de los Pasos*, pp.198-199.
37) Franz Borkenau, *The Spanish Cockpit*, p.85.

타라고나에서 조직된 페냘베르 부대와 메나 부대, 카탈루냐공화좌파의 마시아-콤파니스 부대가 위치했다. 마시아-콤파니스 부대 왼쪽에는 발렌시아 지방에서 온 이에로 부대(Columna de Hierro, 강철 부대)가 배치되어 있었다.

내전 초기 테루엘 전선에서 주요 활약을 펼친 이에로 부대는 다른 민병대들과 달리 레반테 지방에서 파병되었다. 레반테 지방에서도 민병대가 조직되었는데 이에로 부대와 토레스베네딕토 부대가 그것이다. 이에로 부대는 "매우 과격한 전노련 조합원과 이아연 조합원들"로 구성되었고, 토레스베네딕토 부대는 30인회와 관련이 있는 전노련 조합원들로 조직되었다.

카탈루냐에서 창설된 민병대들은 사실상 카탈루냐 지방정부 기능을 하는 민병대위원회의 지휘와 통제를 받았다. 민병대위원회가 그해 10월 1일자로 해체되면서부터는 카탈루냐 방위국의 지휘를 받았다. 카탈루냐 방위국은 여전히 전노련의 관리 아래 있었다. 가르시아 올리베르가 1936년 11월까지 국장을 맡았고, 그 후에는 후안 마누엘 몰리나(Juan Manuel Molina)가 1937년 5월까지 국장을 맡았다.[38] 하지만 바르셀로나를 비롯한 카탈루냐 일부 도시에서 '내전 속의 내전'[39]이 일어난 1937년 5월 이후에는 카탈루냐 지방정부가 아라곤 전선에 대한 통제권을 아예 상실하게 된다. 공화국 정부는 이 사건을 기해 카탈루냐 방위국의 해체를 지시하고 카탈루냐와 아라곤 지역의 군부대를 국방부 산하에 두었다.[40]

---

38) Juan García Oliver, *El Eco de los Pasos*, pp.285 y 292.
39) 공화국 중앙정부와 전노련이 충돌한 사건이다. 군사 반란 이후 포기해 온 중앙집권적 권력을 회복하려는 시도에서 공산당과 카탈루냐통합사회당의 지원을 받은 중앙정부가 아나키스트들과 트로츠키주의자들을 상대로 벌인 바르셀로나 시가전을 일컫는다.
40) 국방부 장관이 카탈루냐와 아라곤을 관할하는 동부군 사령관에 공산당 당원인 세바스티안 포사스(Sebastián Pozas) 장군을 임명했다.

여기서 유의할 점은 민병대들이 민병대위원회의 지휘 통제를 받던 시기에도 각 민병대는 주둔 지역에서 어느 정도 독립적인 지위를 누렸다는 사실이다. 부대마다 특정한 정치적 성향을 지니고 있었기 때문에 정치적 신념이 다른 부대들 사이에는 상당한 긴장감이 존재했으며 때로는 갈등이 발생하기도 했다. 이에 민병대위원회는 물론이고 그 뒤를 이은 방위국이 이따금씩 지휘 체계를 단일화하고 부대 통제를 강화하려고 시도했지만 모두 무위로 돌아갔다.[41]

민병대 부대의 지휘는 대개 정치인들이나 노조 지도자들의 몫이었다. 예외가 없지는 않지만 지휘관들은 대개 군 경험이 전혀 없는 자들이었으며 반군국주의자들이었다. 그래서 그들은 군 경력이 있는 자들을 대동하면서 지원을 받곤 했다.[42]

민병대는 사실 전통 군대의 계급이나 조직을 따르지 않았다. 초기 민병대 조직의 전형을 보여 준 민병대는 두루티 부대였다. 두루티 부대의 최고 의사결정 기구는 5인으로 구성되는 전쟁위원회였다. 25명으로 1개 그루포(grupo)를 편성하고, 4개 소대로 1개 센투리아(centuria)를 편성했다. 부대 규모가 가장 큰 아그루파시온(agrupación)은 5개 중대로 이루어졌다.[43] 그러니까 1개 센투리아는 100명으로 구성되었고 1개 아그루파시온은 500명으로 구성된 셈이다. 이들 각 단위 부대는 부대장을 두었는데 부대장은 병사들이 선출했다. 부대장은 언제라도 해임이 가능했으며 책임에 따른 특권이 수반되지는 않았다.[44]

민병대는 또한 전쟁위원회 예하에 군사·기술위원회를 두었다. 직업

---

41) Robert J. Alexander, *The Anarchists*, p.166.
42) Robert J. Alexander, *The Anarchists*, p.166.
43) José Mira, *Los guerrilleros confederales. Un hombre: Durruti* (Barcelona: Ediciones del Comité Regional de la CNT, 1938?), p.102.
44) Abel Paz, *Durruti*, p.407.

그림 17 아나키스트 여성 민병대원들

장교들로 구성된 군사·기술위원회의 임무는 전쟁위원회에 조언을 제공하는 것이었으며 아무런 특권도 지니지 않았다. 이 밖에 두루티 부대의 경우 400여 명으로 구성된 국제부대를 두었다. 프랑스인, 독일인, 이탈리아인, 모로코인, 영국인, 미국인들로 이루어진 국제부대는 자율적이기는 했지만 전체 부대의 일원이었다는 점에서 나중에 조직되는 국제여단과 달랐다. 두루티 부대에는 또한 게릴라 부대도 있었다. 적의 후방을 교란하는 것이 그 임무였다.[45]

민병대에는 전쟁위원회가 지휘 감독하는 전담 부서들도 있었다. 포병부, 보급부, 보건부, 의료부, 수송부, 군수부 등이 그것이었다. 선전과 교육, 문화 활동을 담당하는 부서도 있었다. 이에로 부대의 경우에는 이 밖에도 정보부, 행정부, 미용국 등을 더 두었다.[46]

---

45) Abel Paz, *Durruti*, p.407.
46) Abel Paz, *Durruti*, p.408.

모든 권위에 반대하고 서열을 싫어한 아나키스트들은 처음에 민병대 조직을 노조의 그것처럼 운영하려고 했다. 전략이나 전술 같은 주요 사안들을 총회를 열어서 결정하고자 했다. 하지만 그들은 곧 그런 운영 방식이 현대전을 수행하는 데 부적합하다는 사실을 깨달았다. 이에 그들은 자신들의 신념과 원칙을 고수해야 할지, 아니면 전쟁 수행을 위해 타협해야 할지 갈등하지 않을 수 없었다.[47]

앞서 얘기한 대로 1936년 가을 추수기부터 교착상태에 빠진 전선은 1년 동안 비교적 조용하게 유지되었다. 이 시기 아라곤 지역 부대들의 따분한 일상을 조지 오웰이 잘 묘사해 주었다.[48] 두루티 부대는 손을 놀리는 대신 진행되고 있는 농사일을 대원들에게 알리고 농민들과 더불어 밀을 추수하게 했다. "좀더 유식한 대원들은 자유지상주의 사회와 경제적 유기체에 대해 농민들과 토론"하는 시간을 갖기도 했다. 아나키스트들이 전사이자 생산자의 임무를 수행했던 것이다.[49] 이에로 부대도 사리온과 테루엘의 중간 지역에다 자유지상주의 코뮌을 설립하고 작업을 지원했다. 그들은 심지어 신문을 발행하고 라디오 방송국을 설립하기까지 했다.[50]

---

47) 이를 비롯한 민병대의 규율 문제에 관해서는 황보영조, 〈에스파냐 내전 초기 아나키스트들의 군사 활동〉, pp.269-278을 참고하라.

48) George Orwell, *Homage to Catalonia* (New York, Harcourt: Brace Jovanovich Publishers, 1980), pp.39-41.

49) Abel Paz, *Durruti*, p.412; Ricardo Sanz, *Figuras de la Revolución española: Buenaventura Durruti* (Toulouse: Editiones "El Frente", 1945), p.10.

50) Abel Paz, *Crónica de la Columna de Hierro* (Barcelona: Editorial Hacer, 1984), pp.51, 58 y 60.

민병대의 정규군 전환

　민병대는 출정한 지 얼마 되지 않아 '정규군 전환' 문제에 봉착하게
된다. 1936년 11월에 공화국 정부가 마드리드를 떠나 발렌시아로 청사
를 옮기는데, 그때까지 중앙정부가 통제한 전선은 마드리드 전선과 마
드리드 남부 지역에 불과했다. 다른 곳들은 전쟁 초기에 등장한 지역
당국이나 지방 당국이 지휘하고 있었다. 1936년 9월 4일에 총리 겸 전
쟁부 장관이 된 좌파 사회주의자 라르고 카바예로가 중앙집권적 지휘
체계를 확립하는 작업에 착수한 것은 이런 상황에서였다. 그는 주요
작전 지역에 참모본부를 설치하고 총사령관을 임명했다.[51] 그리고 이
어서 9월 30일에는 민병대를 정규군으로 전환하는 입법 조치를 단행
했다.

　민병대를 정규군으로 전환하는 것은 민병대의 센투리아와 아그루파
시온을 중대와 연대, 여단, 사단 등으로 재편성한다는 의미이다. 또한
계급과 제복, 휘장은 물론이고 정규 훈련과 군법을 새로 도입한다는
의미이기도 했다. 따라서 이 조치는 아나키스트들에게 이념적 차원에
서뿐 아니라 정치·군사적 차원에서도 심각한 문제가 됐다. 그들은 군
대 내의 위계질서와 엄격한 훈련을 반대하고 있었다. 따라서 민병대의
정규군 전환 조치를 받아들이는 것은 이러한 기본 신념을 저버린다는
것을 의미했다. 아나키스트들이 이 조치에 회의적인 태도를 보인 데
는 정치적 이유도 있었다. 정부가 정규군 창설을 한창 추진할 무렵 에
스파냐에는 공산당과 우파 사회주의자들의 영향력이 급속도로 증가
하기 시작했다. 이에 아나키스트들은 공산주의자들과 그 동맹 세력이

---

51) Stanley G. Payne, *The Spanish Revolution* (New York: W. W. Norton & Co., 1970),
　　p.320.

군대를 장악하는 데서 한걸음 더 나아가 공화국 정권 전반을 장악하려들지 않을까 하는 심각한 의구심을 품게 되었다.[52]

그런가 하면 아나키스트들 가운데 민병대를 정규군으로 전환해야 한다고 주장한 사람들도 있었다. 그 대표적 인물이 시프리아노 메라였다. 그는 몇 년 뒤에 다음과 같이 기술했다.

나는 일이 전개되는 상황을 보면서 조직과 강철 규율을 지닌 군대가 아니면 적의 군대와 맞설 수 없을 것이라고 확신했다. 이 싸움은 준비가 부족한 것을 열정으로 메울 시가전 같은 게 아니었다. 각자가 최선을 다해야 하는 단순한 전초전도 아니었다. 그것은 전쟁, 곧 실제적인 전쟁이었다. 따라서 적절한 조직과 무장을 갖추고 가능한 한 최소한의 병력과 물자로 작전을 펼치며 적과 대면할 지휘 체계를 확립해야 했다. 무엇보다도 우리 모두가 훈련을 받아야 했다. 우리가 치러야 할 전쟁을 이길 방도는 이것 말고는 달리 없었다.[53]

메라는 "한 평생 이념을 지켜 오다가 전쟁 수행을 위해 규율을 갖춘 군대 창설을 받아들여야 한다는 사실이 슬프다. (……) 군복을 입어야 한다는 것이 끔찍했다"고 덧붙이면서도 자신은 민병대의 정규군 전환을 받아들인다고 아나키스트 동지들에게 확실하게 밝혔다. 이아연 기관지《토지와 자유》에서도 그는 "전쟁을 수행하고 승리를 거두기 위해서는 조직적인 방식으로 활동할 필요가 있다고 확신한다. 날이 갈수록 더욱 그렇다. 가장 효율적인 조직은 군대 조직이라고 생각한다. 따

---

52) Robert J. Alexander, *The Anarchists*, p.250. 조지 오웰은 정규군 전환의 주요 목적이 아나키스트들이 자체 군대를 갖지 못하게 하는 데 있었다고 파악했다(George Orwell, *Homage to Catalonia*, p.55).
53) Cipriano Mera, *Guerra, exilio y cárcel de un anarcosindicalista* (Madrid: CNT, 2006), pp.107-108.

라서 이를 받아들인다"고 밝혔다.[54] 전쟁 국면에서 가장 중요한 아나키즘 군사 지도자로 떠오른 리카르도 산스(Ricardo Sanz)가 정규군 전환 조치를 수용한 이유도 크게 다르지 않았다.[55]

정규군의 필요성을 수용하는 방향으로 돌아선 또 다른 아나키즘 지도자는 가르시아 올리베르였다. 그는 1937년 1월에 바르셀로나에서 행한 연설에서 "인민이 무기를 들면 혁명에 실패하지 않는다. 하지만 마땅한 전쟁 수단인 군사 기술과 혁명에 복무하는 군대가 없으면 혁명에 실패하지 않은 인민이 전쟁에 질 수 있다"[56]고 말했다. 그는 사실 이 연설을 하기 얼마 전부터 민병대의 정규군 전환 작업을 추진해 왔다. 그는 한걸음 더 나아가 카탈루냐는 물론 공화국 에스파냐 전역에 공화국 군대를 위한 새로운 장교단을 구성하는 일에도 적극 가담했다. 1936년 11월에는 장교 양성을 위한 군사학교를 설립하기도 했다.[57]

이렇듯 일부 아나키즘 인사들이 민병대의 정규군 전환을 강력히 지지하고 나섰음에도 불구하고 아나키스트들의 반발은 계속되었다. 전노련과 이아연이 반대 의사를 밝히고 있었고, 일부 아나키즘 민병대들은 특히 심하게 반발했다. 일찍이 반군국주의적 입장을 표명한 전노련은 "우리는 의무 복무의 제복을 입은 정규군을 지지할 수 없다. 정규군은 무장을 한 인민, 곧 인민 민병대로 대체해야 한다. 이것이 자유를 수호하고 비밀 음모를 저지할 유일한 보증이다"라고 주장했다. 민병대의 정규군 전환에 가장 격렬하게 반대한 아나키즘 지도자는 디에고 아밧 데 산티얀이었다. 그는 "우리는 프로이센식 규율, 곧 정신을 죽이

54) *Tierra y Libertad*, 20 de febrero de 1937.
55) Ricardo Sanz, *Los que fuimos a Madrid: Columna Durruti 26 División* (Toulouse: Imprimerie Dulaurier, 1969), p.126.
56) Juan García Oliver, *El Eco de los Pasos*, pp.409-410.
57) Juan García Oliver, *El Eco de los Pasos*, p.345.

는 규율보다 체계적인 무규율과 끊임없는 반란 정신, 겉으로 보이는
혼란을 더 좋아했다. 우리는 (……) 병사들에게 자유로운 정서와 사상
이 없는 중앙정부가 창설한 정규군보다, 불굴의 신념과 숭고하고 위대
한 운동을 지켜 나가겠다는 일념으로 승리를 위해 죽음을 불사하는
전사들의 군대를 더 좋아했다"[58]고 웅변했으며, 나아가 민병대의 정규
군 전환이 잘못된 이유를 이렇게 지적했다.

  민병대의 정규군 전환은 두 가지 면에서 잘못된 것이다. 첫째는 군사적
  오류다. 아무리 군기가 세다 할지라도 지휘관이 없는 급조한 군대는 전투
  력 면에서 초기의 열렬한 지원병 부대보다 못하기 때문이다. 둘째는 정치
  적 오류다. 그것이 전쟁에 대한 인민의 열정과 주도권을 빼앗고 전쟁을 국
  가의 배타적 독점 사업으로 삼아서 유혈 투쟁의 목표를 조금씩 더디 이
  해하게 만들고 그 열정을 식게 만들기 때문이다.[59]

이는 당시 정규군 창설에 반대하는 전노련-이아연 조합원들의 입장
을 잘 대변해 준 지적이었다.
아나키즘 민병대들 가운데서는 정규군 전환에 가장 강력하게 저항
하고 나선 부대가 테루엘 전선에 배치된 이에로 부대였다. 이에로 부
대는 정규군 전환 압박을 피하기 위해 1936년 12월 초에 자체 조직을
재편했다. 센투리아 조직을 단일화하고자 시도했고 10개 센투리아로
구성되는 '사단'을 신설했다. 그리고 이러한 조직 재편을 통해서 부대
장이나 장교의 지위를 강화했다. 이제 동지들은 센투리아 지휘관이나
부서 책임자의 허락 없이 자신들에게 맡겨진 임무를 포기할 수 없게

---

58) Diego Abad de Santillán, *Por qué perdimos*, p.180.
59) Diego Abad de Santillán, *Por qué perdimos*, p.208.

되었다. 이를 어기는 자는 부대에서 추방하고 그 이름을 반파시즘 언론에 공시하기로 했다.

하지만 정부의 압력은 갈수록 거세졌다. 그해 12월 말에 정부가 중대 조치를 단행했다. 전쟁부 장관이 테루엘 전선을 직접 지휘하고 다른 지역 아나키즘 부대 지휘관을 지역 사령관으로 임명했다. 그와 동시에 모든 공화군 병력의 봉급을 중앙에서 관리하기로 했다.[60] 게다가 정규군 전환을 하지 않을 경우 무기를 제공하지 않겠다고 밝혔다.[61]

다른 한편으로 시간이 흐르면서 상당수의 아나키즘 지도자들도 내전 초기의 민병대 조직으로는 프랑코 군을 물리칠 수 없다는 사실을 깨닫게 되었다. 이탈리아 군대와 독일 군대의 지원을 받는 프랑코 군대를 물리치기 위해서는 어느 정도 현대 군사학의 원리를 따르는 군대가 필요하다고 생각하기에 이른 것이다.[62] 이러한 현실에 직면한 그들은 결국 정규군 전환을 수용하지 않을 수 없었다. 이 결정(더군다나 늦게 내린)으로 공화군 내에서 아나키스트들의 영향력은 줄어들었고 그들의 정치적 입지도 약화되고 말았다.

정규군 전환을 가장 먼저 수용한 민병대는 아스투리아스 지방의 민병대였다. 이곳에서 민병대의 정규군 전환에 대한 합의가 이미 9월 4일에 있었고 그 후 아나키스트 지휘관들도 동의한 것으로 보인다. 아스투리아스에서는 이렇듯 9월의 첫 주가 지날 무렵 민병대의 정규군 전환을 수용했다.[63]

---

60) Abel Paz, *Crónica*, p.171.
61) Miquel Amorós, *José Pellicer. El anarquista íntegro. Vida y obra del fundador de la heroica Columna de Hierro* (Barcelona: Virus Editorial, 2009), pp. 200-201.
62) Robert J. Alexander, *The Anarchists*, p.251.
63) Javier R. Muñoz, *La Guerra Civil en Asturias* (Gijón: Ediciones Jucar, 1938), pp.157-160.

정규군 전환에 가장 강력하게 저항해 온 이에로 부대마저 1937년 3월 들어 그것을 수용했다. 이에로 부대 전쟁위원회가 부대원들에게 배포한 성명서에서 그것을 수용하기에까지 이른 그들의 고심을 읽을 수 있다.

우리는 정규군 전환이 지닌 문제점들을 알고 있다. 그것은 우리의 기질에 맞지 않는다. 멋진 자유의 개념을 지니고 있는 우리의 기질에 맞지 않는다. 하지만 전쟁부를 계속 무시하는 게 불편하다는 점도 우리는 알고 있다. 슬프게도 우리에게는 두 가지 길밖에 없다. 민병대를 해체하거나 아니면 그것을 정규군으로 전환하거나이다. 그 나머지는 아무런 소용이 없다.[64]

이에로 부대는 결국 1937년 3월 21일 발렌시아의 리베르탓극장에서 총회를 열고 운명적인 결정을 내렸다. 정규군 전환을 수용한 것이다. 정규군 전환에 동의하는지 여부를 대원들에게 묻고 만장일치로 가결했다.[65] 하지만 그들이 정규군 전환을 액면 그대로 받아들인 것은 아니다. 아나키즘 부대를 아나키스트가 지휘하고 전노련이 다른 부대들을 조직할 수 있게 해달라는 조건을 제시했다.[66] 하지만 요구가 잘 지켜지지는 않았다.

이렇게 하여 늦어도 1937년 3월에는 거의 모든 민병대들이 정규군

---

64) Abel Paz, *Crónica*, p.159.

65) *Nosotros*, 24 de marzo de 1937; José Peirats, *La CNT*, vol. II, p.38.

66) CNT-FAI, *Acta del Pleno de Columnas Confederales y Anarquistas, celebrado en Valencia el día 5 de febrero de 1937* (Barcelona: Los Amigos de Durruti, 1937), p.60; Burnett Bolloten, *The Spanish Revolution: The Left and the Struggle for Power during the Civil war* (Chapel Hill: The University of Northern Carolina Press, 1980), p.311.

으로 전환되었다.[67] 이러한 민병대의 정규군 전환으로 단순히 부대 명칭만 바뀐 게 아니다. 혼성 여단으로 그 조직이 재편되었고 지휘 체계가 생겨났다. 부대장이 소령으로 바뀌고 센투리아 지휘관이 대위로 바뀌었다. 이등병에서 중령(그리고 장군)에 이르는 군대 계급을 사용하게 되었으며, 거수경례가 일반화되었다. 또한 민병대의 상징인 노동자 작업복이 군복으로 바뀌었다.[68]

이러한 변화에 국외 관찰자들이 충격을 받았음은 물론이다. 이를테면 1936년 8월을 에스파냐에서 보낸 오스트리아 저널리스트 프란츠 보르케나우(Franz Borkenau)가 이듬해 초에 에스파냐를 다시 방문해 이러한 변화를 생생하게 목격하고 다음과 같이 기술했다.

> 내가 8월에 본 민병대와 전혀 달랐다. 장교와 사병 간의 구분이 뚜렷했다. 장교복과 장교 계급장의 품질이 훨씬 좋아졌다. (……) 사병 군복이 아직 그렇게 통일된 것은 아니지만 로빈 후드 스타일의 알록달록한 민병대 복장은 완전히 사라졌다. 군복을 통일하려는 시도가 확실하게 진행되었다.[69]

아나키즘 민병대의 군사적 실험은 이렇게 막을 내렸다. 아나키스트들은 이렇듯 내전에 적극 참전했다. 하지만 그들이 그만한 주목을 받지는 못했다. 내전 당시 전쟁을 기록한 연대기 작가들은 물론이고 내전 이후 그 역사를 기술한 역사가들도 이들에게 별다른 관심을 보이지 않았다. 이들 연대기 작가들이나 역사가들이 아나키스트들의 참

---

67) Eduardo de Guzmán, *Madrid, rojo y negro. Milicias Confederales* (Madrid?, 1938), p.152.
68) Eduardo de Guzmán, *Madrid*, p.144.
69) Franz Borkenau, *The Spanish Cockpit*, pp.174-175.

전을 다룬 방식은 간단했다. 참전 사실을 아예 무시하거나 아나키즘 민병대에는 규율이 없었다는 식이었다. 영국 역사가 휴 토머스(Hugh Thomas)의 내전 서술이 대표적인 사례이다. 아나키스트들이 결정적인 기여를 한 과달라하라 전투의 승리를 기술하면서 아나키스트들에 대해 거의 아무런 관심을 기울이지 않았다. 그 대신에 국제여단의 역할에 비중을 두고 서술했다.[70] 공산주의자 주석가나 역사가들도 아나키스트들을 제대로 조명하지 않기는 마찬가지였다. 에스파냐 내전을 서술한 루이 피셔(Louis Fischer)는 마드리드 전투를 기술하면서 "아나키스트들은 에스파냐에 자유지상주의 공화국을 수립하는 일에 관심이 있으며 사회주의자들이나 공산주의자들 혹은 부르주아 공화주의자들과 달리 라르고 카바예로 정부를 위해 몸 바칠 생각이 전혀 없다. 그것은 '중요한 일'이 아니었다"[71]고 잘라 말했다. 전쟁에는 관심이 없고 혁명에만 열을 올리는 아나키스트들이 못마땅하다는 취지로 서술했다.

문제는 아나키스트들이었다. 아나키스트들조차 자신들의 군사 활동을 별로 강조하지 않았다. 그보다는 공화군 진영의 경제를 재편하는 데 기여한 아나키스트들의 역할이나 카탈루냐 지방정부 및 공화국 정부에 참여한 아나키스트들의 활약을 우선적으로 서술했다. 물론 예외가 없었던 것은 아니다. 에두아르도 데 구스만(Eduardo de Guzmán)은 마드리드 전투에서 아나키스트들이 수행한 역할을 이야기 했고, 리카르도 산스는 두루티의 뒤를 이은 두루티 부대의 지휘관으로서 자신의 경험을 회고록에 담았다. 시프리아노 메라도 마드리드 전선의 전투 이야기를 회고록으로 펴냈다. 이 밖에 아밧 데 산티얀과 가르시아

---

70) Hugh Thomas, *The Spanish Civil War* (New York: Harper & Row, 1963).

71) Louis Fischer, *Men and Politics: An Autobiography* (New York: Duell, Sloane and Pearce, 1941), pp.393, 396.

올리베르, 세사르 로렌소, 호세 페이라츠도 내전을 서술하면서 아나키
스트들의 활약을 다루었다. 아벨 파스는 이에로 부대를 다룬 단행본
을 냈다. 하지만 내전 시기 아나키스트들의 군사 활동 전반을 다룬 저
술가는 아직 없다.

경제 혁명

내전은 아나키스트들에게 앞서 살펴본 군사적 실험의 기회뿐 아니
라 경제 혁명의 공간도 마련해 주었다. 바르셀로나를 비롯한 카탈루
냐 여러 도시들에 거주하는 노동자들은 1936년 7월의 시가전이 끝나
자마자 수송과 공공서비스를 장악했다. 심지어 며칠 뒤에는 아나르코
생디칼리슴 노동자들이 카탈루냐 산업의 대부분을 관리하기에 이르
렀다. 모든 일이 단기간에 이루어졌다.
이러한 추진력이 대체 어디에서 나왔을까? 노조 사무실에서 나온
것도 아니었고 노동자들을 대변하는 '정치적' 지도자들에게서 나오지
도 않았다. 그것은 노동자 대중, 곧 아래로부터 생겨났다.[72] 카탈루냐
전역에 노동자관리위원회(comité obrero de control)가 등장한 것이다.
전노련도 대중의 집산화 움직임에 박수를 보냈다. 8월에 발간된 소식
지에서 전노련은 "모든 산업노동자들은 즉각 기업을 몰수하고 그것을
집산화해야 한다. 이를 될 수 있으면 빨리 추진하고 기술적 내용들을
처리할 노동자평의회(Consejo Obrero)를 구성해야 한다"고 밝혔다.[73]
관리위원회는 그 자체가 대중의 자발성에서 생겨났기에 그 성격이

---

72) John Brademas, *Anarcosindicalismo y revolución*, p.127. 이하 카탈루냐에서 진행된
   경제적 실험에 관해서는 존 브레이드마스의 저서 127-132페이지를 참조하였다.
73) *Boletín de Información CNT, AIT, FAI*, 27 de agosto de 1936.

일정하지 않았다. 집산화된 기업이나 지역 세력의 구성에 따라서 그 성격이 다양했다. 따라서 이 시기에 카탈루냐에서 진행된 경제적 변화들을 일반화하려는 시도는 무익한 일이다. 게다가 집산화와 관련한 보고서나 현존하는 증언들도 그에 관해 단편적인 사실을 알려줄 뿐이다. 하지만 다행스럽게도 카탈루냐 노동자들이 시도한 경제적 실험을 연구할 자료는 무척 풍부하다. 여러 역사가들이 그 자료들을 연구하고 있다.

아나르코생디칼리슴 선전에 익숙한 노동자들이 최초로 취한 조치들 가운데에는 놀라운 특징이 나타난다. 그것은 바로 자본주의의 멍에를 벗어던진 노동자의 해방이었다. 노동자들은 당시 이런저런 사유로 전당포에 저당 잡힌 필수품들을 즉시 되찾아 왔다. 카탈루냐 여성들도 저당 잡힌 재봉틀 3천 개 정도를 그런 식으로 다시 찾아왔다.[74]

이 시기에 카탈루냐의 주요 산업 분야인 직물공업과 운수사업에서 집산화가 진행되었다. 이를 카탈루냐의 경제 혁명이라고 부른다. 직물 공업은 카탈루냐에서 가장 중요한 산업이었다. 이 무렵 카탈루냐의 직물 노동자는 23만 명에 달했는데, 그 가운데 17만 명은 전노련의 통제를 받고 있었고 나머지 6만 명 정도는 노총련과 관련이 있었다.[75] 내전이 시작되면서 직물공업 공장주들 상당수는 살해당하거나 도망을 가버리고, 노동자들이 공장을 점거했다. 바르셀로나 단일노조가 제시한 통계치에 따르면, 카탈루냐의 사용자 2만 명 가운데 40퍼센트 정도가 '사회적으로 제거당했고' 50퍼센트가 도망가거나 숨어 버렸다.[76] 그들이 버리고 간 공장들을 접수하여 집산화했으니 직물공업 분야의 집산

74) Pierre Broué y E. Témime, *La Révolution et la Guerre d'Espagne* (Paris, 1961), p.133.
75) John Brademas, *Anarcosindicalismo y revolución*, p.128.
76) Agustin Souchy y Paul Polgare, *Colectivizaciones: la obra constructiva de la revolución española* (Barcelona, 1937), pp.58-60.

화는 거의 전면적으로 단행되었다고 보아도 좋을 것이다.

이들 집산화 사례들 가운데 흥미로운 경우는 '라에스파냐인두스트리알'(La España Industrial)의 집산화이다. 바르셀로나와 사바델, 산츠에 여러 공장들을 소유하고 있었고 종업원이 2천 명에 달했던 이 기업의 경우에는 공장장과 기사들이 제 자리를 지키고 있던 상황에서도 노동자들이 총회를 열고 공장 관리를 위한 위원들을 선출하여 중앙위원회를 구성했다. 19명으로 구성된 이 중앙위원회가 매주 한 차례씩 모여 기업 운영과 관련한 주요 사안들을 처리해 나갔다.[77]

'라에스파냐인두스트리알' 중앙위원회는 시작부터 제품 판매 문제와 원자재 구입 문제에 부닥쳤다. 이것들은 그들만이 당면한 문제가 아니었고 모든 직물공장들이 풀어 나가야 할 문제였다. 결국 물품의 재고가 쌓이고 원자재가 부족하게 되자 실업자가 늘어날 처지에 이르렀다. 이에 상당수의 기업들은 노동시간 단축으로 대응했다. 하지만 노동자들이 여전히 온전한 임금을 받아 갔기 때문에 비용이 감축된 것은 아니었다. 게다가 '라에스파냐인두스트리알'뿐 아니라 다른 기업들도 임금 문제로 홍역을 앓았다. '라에스파냐인두스트리알'의 경우 노동자들의 4분의 3을 차지하고 있던 전노련 조합원들이 동일 임금을 주장하고 나섰던 것이다.[78]

그 규모가 에스파냐에서 두 번째로 큰 인견 업체인 '라세다데바르셀로나'(La Seda de Barcelona)는 10명으로 구성된 노동자관리위원회가 기업 운영에 나섰다. 1936년 7월 20일 노동자총회에서 선출된 위원회는 전노련 위원 5명과 노총련 위원 5명으로 구성되었다. 바르셀로나 통신업체인 '라텔레포니카데바르셀로나'(La Telefónica de Barcelona)에

---

77) 재정 담당 위원 3명과 영업 담당 3명, 기술 담당 4명, 구매 담당 4명, 인사 담당 5명으로 구성되었다. Agustin Souchy y Paul Polgare, *Colectivizaciones*, pp.71-73.

78) Hans Erich Kaminski, *Ceux de Barcelone*, pp.226-227.

도 아나키즘 노조 위원들과 사회주의 노조 위원들이 섞인 노동자관리 위원회가 구성되었다. 이 회사의 경우 특이하게도 기존의 회사 중역들이 재정과 관련한 일부 업무를 여전히 맡고 있었다. 하지만 이 경우에도 그들은 노동자관리위원회의 승인을 받아서 업무를 처리했다. 이렇듯 각 기업체에 나타난 변화는 저마다 다양했다.

이들 가운데 카탈루냐에 나타난 경제 변혁의 이모저모를 가장 잘 드러내 주는 사례는 레리다의 신발 공장이다.[79] 다행스럽게도 에스파냐 아나키스트 아킬리노 가인사라인(Aquilino Gainzarain)이 그 내용을 회고록으로 남겼다. 간략히 소개하면 이렇다.

이 공장은 1936년 7월 사건으로 생겨났다. 기계로 가죽을 다루는 공장이나 작업장이 없던 레리다에서 수작업으로 구두를 만들던 아나르코생디칼리슴 성향의 제화공들이 설립한 소규모 공장이다. 그들은 공동 작업장을 마련하고 자신의 연장들을 가져왔으며 재봉틀을 구입했다. 이른바 레리다의 전노련-이아연 제화공공동작업장(Taller Colectivo de Zapateros CNT-FAI)이 생겨난 것이다.

이 공장은 남녀 20여 명으로 구성되었다. 그들은 5명으로 구성되는 위원회를 선출하고 위원장을 뽑았다. 그리고 전노련과 이아연의 지원을 받아서 아나르코생디칼리슴의 '이론적 꿈'을 현실화하는 작업에 착수했다. 그들은 만장일치로 하루 10시간 노동제를 확립했다. 초기에는 지방정부에 구두를 납품하고 그 대가로 지방정부가 주는 임금을 받았다. 그들은 임금 조견표도 만들었다. 자유지상 코뮌주의를 온전히 실현하지는 못했지만 바쿠닌이 얘기한 집산주의에 가까이 다가가기

---

79) Aquilino Gainzarain, *Federación Nacional de Industria Fabril, Textil, Vestir y Anexos: Taller Colectivo de Zapateros CNT-FAI de Lérida* (MLE-CNT en Francia, AIT: Sección de Iniciativas, Proyectos y Estudios de la Federaciones Nacionales de Industria, 1946), mecanografiado, pp. 1-4, 6. John Brademas, *Anarcosindicalismo y revolución*, pp.130-131에서 재인용.

위해서 그들은 할 수 있는 모든 일들을 다했다.

공동 작업장 노동자들은 총회를 열고 제반 사항들을 자유롭게 토의했다. 작업장위원회(Comité del Taller)는 총회가 직접 승인한 내용들을 곧바로 처리하고 총회가 제안한 사안들은 검토 작업을 거쳐 처리했다. 위원회는 작업장이 그들 모두의 것이고 복종해야 할 '주인'도 없으며 모두가 서로에게 책임을 진다는 생각을 갖도록 구성원들을 설득했다.

아라곤과 안달루시아, 바르셀로나에서 온 동지들이 모두 하나가 되었고, 사고를 당한 이나 병든 이에게도 온전한 임금을 지불했다. 한 상인이 샌들 한 켤레를 80페세타에 사겠다고 팔라고 했지만 그들은 그 제의를 단호하게 거절하고 그 샌들을 사람들에게 50~60페세타에 직접 팔았다. 그들은 그것이 아직까지 남아 있던 자본주의의 기생충들을 제거할 유일한 길이라고 여기며 그렇게 했다.

작업장을 시작한 지 4~5개월이 지나서 카탈루냐 지방정부가 그들에게 임금 지불을 중단하자 "노동자들의 해방은 노동자들의 몫"이라며 그들은 자립의 길을 걸었다. 1938년 3월 26일에 레리다에서 철수할 때까지 공동 작업장에 속한 동지들은 모두 정직하게 자신들의 의무를 다했다.

이것이 아킬리노 가인사라인이 전한 레리다의 전노련-이아연 제화공 공동 작업장에 관한 얘기이다. 이야기의 사실 여부는 따져 봐야겠지만 그들이 추진한 경제적 실험을 어렴풋하게나마 엿볼 수 있게 해주는 이야기이다.

다른 한편으로 바르셀로나의 운수사업 서비스에도 집산화 작업이 진행되었다. 버스와 전차, 지하철 회사들의 관리자들이 1936년 7월 18일의 위기를 겪으며 도망을 가거나 잠적해 버렸고, 노동자들이 대중교통을 장악하게 되었다. 시가전이 끝나고 혁명 세력이 대중교통 서비스를 직접 관리했다. 바르셀로나의 전차 승무원들은 7월 24일에 회의를 열고 전차 운영을 직접 떠맡기로 결정했다. 그들은 노동자 7명을 선출하여 노동자위원회를 구성하고 서비스 조직 업무를 위원회에 맡겼다.[80] 버스와 지하철 승무원들도 전차 승무원들이 한 일을 곧 모방했다.[81] 그래도 그해 8월 5일에 바르셀로나를 방문한 보르케나우가 버스와 전차가 정상 운행되고 있었다고 증언할[82] 정도로 별다른 문제가 발생하지는 않았던 것으로 보인다.

나중에는 도시 전체의 운수 체계를 조정하기 위한 중앙위원회도 구성되었다. 이 중앙위원회에는 전차, 버스, 지하철, 케이블카 회사들의 대표위원들이 참여했다. 이 회사들은 저마다 자율적으로 운영되었지만 서비스의 수요와 공급을 맞추기 위해서 상위 기구인 중앙위원회의 관리를 따랐다.[83]

이렇듯 내전 초기 카탈루냐에서는 다양한 경제 변혁이 시도되었다. 각종 위원회들이 구성되어 무질서해 보일 즈음에는 질서를 부여하기 위한 시도도 진행되었다. 경제평의회(Consejo de Economía) 구성이 그 첫 시도에 해당한다. 1936년 8월 11일에 발족된 경제평의회는 공화군 진영에서 싸우는 각 정당과 노조의 대표들로 구성되었다. 이 평의회는 그 임무가 조언을 하는 것에 불과하기는 했지만 기본적으로 카탈루냐의 경제활동을 조정하려는 구상에서 비롯된 기구였다. 평의회는 곧 일련의 정책들을 채택했는데 그 정책들에 전노련의 경제 목표들이 상당

---

80) Gaston Leval, *Social Reconstruction in Spain* (London, 1938), p.33.
81) 집산화된 대중교통 회사들의 노동자위원회 구성은 일정하지 않았다. 메트로트란스베르살 (Metro Transversal) 회사의 관리위원회는 모두가 아나르코생디칼리스트로 구성되었고, 그 랑메트로(Gran Metro) 회사의 위원회는 전노련과 노총련 대표들로 구성되었다. 그런가 하면 버스회사의 노동자위원회를 구성한 6명의 위원은 모두 전노련 소속이었다. John Brademas, *Anarcosindicalismo y revolución*, p.132.
82) Franz Borkenau, *The Spanish Cockpit*, p.71.
83) Gaston Leval, *Social Reconstruction*, p.34: *Né Franco, né Stalin: La collettività anarchiche spagnole nella lotta contra Franco a la reazione staliana* (Milano, 1952), pp.98-111.

부분 반영된 것으로 보인다.[84)]

전노련은 또한 1936년 10월에 카탈루냐 지방정부에 입각하면서 그동안 산만하게 진행되어 온 경제적 변혁 시도들을 한데 모으려고 했다. 1936년 10월 26일에 공포된 집산화령이 그것이다. 아나키스트 조안 파브레가스(Joan P. Fábregas)가 발의한 이 법령은 내각 구성원들의 강력한 반대에 부딪쳤다. 콤파니스를 따르는 공화주의자들의 반발이 특히 심했다. 카탈루냐공화좌파가 자신들의 지지 기반인 중산계급의 이해에 반하는 집산화령을 못마땅하게 생각한 것은 그렇게 이상한 일이 아닐 것이다. 카탈루냐통합사회당(PSUC)도 법안에 반대했다. 통합사회당의 일원인 공산주의자들은 사용자가 반란에 가담한 경우에 그 기업을 수용하여 집산화하는 데는 찬성했지만 나머지 기업들은 개인 소유로 남겨 두어야 한다고 주장했다. 결국 법안은 대기업을 집산화하고 소기업은 개인 소유로 남겨 두는 것으로 정리가 됐다.[85)] 이는 대기업의 집산화를 장려하려는 카탈루냐 지방정부의 정책을 반영한 것이었다. 이렇게 하여 그동안 자발적으로 진행된 집산화 움직임들이 어느 정도 합법성을 부여받을 수 있게 됐다.[86)]

요컨대 카탈루냐의 기업들은 이제 집산화 기업과 개인 기업 두 가지 유형으로 분류될 수 있다. 전자는 노동자위원회를 통해 노동자들이 관리하고, 후자는 사용자들이 관리하되 노동자위원회의 지도와 협력을 받았다. 노동자위원회의 위원들은 각 공장의 노동자총회에서 노동자들에 의해 선출된다. 노동자위원회는 이른바 산업총평의회(Consejo General de Industria), 곧 공장 노동자위원회 대표들과 노조 대표들,

---

84) 이를테면 대토지와 대기업의 집산화가 포함되어 있다. "La Labor del Consejo de Economía," *Solidaridad Obrera*, 20 de agosto de 1936.
85) 여기서 대기업은 노동자 100명 이상을 고용한 기업이나 공장을 일컫는다.
86) 하지만 이미 단행된 중소기업의 집산화에 대해서는 이 법령이 아무런 구속력을 갖지 못했다.

경제위원회 대표들로 구성되는 총평의회에 책임을 진다. 각 산업총평 의회들은 카탈루냐 지방정부의 자문기구인 경제평의회의 관리를 받 는다.

아나르코생디칼리스트들은 이러한 집산화령에 대해 비판적인 태도 를 보였다. 아밧 데 산티얀은 카탈루냐의 경제 변혁이 아래로부터의 자발적 움직임에서 비롯되었는데 이 법령은 그러한 민의를 손상시킬 뿐이라고 지적했다. 그러면서도 그는 이것이 여느 법령처럼 사문화되 어서 다행이라고 말했다.[87] 가스통 르발은 그것이 암묵적으로 정부의 경제 통할권을 인정해 준 것이라고 비판했고,[88] 조안 페이로는 이 법령 을 중요한 발이 없어서 절뚝거리는 절름발이 지네에 비유했다.[89]

집산화 법령은 결국 사문화되었다. 노동자들은 자신들이 바란 것을 성취해 냈다. 노동자의 수가 100명이 되지 않는 부두의 항만 노동자들 이 집산화를 하지 않으면 작업을 하지 않겠다고 으름장을 놓자 정부 당국이 하는 수 없이 그들의 소원을 들어주었다. 종업원 수가 83명인 기업에서도 두 차례에 걸친 노동자총회를 거쳐 집산화를 만장일치로 가결했다.[90] 그러니까 관련 법령이 제정된 이후에도 법에 규정된 내용 과 달리 종업원 수가 100명이 되지 않는 중소기업에서도 집산화가 단 행된 것이다. 이는 혁명 초기에 법과 현실 사이에 괴리가 있던 어수선 한 경제 상황을 잘 보여 주는 사례다. 이로써 경제활동을 조정하려던 카탈루냐 정부의 노력도 실패로 돌아갔다.

---

87) "Socialización de la economía española por los sindicatos y colectividades agrarias e industriales," *La Campana* (Buenos Aires), agosto de 1948, p.66.

88) Gaston Leval, *Né Franco, né Stalin*, pp.82-83, 87-88.

89) Joan Peiró, *Problemas y cintarazos* (Rennes, 1946), p.221.

90) Hans Erich Kaminski, *Ceux de Barcelone*, p.222; Jean Raynaud, *En Espagne "rouge"* (Paris, 1937), p.97. John Brademas, *Anarcosindicalismo y revolución*, pp.134-135에서 재인용.

아나키스트들이 지배한 카탈루냐는 에스파냐에서 공업화가 가장 빠르게 진행되고 있는 지역이었다. 이곳은 노동자들이 몰수한 기업의 비율이 가장 높은 지역이기도 했다.[91] 소련의《프라우다》가 파견한 특파원 콜초프(Koltsov)에 따르면, 1936년 9월 바르셀로나에서 정부와 노조들이 몰수한 기업과 상점의 수가 무려 3천 개에 달했다.[92]

농업 집산화

한편 전노련은 대지주한테서 몰수한 농장이든 소지주의 토지든 모든 토지를 집산화하는 토지 정책을 지니고 있었다.[93] 하지만 1936년 9월 5일과 6일 양일간 바르셀로나에서 지방농민대회를 개최하고 공동체의 이익에 손해를 끼치지 않는다는 조건으로 소지주에게 경작할 수 있을 만큼의 토지를 직접 경작할 권리를 예외적으로 허용하기로 했다.[94]

이러한 공식 입장에도 불구하고 전노련과 민병대는 소지주들의 저항을 무릅쓰고 상당수의 마을에서 집산화를 강제로 추진했다. 아라곤 지방에서 특히 그러했다. 나중에는 소토지 소유권을 인정하게 되는 공산주의자 농림부 장관 비센테 우리베(Vicente Uribe)도 당시에는 이들의 집산화를 지원했다.

그런가 하면 카탈루냐 농업 분야에서는 공산주의자들의 영향이 더

---

91) 그 비율이 대략 70퍼센트에 달했다. Pierre Broué y E. Témime, *La Révolution*, p.134.
92) Koltsov, *Pravda*, 26 de septiembre de 1936; Burnett Bolloten, *La revolución española. Las izquierdas y la lucha por el poder* (Stanford University, 1964, trad. española), p.43.
93) 황보영조,《토지, 정치, 전쟁》을 참고하라.
94) *Boletín de Información CNT, AIT, FAI*, 6 de septiembre de 1936.

컸다. 그들이 속한 카탈루냐통합사회당은 카탈루냐에서 영향력이 매우 큰 포도원차지농연합의 지지를 받고 있었다. 포도원차지농연합은 동시에 카탈루냐공화좌파의 대중적 지지 기반이기도 했다. 비록 지주는 아니었지만 경작 계약을 통해 상대적으로 안정적인 토지 보유권을 보장받고 있던 포도원차지농 단체의 입장은 애초부터 전노련의 그것과 달랐다. 그들은 혁명 초기에 얻은 성과를 유지·보존하고자 했다.[95]

처음부터 이들의 반대에 봉착한 카탈루냐의 아나키스트들은 집산화 작업을 대대적으로 추진한 공업 분야에서와 달리 농업 분야에서는 별다른 힘을 발휘하지 못했다. 따라서 농업 집산화가 거의 이루어지지 않았다. 일부 지역에서 예외적이고 일시적으로 이루어졌을 뿐이다.[96]

농업 집산화가 활발하게 추진된 지방은 아라곤이었다.[97] 군사 반란이 일어나고 아라곤이 공화군 진영과 국민군 진영의 두 진영으로 갈라졌다. 농업 집산화는 공화군 진영의 아라곤에서 추진되었다. 추정치에 따르면 1936~1937년 겨울에 공화 진영 전체에 설립된 집단(또는 공동체)이 1,500곳이 넘었고, 그 가운데 450곳이 아라곤에 있었다. 아라곤 인구의 70퍼센트에 달하는 30만 명이 이 집단들에 참여했고, 토지

---

95) 카탈루냐 토지 문제를 연구한 알베르트 발셀스(Albert Balcells)에 따르면 포도원차지농연합 지도부가 차지농들에게 수확물 전체를 차지하고 지대를 내지 말며 대농장을 몰수하라고 조언했다. 초기에 이렇듯 혁명적 입장을 보이던 포도원차지농연합이 반파시즘민병대위원회가 정치적 주도권을 잃고 카탈루냐 지방정부가 제 기능을 하게 되자 자체 세력을 더욱 강화하면서 보수적 입장으로 돌아섰다. Albert Balcells, *El problema agrari a Catalunya (1890-1936)* (Madrid, 1936), pp.277-278.

96) 카탈루냐 지방정부는 1937년 2월 법령으로 경작 농가가 직접 경작할 수 없는 토지를 집산화할 수 있게 했으나 그럴 경우가 드문데다가 그럴 경우라 하더라도 가난한 농민은 척박한 땅을 불하받게 되었다. Federico Urales, "La paz entre españoles," *Solidaridad Obrera*, 26 de febrero de 1937; José Peirats, *La CNT*, I, pp.302-313; John Brademas, *Anarcosindicalismo y revolución*, p.137.

97) 이하 아라곤 지방의 농업 집산화에 관해서는 황보영조, 〈에스파냐 내전기의 농업집산화〉, 《대구사학》, 98 (2010), pp.213-240의 내용을 일부 수정·보완하여 실었다.

의 70퍼센트 이상을 공동으로 경작했다.[98] 아나키스트들이 제시한 자료에 따르면 이들 집단의 60퍼센트 가량이 잘 운영되었다고 한다.[99]

내전 시기의 집산화는 내전 초기부터 논란의 대상이 되었다. 스탈린계 공산주의자들과 부르주아 정당들은 집산화의 확대를 방해하거나 그 혁명적 성격을 훼손하고자 했다. 그 후에 등장한 프랑코 정권은 이에 대한 학술적 연구를 금하고 내전 자체를 공산주의와 무신론에 맞선 투쟁으로 소개하며 체제를 합리화하는 데 매진했다.

이런 가운데 집산화 운동을 분석하기 시작한 것은 아나키스트 저술가들이었다. 1936~1939년에 카탈루냐에서 요직을 지낸 아밧 데 산티얀이 내전 직후인 1940년에 저서[100]를 출간하면서 시작되었다. 그는 이 책에서 정치 분야를 주로 분석했고 집산화 문제는 소략하게 다루었다. 영국인 아나키스트 버넌 리처즈(Vernon Richards)는 에스파냐 혁명을 다룬 책[101]에서 전노련과 이아연 지도자들의 정치적 행태를 비판하는 데 치중했다. 이는 공화국 정부의 내각에 참여한 아나키스트 지도자들의 온건한 태도를 비판한 카미요 베르네리(Camillo Berneri)의 관점[102]을 계승한 것이다. 리처즈는 주로 가스통 르발이 제시한 자

---

98) Alardo Prats, *Vanguardia y retaguardia de Aragón* (Buenos Aires, 1938), p.81. 이밖에 안달루시아에 250곳, 레반테에 340곳, 카스티야에 200-300곳 등이 존재한 것으로 추정하고 있다. 연구자마다 제시하는 집단의 수가 다양한데 어느 통계를 따르든 집산화의 규모가 상당했음에는 틀림이 없다. 집단의 수와 관련해서는 Julián Casanova, *De la calle*, p.199; Stanley G. Payne, "las colectividades agrícolas anarquistas en la guerra civil española," en Raymond Carr, ed., *Estudios sobre la República y la guerra civil española* (Barcelona: Sarpe, 1985), p.356; Ronald Fraser, "La experiencia popular de la guerra y la revolución: 1936-1939," en Paul Preston, et al., *Revolución y guerra en España 1931-1939* (Madrid: Alianza, 1986), p.195 등을 보라. 여기에서는 아나키스트들의 농업 집산화를 잘 들여다볼 수 있는 아라곤 지방의 사례를 다룬다.

99) José Peirats, *La CNT*, I, p.290.

100) Diego Abad de Satillán, *Por qué perdimos*.

101) Vernon Richards, *Lessons of the Spanish Revolution* (London, 1953).

102) Camillo Berneri, *Guerre de Classe en Espagne* (Paris, 1946).

료[103])를 중심으로 농업의 집산화를 다루었다. 르발은 물론이고 아우구스틴 소우치[104])도 아나키즘 관련 자료를 체계화한 인물이다. 하지만 이들이 만족할만한 역사적 분석을 내놓지는 못했다. 그들은 집산주의 체제의 약점을 지적하면서도 왜 그랬는지에 대한 의문은 제기하지 않았다.

프랑코 정권의 말기인 1970년대에는 집산화 운동의 종합 연구서와 더불어 아나키스트들의 회고록, 각 지방의 집산화 연구서가 출간되었다. 대표적인 종합 연구서로 프랑크 민츠(Frank Mintz)와 발터 베르네커(Walther L. Bernecker), 콘셉시오 소나데야스(Concepció Sonadellas)의 저서를 들 수 있다.[105] 민츠는 특정한 측면의 사회혁명을 다루고자 했을 뿐만 아니라 다양한 경제 분야와 지역들의 혁명 전개 과정을 그리려고 했고, 베르네커는 이데올로기적인 분석에다 사회경제적인 분석을 곁들였다. 소나데야스는 공화군 진영에서 전개된 사회혁명의 전반적인 전개 과정을 그렸다. 한편 가르시아 올리베르와 세사르 로렌소 같은 아나키스트들은 회고록 형식의 저서들[106])을 냈다. 이 저서들은 그것이 진지한 사색을 담고 있기는 하지만 기본적으로 아나키즘 투사들의 해석이라는 한계에서 자유로울 수 없다. 그리고 각 지방의 집산화를 다룬 연구서들도 출간되었다. 호세 루이스 구티에레스 몰리나(José Luis Gutiérrez Molina)는 카스티야의 집산화를 연구했고,

103) Gaston Leval, *Né Franco, né Stalin*.
104) Augustin Souchy, *Entre los campesinos de Aragón. El comunismo libertario en las comarcas liberadas* (Barcelona, 1937).
105) Frank Mintz, *La colectivización en España de 1936 a 1939* (Paris, 1970); Walther L. Bernecker, *Colectividades y revolución social. El anarquismo en la guerra civil española, 1936-1939* (Barcelona: Crítica, 1982)(독일어판은 이보다 4년 전에 출간); Concepció Sonadellas, *Clase obrera y revolución social en España (1936-1939)* (Madrid, 1977).
106) Juan García Oliver, *El eco de los pasos*; César M. Lorenzo, *Los anarquistas*.

루이스 가리도 곤살레스(Luis Garrido González)는 안달루시아의 집산화를 연구했다.[107] 또한 아우로라 보시(Aurora Bosch)는 발렌시아의 집산화를, 훌리안 카사노바(Julián Casanova)는 아라곤의 집산화를 연구했다.[108]

내전 시기 농업 집산화의 전형은 아무래도 아라곤 지방에서 찾아볼 수 있다. 이곳에서는 다른 지방들에 비해 집산화의 규모가 컸을 뿐 아니라 그 성격 또한 급진적이었다. 이는 아라곤 지방이 농업 위주의 사회인데다가 전시 상황에서 지방정부가 사라졌기 때문에 가능한 일이었다. 이런 상황에서 상대적으로 고립된 가운데 살아 가던 주민들 다수가 집산주의자들의 견해를 수용한 것이다.[109] 아라곤의 농업집단들은 대개 내전이 발발하고 5주 안에 설립되었다. 이때 시작된 집산화의 움직임이 남동쪽의 레반테와 북쪽의 카탈루냐, 서쪽의 카스티야로 확산되어 나갔다. 이런 점에서 아라곤의 농업집단들은 집산화 '운동'의 시작을 보여 준다고 할 수 있겠다.

농업집단의 설립과 해체

1936년 7월에 설립되기 시작한 아라곤 지방의 농업집단들은 프랑코 군이 아라곤 전역을 점령한 1938년 3월까지 존속했다. 20개월 정

---

107) José Luis Gutiérrez Molina, *Colectividades Libertarias en Castilla* (Madrid, 1977); Luis Garrido González, *Colectividades agrarias en Andalucía: Jaén (1931-1939)* (Madrid, 1979).

108) Aurora Bosch, *Ugetistas y libertarios: guerra civil y revolución en el País Valenciano, 1936-1939* (Valencia: Institución Alfonso El Magnánimo, D. L., 1983); Julián Casanova, *Anarquismo y revolución en la sociedad rural aragonesa, 1936-1938* (Madrid: Siglo XXI, 1985).

109) Walther L. Bernecker, *Colectividades*, pp.251-252.

도에 달하는 이 시기를 행정 조직의 성격에 따라 세 단계로 구분해 볼 수 있다. 첫째 단계는 집단의 설립에서부터 아라곤위원회(Consejo de Aragón)가 합법화되는 1936년 12월까지이다. 이 시기에는 혁명위원회(또는 민병대위원회)가 새로운 정치경제적 질서를 수립했다. 둘째 단계는 아라곤위원회가 해체되는 1937년 8월까지이다. 시위원회(Consejo municipal)가 혁명위원회를 대신해 활동한 이 시기에는 집단의 수가 최대로 늘어났다. 셋째 단계는 아라곤위원회가 해체되었을 뿐 아니라 결국에는 집단들마저 해체되는 시기이다. 이 시기에는 지방 총리가 임명되고 상당수의 자치단체들에서는 시위원회를 대신해 관리위원회(Comisión gestora)가 들어섰다.[110] 이들 세 시기를 편의상 혁명위원회 시기와 아라곤위원회 시기, 해체 시기로 명명하고 각 시기별 내용을 좀 더 자세히 들여다볼 필요가 있다.

먼저 혁명위원회 시기를 살펴보자. 1936년 7월 19일 이후 아라곤 지방 도처에 혁명위원회가 구성되었고 농업집단이 설립되었다. 혁명위원회가 구성되는 과정은 몬손 군(Comarca de Monzón)의 알캄펠 마을의 경우에 매우 잘 드러난다. 한 조합원의 증언에 따르면 7월 18일에 군사 반란 소식을 들은 전노련이 그 이튿날 곧바로 혁명위원회를 구성했다.

18일에 저녁을 먹은 뒤 음료수를 마시려고 이웃들과 거리로 나간 것으로 기억한다. 밤 11시 무렵이 되자 모로코에서 군대가 반란을 일으켰다는 소문이 돌았다.

마을에는 라디오 수상기가 다섯 대뿐이었다. 농업노조 사무실에 한 대가 있었고, 마르칼로 커피숍에 한 대가 있었으며, 신부와 의사와 다른 한

---

110) Julián Casanova, *Anarquismo y revolución*, pp.316-319.

사람의 집에 각각 한 대씩 있었다. 다음 날 19일에 소식이 궁금한 우리 조합원들은 (……) 라디오를 들으러 커피숍으로 갔다. 커피숍에는 제법 많은 사람들이 모여서 사태에 대한 나름의 생각들을 늘어놓으면서 라디오에서 흘러나오는 소식에 귀를 기울이고 있었다.

(토요일) 10시 무렵에 라디오바르셀로나가 모로코에서 군대가 반란을 일으켰다는 보도를 했다. (……) 라디오바르셀로나는 오후 1시에 그 소식을 다시 확인하면서 자세한 전투 상황을 전했다. (……) 반란은 기정사실이 되었고 의문을 제기하는 사람은 아무도 없었다.

우리들은 노조 사무실로 모였다. (……) 누군가가 사태의 심각성을 깨닫고 (……) 네 명으로 이루어진 혁명위원회를 구성하자는 얘기를 꺼냈다. 그 자리에 있던 정치인들 대다수는 이 제안에 떨떠름한 반응을 보였다. 그러자 그들을 설득했다. 만일 파시즘이 승리한다면 아무도 우리에게 남지 않을 것이고 좋을 일이 하나도 없을 것이라고. 그 제안이 마침내 받아들여졌고 혁명위원회를 구성했다.[111]

이렇게 출범한 혁명위원회는 전노련 조합원 2명과 공화좌파 2명으로 구성되었다. 혁명위원회는 건물 출입을 통제하는 등 치안유지와 경계 활동을 벌이다가 7월 27일에 위험이 사라지자 아나키즘 원리에 입각한 농업집단 설립 작업에 착수했다. 우선 집산화를 위한 주민들의 지지를 얻기 위해 주민총회를 소집했다.[112] 소집 예정 시각에 마요르

---

111) CNT, *Realizaciones revolucionarias y estructuras colectivistas de la Comarcal de Monzón (Huesca)* (Ediciones Cultura y Acción, 1977), pp.58-59.
112) 총회 소집 공고문의 내용은 다음과 같다. "오늘 밤 9시 마요르 광장에서 열리는 총회에 주민 여러분들을 초대합니다. 알캄펠 노동자단일노조." 당시 혁명위원회에 참여하고 있던 공화좌파 위원 두 명은 집산주의자가 아니었기 때문에 노조의 이러한 집산화 시도를 보이콧하려고 했다. 하지만 노조의 영향력이 커서 실효를 거두지 못했다. 공고문이 혁명위원회의 이름이 아니라 노조의 이름으로 나붙은 이유가 여기에 있다. CNT, *Realizaciones revolucionarias*, pp.61-62.

광장에 사람들이 몰려들었다. 그때 한 조합원이 "사회혁명을 통해 인간에 의한 인간의 착취를 종식시켜야" 하고 "오직 노동자와 소비자들로만 구성되는 새로운 사회를 만들어야 한다"며 총회의 취지를 밝히고 나섰다. 이어서 총회를 진행할 의장단이 구성되었다.[113]

갓 선출된 의장은 총회로 모인 목적이 농업집단을 설립하자는 데 있다고 밝혔다. 의장은 이 집단이 아나키즘의 자유지상주의를 따라 "주민들 모두가 동일한 의무를 지고 동일한 권리와 혜택을 누리는" 집단이 될 것이라고 설명했다. 아울러 집단의 주민들이 모든 소유를 양도하게 될 것이고 "네 것과 내 것"의 구분이 사라지게 될 것이며 "모든 것이 모든 사람들을 위한 것이 될 것"이라고 덧붙였다.[114]

이어서 질의응답이 있었고 이를 통해 집단 설립의 취지가 더욱 명확해졌다. 의장이 얘기한 집단이 새로운 게 아니고 노조 내에서 이미 실현되고 있지 않느냐고 마르크스주의통일노동자당 당원이자 노조 전속 의사가 물었다. 노조원들이 자신들의 필요에 따라 노조가 운영하는 빵집에서 빵을 구한다는 얘기였다. 이에 대해 의장은 이렇게 대답했다.

농업노조에는 대지주와 중지주, 그리고 조그만 땅뙈기밖에 없는 영세농들이 있습니다. 첫 번째와 두 번째 부류의 사람들은 9월이 되면 노조 창고에 밀을 갖고 옵니다. 그러면 1년 내내 빵을 제공받습니다. 반면에 영세농이 비축한 식량은 12월이나 1월이 되면 동이 납니다. 그러면 신용으로 빵을 사고 능력이 될 때 그것을 갚아야 합니다. 사실 세 부류의 조합원들이 일요일이면 같은 테이블에 앉아 커피를 마십니다. 노동자들 가운데 일부가 고용주와 대등하게 카드놀이를 하는 것도 사실입니다. 하지만 주중

---

113) 의장 1명과 서기 2명으로 의장단을 구성했다.
114) CNT, *Realizaciones revolucionarias*, pp.62~63.

에는 그에게 착취를 당합니다.

고용주의 부인은 마음껏 자녀들을 먹일 수 있지만 노동자의 아내는 사실 그렇게 하기가 매우 어렵습니다. 의사께서도 부유한 환자와 영세농 환자 조합원들을 방문하시면서 두 부류 시민들의 생활 방식에 커다란 차이가 있음을 발견하셨을 거라고 생각합니다. 우리는 착취를 영원히 종식시키고 모두가 능력에 따라 일하고 필요에 따라 소비하기를, 모두가 일을 하고 모두가 빵을 먹기를 바랍니다.

이것이 우리가 설립하고자 하는 집단의 기본 원칙입니다.[115]

의장은 이렇듯 설립하고자 하는 농업집단이 기존의 농업노조와 명백히 다른 점이 있다고 지적했다. 착취가 사라지고 필요에 따라 소비할 수 있다는 점이 달랐다. 이것이 집단의 기본 원칙이었다.

이러한 질의응답들이 질서정연하게 이어진 다음에 의장은 "새로운 조직에 가입하기를 바라는 주민들은 오늘 당장이나 내일 또는 원할 경우에 언제나 자유롭게" 집단에 가입할 수 있다고 소개하고, 주민들에게 협력을 요청하면서 회의를 마무리했다.

그날 밤 상당수의 주민들이 집단에 가입했고, 이삼일이 지나면서 그 수는 250가구로 늘었다. 이는 전체 주민들의 절반에 해당하는 수였다.[116] 가입자들 가운데는 대지주들도 일부 있었고, 석공 3명, 마구장이 1명, 대장장이 1명, 이발사 1명, 재봉사 1명 등 다양한 장인들도 있었다. 며칠 뒤에는 앞서 이의를 제기한 적이 있는 노조 전속 의사도 가입했다. 집단은 7월 29일부터 활동에 들어갔다.

아라곤 지방에서는 이렇듯 다수의 집단들이 1936년 7월이나 8월에

---

115) CNT, *Realizaciones revolucionarias*, pp.64-65.
116) CNT, *Realizaciones revolucionarias*, pp.66-67.

설립되었다. 일부 노동자들이 주민총회를 소집하여 집산화 방안을 소개했고 주민들 다수가 이에 찬성하여 집단이 설립되었다. 이때 설립을 주도한 노동자들의 성향에 따라서 전노련이 단독으로 주도한 집단과 노총련이 단독으로 주도한 집단, 전노련과 노총련 양대 노조가 공동으로 주도한 집단 등 세 부류의 집단이 생겨났다.[117] 앞서 살펴본 몬손 군에는 전노련 노조가 조직되어 있는 마을들이 많았다. 그런 마을에서는 아나키스트들이 혁명위원회를 주도했다. 알캄펠의 경우도 그렇다. 일부 공화주의자들이 기존 체제를 유지하는 게 불가능하다는 현실을 파악하고 혁명위원회에 참여하기는 했지만 새로운 정국을 주도한 자들은 전노련 노조 지도자들과 베테랑 아나키스트들이었다. 전노련 노조가 결성되지 않은 지역에서는 민병대가 주도적인 역할을 담당했다.[118]

혁명위원회는 지역에 따라 편차가 있기는 하지만 1936년 7월이나 8월에 구성되어 1937년 1월에 아라곤위원회가 그것을 평시의 시위원회로 대체하기까지 존속했다. 집단의 설립은 이 혁명위원회와 밀접한 관련이 있었다. 토지와 공공건물, 가옥, 재산 등을 혁명위원회가 수용했던 것이다.

그렇다면 이렇게 등장한 집단들을 자발적 운동의 산물로 보아야 할까, 아니면 폭력의 산물로 보아야 할까? 공산주의자들은 이를 난폭한

---

117) Walther L. Bernecker, *Colectividades*, pp.169-170. 당시 사회주의자들은 인달레시오 프리에토를 추종하는 프리에토계와 라르고 카바예로를 추종하는 카바예로계로 나뉘어 있었다. 이들은 전쟁에 비중을 둘 것인가 아니면 혁명에 비중을 둘 것인가를 놓고 극명하게 대립했다. 전자는 공산주의자 및 공화주의자들과 더불어 전쟁에 승리하기를 바랐고, 후자는 아나키스트들이나 마르크스주의통일노동자당원들과 더불어 혁명에 성공하기를 바랐다. 당시 노총련은 카바예로계가 주도하고 있었다.

118) *El Frente*, 2 y 9 de septiembre de 1936. 민츠는 우에스카 주의 경우 전체 9곳 가운데 3곳에서 아나키즘 민병대가 일정한 영향을 미쳤고, 테루엘 주의 경우 6곳 가운데 4곳에서, 사라고사 주의 경우 조사한 4곳 모두에서 민병대가 영향을 미쳤다고 주장했다(Frank Mintz, *La colectivización*, pp.56 y ss.).

상황을 이용해 아나키스트들이 자신들의 원리를 다른 정치 단체에 강요한 결과물이라고 보았다.[119] 폭력의 산물이라는 것이다. 하지만 이를 뒷받침할 만한 구체적인 증거는 제시하지 않았다. 반면에 아나키스트들은 그것이 자발적 운동의 산물이고, 아나키즘 지도자들의 과감한 활동과 끊임없는 투쟁의 결과물이라고 본다. 아라곤의 농업집단들을 잘 아는 독일인 아우구스틴 소우치는 1938년에 "집산화는 군사 반란을 물리친 이후 노동자계급이 사회정치적 권력을 장악한 데서 비롯되었다. 승리한 노동자들은 반란에 가담한 지주들과 도시에 거주하는 그 추종자들의 경제적 권력도 파괴하고자 했다"[120]면서 자발적 성격을 강조했다. 프랑스 아나키스트 가스통 르발은 이 자발적 성격이 "바쿠닌과 제1인터내셔널 시대에 시작된 투쟁이 역사를 거쳐 지속되고 있다는 이상에 사로잡힌, 강력하고 적극적이며 역동적인 소수"의 노력에서 비롯되었다고 보았다.[121] 하지만 이렇게 자발적 성격만 강조하는 것도 문제가 있다. 1936년 7월과 8월 당시 아라곤 지방의 예외적 상황을 고려하지 않으면 안 된다.[122] 아라곤의 경우에 지방 총리도 없었고, 지방정부도 없었으며, 공화정부와 접촉할 수단도 없었다. 이런 상황이 반란 세력이나 파시스트로 지목된 자들의 토지를 수용할 더할 나위 없이 좋은 기회가 되었을 것이다.

한편 전노련 아라곤 지부, 곧 아라곤노동연합은 1936년 8월 29일에 카스페에서 제1차 총회를 개최하고 집단을 설립하는 데 기여한 전

---

119) Dolores Ibárruri y otros, *Guerra y Revolución en España* (Moscú: Progreso, 1966), tomo 1, pp.29-30을 보라.

120) "La revolución agraria en España. Transformaciones económicas y políticas," *Timón* (Barcelona) (agosto de 1938), p.101.

121) Gaston Leval, *Colectividades libertarias en España* (Madrid: Aguilera, 1977), pp.90 y 106-107.

122) Julián Casanova, *Anarquismo y revolución*, p.127.

노련의 역할을 평가했다. 그리고 '농업경제와 교역'에 관한 내용을 의결했다. 생산수단의 사적 소유와 임금노동을 폐지한다는 내용을 주요 골자로 하는 이 결의문은 농업집단 문제를 다룬 전노련 최초의 공식 문서[123]에 해당한다.

1936년 10월 6일에는 사라고사 주의 부하랄로스에서 전노련 아라곤 지부의 임시총회가 열렸다. 상당수의 주민들과 민병대 대표들이 참석한 이 대회에서는 지역방위위원회[124]를 구성하는 문제가 핵심 쟁점으로 떠올랐다. 참석자들 모두가 아라곤 지방을 관리할 위원회를 구성해야 한다는 필요성에 대해서 공감을 했지만 위원회 업무의 범위와 성격을 둘러싸고는 생각이 달랐다. 다수는 이 위원회가 경제와 문화, 전쟁 분야에 대해 절대적인 통제력을 행사해야 한다고 생각했다. 하지만 민병대 대표들은 위원회에 전쟁 관련 사안에 대한 결정권을 부여하는 것에 반대했다. 그들은 그 수가 적었음에도 불구하고 그 견해를 관철시켰다. 결국 위원회에는 전쟁국을 두지 않기로 하고, 카탈루냐 지방정부의 전쟁국에 대표 두 명을 파견하고 그곳의 작전 지휘를 받는 것으로 결론을 내렸다.[125]

위원회의 조직과 기능 문제는 며칠 뒤 알카니스에서 열린 전노련 지방위원회에서 다루었다. 위원회 본부를 프라가에 임시 설치하고 사법과 공공질서, 농업, 정보와 선전, 수송과 교역, 교육, 경제와 식량, 노동의 7개 부처를 신설하기로 했으며, 호아킨 아스카소(Joaquín Ascaso)를 위원장으로 선출했다. 위원들은 모두가 아나키스트 투사들이

---

123) Archivo General de la Guerra Civil Española(Salamanca), carpeta 48 de la serie "R" de Aragón.

124) 정식 명칭은 아라곤지역방위위원회(Consejo Regional de Defensa de Aragón)인데 줄여서 아라곤위원회라고 부른다.

125) Julián Casanova, Anarquismo y revolución, p.133.

었다.[126] 1936년 12월 12일 발렌시아에서 열린 전노련 지방총회는 중앙정부에 아라곤위원회의 공식 승인을 요청하자는 결의를 했고, 며칠 뒤에 정부로부터 위원회에 대한 공식 승인을 받았다.[127] 이로써 아라곤위원회가 종전의 아라곤 지방정부를 대신하게 되었다. 정부의 공식 승인이 있기 직전에 다시 구성한 아라곤위원회에는 전노련을 비롯해 노총련, 공산당, 조합당이 참여했다.[128] 전노련 일색에서 다양한 세력들이 참여하는 것으로 아라곤위원회의 구성이 바뀌었다.

다음으로 아라곤위원회 시기이다. 아라곤위원회는 1937년 1월 12일에 첫 회의를 열고 호세 루이스 보라오(José Luis Borao)와 미겔 추에카(Miguel Chueca)를 부위원장에 임명했다. 그리고 아라곤 주민 전체를 대상으로 성명을 발표했다. 핵심은 "자유와 사회 정의의 민주주의 원리를 기반으로 생활을 정상화"하고 "전 주민이 대동단결할 기초"를 마련해서 공동의 적과 싸우겠다는 내용이었다.[129] 이 성명은 반파시즘 세력들이 공동으로 발표한 유일한 정치 선언이었다.

성명서에는 집산화에 관한 내용도 들어 있었다. 기본적으로 그동안 진행된 집산화 노력을 승인한다는 내용이었다. 하지만 앞으로는 그것을 강제하지 않을 것이고 소기업이나 소농의 개별 경제활동이 공익을 해치지 않는 이상 그 활동을 존중하겠다고 언급했다. 이는 집산주의를 받아들이되 공공의 이익을 해치지 않는 범위 내에서 소농이나 소기업의 개별 경제활동을 허용하겠다는 의미로 풀이된다.

한편 아라곤위원회를 공식 승인한 공화국 정부가 내전 초에 구성된 혁명위원회를 대신할 시위원회 구성에 관한 규정을 발표했다. 아라곤

---

126) *Boletín del Consejo Regional de Defensa de Aragón*, 5 de noviembre de 1936.
127) 1936년 12월 25일자 관보(*Gaceta de la República*)에 승인 내용이 실림.
128) Julián Casanova, *Anarquismo y revolución*, p.141.
129) *Boletín del Consejo Regional de Defensa de Aragón*, 19 de enero de 1937.

위원회는 1937년 1월 19일에 조례를 발표하고 그 규정에 따라 시위원회를 구성하는 작업에 착수했다. 2월과 3월에 걸쳐 진행된 구성 작업 결과 아라곤위원회 관할 구역 내에 400곳에 달하는 시위원회가 구성되었다. 이들 가운데 375개 시위원회들을 분석한 결과 그 주도 세력에 따라 전노련, 노총련, 공화좌파, 인민전선, 공산당, 혼합(전노련과 노총련) 등 여섯 부류의 시위원회가 존재했던 것으로 파악됐다.[130] 신설된 시위원회는 혁명위원회로부터 갖가지 서류와 자금을 양도받고 그 역할을 대신했다.

하지만 시위원회가 아라곤에 설립된 집단들을 지휘하고 조정하는 기관은 아니었다. 나중에 정리되는 내용이기는 하지만 아라곤위원회 농업국의 전노련 프로그램에 따르면 시위원회는 집단이 구성되지 않은 마을의 토지를 관리했다.[131] 그러니까 집단들이 설립된 지 6개월가량 지난 시점에도 이들을 지휘하고 조정할 기관이 아직 존재하지 않았던 것이다. 이 문제를 다루기 위한 대회가 1937년 2월 14일과 15일에 카스페에서 열렸다. 제1차 아라곤집단대회인 셈이었다. 275개 집단의 141,430명을 대표해 456명이 대회에 참석했다. 이 회의에서 소지주 문제나 집단 내 화폐 유통 문제, 수입 산물 보급을 위한 지역금고 설립 문제 등을 다루기도 했지만 가장 중요한 안건은 아라곤집단연맹(Federación Regional de Colectividades)을 결성하는 문제였다.

회의 결과 연맹을 결성하는 것으로 결론이 났다. 아라곤집단연맹의

---

130) Julián Casanova, *Anarquismo y revolución*, pp.155-156. 아라곤위원회가 광역자치단체라면 시위원회는 기초자치단체에 해당한다.

131) 당시 시위원회와 집단, 전노련 노조의 위계 관계가 문제시되었는데 시위원회는 집단이 구성되지 않은 마을의 토지를 관리한다는 점에서 집단 내에 설치된 행정위원회와 그 기능이 다르고, 전노련 노조는 이 두 기구를 통제하는 위치에 있는 것으로 그 문제가 정리되었다. Juan López, *El sindicato y la colectividad* (Valencia, 1938), p.8; Julián Casanova, *Anarquismo y revolución*, p.180.

주요 임무는 "연맹에 가입한 노동자 집단의 이해관계를 옹호"하고 "상호부조에 입각한 집산주의의 이점을 널리 선전"하는 것이었다. 연맹위원회는 4개 군의 대표들로 구성했고 아라곤위원회 농업국의 위원이자 바르바스트로 군 집단의 선전 위원인 호세 마비야(José Mavilla)를 초대 사무국장으로 선출했다.[132]

같은 해 6월에는 발렌시아에서 전국농민대의원총회(Pleno Nacional de Regionales Campesinas)를 개최했다. 총회에는 레반테와 중앙,[133] 아라곤, 엑스트레마두라, 안달루시아, 카탈루냐 지방의 대표들이 참석했다. 이 총회에서 전국농민연맹(Federación Nacional Campesina)이 결성되었다.[134] 전국농민연맹은 관련 자료가 없어서 구체적으로 알 수는 없지만 지방연맹들 간의 정보 교류와 이해관계 조정을 주요 기능으로 삼지 않았을까 추측된다. 이로써 기초집단(Colectividad Local)에서 지방집단연맹(여기서는 아라곤집단연맹)을 거쳐 전국집단연맹(전국농민연맹)으로 이어지는 조직 체계를 갖추게 됐다.

한편 1937년 6월 8일에 농업부 장관이자 공산당 중앙위원회 위원인 비센테 우리베가 군사 반란 이후 추진해 온 집단 경작을 모두 승인한다는 규정을 발표했다.[135] 이는 그동안 추진해 온 집산화를 합법화하겠다는 내용이었다. 이에 대해 전노련은 그 진의가 무엇인지 궁금해 했다. 테루엘 주 알카니스(Alcañiz)에서 발행하는 아나키즘 간행물 《문화와 행동》(Cultura y Acción)은 6월 16일자 사설에서 "정부가 농촌과 집단들을 끊임없이 공격하더니 이제는 오직 집단에만 에스파냐 경제의 미래가 있다고 얘기하고 있다. (……) 이것이 사실일까? 단순히 새

---

132) Julián Casanova, *Anarquismo y revolución*, pp.180-181.
133) 여기서 '중앙'의 의미는 확실치는 않으나 마드리드 중심의 수도권을 가리키는 것으로 생각된다.
134) *Solidaridad Obrera*, 25 de junio de 1937.
135) *Gaceta de la República*, 9 de junio de 1937.

로운 책략을 펴는 건 아닐까"라며 강한 의구심을 드러냈다. 라리오하 출신 아나키스트 훌리안 플로리스탄(Julián Floristán)은《노동자연대》에 기고한 글에서 그동안 집단들을 비난해 온 공산당이 그것을 합법화하고 나선 이유를 노동자들을 장악하기 위한 공산당의 필요성에서 찾았다.[136]

마지막으로 해체 시기이다. 이 무렵 정부가 집단을 합법화한 이유가 곧 드러났다. 집단들을 억압하기 시작하더니 두 달 뒤인 8월 11일에는 아라곤위원회 해산령을 발표했다. 아라곤위원회 위원장 호아킨 아스카소를 비롯한 위원들은 업무를 중단해야 했다. 그 대신 공화주의자 호세 익나시오 만테콘(José Ignacio Mantecón)이 아라곤의 지방 총리에 임명되었다. 공화군 지역에 속한 아라곤 지역은 이제 그의 통치를 받게 되었다.

아나키스트들은 이를 두고 지나치게 잔인한 조치라고 비난했다. 이에 정부는 아나키스트들을 교도소에 구금하고 노조를 폐쇄했다. 해산령이 발표되고 한 달이 지난 뒤에 작성된 전노련 아라곤지방위원회의 보고서에 따르면 "400명 이상이 교도소에 구금되었고, 사무실 상당수가 폐쇄되었으며, 시위원회 위원들 대부분이 면직되었다."[137]

아나키즘 간행물을 제외한 다른 언론들은 정부의 아라곤위원회 해산 조처를 대대적으로 환영했다. 그들은 이를 정치적 주도권 싸움으로 보았다. 전노련이 자신의 주도권을 보여 주기 위해 아라곤위원회를 창설했는데 이제 그것이 해체되었으니 그 주도권을 상실하게 됐다는 것이다. 이에 대해 영국 역사가 로널드 프레이저(Ronald Fraser)는

---

136) *Solidaridad Obrera*, 24 de junio de 1937.
137) "Informe del Comité Regional al Pleno de Sindicatos de Aragón celebrado en Caspe los días 11 y 12 de septiembre de 1937." Julián Casanova, *Anarquismo y revolución*, p.273에서 재인용.

"1937년 정부 법령으로 자유지상주의 아라곤 전역에서 집산화가 폐지된 것은 아니다. 농민들이 원할 경우 집단 공동체를 탈퇴할 수 있게 된 것이다. 집단 공동체들 상당수는 자발적인 차원에서 여전히 존속하고 있었다. 자유지상주의자들 상당수는 오히려 그 기능이 더 나아졌다고 생각했다. 폐지된 것은 아라곤위원회였고 그와 더불어 아라곤에 대한 자유지상주의의 통제가 폐지되었다"[138]라고 결론을 내렸다. 아라곤위원회가 해체되면서 아나키즘의 지배력도 종식되었다는 의미이다.

아라곤위원회가 해체된 다음에 시위원회가 관리위원회로 대체되었다. 지방 총리 만테콘이 각 지역에 행정관(delegado gubernativo)을 파견했고, 이어서 행정관들이 시위원회를 대신할 관리위원회 위원들을 임명했다. 이들 관리위원들은 곧 시위원회 해체 작업에 착수했다. 그 결과 전노련은 아라곤 대부분의 지역에서 그 주도권을 상실하게 되었다.[139]

아나키스트들은 어떤 반응을 보였을까? 그들은 아라곤위원회 해산령이 발표된 후 한 달 뒤에 아라곤 지방총회를 열고 집산주의 운동 탄압 문제를 제기했다. 1937년 10월 16일에는 지방 총리 만테콘에게 전노련의 이름으로 항의 서신을 보냈다. 그들은 서신에서 우파 성향의 과거 지주들에게 토지를 반환해 주고 집단을 유린한 데 대한 문제를 제기했고, "마을을 혼란스럽게 하고 주민들을 격노케 하며 집산주의자와 비집산주의자 두 부류로 주민들을 구분했다"며 행정관들의 활동도 비난했다.[140] 같은 달 발렌시아에서 열린 전국농민연맹 총회는 관리위원회가 공권력의 지원을 받아서 집단들을 해체하고 창고를 압수한

---

138) Pierre Broué, Ronald Fraser y Pierre Vilar, *Metodología histórica de la guerra y la revolución española* (Barcelona: Fontamara, 1980), p.124, nota 12.

139) Julián Casanova, *Anarquismo y revolución*, p.283.

140) Julián Casanova, *Anarquismo y revolución*, p.284.

다음 그 재고품을 불법적이고 무원칙하게 분배했다고 성토했다. 반란 자들에게서 몰수했던 토지와 농기구, 말, 가축을 전소유주나 그 가족 들에게 반환해 주었고, 심지어는 집단 주민들이 농사를 지어 거둬들 인 수확물도 이전 소유주들에게 양도했다는 것이다. 이 모든 일을 행 정관이 임명한 관리위원회가 주도했다고 비난했다.[141]

하지만 이것은 아나키스트들이 보여 준 반응의 일면에 불과했다. 정 부의 토지개혁 주무부처인 토지개혁청(Insituto de Reforma Agraria) 아라곤 지부가 1937년 9월 29일 정치 단체들에게 농촌 생활 정상화 프로젝트 문서를 발송했다. 기존 집단들을 다시 정리하고 전투 여단 을 구성하는 토지개혁청의 작업에 협조해 달라는 내용이었다. 기존 집 단들은 새로운 규약을 만들어 토지개혁청 아라곤 지부의 승인을 받 아야 한다는 규정도 들어있었다. 그런데 문제는 아나키즘 단체들도 이 프로젝트에 서명했다는 것이다. 그 결과 1938년 1월 현재 노동부의 승 인을 받은 집단들이 300곳이 넘었으며 집산주의 집단의 수가 그렇지 않은 집단의 수보다 훨씬 많은 것으로 나타났다.[142]

그런데 아라곤위원회와 시위원회는 물론이고 집단들마저 해체되는 위기에 직면한 아나키스트들이 왜 이렇게 '유순한' 반응을 보였을까? 그들이 이런 반응을 보일 수밖에 없었던 고민을 1937년 9월 11일에 열린 아라곤 지방총회의 논의에서 엿볼 수 있다. "아라곤위원회가 추 진한 거대한 사업이 무너지는데 우리 노조가 왜 저항을 하지 않는지 많은 사람들이 묻고 있다. 그 대답은 간단하다. 우리는 전쟁에서 승리 하기를 간절히 바랐다. 그래서 반파시즘 진영의 내분과 갈등을 될 수 있으면 피하고자 했다." 요컨대 전쟁의 승리를 위해서 반파시즘 진영

---

141) Julián Casanova, *Anarquismo y revolución*, p.284.
142) Frank Mintz, *La autogestión en la España revolucionaria* (Madrid: La Piqueta, 1977), p.182.

의 내분을 피하고자 했다는 것이다. 당시 전노련 내부에는 정부의 개입 문제와 관련해서 두 가지 입장이 있었다. 하나는 새로운 조치에 협력하자는 입장이었고, 다른 하나는 그것을 거부하자는 입장이었다. 하지만 결국에는 수감자를 석방하고 집단을 존중한다는 내용을 조건으로 내걸고 협력 방안을 수용하기로 결정했다.[143] 이것은 바로 내전 당시 가장 큰 논란을 불러일으켰던 "전쟁이냐, 혁명이냐"라는 논쟁과 관련된 문제였다. 공산주의자들과 공화주의자들, 인달레시오 프리에토계 사회주의자들은 전쟁의 승리를 우선시했고, 마르크스주의통일노동자당원들과 라르고 카바예로계 사회주의자들, 아나키스트들은 혁명의 성취를 우선시했다. 그런데 아나키스트들은 이러한 종전의 입장과 달리 정부에 협력하는 길을 선택한 것이다.

농업집단의 운영

이제 집산주의 실험의 내용을 들여다보자. 과연 집단이 어떻게 운영되었을까? 집단의 운영을 살펴보기 위해서는 집단의 규약을 살펴볼 필요가 있다. 당시 각 집단에는 운영 문제와 관련한 집단 규약이 있었다. 집단에 속한 주민들 모두가 참여해서 집단의 규약을 만들고 총회의 승인으로 확정했다. 참고로 현재 유일하게 남아 있는 몬손 군 비네파르 집단의 규약[144]을 살펴보면 다음과 같다.

제1조. 노동은 10명으로 이루어지는 작업반을 구성해서 하고, 각 작업

---

143) César M. Lorenzo, *Los anarquistas españoles*, pp.247-251; Walther L. Bernecker, *Colectividades*, pp.429-430; Julián Casanova, *Anarquismo y revolución*, p.293.
144) CNT, *Realizaciones revolucionarias*, p.85.

반은 반장을 임명한다. 작업반장은 작업을 관리하고 일꾼들 간의 화합을 도모하며 총회에서 의결한 사항을 준수한다.

제2조. 작업반장은 농업위원회에 매일 작업 상황을 보고해야 한다.

제3조. 작업 시간은 필요에 따라 조정한다.

제4조. 총회는 각 생산 분야마다 한 명을 선발해서 중앙위원회를 구성한다. 이 위원회는 매월 열리는 총회에 소비와 생산과 대외관계 등 상황을 보고한다.

제5조. 총회는 집단을 관리할 위원들을 임명한다.

제6조. 집단 주민들 모두에게 집단 가입 시 양도한 재산의 목록을 제공한다.

제7조. 집단 주민들은 모두 동일한 권리와 의무를 지니고 총회의 결의를 받아들일 경우 다른 노조에 가입할 수도 있다.

제8조. 수익은 분배하지 않는다. 모든 주민들이 이용할 수 있도록 집단소유로 한다. 흉년을 대비해 필요할 경우 식료품을 배급할 수 있다.

제9조. 필요할 경우 적절한 수의 여성들을 농업 노동에 종사하게 할 수 있다. 여성들이 생산 활동을 하도록 관리하는 것이 필요하다.

제10조. 11세 미만의 어린이가 일을 해서는 안 되고 16세까지 힘든 일을 해서도 안 된다.

규약의 내용이 집단마다 어느 정도 다를 수 있겠지만 비네파르 집단 규약의 경우 전체 10개조로 구성되어 있고, 노동 문제를 상대적으로 매우 중요하게 다루고 있다. 그 밖에 총회의 기능과 주민들의 권리와 의무, 수익 문제, 여성 문제 등을 다루고 있다. 이제 이러한 내용들을 고려해 가입·탈퇴와 재산, 노동과 보수, 화폐와 소비, 여성과 어린이 등 주요 관심 사안을 중심으로 집단의 운영 문제를 좀더 구체적으로 들여다보자.

가입·탈퇴와 재산 집단의 운영은 비네파르 집단 규약 제5조에 언급된 것처럼 총회가 임명하는 행정위원회(Junta administrativa)를 통해 이루어진다. 구체적인 자료가 없어서 단정하기는 어렵지만 집단의 가입과 탈퇴 문제를 아마도 이 행정위원회가 관리하지 않았을까 짐작한다.

규정에 따르면 집단의 가입과 탈퇴는 자유의사에 따라 이루어진다. 하지만 두려움 때문에 가입하는 경우도 있었다. 우에스카 주의 남동쪽에 위치한 알캄펠의 경우 대지주들 몇 명이 집단에 가입했는데, 이들은 도망치지 않고 마을에 머물러 있다가 하는 수 없이 그렇게 했다. 집단에 가입하는 것 말고는 뾰족한 대안이 없었던 것이다. 하인과 노동자들을 강제로 빼앗아 가는 것을 보면서 두려움에 떨며 집단 가입을 결정한 것이다. 노사 체제가 종식되었기 때문에 그 누구도 경작을 위해 하인이나 노동자를 고용할 수 없었던 것이다.[145]

집단에 가입할 때는 소유 재산을 모두 집단에 양도해야 한다. 그러면 집단 관계자는 가입자에게 그가 양도한 재산의 목록을 작성하여 제공했다.[146] 이 목록은 집단을 탈퇴할 때 되돌려주기 위한 자료로 사용된다. 양도한 재산의 많고 적음에 따라서 권리와 의무에 차등을 두려고 그렇게 한 것은 아니었던 것으로 보인다. 주민들 모두는 "경제적 조건에 상관없이" 동일한 권리와 의무를 지녔다.[147] 집단은 이른바 '무계급 사회'였다. 이 점이 집산주의 체제를 규정짓는 가장 중요한 특징이었다.[148]

같은 마을에 살면서 집단에 가입하지 않을 경우에는 소토지 소유자는 관계없지만 그 이상의 토지 소유자는 자신과 가족을 위해 필요한

---

145) CNT, *Realizaciones revolucionarias*, pp.67 y 100.
146) CNT, *Realizaciones revolucionarias*, p.125.
147) *Cultura y Acción*, 25 de noviembre de 1936.
148) Antonio Rosado, *Tierra y Libertad. Memorias de un campesino anarcosindicalista andaluz* (Barcelona: Crítica, 1977), p.17.

면적의 토지만 소유할 수 있었고 나머지는 집단에 귀속시켜야 했다.[149] 알캄펠에서는 알파라스 후작 소유의 관개지를 징발하기도 했다.[150] 틀림없이 당사자는 이 점을 일종의 강제로 여겼을 것이다. 집단 가입은 자발적인 것이었지만 그것이 전적으로 자발적인 것이었다고 말할 수 없는 이유가 이런 점에 있다.

집단의 주민들 가운데 집단의 발전을 도모하지 않고 불화를 일으키는 자들이 있을 수 있다. 이 경우 그가 잘못을 되풀이하고도 자발적으로 탈퇴하지 않는다면 그를 제적할 수 있다. 이때 제적 여부의 결정은 총회에서 이루어졌다.[151]

노동과 보수 집단에 가입한 사람들은 모두 사회적 생산 목표를 달성하기 위해 노동의 의무를 지고 있었다. 11세 미만의 어린이나 60세 이상의 주민들, 임산부, 가사와 육아에 전념하는 여성들은 노동의 의무를 면제받았다. 노동시간을 규정해 둔 경우도 있었지만, 대개는 해가 떠서 해가 질 때까지 일을 했다.

노동은 작업반별로 이루어졌다. 작업반은 대개 5~10명으로 구성했고, 매일 또는 매주 새롭게 조직했다. 특권이나 손실을 방지하기 위해 일정한 시간이 지나면 정기적으로 새로운 지역에 배치하거나 새로운 작업을 할당하기도 했다.[152] 각 작업반은 작업을 관리하고 일꾼들 간의 화합을 도모할 반장을 선출했다. 반장은 농민들이 소지한 생산자증(carné de productor)에 날마다 출결 여부를 기재했으며, 매일 밤에는 농업위원회에 그날 수행한 작업을 보고하고 다음 날 수행할 작업을 의논했다.[153]

---

149) CNT, *Realizaciones revolucionarias*, pp.75, 83 y 100.
150) CNT, *Realizaciones revolucionarias*, p.68.
151) CNT, *Realizaciones revolucionarias*, pp.125-126.
152) Walther L. Bernecker, *Colectividades*, pp.181-182.
153) CNT, *Realizaciones revolucionarias*, pp.75-76.

그림 18 농업집단의 농부들(www.elsaltodiario.com)

보수 체계는 지방이나 군, 마을에 따라 다양했다. 보수는 "능력에 따라 일하고 필요에 따라 쓴다"는 원칙에 따라 수행한 노동과 관계없이 책정되었다.[154] 전노련이 주도하는 집단에서는 일반적으로 '가족급여' 체계를 도입했다. 이를 위해 집단마다 급여 일람표를 만들었다. 비네파르 집단은 가구의 일급을 1인일 경우 2페세타, 2인일 경우 3.5페세타, 3인일 경우 4.5페세타, 4인일 경우 6.5페세타로 규정했다. 몬손 집단은 일급을 독신 남자나 여자의 경우 5페세타, 부부나 2인일 경우 9페세타, 14세 미만의 자녀 1인당이나 노인 1인당 3.5페세타 추가, 14세 이상의 자녀 1인당 4페세타 추가로 규정했다.[155] 이처럼 가족급여의 내용은 같은 몬손 군 내에서도 집단의 사정에 따라 다소 차이가 났다. 하지만 한 집단 안에서는 모든 가구가 가족의 수에 따라 일정한 급여

---

154) 아나키스트 주도의 집단과 사회주의자 주도의 집단은 구조와 기능 면에서 크게 다르지 않았으나 이 점에서 차이가 있었다. 후자는 노동의 수익에 따라 보수를 책정했다.

155) CNT, *Realizaciones revolucionarias*, pp.84 y 130.

를 받았다.

이 급여는 '물품 인수증'(vale)으로 지불되었다. 물품 인수증은 물품을 구입할 때만 사용이 가능했고, 정해진 기간 안에 사용해야 했다. 그 기간이 지나면 아무짝에도 쓸모없게 된다. 이는 재산 축재를 방지하기 위함이었다.[156]

그렇다면 이 급여로 생활이 가능했을까? 아나키스트들은 생활이 가능했다고 얘기한다. 주택과 의료, 의약품을 무료로 제공하고, 빵과 올리브유를 자유롭게 소비할 수 있게 했기 때문이다.[157] 심지어는 채소와 장작, 전기 등을 무료로 제공하기도 했다.[158] 그럼에도 생활이 가능했을지는 몰라도 사치를 즐기지는 못했을 것이다.

화폐와 소비 아나키스트들은 화폐를 "전통적인 부정과 사회적 불평등, 부자에 의한 빈자의 억압, 다수의 고통을 담보로 한 소수의 풍요"를 상징하는 것으로 보았다.[159] 따라서 아라곤 지방에서는 지불수단으로서 국가화폐를 폐지했다.[160]

노동 생산물을 분배하는 방식에는 대체로 수첩(libreta)과 물품 인수증, 화폐 세 종류가 있었다. 수첩에는 성인과 미성년자의 수와 그들의 이름이 기록되어 있었다. 물자가 부족할 경우에는 이 수첩을 근거로 식료품과 의복을 제공했다. 그 내용은 물론 집단별로 다양했다. 이 수첩은 조작할 위험이 있기는 했지만 축재가 불가능하다는 장점을 지니고 있었다. 이것은 물자가 부족할 경우에 자주 사용했다. 물품 인수증

---

156) *Boletín de Información CNT, AIT, FAI*, 26 de septiembre de 1936, p.13.
157) CNT, *Realizaciones revolucionarias*, pp.83-84 y 130.
158) 이들은 낭비를 방지하기 위해 나중에 유로로 전환되었다.
159) Walther L. Bernecker, *Colectividades*, p.182.
160) 1937년 2월에 열린 아라곤 집단대회에서 모든 형태의 지불수단을 폐지하고 그 대신에 배급표를 사용한다는 결정을 내렸다. 하지만 공화국 정부가 행정 구조를 계속 유지한 지역이나 그것을 복구한 지역, 이를테면 카스티야와 카탈루냐, 레반테 지방에서는 대부분 국가의 공식 화폐를 지불수단으로 계속 사용했다.

은 현지 시장에서 소비재로 바꿀 수 있는 유가증권이었다. 이것을 식료품이나 의복과 교환할 수 있었다. 화폐는 폐지되었지만 경우에 따라 지역화폐를 사용하기도 했다. 물자가 풍부할 경우에 지역화폐로 원하는 것을 구매할 수 있었다.[161]

몬손 집단의 주민들은 시내의 한 영화관에서 지역화폐를 내고 영화를 관람하곤 했다. 그러면 영화관 주인은 다음 월요일에 집단에 들러서 그 지역화폐를 국가화폐로 환전해 갔다.[162] 집단에 속하지 않은 다른 주민들은 기존 화폐를 여전히 사용했다. 집단은 집단 소속이 아닌 일반 주민들에게 포도주와 같은 일부 품목을 팔기도 했다. 이를 위해 집단 내에서는 모든 종류의 물품에 일정한 가치를 부여했다.[163]

아나키스트들이 이처럼 화폐를 폐지하고자 한 것은 경제적 이유 때문만이 아니었다. 윤리적인 이유도 있었다. 프란츠 보르케나우는 심지어 주민들이 상층계급을 증오한 이유가 "경제적인 것보다는 도덕적인 부분"에 훨씬 더 많다고 보았다. 그는 주민들이 "그들의 사치로부터 벗어나고자" 했으며 "그들이 수립하고자 한 새로운 질서는 전적으로 금욕적인 개념이었다"고 강조했다.[164] 이아연의 기관지 《토지와 자유》도 "우리는 에스파냐를 물질적, 도덕적으로 쇄신하고 싶다. 우리의 혁명은 경제적, 윤리적 혁명이다"라며 윤리적 성격을 강조했다.[165]

여성과 어린이 아나키스트들이 이렇듯 화폐 문제는 확실하게 다룬 반면에 여성 문제는 철저하게 인식하지 않았던 것으로 보인다. 그들은 아라곤의 여성들을 반파시즘 운동의 투사로 여겼다. 하지만 그 역할

---

161) CNT, *Realizaciones revolucionarias*, pp.75-76 y 129.
162) 집단은 화폐 교환을 위한 집단 금고를 운영하고 있었다. CNT, *Realizaciones revolucionarias*, pp.69 y 130.
163) CNT, *Realizaciones revolucionarias*, p.104.
164) Franz Borkenau, *El reñidero español* (Paris, 1971), pp.133 y ss.
165) *Tierra y Liberta*, 16 de enero de 1937.

을 전선에서 싸우는 남성 전사들의 보조역 정도로 생각했다. 1937년 2월호 《신아라곤》(Nuevo Aragón)에 실린 '반파시즘 여성 가정 프로젝트에 관한 성명서'[166]가 이를 잘 보여 준다. 아라곤 여성들이 반파시즘 운동과 진보 운동, 문화 운동의 투사들임을 강조하면서도 그들을 향해 전선에서 싸우는 투사들에게 부족함이 없도록 후방에서 열심히 일하라고 성명서는 촉구했다. 아나키스트 남성들은 여성들에게 위원회 활동을 포함한 공적 활동이나 생산 활동을 맡기지 않았다. 다만 일손이 부족할 경우에는 그들에게 이런 일들을 맡길 수 있었다. 아라곤 집단연맹이 1937년 2월에 남성들 상당수가 전선으로 나가는 바람에 올리브를 수확할 인력이 부족하다며 여성들에게 지원을 호소한 적이 있었다.[167]

전노련 조합원 가정에서 자란 필라르 비방코스(Pilar Vivancos)는 역사가 로널드 프레이저에게 남성들의 이러한 태도에 대한 불만을 다음과 같이 털어놓았다.

남성들은 혁명을 수행할 임무를 맡았다. 하지만 그들은 혁명을 모든 면에서 철저하게 수행해야 한다는 사실을 이해하지 못했다. 혁명은 가정에서 시작되어야 한다. 내가 알기로는 여성해방의 문제가 혁명의 내용으로 상정되지 않았다. 카탈루냐에서는 아마도 사정이 달랐을 것이다. 하지만 아라곤에서는 부엌일을 하고 농사짓는 것이 여성의 일이었다.[168]

이 말에는 성역할(젠더) 차별에 대한 불만이 드러나 있다. 이런 불

---

166) *Nuevo Aragón*, 28 de febrero de 1937.
167) *Nuevo Aragón*, 28 de febrero de 1937.
168) Ronald Fraser, *Recuérdalo tú y recuérdalo a otros* (Barcelona: Grijalbo Mondadori, S. A., 1979), tomo I, p.402.

만 때문에 앞서 살펴본 대로 일부 아나키스트 여성들은 '자유여성'이란 단체를 설립해 계급 없는 사회를 건설하는 동시에 여성해방을 실현하기 위한 활동을 펼쳐 나갔다. 아라곤 지방의 '자유여성'은 1937년 12월에 결성되었다. 그들은 같은 달에 알발라테데신카에서 제1차 아라곤자유여성연맹대회를 개최했다.[169] 프랑코 군대가 아라곤을 점령한 것이 1938년 3월이니까 아라곤 지방 '자유여성'의 규모는 그리 크지 않았을 것으로 짐작된다. 문제는 전노련이 아나키스트 여성들의 이러한 노력을 단체 차원에서 지원하지 않았다는 데 있다. 그들은 '자유여성'을 아나키즘 운동의 지부로 인정하지 않았다. 이는 그들이 성역할 면에서 여성을 평등하게 대우하지 않았음을 보여 준다.

하지만 그래도 여성에게 생계에 필요한 수단을 제공했다. 종전에는 없던 커다란 변화라고 할 수 있다. 자녀가 있지만 남편이 없고 일할 수도 없는 여성의 경우 가족급여를 받거나 가옥과 식료품, 의복 등을 제공받게 되었다.[170]

어린이들도 생존권을 인정받았다. 그들은 태어나면서부터 가족급여를 받았다. 11세 미만의 어린이는 일할 필요가 없었다. 어린이가 특정 가족의 일원이기는 하지만 아이들을 부양하는 것은 가족이 아니라 사회라는 인식이 존재했다.[171] 이런 점에서 이 집단을 공동체라고 부를 수 있을 것이다.

169) *Cultura y Acción*, 9 y 16 de diciembre de 1937 y 22 y 30 de enero de 1938.
170) CNT, *Realizaciones revolucionarias*, p.19.
171) CNT, *Realizaciones revolucionarias*, pp.19-20.

내각 참여

다른 한편 1936년 9월 4일에 라르고 카바예로가 중앙정부의 총리를 맡았다. 군사 반란과 더불어 카사레스 키로가(Casares Quiroga) 내각이 무너지자 대통령 아사냐는 반란이 전쟁으로 확산되는 걸 막으려고 마르티네스 바리오(Martínez Barrio)에게 중도내각 구성을 제의했다. 반란군 측과 접촉을 시도한 마르티네스 바리오가 협상에 실패하고 사의를 표명하자 아사냐는 호세 히랄(José Giral)에게 총리 자리를 제의했다. 7월 19일에 총리에 오른 히랄은 주민들에게 무기 양도를 허가하는 조치를 취했다. 그 결과, 한편으로는 여러 곳에서 군사 반란을 제압할 수 있게 되었지만, 다른 한편으로는 혁명 대중의 세력이 강화되면서 공공질서가 무너지고 국가기구가 해체되는 현상을 낳았다. 이에 책임을 지고 물러난 히랄의 뒤를 이어 라르고 카바예로가 총리를 맡게 된 것이다.

라르고 카바예로는 온건파 사회주의자 3인과 좌파 사회주의자 3인, 공화주의자 5인, 공산주의자 2인으로 인민전선 정부를 꾸렸다. 그야말로 전쟁 승리를 위해 구성한 전시내각이었다. 그가 아나르코생디칼리스트들에게도 각료직을 제의했지만 그들은 거절했다. 자신들의 혁명 노선을 포기할 수 없었던 것이다.

하지만 전노련은 새롭게 들어선 라르고 카바예로 정부에 대한 자신들의 입장을 정리할 필요를 느꼈다. 이에 긴급하게 지방연합전국총회를 열고 파시스트 반란을 진압하도록 새 정부를 지원하기로 했다.[172] 그러고 나서 얼마 지나지 않아 카탈루냐 지방정부에 참여하더니 급기야는 공화정부의 내각에도 입각했다.

---

172) "La CNT y el nuevo gobierno," *CNT*, 6 de septiembre de 1936.

그동안 반정치적 전통을 강조해 온 아나키스트들이 왜 갑자기 정치에 참여하기로 태도를 바꿨을까? 존 브레이드마스는 그들이 카탈루냐 정치에 참여하게 된 이유를 무기 구입과 재정 지원에서 찾고 있다.[173] 당시 카탈루냐의 주인이나 다름없었던 아나키스트들에게는 카탈루냐를 수호하는 것이 곧 전노련을 지키는 것이었다. 그런데 전노련의 요새라고 할 수 있는 카탈루냐와 레반테, 아라곤에는 무기 공장도 없었고, 군수산업을 일으킬 기계도, 철과 석탄을 비롯한 원자재도 없었다.[174] 무기를 구입할 수밖에 없는 상황에서는 무기 문제가 재정 문제나 다름없었다. 따라서 카탈루냐의 혁명 세력은 마드리드에 기대를 걸고 중앙정부에 재정 지원을 요청했다. 하지만 요청할 때마다 번번이 거절당했다.[175] 중앙정부는 지원에 대한 대가를 요구하면서 그 요청을 들어주지 않았다. 그 대가는 다름 아닌 반파시즘민병대위원회의 해체였다. 사정이 이러한데도 전노련은 모종의 결정을 내리지 않을 수 없는 처지에 놓였다. 카탈루냐의 사정이 더욱 절박해진 것이다. 이에 전노련은 지역연맹총회를 열고 긴급 동의안을 통과시켰다. 전노련 내부에서 전노련의 카탈루냐 지방정부 참여를 반대하는 세력은 어느 새 소수로 줄어들었다. 그 결과 9월 27일에 아나키스트 세 명이 카탈루냐 지방정부에 입각했다.[176] 민병대위원회 해체로 약화될 자신들의 세력을 유지하려고 정치 참여를 선택한 것으로 보인다. 아밧 데 산티얀은 당시 상황을 다음과 같이 기술했다.

---

173) John Brademas, *Anarcosindicalismo y revolución*, pp.142-143.
174) 당시 무기 생산 공장은 국민군 진영에 있거나 국민군에 의해 카탈루냐로부터 접근이 차단된 지역에 있었다.
175) Diego Abad de Santillán, *Por qué perdimos*, pp.105-106 y 113; "Al pleno regional de sindicatos," *Solidaridad Obrera*, 25 de septiembre de 1936.
176) 조안 파브레가스와 조안 도메네크, 안토니오 가르시아 비를란이 경제국과 보급국, 보건사회복지국을 각각 맡았다.

민중의 권력을 계속 튼튼히 다져 나가야 하는데 카탈루냐에 무기도 공급되지 않고 외국에서 무기를 구입할 돈도 없으며 산업용 원자재도 제공되지 않는다. 전쟁에 지는 것은 모든 것을 잃고 페르난도 7세 시절의 에스파냐로 돌아가는 것과 같기 때문에 (……) 우리는 민병대위원회를 포기하고 지방정부의 방위국과 기타 부처에 그 기능을 이관한다.[177]

아나키스트들이 참여한 카탈루냐 지방정부 각료회의는 곧이어 '긴급 프로그램'을 통과시켰다. 그 프로그램 안에는 전쟁에 모든 노력을 집중하고 지휘 체계를 통일한다는 내용이 들어 있었다. 아니나 다를까 카탈루냐 지방정부의 각료로 활동하는 아나키스트들은 곧 민병대의 정규군화를 반대하는 민병대원들과 대립하게 되었다. 카탈루냐 지방정부는 10월 2일에 민병대위원회 해산 소식을 알렸고 한 주 뒤에는 혁명위원회들을 모두 폐지한다는 법령을 공포했다.[178] 이제 정당과 노조 대표들로 구성되는 지역 행정기관들이 노동자들이 주도해 온 지역위원회들을 대신하게 되었다. 그와 더불어 혁명도 서서히 약화되어 갔다. 전노련이 지방정부에 참여한 것은 혁명 세력을 유지하기 위해서였지만 그들의 판단이 결국 착오에 불과했다는 사실이 곧 드러나게 됐다. 하지만 그렇다 하더라도 존 브레이드마스가 지적한 대로 당시 그들에게 다른 출구는 없었다.[179]

다른 한편으로 전노련 전국위원회 서기를 맡고 있던 오라시오 프리에토(Horacio Prieto)는 9월 중에 라르고 카바예로를 방문하여 공산주의자 두 명이 중앙정부 각료로 입각한 데 대해 항의하고 공산주의자

177) Diego Abad de Santillán, *Por qué perdimos*, p.116.
178) "El Consejo de la Generalidad: Constitución de los consejos municipales. Decreto," *Solidaridad Obrera*, 11 de octubre de 1936.
179) John Brademas, *Anarcosindicalismo y revolución*, p.146.

들을 배제한 내각 구성을 주문했다. 하지만 공산주의자들이 이를 받아들일 리가 없었다. 라르고 카바예로도 내각을 그대로 밀고 나간다는 방침을 밝혔다. 게다가 아나키스트들이 제시한 전국방위위원회(Consejo Nacional de Defensa) 창설 방안도 거절했다.[180]

오라시오 프리에토는 9월 28일에 열린 전노련 지방연합전국총회에서 라르고 카바예로가 전국방위위원회 창설 방안에 대해 강한 적대감을 갖고 있다고 보고했다. 이에 그 방안이 실현될 가능성이 없다고 파악한 총회는 전노련의 입각 문제를 전국위원회에 일임하기로 결정했다. 이에 오라시오 프리에토가 다시 라르고 카바예로를 면담했고 총리는 전노련의 입각 의사를 환영했다. 오라시오 프리에토로부터 이러한 면담 내용을 보고 받은 전국위원회는 아나키스트들이 "공적 생활 지도부에서 배제되지 않기 위해서" 내각에 참여한다는 결정을 내렸다. 그리고 이아연의 페데리카 문세니와 조안 가르시아 올리베르, 온건파의 조안 페이로와 후안 로페스를 각료로 추천했다.

당시 라르고 카바예로 만큼이나 아나키스트들도 전노련의 입각에 관심을 갖고 있었다. 그들이 그렇게 관심을 가진 데는 몇 가지 이유가 있었다. 첫째로, 공화군과 수도 마드리드가 처한 군사적 상황 때문이었다. 프랑코 군대가 마드리드 턱밑까지 진격해 왔다. 그런 상황에서 라르고 카바예로가 전노련의 입각을 제의했다. 한편으로는 마드리드의 방위를 강화하고, 다른 한편으로는 전노련과 이아연이 마드리드에 별도의 행정부를 꾸릴지도 모른다는 두려움을 떨쳐 버리기 위해서

---

180) 아나키스트들은 9월 17일 마드리드에서 열린 지방연합전국총회에서 자신들이 구상해 온 전국민병대위원회(comité nacional de milicias)의 명칭을 전국방위위원회로 변경하고 노총련 대표 5명과 전노련 대표 5명, 공화주의자들 4명으로 전국방위위원회를 구성하자는 방안을 제기했었다. "El importantísimo dictamen aprobado hoy por el pleno nacional de regionales de la CNT," *CNT*, 17 de septiembre de 1936.

였다.[181] 그런가 하면 아나키스트들은 그들 나름대로 마드리드가 무너지게 되면 전쟁이 끝나게 되고 전쟁이 끝나게 되면 혁명의 꿈도 사라지게 되리라고 내다봤다.[182] 그들은 당시 상황을 매우 엄중하게 인식했다. 둘째로, 앞서 살펴본 대로 아나키스트들은 카탈루냐의 혁명을 마비시키고 있는 재정 문제를 해결해야 할 필요에 직면해 있었다. 셋째로, 그것이 민병대의 정규군화 논란을 잠재울 유일한 대안이라고 여겼기 때문이다. 그리고 마지막으로 아나키스트들은 혜성처럼 등장한 공산당 세력을 견제하고 자신들의 입지를 구축할 필요가 있다고 생각했다.

에스파냐공산당은 사실 1936년 9월 이전까지만 해도 거의 존재감이 없었다. 공화국이 선포되던 1931년에 당원이 겨우 800명에 불과했고, 1936년 초에는 3천 명 정도였다. 그런데 갑자기 무슨 일이 생긴 걸까? 우선은 1936년 9월 5일에 라르고 카바예로가 내각을 구성할 때 공산주의자들 두 명이 입각했다. 게다가 사회당 당원이면서 실제로는 공산당의 지시를 따르는 장관들이 있었다.[183] 공산당이 전면에 부상한 것은 1936년 10월 들어서였다. 그것을 재촉한 것은 다름 아니라 마드리드 전투였다. 전투가 시작될 무렵 소련이 식량과 의복을 제공했다. 그해 8월 말에 체결된 불간섭 협정으로 소련의 생필품 공급이 주춤하기는 했지만 9월 중순 들어서는 사정이 좀 더 나아졌고, 10월 말에는 식료품을 실은 선박 5척이 우크라이나의 오데사를 떠나 에스파냐로 향했으며 소련제 무기와 탱크와 비행기가 공화국 진영에 도착했다. 유럽의 27개 국가들이 에스파냐 내전에 관여하지 않기로 한 불간섭 협

---

181) 마드리드가 위기에 처하면 행정부를 발렌시아로 옮기게 될 텐데 그럴 경우 전노련과 이아연이 마드리드에 별도의 정부를 수립하지 않을까 두려워한 것으로 보인다. Julio Alvarez del Vayo, *Freedom's Battle* (New York: A. A. Knopf, 1940), pp.215-216.
182) "Las circunstancias mandan," *CNT*, 23 de octubre de 1936.
183) 재정부 장관의 후안 네그린(Juan Negrín)과 외교부 장관의 훌리오 알바레스 델 바요가 그들이다.

정에도 불구하고 독일과 이탈리아가 여전히 반란군 진영에 군수물자를 지원하고 있던 상황이었다. 영국과 프랑스를 비롯한 민주 진영 국가들은 불간섭 협정을 구실로 지원을 중단했다. 이때 소련이 다시 군수물자를 공급하기 시작한 것이다. 그러니 소련의 지지를 받고 있던 에스파냐공산당이 공화국 진영에서 주목을 받게 된 것은 당연한 일이었다. 게다가 11월에는 마드리드 방위전에 국제여단 병사들이 등장했다. 국제여단 모병을 주도한 것 또한 전 세계 공산당들이었다. 마지막으로 카탈루냐에서는 군사 반란 직후인 7월 23일에 카탈루냐통합사회당이 창당되었다. 카탈루냐사회주의동맹, 사회노동당 카탈루냐지부, 카탈루냐프롤레타리아당(Partido Proletario Catalán), 카탈루냐공산당으로 구성된 카탈루냐통합사회당은 에스파냐공산당 강령 21개 조항을 받아들이고 코민테른에 가입했다. 그들의 존재 목적은 얄궂게도 혁명을 저지하는 것이었다. 에스파냐공산당과 카탈루냐통합사회당은 반란군을 물리치는 길은 오직 전쟁뿐이라고 주장했다. 그들은 사회혁명은 언급조차 하지 않고 오직 공화국 수호를 외쳤다. 이런 정책 덕분인지, 국제여단과 소련의 지원이 도착해서인지, 카탈루냐통합사회당의 규모가 급속도로 불어났다.

이런 상황에서 아나키스트들은 공산주의자들이 마드리드 전투와 내전을 승리로 이끌 경우를 따져 보지 않을 수 없었을 것이다. 결국 오라시오 프리에토는 바르셀로나에 모인 아나키스트 위원들과 주요 지도자들에게 정부에 "입각할 것인지, 아니면 밖에 머물 것인지"를 묻고 나서 "장관직 네 자리를 제의받았는데 우리가 그것을 받아들이지 않으면 그 장관직들은 사회주의자들과 공산주의자들에게로 돌아가게 된다"고 설명했다.[184] 11월 3일에는 400~500명에 달하는 아나키스트

184) John Brademas, *Anarcosindicalismo y revolución*, p.151.

들이 바르셀로나에 모였다. 회의의 주된 목적은 아나키스트들의 입각 문제를 논의하는 데 있었다. 하지만 사실은 결정사항에 대한 동의를 받기 위한 회의였다. 아나키즘 기관지 《노동자연대》는 다음날 아래와 같은 기사를 실었다. 그들의 입각 논리가 무엇인지 잘 드러나 있다.

전노련의 중앙정부 입각은 우리 나라 정치사에 기록될 중대한 사건이다. 전노련은 이념적 원리에 따라 언제나 반국가적이었고 온갖 형태의 정부에 반대해 왔다.

하지만 그것이 결정적인 것은 아니지만 인간의 의지보다 더 우세한 상황에 의해 에스파냐 국가와 정부의 성격이 바뀌었다.

이제 국가가 사회를 계급으로 나누는 기관을 상징하지 않는다. 그와 마찬가지로 국가기관들을 관리하는 정부도 이제 노동자계급을 억압하는 세력이 아니다. 전노련이 그것들에 관여하면 국가와 정부는 더 이상 민중을 억압하지 않을 것이다. (……)

우리 동지들이 대규모 총회에 운집한 노동자 대중의 다수 의지나 집단 의지를 국정에 반영할 것이다. 그들은 개인적이거나 변덕스런 견해를 옹호하지 않고 전노련에 가입한 노동자들 수십만 명이 자유롭게 내린 결정들을 존중할 것이다.

모든 것에는 역사적 운명이 있다. 전노련은 이 운명을 받아들이고 민중혁명이 변질되지 않도록 신속한 전쟁 승리에 관심을 두고 국가에 봉사한다.

전노련 대표로 정부에 들어간 동지들이 그들에게 부여된 의무와 임무를 완수해 내리라고 우리는 절대 확신한다.[185]

---

185) "La CNT, el gobierno y el estado," *Solidaridad Obrera*, 4 de noviembre de 1936.

아나키스트들의 공식 동의를 전달받자마자 라르고 카바예로는 곧바로 새 내각을 구성했다. 아나키스트 조안 가르시아 올리베르와 조안 페이로, 페데리카 문세니, 후안 로페스에게 각각 법무부와 산업부, 보건부, 무역부를 맡겼다. 아나키스트들이 이 각료직들을 맡기는 했지만 그들이 맡은 부처는 사실 당시 상황에서는 그렇게 중요하지 않은 부처였다.

반파시즘 전선의 분열과 바르셀로나 시가전

다른 정치 세력들은 물론 아나키스트들의 입각을 반기지 않았다. 혁명적 좌파를 제거하고 정치권력 장악을 꿈꾸고 있던 에스파냐공산당은 특히 그러했다.[186] 에스파냐공산당에게 눈엣가시 같은 정치 세력이 또 있었다. 1935년 9월에 창당한 마르크스주의통일노동자당(POUM)이 그 세력이었다. 안드레우 닌(Andreu Nin)의 좌파공산당(Izquierda Comunista)과 호아킨 마우린의 노동자농민블록이 통합하여 생겨난 이 정당은 반스탈린주의를 표방하고 있었다.[187] 그러니 공산주의자들이 이들을 달가워할 리가 없었다.

공산주의 이념을 내건 카탈루냐통합사회당은 마르크스주의통일노동자당을 심지어 적으로 간주하고 제거하고자 했다.[188] 그들은 1936년 12월에 법무부 국장을 맡고 있는 마르크스주의통일노동자당의 안드

---

186) Burnett Bolloten, *The Spanish Revolution*, 제3부를 보라.

187) "La fusión del Bloque Obrero y Campesino y de la Izquierda Comunista es un hecho," *La Batalla*, 4 de octubre de 1935.

188) Joan Comorera, *El camino del Frente Popular Antifascista es el camino de la victoria* (Informe presentado en la primera conferencia nacional del PSUC por el secretario general, 24 de julio, 1937), p.32.

레우 닌을 해임하지 않으면 소련이 군사적 지원을 철회하게 만들겠다고 카탈루냐 지방정부 각료회의를 위협했다. 그러면서 그 이유로 마르크스주의통일노동자당이 카탈루냐 지방정부의 일부 법령들과 조치들을 반혁명적이라고 비판하고 그 당원들이 소련에 대항했다는 점을 들었다.[189] 이것은 마르크스주의통일노동자당을 해체하려는 계략이었다. 마르크스주의통일노동자당과 더불어 노동자 혁명을 추진해 온 전노련이 이러한 공산주의자들의 계략을 비판하고 나서기는 했지만 그 목소리에 힘이 실리지 않았다.[190] 결국 닌이 국장직을 사임했다. 그 대신에 카탈루냐통합사회당의 라파엘 비디에야(Rafael Vidiella)가 입각했다. 그런데도 전노련은 예상과 달리 새로 구성된 각료회의에 대해 긍정적인 평가를 내놓았다. 이는 아마도 카탈루냐공화좌파와 포도원차지농연합을 통해 중산 계급과 농민들의 이해를 반영할 수 있게 되었다고 판단했기 때문인 것으로 보인다.[191] 마르크스주의통일노동자당은 이렇게 정치 일선에서 물러나게 되었고 1937년 5월 바르셀로나 시가전 이후 집권한 후안 네그린의 탄압으로 1937년 6월에는 결국 해체되고 만다.

카탈루냐통합사회당의 다음 표적은 바로 전노련이었다. 그들은 전노련이 추진해 온 운동들을 비판하기 시작했다. 그와 동시에 정치, 경제, 군사 업무를 비롯한 일체의 업무를 지방정부로 이관할 것과 노동자위원회의 해체를 요구했다. 공산주의자들은 생필품 분배 조치에도 반기를 들었다. 카탈루냐통합사회당은 농업 집산화를 공격하기 시작했고 1937년 중반 들어서는 공업 집산화도 비판하기 시작했다. 1937년 1월

189) Frank Jellinek, *The Civil War in Spain* (London, 1938), p.516.
190) "La Confederación Regional del Trabajo de Cataluña al Pueblo," *Solidaridad Obrera*, 13 de diciembre de 1936.
191) "Las organizaciones proletarias y la pequeña burguesia, base del Consejo de la Generalidad," *Solidaridad Obrera*, 17 de diciembre de 1936.

에는 노총련 카탈루냐 지부도 농업 집산화를 비판하는 대열에 참여했다.[192] 그러면서 카탈루냐통합사회당과 노총련이 차츰 카탈루냐 소상공인과 농민들의 보루로 변모해 갔다. 그와 더불어 전노련과 노총련의 적대감도 커져 갔고 그들 사이에 격렬한 충돌이 발생하기도 했다. 또한 앞서 살펴본 민병대의 정규군화 문제도 아나키스트들을 무력화시키려고 들고 나온 공산주의자들의 무기나 다름없었다.

1937년 5월 바르셀로나에서 시가전이 벌어진 것은 이런 상황에서였다. 카탈루냐통합사회당과 카탈루냐공화좌파가 전노련-이아연이 장악하고 있던 노동자순찰대에 문제를 제기하면서 사건은 불거졌다. 경찰 관련 부대는 예외 없이 카탈루냐 지방정부 부처인 치안국(Seguridad Interior)의 지휘를 받아야 한다고 그들은 주장했다. 이에 카탈루냐 지방정부는 1937년 3월 14일에 치안 부처 재편에 관한 법령을 공포했다. 이제 노동자순찰대가 해체되고 치안국이 그 임무를 전담하게 되었다. 또한 이아연의 아우렐리오 페르난데스가 지휘하던 안전위원회를 폐지하고 새로운 위원회를 구성하여 카탈루냐공화좌파 각료의 지휘를 받게 했다. 이제 노조나 정당에 적을 둔 경찰 요원은 설 자리가 없게 되었다.[193] 그와 동시에 전노련의 무장 해제를 겨냥한 법적 조치가 단행되었다. 공식 허가를 받지 않은 무기류에 대한 환수 조치가 시작된 것이다. 노동자 단체 보유의 무기도 예외가 아니었다. 발렌시아에서 시작된 불법 무기류 환수 조치가 4월 들어 카탈루냐로 확대되었다.[194]

---

192) 그들은 1937년 1월 23일에 토지노동자 대회를 열고 농업집단을 공개적으로 비난했다. José Peirats, *La CNT*, II, pp.170-171.

193) Henri Rabasseire, *España, crisol político* (Buenos Aires: Editorial Proyección, 1966), pp.245-246.

194) Félix Morrow, *Revolution and Counter-Revolution in Spain* (New York: Pathfinder Press, 1974), pp.128-129.

전노련은 이런 법적 조치들을 묵과할 수 없었다. 전노련의 바르셀로나 지부인 바르셀로나노동연맹은 그것이 반혁명적이라면서 치안 법령 폐지를 요구했다.[195] 또한 가만히 앉아서 무장해제 조치를 당할 수도 없었다. 전노련 각료들이 지방정부 각료직 사임이라는 배수의 진을 치고 몇 가지 요구 조건을 제시했다. 하지만 노총련 카탈루냐 지부 대표들이 그 요구 조건들을 거부했다.[196] 이에 콤파니스는 임시방편으로 과도내각을 구성했다.

하지만 위기는 계속되었고 전노련과 카탈루냐통합사회당의 적대감은 더욱 커졌다. 4월 25일에는 바르셀로나 인근 도시에서 노총련 지도자가 살해당하는 사건이 벌어졌다. 이에 경찰서장인 카탈루냐통합사회당원 로드리게스 살라스(Rodríguez Salas)가 지구대를 파견하여 일부 아나키스트들을 체포했다. 프랑스 쪽 국경 지역에서는 국경수비대와 전노련 경비대 사이에 교전이 벌어졌고 그 와중에 아나키즘 지도자가 사망하는 사건이 발생하기도 했다. 4월 말부터는 카탈루냐통합사회당원들로 이루어진 돌격대와 전노련-이아연 순찰대가 각각 바르셀로나 거리를 활보하기 시작했다.

5월 3일에는 치안국장 아르테미 아이과데(Artemi Aiguadé)의 지시를 받은 로드리게스 살라스가 돌격대를 거느리고 전화국으로 사용하고 있는 텔레포니카 건물에 출동했다. 카탈루냐 광장에 위치한 텔레포니카 건물은 전노련과 노총련 공동의 노동자위원회와 지방정부 대표가 공동으로 관리하는 건물이지만 실제로는 아나르코생디칼리스트들이 장악하고 있었다.[197] 양측 사이에 곧 총격전이 벌어졌다. 전노련과 이아연, 자유지상청년단, 마르크스주의통일노동자당이 한쪽에 진을

195) *Solidaridad Obrera*, 4 de marzo de 1937.
196) "La crisis de la Generalidad," *Solidaridad Obrera*, 4 de abril de 1937.
197) Félix Morrow, *Revolution and Counter-Revolution*, pp.142-143.

치고, 정부 관련 부대들과 카탈루냐통합사회당, 카탈루냐 독립을 주창하는 카탈루냐국가당이 다른 쪽에 진을 치고 있었다. 바르셀로나 도심에서 이른바 '내전 속의 내전'이 벌어진 것이다.

이에 전노련과 노총련 모두 대표를 보내 중재를 시도했고 사회복지부 장관을 맡고 있던 아나키스트 페데리카 몬세니도 나서서 이들을 설득했다. 하지만 아나키스트들 가운데 전노련의 정부 협력과 민병대의 정규군화 조치에 반대하고 나선 극단주의자들은 자유지상 코뮌주의를 실현하고자 했다.[198] 전노련과 이아연의 카탈루냐 지방위원회들조차 이들의 지위를 인정하지 않았다. 계속 전투를 벌이다 보면 카탈루냐 후방이 마비될 테고 그렇게 되면 군사적 파국이 다가올지도 모를 일이기 때문이었다.[199]

결국 돌격대를 증원 투입한 중앙정부가 바르셀로나의 치안을 장악하는 것으로 상황은 끝이 났다. 그 결과 아나키스트들의 세력이 약화되고 말았다. 일이 이렇게 되자 공산주의자들은 다음 목표를 겨냥했다. 그것은 바로 라르고 카바예로였다.

공산당 각료 비센테 우리베와 헤수스 에르난데스(Jesús Hernández)는 총리를 실각시키기 위해 위기를 조장했다. 그들은 마르크스주의통일노동자당을 해산하고 '파시스트'인 그 지도자들을 체포하라고 정부에 요구했다. 라르고 카바예로가 그것을 거부하자 그들이 각료회의장을 박차고 나가 버린 것이다. 이에 공산주의자들과 모종의 밀월 관계에 있던 우파 사회주의자들이 회의장을 나섰고 공화파 각료들도 그 뒤를 따라나섰다. 이들의 압력이 계속되자 라르고 카바예로는 5월

---

198) 극단주의자들은 자칭 '두루티의 벗들'로 알려졌다. 이때에 아나키스트들 내에서 정부 협력자들과 비정치적 혁명가들 사이에 대립이 격화되었다.

199) "La CNT y la FAI desautorizan una octavilla de la entidad 'Los Amigos de Durruti'," *Solidaridad Obrera*, 6 de mayo de 1937.

16일에 총리직을 사임했다.[200]

바르셀로나 시가전 이후

라르고 카바예로가 총리직을 사임하자 대통령 아사냐는 하는 수 없이 공산주의자들과 가까운 사회주의자 후안 네그린을 총리에 임명했다. 5월 17일에 구성된 새 내각은 아나키스트와 좌파 사회주의자가 배제된 내각이었다. 아나키스트들은 카탈루냐 지방정부에서도 따돌림을 당했다. 이때부터 내전 종결 때까지 아나키즘 운동의 역사는 점차 쇠퇴의 길을 걷게 된다. 말 그대로 이제 반혁명의 문이 활짝 열리게 되었다.[201]

그런 가운데 아나키즘 운동은 새로운 정치 현실에 적응하기 시작했다. 전노련과 이아연이 1937년 6월과 7월에 각각 전국대의원총회와 반도대의원총회를 열고 다시 정부에 참여하는 방안을 논의했다. 특히 이아연의 변화가 눈에 띈다. 화친회 집단들 중심으로 구성된 이아연이 내부 규율과 규정, 지도부를 갖춘 대중 조직으로 변신을 꾀했다. 또한 합법성을 받아들이고 정부기관 참여를 공식 인정했다. 이아연은 이제 국가 일반을 비난하지 않고 다만 전체주의와 독재를 비난했다. 요컨대 과격파라는 이미지를 벗고 정당으로 변신을 시도하고 있었다. 1937년 9월에 열린 전노련 전국대의원총회에는 이아연과 자유지상청년단도 함께 참여했다. 이 자리에서 세 단체, 곧 전노련과 이아연, 자유지상청년단이 참여하는 에스파냐자유지상주의운동(MLE, Movimiento

---

200) Félix Morrow, *Revolution and Counter-Revolution*, pp.165-176.
201) John Brademas, *Anarcosindicalismo y revolución*, p.169.

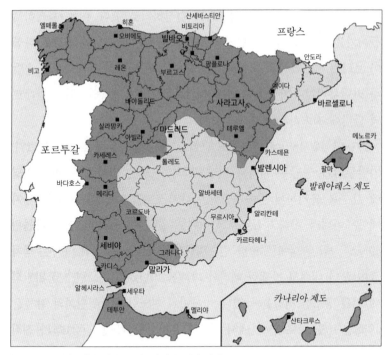

그림 19 1938년 7월의 전황(███ 반란군 점령 지역)

Libertario de España) 결성 방안에 관한 논의가 제기되었다. 오라시오 마르티네스 프리에토는 심지어 이 단체를 모체로 정당을 창당해야 한다고 생각하기에 이르렀다.[202]

전노련 내에는 '타협파'가 우세하게 되었고, 1938년 3월 18일에는 노총련과 공동행동을 위한 협정을 체결하기에 이르렀다. 3월 29일에는 전노련과 이아연이 노총련과 함께 반파시즘을 위한 인민전선위원회 (Comité del Frente Popular)를 결성했다. 4월 2일에는 전노련 노조들과 이아연 카탈루냐 지부, 이베리아자유지상청년연맹(Federación Ibérica de Juventudes Libertarias)이 바르셀로나에서 지방총회를 개최하고 카

---

202) Josep Termes, *Historia del anarquismo*, pp.612-613.

탈루냐자유지상운동 집행위원회를 결성하기로 했다. 이는 불리하게 돌아가는 전황 속에서 주민들의 사기를 북돋우고 전선의 기강을 다잡아 보려는 시도였다. 하지만 아나키즘 운동의 단일화를 내다보며 출범한 카탈루냐자유지상운동 집행위원회는 전노련 전국위원회의 반대로 넉 달밖에 지속하지 못했다.

1938년 4월 15일에는 프랑코 군이 공화군 진영을 둘로 갈라놓았다. 카탈루냐가 중남부 지역과 단절되었다. 이렇듯 전황이 공화군 진영에 갈수록 불리하게 돌아가면서 아나키스트들과 공산주의자들 사이에 뿐 아니라 아나키스트들 사이에도 갈등이 심화되었다. 이아연은 1938년 9월 총회에 제출한 반도위원회의 보고서를 통해 공산주의자들이 군대 내에서 자행한 테러와 박해를 비난하고 전노련 전국위원회에 이를 방조한 책임을 물었다. 이아연과 전노련 전국위원회의 갈등은 1938년 10월 바르셀로나에서 열린 자유지상주의운동 전국대의원총회 (Pleno Nacional de Federaciones Regionales del Movimiento Libertario)에서 가시화되었고 갈수록 심화되었다. 갈등의 핵심은 네그린 정부와의 정치적 협력 문제에 있었다. 오라시오 마르티네스 프리에토와 마리아넷이 이끄는 전노련 전국위원회는 협력을 지지한 반면에 이아연은 반대했다.[203] 내전 초기에 보여 준 전노련과 이아연의 우호적 협력 관계는 이렇게 끝이 나는 것 같았다.

그런 와중에 1938년 7월 말부터 시작된 에브로 전투는 11월에 공화군의 패배로 끝이 났다. 양측이 입은 인적·물적 피해는 막대했다. 1939년 1월 26일에는 바르셀로나가 함락되었고, 프랑스를 향해 떠나는 대규모 이주가 시작되었다. 이 기회를 틈타 공산당 기관지《노동자

203) Juan Gómez Casas, *Historia del Anarcosindicalismo español* (Madrid: Editorial ZYX, 1968), pp.260~265.

세계》(Mundo Obrero)는 카탈루냐를 빼앗긴 책임이 비공산주의 세력에게 있다는 내용의 성명서를 냈다. 여기서 언급한 비공산주의 세력은 물론 일차적으로 아나키스트들을 지칭한 것이었다. 이로써 공산주의자들과 아나키스트들의 관계는 더욱 악화되었다.

바르셀로나가 함락되기 직전인 1월 20일부터 사흘간 아나키스트들은 발렌시아에서 아나키즘 운동 세력 모두를 아우르는 확대 총회를 열고 자유지상주의 운동 연락위원회(Comité de Enlace)를 설치했다. 전노련과 이아연, 이베리아자유지상청년연맹이 서로 협력할 필요성을 느끼게 된 것이다.

4부

쇠락의 터널

그는 인류를 사랑했다.
인종과 분파와 계급을 가리지 않고.
그리고 그는 싸웠다.
새로운 사회의 기초를 위해.
— 콘스탄시오 로메오

8장

반프랑코 투쟁

1939년 봄에 내전이 끝나고 내전에 승리한 프랑코가 에스파냐 전 지역을 통치하기 시작했다. 내전 결과를 받아들일 수 없었던 반파시즘 세력은 국제적 지원을 기대하며 프랑코 축출 운동을 계속 이어나갔다. 프랑코 정권은 여기에 대규모 숙청 작업으로 맞섰다. 초창기에 프랑코 정권에 의해 총살당한 자가 무려 8만 명에 달하는 것으로 추정된다.[1] 법무부 자료에 따르면 교도소에 투옥된 자들이 28만명가량이었다.[2] 이를 위해 프랑코는 독재 초기에 정치책임법(Ley de Responsabilidades Políticas)을 비롯한 일련의 탄압법을 통과시켰다. 다른 한편으로 프랑코 정권이 초창기에 추진한 자립경제 탓에 내전으

---

1) Glicerio Sánchez Recio (ed.), *El primer franquismo (1936-1959)* (Madrid: Ayer, 1999), p.132; Julio Aróstegui, "La oposición al franquismo. Represión y violencia política," en Javier Tusell, Alicia Alted y Abdón Mateo (coords.), *La oposición al régimen de Franco* (Madrid: UNED, 1990), tomo 1, volumen 2, pp.235-256; Valentina Fernández, *La resistencia interior en la España de Franco* (Madrid: Istmo, 1981), pp.49-59; Mirta Núñez y Antonio Rojas, *Consejo de guerra. Los fusilamientos en el Madrid de la posguerra (1939-1945)* (Madrid: Compañía Literaria, 1997), pp.18-21.

2) Santos Juliá (coord.), *Víctimas de la guerra civil* (Madrid: Temas de Hoy, 1999), p.288.

로 황폐해진 에스파냐 경제가 더욱 힘들게 되었다. 줄어든 임금과 늘어난 실업이 고스란히 노동자들의 불행으로 이어졌다.[3]

에스파냐 국내에 머물러 있던 공화 진영의 투사들은 이제 가난과 맞서 싸워야 했고 유혈 탄압을 비롯한 온갖 수모를 겪어야 했다. 그런가 하면 프랑스에서 수용소 생활을 하게 된 망명 투사들은 몇 달 뒤에 제2차 세계대전이 발발하자 반파시즘 투쟁에 나서야 했다. 아나키스트들도 마찬가지였다. 국내에 머무른 아나키스트들은 정권의 잔인한 탄압을 피할 수 없었다. 그런 가운데서도 그들은 신속하게 조직 재편에 착수해 프랑코 정권 타도를 겨냥했다. 프랑스를 비롯해 영국과 멕시코로 건너간 아나키스트들도 조직 재편 작업에 착수했지만 쉬운 일이 아니었다. 국내외를 막론하고 아나키스트들은 정통파와 개혁파로 나뉘어 대립과 분쟁을 일삼았다. 프랑코가 사망할 무렵에는 아나키즘 운동도 거의 소멸 상태에 이르게 된다.

프랑코 정권 시기 아나키즘 운동에 관한 역사 서술은 그동안 사실 거의 전무했다. 연구가 부족한 까닭은 무엇보다 자료 부족에 있었다. 관련 자료가 거의 없었던 데다가 있는 그마저도 분산되어 있거나 정리가 잘 돼 있지 않았다. 아나키즘 운동 자체가 쇠락의 길을 걸은 데서도 연구가 부진한 이유를 찾아볼 수 있다. 대외적으로는 탄압과 환경의 변화로, 대내적으로는 분쟁과 세대교체 실패로, 한때 조합원 200만 명을 거느린 전노련이 1970년대에는 몇 천 명에 불과한 조그만 단체로 전락했다. 이런 역사 연구의 공백이 조금씩 메워지기 시작한 것은 노년의 아나키스트들이 회고록을 펴내면서부터였다.[4] 1990년에는

3) 일인당 국민소득이 1954년에야 1935년 수준에 도달하게 된다. Carme Molinero y Pere Ysàs, *Productores disciplinados y minorías subversivas. Clase obrera y conflictividad laboral en la España franquista* (Madrid: Siglo XXI, 1998), p.44.
4) 대표적으로 다음 몇 권의 저서를 들 수 있다. Juan Manuel Molina, *El movimiento clandestino en España 1939-1949* (México: Editores Mexicanos Unidos, 1976); José

내전 종전 50주년, 곧 프랑코 정권 반대 투쟁 50주년을 기념하는 학술대회가 개최되었고, 그 결과물이 단행본으로 출간되었다.[5] 당시 활동한 주역들의 이야기와 역사학자들의 기고로 이루어진 이 책은 연구 공백을 메우는 데 커다란 기여를 했다. 개인 소장 도서와 문서보관소의 자료를 꼼꼼히 분석하고 생존자들의 증언을 녹취하여 실은 앙헬 에레린 로페스의 저서[6]도 마찬가지이다.

프랑코 정권 시기의 아나키즘 운동을 편의상 두 시기로 나누어 볼 수 있다. 전노련 전국위원들이 일제 검거되고 그 조직이 해체된 1952년 11월을 기점으로 하는 1939~1952년에 이르는 시기와 1952~1975년에 이르는 시기가 그것이다. 전반기에는 열악한 가운데서도 아나키스트들이 프랑코 정권 반대 투쟁을 벌였지만, 후반기에는 아나키즘 운동 자체마저 점차 쇠락하게 된다.

전노련 재건 노력

전노련 재건 작업은 전노련 활동가들이 강제수용소에 수감되면서부터 시작되었다. 일부 아나키스트들이 발렌시아 지방의 알바테라에 모여 내전 종결 직전까지 중책을 맡은 자들이 전국위원회 기능을 계속 수행하게 하자는 데 합의했다. 이것이 지하 전노련[7]의 초대 전국위

Borrás, *Del radical socialismo al socialismo radical y libertario* (Madrid: Fundación Salvador Seguí, 1998); Cipriano Damiano, *La resistencia libertaria* (Barcelona: Bruguera, 1978); Abel Paz, *CNT 1939-1951* (Barcelona: Hacer, 1982).

5) VV. AA., *La oposición libertaria al régimen de Franco (1936-1975)* (Madrid: Fundació Salvador Seguí, 1993).

6) Ángel Herrerín López, *La CNT durante el franquismo. Clandestinidad y exilio (1939-1975)* (Madrid: Siglo XXI, 2004).

7) 전노련은 1939년 2월에 선포된 정치책임법에 의해 불법단체가 되었다.

원회가 출범하게 되는 계기가 되었다. 그들은 자유지상청년단에서 활동한 에스테반 파야롤스(Esteban Pallarols)를 전국위원회 초대 총서기로 선출하고 위원회를 꾸렸다. 프랑코 독재 초기에 구성된 다른 전국위원회들과 마찬가지로 1대 전국위원회의 기본 임무는 주요 동지들을 경찰 추적으로부터 보호하고 체포된 활동가들을 석방시키는 일이었다. 이를 위해 그들은 위장 회사를 설립하고 소형 화물차를 운행하기도 했다. 이런 노력 덕분에 전노련 활동가들 상당수가 죽음을 모면할 수 있었다. 하지만 체포되어 처형을 당하는 경우도 적지 않았다. 1대 전국위원회가 1939년 8월과 9월에 나름으로 활발하게 활동했지만 그해 11월에 위원 두 명이 체포되어 각각 사형과 징역형을 언도받으면서 곧 약화되고 만다.[8]

발렌시아에서도 지방위원회가 비밀리에 구성되었다. 지역 노조들과 레반테주위원회(Comité Provincial de Levante)를 기반으로 출범한 레반테지방위원회(Comité Regional de Levante)는 1939년 11월부터 1940년 6월까지 7개월 간 존속했다. 이 지방위원회도 주요 동지들의 목숨을 구하는 데 최선을 다했다. 하지만 1940년 6월 15일에 위원들이 체포되면서 레반테지방위원회도 해체되고 말았다.[9]

한편 마드리드에서도 전국위원회가 조직되었다. 1940년 1월에 출범한 2대 전국위원회 위원들이 체포되어 수감되자 그해 7월에는 3대 전국위원회가 구성되었다. 1941년 2월에는 이들 가운데 일부가 체포되어 징역형을 받았다.

이렇듯 이 시기에는 조직 재건 작업이 너무 어려웠다. 그나마 숨통이 트인 것은 1942년과 1943년이다. 제2차 세계대전에서 연합국이 우

---

8) Ángel Herrerín López, *La CNT*, pp.16-19.
9) Ángel Herrerín López, *La CNT*, pp.19-20.

세를 보이자 프랑코 정권이 탄압의 고삐를 다소 늦추고 수형자들을 일부 석방 조치한 것이다. 이때에야 비로소 여러 지역에서 재건 작업이 진행되었다. 도시에서는 지구별로 집단을 구성하고 노조를 조직했다. 이런 작업이 정도의 차이는 있지만 마드리드와 사라고사, 아스투리아스, 아라곤, 레반테, 엑스트레마두라, 안달루시아 같은 여러 도시와 지방에서 개별적으로 전개되었다. 이 시기에는 지방위원회들의 유기적 접촉이 불가능했기 때문에 각 지방의 활동은 대개 독립적으로 이루어졌다. 그들의 주요 목표는 프랑코를 권좌에서 끌어내리는 것이었고 그들은 그 일에 온 힘을 기울였다. 이 시기에 그들은 또한 전쟁 중인 연합국들과 협력하기도 했다. 마드리드에서는 활동가들이 프랑스 외교부는 물론이고 영국 대사관과도 우호 관계를 유지하고 있었다. 그들의 입장은 전노련이 당시에 발간한 '유럽의 해방이 에스파냐의 해방'이라는 선전 전단에 잘 나타나 있다. 하지만 이들의 관계는 시간이 지나면서 흐지부지되었다.[10]

이 시기 국내 전노련 활동가들에게는 골칫거리 한 가지가 있었다. 그것은 바로 팔랑헤당[11]과의 '협력' 문제였다. 아나르코생디칼리슴 지도부는 1933년 10월에 팔랑헤당이 창설될 때부터 그 지도부와 접촉해왔다. 당시만 해도 반공산주의와 정당 반대 등 두 단체가 지향하는 이념이 유사했다.[12] 하지만 이제는 그들과의 협력이 프랑코 정권에 '부역'하는 것으로 간주될 수 있어서 곤혹스럽게 되었다. 당시 아나키스트

---

10) Ángel Herrerín López, *La CNT*, pp.23-25.
11) 프랑코 정권 시기 팔랑헤당의 정식 명칭은 공세형민족생디칼리슴전통에스파냐팔랑헤당 (Falange Española Tradicionalista y de las JONS)이다. 여러 집단들이 통합되면서 당명이 이렇게 복잡해졌다. 여기서는 편의상 팔랑헤당으로 지칭한다. 별칭으로 민족운동당 (Movimiento Nacional)이란 용어가 있다.
12) 팔랑헤당원들은 두 단체의 이념이 동일하다고 생각했지만 사실은 상당히 달랐다. Javier Jiménez Campo, *El fascismo en la crisis de la II República* (Madrid: CIS, 1979), pp.242-255.

들이 접촉한 팔랑헤당원들은 당을 창당한 호세 안토니오[13]의 추종자들과 프랑코 정권에 깊숙이 개입한 팔랑헤당원들의 두 부류였다. 전자의 팔랑헤당원들이 아나키스트들과 접촉한 것은 새로운 상황을 모색하기 위함이었고, 후자의 팔랑헤당원들이 접촉을 시도한 것은 노동조합에 대해 배우고 노동자·농민 세계로 자신들의 외연을 확장하기 위해서였다. 팔랑헤당은 1939년 당 산하에 노조위원회(Delegación Nacional de Sindicatos)를 설치하여 산별노조를 관리 감독하고 있었다. 반면에 아나키스트들은 보복 당할 처지에 있는 동지들을 구출하거나 자신들의 계급 이익을 수호하는 데 도움을 받고자 팔랑헤당원들과 접촉했다. 새로운 정권에 협력할 생각은 추호도 없었다.[14]

한편 프랑코 정권은 전노련 단체를 와해시키기 위하여 두 가지 공작을 폈다. 전노련 활동가 매수와 노동당 창당[15]이 그것이다. 이들 공작에 '30인회파' 일부가 협력한 것으로 알려졌다. 프랑스 강제수용소에 수용되어 있다가 프랑코 정권의 협조로 석방된 리카르도 포르넬스(Ricardo Fornells)가 그 대표적 인물이다. 그는 프랑코 정권이 추진하는 사업을 위해 동료들과 함께 프랑스에 망명 중이던 전노련 활동가들을 모집하여 에스파냐에 입국시켰다. 후안 몰리나가 제시한 수치에 따르면 그 수가 300명 정도에 달했다.[16] 에스파냐로 이주한 이 활동가들은 어느 정도 자유를 누리면서 공식 노조인 산별노조에서 활동했다. 산별노조 창설은 에스파냐 사회가 개방된 사회라는 이미지를 서

---

13) 1923년부터 1930년까지 독재를 한 미겔 프리모 데 리베라(Miguel Primo de Rivera)의 아들로서 파시즘 이데올로기를 내건 팔랑헤에스파뇰라(Falange Española)당을 1933년에 창당했다. 내전 중이던 1936년 11월에 군사 반란 공모죄로 처형되었다.

14) Luis Suárez Fernández, *Francisco Franco y su tiempo* (Madrid: Fundación Nacional Francisco Franco, 1984), tomo IV, pp.116-122; Sheelagh Ellwood, *Prietas las filas* (Barcelona: Crítica, 1984), pp.210-211; Ángel Herrerín López, *La CNT*, pp.26-27.

15) 노동당은 냉전기에 접어들면서 1947년에 해체된다.

16) Juan Manuel Molina, *El movimiento*, p.270.

구 열강에 심어 주는 효과가 있다. 프랑코 정권은 전노련 활동가들을 매수하여 공식 노조를 창설하고 대외 이미지도 개선하는 일거양득의 효과를 거두려고 했다.

프랑코 정권의 이러한 '당근'과 매수 전략에 넘어가 포섭된 아나키스트들도 있었지만 그러한 제의를 거절하다가 화를 당한 이들도 있었다. 팔랑헤당 선전국원 제의를 거절한 호세 비야베르데(José Villaverde)는 1939년 9월 갈리시아에서 암살당했고, 산별노조 협력을 거부한 조안 페이로는 1942년 7월 발렌시아에서 총살당했다. 그런가 하면 이미 사형 판결을 받고 복역 중이던 엔리케 마르코 나달(Enrique Marco Nadal)은 산별노조 협력 제의를 거절했는데도 화를 면했다. 노동부 고위 공직에 오른 옛 아나키스트의 도움 덕분이었다.[17]

한편 정권의 공작이 진행되는 와중에 상당수의 아나르코생디칼리스트들은 산별노조에 가입하여 활동하기 시작했다. 1947년 이후에 특히 그러했다. 이 무렵에 국제 정세가 바뀌고 지하활동을 벌이던 전노련의 미래가 불투명해지기 시작하자 가까운 장래에 프랑코를 제거할 가망이 없다고 여기고 프랑코 정권의 공식 노조에 가입하여 자신들의 이익을 지키고자 한 노동자들이 상당수에 달했다. 심지어는 산별노조의 임원 선거에 반파시즘 투사들이 지원하기도 했다. 지원 동기는 다양했다. 노조 활동을 통하여 노동자들의 이익을 지키려고 한 이들도 있었고, 전후 보릿고개 시기에 주머니 사정을 좀더 낫게 해보려고 지원한 이들도 있었다. 그런가 하면 정권의 압력에 못 이겨 마지못해 참여한 이들도 있었다.[18] 그 동기가 무엇이었든 간에 이들의 산별노조

17) Albert Balcells, "El consejo de guerra contra el dirigente cenetista catalán Joan Peiró en 1942. Un caso representativo y a la vez singular," *Hispania Nova* (2000); Enrique Marco Nadal, *Condenado a muerte* (México: Editores Mexicanos Unidos, 1966), pp.56~59; Ángel Herrerín López, *La CNT*, p.28.
18) Abdón Mateos, "Comunistas, socialistas y sindicalistas ante las elecciones del

활동은 프랑코 정권 내내 계속되었다.

그러나 단체로서의 전노련은 프랑코 체제와 일체의 '협력'을 거부했다. 전노련 지도부는 대규모로 자행되는 프랑코 정권의 공작 활동을 비난했고 조합원들에게도 경각심을 일깨워 주었다. 동시에 조합원들의 산별노조 참여에 강경하게 대처했다. 산별노조에 임원으로 참여하는 자는 심지어 노조에서 퇴출하기까지 했다. 하지만 전체적으로는 그 당시에 아나르코생디칼리스트들 대다수가 프랑코 정권과의 협력을 거부했다고 볼 수 있다.

이상에서 살펴보았다시피 국내 전노련은 내전 후 초기에 조직 재건과 수감자 석방 지원에 노력을 집중했다. 3대 총서기 구속으로 침체에 빠진 전노련이 1942년 말에는 4대 전국위원회를 구성했다. 1943년 중반에는 진작부터 염원해 온 과업에 착수했다. 다름 아니라 전노련 지부, 곧 지방연합들과 접촉하여 그들이 전국위원회에 대의원을 파견하게 하는 일이었다. 다시 말해 진정한 대표성을 갖춘 전국위원회를 구성하는 일이었다.

1944년 3월에는 5대 전국위원회가 출범했고 산티아고데콤포스텔라 출신의 전노련 활동가이자 이아연 조합원이던 마누엘 아밀(Manuel Amil)이 총서기를 맡았다. 5대 전국위원회가 벌인 중요 활동 한 가지는 프랑코 타도를 목적으로 정치 세력들이 동맹을 구축해야 한다고 제안한 것이다. 그리고 아밀은 전국민주세력동맹(Alianza Nacional de Fuerzas Democráticas, 전민동으로 줄임) 결성을 위해 사회주의자들 및 공화주의자들과 접촉했다. 그러면서 군주제파와 협약 가능성도 열어 두었다. 하지만 경찰의 추적을 받던 아밀은 신변 안전을 이유로 총서

'Sindicato Vertical', 1944-1967," en *Espacio, Tiempo y Forma*, n.º 1(1987), pp.381-411; Ángel Herrerín López, *La CNT*, pp.29-30.

기직에서 물러났다.

6대 전국위원회는 1944년 9월 마드리드에서 열린 전국대의원총회(pleno nacional de regionales)에서 구성되었다. 명실상부한 전국위원회가 출범한 것이다. 이 총회에서 과거에 발렌시아연맹(Federación Local de Valencia) 서기를 맡은 적이 있는 시그프리도 카탈라(Sigfrido Catalá)가 총서기에 선출되었다. 시그프리도 카탈라는 1944년 10월에 5대 전국위원회에서 논의된 전민동을 출범시켰다. 사회주의자들과 공화주의자들이 이 동맹에 참여했고 공산주의자들은 나중에 참여하게 된다. 동맹은 성명서를 통해 동맹의 성격이 민주적이고 평화적임을 강조했으며 공화 질서를 수호하고 민주정부를 구성하는 데 매진하는 동맹이 되겠다고 밝혔다.[19] 이제 이 동맹이 국내 반파시즘 세력의 반체제운동을 대표하게 되었다. 동맹에서 핵심 역할을 한 것은 물론 전노련이었다. 동맹을 주도한 시그프리도 카탈라가 동맹의 초대 총서기를 맡았다. 하지만 프랑코 정권의 무자비한 탄압이 동맹 활동의 발목을 잡았다. 1945년에 시그프리도 카탈라를 비롯한 전국위원회 위원들이 줄줄이 체포되면서 6대 전국위원회는 해체되었고 그에 따라 전민동의 활동도 흐지부지되었다.

망명자들의 재건 노력과 대립

1939년 1월 말에 카탈루냐가 함락되자 프랑스로 이주의 물결이 이

---

19) Javier Tusell, *La oposición democrática al franquismo* (Barcelona: Planeta, 1977), p.90; Valentina Fernández Vargas, *La resistencia*, pp.139-148; Paul Preston, *España en crisis. Evolución y decadencia del régimen del Franco* (Madrid: FCE España, 1977), pp.228-235.

어졌다. 이때 국경을 넘은 사람이 무려 50만 명이나 된다.[20] 그 가운데 아나키스트는 8만 명 정도였던 것으로 추정된다.[21] 노동자들이 난민들의 주를 이루었고 관료나 전문직업인, 저술가 같은 중산층도 있었다. 민간인과 민병대원의 비율은 각각 절반 정도였던 것으로 추정된다.[22] 국경을 넘자마자 강제수용소에 수용된 난민들은 그곳에서 비참한 대우를 받았다.[23]

이제 패전의 현실에 직면한 아나키스트 활동가들은 아나키즘 원리의 실현을 보류할 수밖에 없었다. 사정이 이렇게 되자 아나키스트들은 두 갈래로 갈라졌다. 아나키즘 단체를 떠나 다른 반파시즘 단체에 가입하는 이들도 있었고, 단체에 남아서 어떤 전술을 채택해야 할지를 놓고 분쟁을 일삼는 이들도 있었다. 후자들은 다른 반파시즘 정치 세력과 협력하자는 쪽과 정통 아나키즘으로 돌아가자는 쪽의 두 부류로 다시 갈렸다. 초창기에는 이 두 부류의 규모가 비슷했다.[24]

현실에 적합한 새로운 이념을 만들어야 한다고 주장하는 이들은 심지어 정당 창당을 주장하기도 했다. 그 대표적 인물이 가르시아 올리베르와 오라시오 프리에토였다. 가르시아 올리베르는 멕시코에 도착

---

20) 이들 가운데 카탈루냐 출신이 36%, 아라곤 출신이 18%, 발렌시아와 무르시아 출신이 14%, 안달루시아 출신이 11%, 카스티야라누에바와 알바세테 출신이 8%, 바스크와 산탄데르, 아스투리아스 출신이 5%, 기타 지역 출신이 8%였던 것으로 추정된다. Josep Termes, *Historia del anarquismo*, pp.640-641. 당시 에스파냐인들의 망명에 관해서는 다음 자료를 참고하라. Dolores Pla, *Els exilians catalans* (México: INAH, 1999); José Luis Abellán y otros, *El exilio español de 1939* (Madrid: Taurus, 1976); Santos Juliá (coord.), *Víctimas*; Josefina Cuesta y Benito Bermejo (coords.), *Emigración y exilio. Españoles en Francia 1936-1946* (Madrid: Eudema, 1996); Geneviève Dreyfus-Armand, *El exilio de los republicanos españoles en Francia. De la guerra civil a la muerte de Franco* (Barcelona: Crítica, 2000); Javier Rubio, *La emigración de la guerra civil de 1936-1939* (Madrid: San Martin, 1977).
21) 아나키스트들 대다수는 국내에 머물러 있었다.
22) Geneviève Dreyfus-Armand, *El exilio*, p.53.
23) Josefina Cuesta y Benito Bermejo (coords.), *Emigración*, pp.87-116 y 202-227.
24) Ángel Herrerín López, *La CNT*, p.37.

하자마자 공화국 정부를 구성하고 독일과 이탈리아에 선전포고를 해야 한다고 주장했다. 그렇게 해야 대전이 끝난 뒤에 뭔가를 요구할 수 있을 것이라는 계산에서였다. 그러면서 에스파냐 해방의 정치적 투쟁 기구로서 노동자노동당(Partido Obrero del Trabajo)을 창당하자고 주장했다. 그런가 하면 오라시오 프리에토는 자유지상당(Partido Libertario) 창당을 모색했다. 그는 정당을 창당해야 정당을 비롯한 세 기구 곧 전노련과 이아연, 이베리아자유지상청년연맹이 저마다 제 기능을 할 수 있다고 보았다. 자유지상당이 의회의 정치적 투쟁을 맡아 줄 때, 전노련은 비정치적 노조 활동으로 돌아갈 수 있고, 이아연은 '이념적 전위대' 구실을 할 수 있으며, 자유지상청년단은 새로운 세대 육성에 전념할 수 있다는 얘기다.[25]

전후 전노련이 직면한 정치적 상황은 심지어 나중에 정통파 아나키즘 운동의 주요 주자가 될 지도자들마저도 아나키즘의 기본 이념과 배치되는 생각을 하게 만들었다. 제르미날 에스글레아스(Germinal Esgleas)로 더 잘 알려진 조제프 에스글레아스의 경우가 대표적이다. 그가 페데리카 몬세니와 더불어 지역 정당 창당을 시도한 적이 있다.[26] 내전 후에 민중의 열망을 대변할 '저항 단체' 결성을 구상한 그는 저항 단체들의 활동이 강력해야 정부가 귀를 기울이고 여러 요구 사항을 들어줄 것이라고 주장했다. 그가 말한 저항 단체에는 정당도 들어 있었다. 이 밖에 후안 로페스는 연방제 성격의 조합국가를 주창했고, 후안 호세 루케(Juan José Luque)는 전노련 자체를 정당으로 만들어야 한다는 주장을 제기하기까지 했다.[27] 지도자들의 사상이 정

25) Ángel Herrerín López, *La CNT*, p.38.
26) César Martínez Lorenzo, *Los anarquistas*, p.276.
27) César Martínez Lorenzo, *Los anarquistas*, pp.293-294; Ángel Herrerín López, *La CNT*, p.39.

치적 상황에 따라 얼마나 바뀔 수 있는지를 보여 주는 단적인 사례들이다. 내전 시기에 단편적으로 그 맹아를 드러내기 시작한 사상의 변화가 혼란과 분열이 가중되던 내전 후 초기에는 더욱 보편적으로 나타났다.

1939년 2월 말에 파리에서 창립된 자유지상주의운동총평의회(Consejo General del Movimiento Libertario)도 이런 변화의 산물이다. 이 총평의회는 프랑코 군대를 피하여 카탈루냐를 떠나온 아나키스트 활동가들로 구성되었다. 총서기는 마리아노 바스케스가 맡았고 제르미날 에스글레아스와 페데리카 몬세니를 비롯한 주요 지도자들이 서기를 맡았다.[28] 이들이 총평의회를 창설한 목적은 그들의 공통분모인 에스파냐 자유지상 운동에 총력을 기울이는 데 있었다. 이제 이 평의회가 3개 단체들(전노련, 이아연, 이베리아자유지상청년연맹)과 자유지상주의 운동을 대표하게 됐다.

다른 한편 전노련 전국위원회 위원들 다수와 일부 아나키스트들은 영국으로 이주했다. 이들은 에스파냐 중부와 남부에서 온 동지들이 운동을 주도해야 한다고 생각하고 있었다. 그런 차원에서 이들은 파리에서 발족된 총평의회를 다소 못마땅하게 생각했다. 이렇게 시작된 도버해협 양쪽 아나키스트들 간의 대립은 해결이 쉽지 않아 보였다. 파리의 총평의회가 추구하는 정책과 런던으로 망명한 아나키스트들의 그것이 상당히 달랐기 때문이다. 전자는 후안 네그린 정부와 협력 정책을 유지하고자 한 반면에, 후자들은 거기에 반대했다. 영국으로 망명한 아나키스트들의 대표단은 네그린 정부에 입각해 있던 아나키스

---

28) 이밖에 가르시아 올리베르, 후안 가예고 크레스포(Juan Gallega Crespo), 세라핀 알리아가(Serafín Aliaga), 라파엘 이니고(Rafael Íñigo), 제르미날 지 소자(Germinal de Souza), 페드로 에레라(Pedro Herrera), 발레리오 마스(Valerio Mas), 호세 세나(José Xena), 안토니오 가르시아 비를란(Antonio García Birlan), 프란시스코 이스글레아스(Francisco Isgleas), 오라시오 프리에토, 로베르토 알폰소(Roberto Alfonso), 피델 미로(Fidel Miró)가 그 위원들이었다.

트 각료 세군도 블랑코(Segundo Blanco)의 즉각적인 사퇴를 요구했다. 게다가 순수한 아나키즘의 기본 이념으로 돌아가야 한다고 주장하는 자들이 등장하면서 상황은 더욱 복잡해졌다. 정치적 협력을 주장하는 쪽과 아나키즘의 정통 이념을 고수하자는 쪽이 서로 대립하기 시작한 것이다.[29]

해협을 사이에 둔 양측 아나키스트들의 대립은 점점 더 고착화되었다. 제르미날 에스글레아스와 페데리카 문세니가 주도하기 시작한 자유지상주의운동총평의회는 프랑코를 몰락시키기 위해 변함없이 네그린과 협력을 추구해 나갔다. 반면에 자신들의 주장을 굽히지 않던 재영 에스파냐 아나키스트 대표단은 1939년 8월에 자유지상주의운동임시연락위원회(Comisión Provisional de Relaciones del Movimiento Libertario)를 설치했다. 이 위원회는 나중에 재영 에스파냐자유지상주의운동망명자위원회(Comisión de Exiliados del Movimiento Libertario Español)로 명칭을 바꾸고 프랑스에 대표단을 파견해 대립 해소 방안을 모색했다. 하지만 성과를 거두지 못했다.

양측의 대립이 해소된 것은 제2차 세계대전이 발발하면서였다. 나치가 프랑스를 점령하자 총평의회 위원들이 뿔뿔이 흩어지게 된 것이다. 하지만 이때부터 재영 에스파냐 아나키스트들 사이에서도 내분이 발생했다. 다른 반파시즘 세력과의 정치적 협력 문제를 놓고 견해가 갈린 것이다. 이 내분은 향후 이념적 분열로까지 이어지게 된다.

이 무렵 일부 망명자들은 유럽을 떠나 아메리카 대륙으로 건너갔다. 1939년 7월부터 아메리카에 도착하기 시작한 에스파냐인들이 중남미 여러 나라로 흩어졌다. 그들 대다수는 멕시코에 정착했다.[30] 그들 가운

---

29) Ángel Herrerín López, *La CNT*, pp.41-42.

30) 에스파냐인들의 멕시코 이주와 관련해서는 다음 저서들을 참고하라. Clara E. Lida, *Una inmigración previlegiada: comerciantes, empresarios y profesionales españoles en*

데 아나키스트들은 자유지상주의 운동이라는 이름을 내걸고 프랑스 지도부의 지침을 따르는 위원회들을 설립하고 1941년 6월에는 재멕시코 에스파냐 전노련 대표단을 구성했다. 이들은 가르시아 올리베르가 제시한 정당 창설 방안과 반파시즘 동맹 결성 문제를 놓고 내분의 홍역을 앓기도 했다. 멕시코에 도착한 가르시아 올리베르는 앞서 언급한 노동자노동당 창설 방안 외에도 망명지에 지방위원회와 전국위원회 같은 자유지상주의 운동 조직을 갖추자는 내용과 모든 정치 세력과 협력하고 특히 네그린 정부[31]를 무조건 지원하자는 안건을 제시했다.[32] 이 안건은 격렬한 토론 끝에 1942년 3월 19일 총회에서 찬성 66표, 반대 68표로 부결되었다. 정치적 협력 여부를 놓고 아나키스트들의 견해가 대등하게 갈리고 있음을 보여 주는 결과였다. 가르시아 올리베르가 추진한 반파시즘 세력의 행동 통일 방안을 두고도 견해가 나뉘기는 마찬가지였다.[33] 아나키스트들은 이렇듯 망명지 멕시코에서 내분을 겪게 되었다.

아나키스트들의 내분은 아무래도 1944년 10월에 결성된 전민동을 둘러싸고 정점에 이른 것 같다. 한편에서는 이를 긍정적으로 받아들였고, 다른 한편에서는 그것이 반파시즘 세력과의 정치적 협력이고 아

México los siglos XIX y XX (Madrid: Alianza Editorial, 1994); *Inmigración y exilio: Reflexiones sobre el caso español* (México: Siglo XXI, 1997); Dolores Pla, *Els exilians catalans*; José Antonio Matesanz, *Las raíces del exilio. México ante la Guerra Civil española (1936-1939)* (México: Universidad Nacional Autónoma de México, 2000); *México y la República española: antología de documentos, 1931-1977* (México: Centro Republicano Español, 1978).

31) 네그린은 파리나 런던에 거주하면서 1939년부터1945년까지 공화국 망명정부의 총리를 지냈다.

32) Juan García Oliver, *El eco de los pasos*, pp.561~562.

33) 이런 맥락에서 1943년 11월 멕시코에서 에스파냐해방위원회(Junta Española de Liberación)가 결성되었다. 위원회는 나중에 출범하는 전민동의 그것과 같은 목표를 추구했다. 하지만 네그린 정부와 대립을 벌인데다가 중요 노조인 노총련과 전노련을 위원회에 초대하지 않아서 아나키스트들의 분노를 샀다

나키즘의 정통 이념을 포기하는 것이라고 비판했다. 멕시코에 거주하던 아나키스트들도 마찬가지 반응을 보였다. 이에 전노련 전국위원회는 망명지의 대표단들에게 자신들의 결정을 존중해 달라는 전문을 보냈다.[34]

이 무렵 3만 명에 달하는 조합원들을 거느리게 된 재불 대표단이 망명지의 아나키즘 운동을 지휘하는 위치에 이르렀다. 프랑스에서는 앞서 얘기한 대로 그 위원들이 흩어지면서 자유지상주의운동총평의회가 사라지고 재불 전노련 자유지상주의운동(Movimiento Libertario CNT)이 활약하고 있었다. 이때 재멕시코 전노련 일반 대표단이 자신들의 역할을 포기하고 재불 대표단과 재통합을 추진했다. 1945년 9월 재불 대표단에게 권력을 넘겨준 그들은 재불 대표단에 재멕시코 전노련 소대표단으로 편입되었다. 한편 1,300여 명에 달하는 재아프리카 에스파냐 아나키스트들은 진작부터 파리에 있는 자유지상주의운동총평의회에 편입되어 있었다.[35]

나치 점령에서 해방되기 시작하면서 활기를 되찾은 재불 전노련 자유지상주의운동은 여러 차례 대의원총회를 열고 산적한 문제들을 하나씩 해결해 나갔다. 우선 사라진 자유지상주의운동총평의회 관계자들의 활동에 대해서는 그들의 활동을 용인하되 자유지상주의 운동 단체의 직책을 맡기지 않는 것으로 정리했다. 하지만 프랑스 레지스탕스 운동을 놓고서는 견해가 갈렸다. 정통파는 그것을 포함한 일체의 협력에 반대한 반면에, 개혁파는 그것을 지지했다. 이 논의와 상관없이 당시 자유지상주의자들 상당수는 '마키스'(maquis), 곧 반독 레지스

---

34) *Solidaridad Obrera*, 19 de julio de 1945.

35) 북아프리카로 이주한 에스파냐인들은 전체 1만 명이 넘었다. 이곳으로 이주한 아나키스트들은 영국이나 멕시코 주재 아나키스트들과 달리 전반적으로 아나키즘 원칙을 고수하는 입장을 지니고 있었다. José Luis Abellán y otros, *El exilio español de 1939* (Madrid: Taurus, 1976), p.114.

탕스에 참여했다. 1940년에서 1945년 사이에 독일 점령군에 체포되어 나치 절멸수용소에 이송된 에스파냐인 반파시즘 투사들이 무려 1만 2천 명가량으로 추정된다. 아마도 그 가운데 아나키즘 활동가들이 상당수 포함됐을 것이다.[36]

한편 아나키스트들이 다른 정당이나 단체로 이탈하는 문제에 대해서는 뾰족한 대책을 찾지 못했다. 당시 프랑코 독재 반대 투쟁과 나치 점령 반대 투쟁을 위해 에스파냐공산당이 1942년에 프랑스에서 에스파냐민족연합(Unión Nacional Española)을 발족시키고 정치 세력들을 규합했는데 상당수 아나키스트들이 여기에 참여한 것으로 보인다. 당시에 아나키즘 지도자로 활동한 후안 마누엘 몰리나(Juan Manuel Molina)는 그 수가 5천 명 정도에 달한 것으로 추정했다.[37]

마지막으로 향후 활동 정책에 대해서는 현실 개혁주의 입장을 채택했다. 1944년 10월 프랑스의 툴루즈에서 열린 대의원총회에 참석한 대의원들은 내전 당시 반파시즘 투쟁을 했던 모든 단체들과 협력하고 재불 아나키즘 단체가 국내 아나키즘 단체에 보조를 맞추어 굳건히 협력하자는 데 합의했다. 그들이 이런 내용에 합의한 것은 아마도 앙헬 에레린 로페스가 지적한 대로 프랑스의 해방을 목격하면서 에스파냐의 해방도 멀지 않았다고 판단하고 현실적인 준비를 하고자 했기 때문일 것이다. 합의안에 서명한 자들 가운데 한 명을 제외한 모든 사람들이 얼마 지나지 않아서 합의 내용을 공개적으로 반박하게 되는데 그 까닭을 이런 데서 찾아볼 수 있을 것이다.[38]

36) 이에 관해서는 다음 저서들을 참고하라. David Wingeate Pike, *Spaniards in the Holocaust. Mauthausen, the horror on the Danube* (London: Routledge, 2000); José Luis Abellán y otros, *El exilio*; Eduardo Pons Prades, *Morir por la libertad: españoles en los campos de exterminio nazis* (Madrid: Vosa, 1995).

37) Ángel Herrerín López, *La CNT*, pp.56-57.

38) José Berruezo, *Contribución a la historia de la CNT de España en el exilio* (México:

파리 대회와 분열

툴루즈 대의원총회의 합의는 몇 달 뒤에 열린 파리 대회에서 커다란 변화를 겪게 된다. 1945년 5월에 열린 파리 대회는, 그 대회에서 망명 아나키즘 운동의 지도부가 교체되고 재불 아나키즘 단체의 정치적 노선이 변경되었다는 점에서 매우 중대한 의미를 지닌다. 기존의 개혁주의 노선을 버리고 아나키즘의 정통 원칙으로 돌아서는 변화가 이 시기 재불 아나키즘 단체에 나타난 것이다.

이러한 입장 변화를 일궈 낸 사람은 다름 아닌 제르미날 에스글레아스였다. 그는 페데리카 문세니를 비롯한 이아연 활동가들과 더불어 정통 아나키즘 이념에 새로운 의미를 부여하기 시작했다. 이들은 한편으로는 내전 패전 이후 침체에 빠진 아나키스트들의 처지와, 다른 한편으로는 프랑코의 몰락이 임박했고 조국으로 귀국할 날이 멀지 않았으리라는 망명자들의 기대를 십분 활용했다. 정통파는 자신들이 귀국하게 된다면 파시즘이 패배한 국제 정세 속에서 부르주아 공화국 수립 방안을 굳이 따라야 할 까닭이 없다고 주장했다.[39] 혁명을 시도할 수 있다는 것이다. 이렇듯 혁명 카드를 다시 꺼낸 에스글레아스와 문세니는 자신들이 범한 지난 과오를 반성하고 이를 준비하는 작업에 착수했다.

자유지상주의 운동을 장악하기 위해 정통파가 넘어야 할 산은 한두 가지가 아니었다. 우선은 정치적 협력을 효과적 대안이라고 생각하는 대다수 아나키스트들의 심성을 바꿔 놓아야 했다. 이를 위해 그들은 개혁파의 아성이었던 국내 활동가들의 평판을 떨어뜨리는 데 집중

Editores Mexicanos Unidos, 1967), p.250; Ángel Herrerín López, *La CNT*, p.58.

39) Ángel Herrerín López, *La CNT*, p.60.

했다. 에스글레아스는 추종자들에게 다음과 같은 이야기를 퍼뜨렸다.

에스파냐에는 걸출한 지도자가 거의 남아있지 않다. 그런 지도자들 대다수는 강한 책임감을 가지고 국경을 넘었고, 불행하게도 국경을 넘지 못한 사람들은 프랑코에 의해 총살당하거나 강제 수용되었기 때문이다. 팔랑헤 노조에 위장 침투한 극소수의 지도자들이 있는데 그들은 이제 지도자의 자격을 완전히 상실했거나, 아니면 그런 활동의 영향으로 그들의 관심이 그 단체의 관심과 크게 다를 바 없는 처지에 이르렀다.[40]

아나키스트들의 생각을 바꾸기 위해 정통파는 각종 집회는 물론이고 언론도 활용했다. 자유지상청년단이 마르세유에서 발간하던 《길》 (Ruta)과 이아연이 발간하던 《추진》(Impulso)을 비롯한 여러 매체들이 여기에 동원되었다.

이처럼 이아연이 활동을 강화해 나가자 아나키즘 운동 내부의 대립은 더욱 심화되었다. 이에 아나키즘 운동 내부의 통일을 지향해 온 재불 전노련 전국위원회는 협력 여부 문제를 매듭지을 전국대회를 소집하지 않을 수 없었다.

1945년 5월 1일부터 12일까지 파리에서 열린 전국대회에 재불 전노련 조합원 3만 명을 대표하는 대의원들이 참여했다. 이들은 정치에 대한 입장과 노총련과의 동맹, 지방자치, 에스파냐 반파시즘 단체들의 행동 통일 같은 문제를 놓고 토론을 벌였다. 그리고 반국가적이고 혁명적인 내용의 원칙과 전술을 승인했다. 첫째로, 정치에 대한 입장에 대해서는 비록 암묵적으로 공화제를 지원하기는 하지만 군주제를 비

---

40) Carta personal de Germinal Esgleas a Pedro Herrera, Valerio Más, Francisco Isgleas y Germinal de Sousa, en enero de 1945. Ángel Herrerín López, *La CNT*, p.62에서 재인용.

롯한 그 어떤 형태의 권력도 거부한다고 선언했다. 또한 자유지상 사회주의 실현을 위하여 전체주의와 의회주의의 참여를 완전히 배제할 수는 없겠지만 원칙적으로는 그 이념들에 반대한다는 입장을 밝혔다. 다음으로 노총련과의 관계에 대해서는 내전 당시에 구축한 동맹이니만큼 그 동맹에 찬성한다고 밝혔고, 반파시즘 단체들과의 협력에 대해서는 구체적인 사안들에 대해서 공동의 노력을 기울이기로 했다. 지방 자치에 대해서는 연방제 수립을 지지한다고 정리했다.

이러한 내용들은 개혁파와 정통파가 분열을 방지하기 위해 서로 다른 입장들을 상호 조율한 결과물이었다. 개혁파는 정통파가 주장하는 세 가지, 곧 원칙과 전술, 목표를 받아들였고, 정통파는 에스파냐해방위원회(Junta Española de Liberación)에 계속 참여하는 데 동의했다. 에스파냐해방위원회는 에스파냐공산당이 설립한 에스파냐국민연합에 대응하여 사회주의자들과 공화주의자들, 아나키스트들이 1944년 10월 프랑스에서 공동으로 설립한 단체였다. 이 위원회는 1931년 헌법에 입각한 공화제 수립을 목표로 내걸고 있었는데 그것이 자신들이 표방한 원칙에 맞지 않음에도 불구하고 정통파가 위원회 참여에 동의를 한 것이다.[41]

하지만 한 가지 면에서는 정통파가 개혁파를 완벽히 제압했다. 그것은 새로운 전국위원회 구성이었다. 제르미날 에스글레아스가 총서기로 선출되었고 페데리카 문세니를 비롯한 6명이 위원에 선임되었다. 정통파가 집행부를 장악한 것이다.

사실은 국내 전국위원회가 파리 대회에 대표를 파견했는데 그 대표가 늦게 도착하는 바람에 그들과 같은 의견을 지니고 있던 개혁파가

---

41) Javier Tusell, *La oposición*, p.121; José Borrás, *Políticas de los exiliados españoles (1944-1950)* (Chatillon: Ruedo Ibérico, 1976), pp.34-37.

도움을 받지 못했다.[42] 국내 전국위원회가 파견한 대표 세사르 브로토는 파리 대회에서 선출된 재불 전국위원회가 마련한 자리에서 겨우 발언할 기회를 얻었다. 그 자리에서 그는 에스파냐가 파시즘에서 해방될 때까지 내전은 끝난 것이 아니고, 따라서 국내 전노련이 내전 당시 채택한 정치적 협력 노선을 계속 유지하고 있다는 국내 단체의 입장을 전달했다. 그가 언급한 협력은 반프랑코 투쟁을 위해서 반파시즘 세력이 연합할 필요가 있고 프랑코 독재 타도를 위해 필요할 경우 정부 요직 진출까지 허용할 필요가 있다는 광범위한 의미로 이해되었다. 그는 또한 생존을 고민할 처지에 있는 국내 동지들이 원칙과 전술을 논의하고 있는 재불 동지들을 이해하기 어렵다는 점을 지적하고 지도자들의 수가 재불 단체에 비해 적긴 하지만 국내 단체가 운동을 주도해 나가야 한다고 주장했다.[43]

이렇듯 국내 단체와 망명지 단체의 입장에는 분명한 차이가 있었다. 하지만 재불 전노련 언론은 파리 대회 소식을 전하면서 표제를 '운동의 통일성 재확인'으로 뽑았다. 그리고 그 내용을 두 가지로 정리했다. "에스파냐 파시즘에 대한 강경 투쟁과 운동의 순수성 최우선"이 그것이다.[44] 이러한 내용의 언론 보도에 따르면 에스파냐 아나키즘 운동이 통일된 것으로 보인다. 하지만 실제는 그렇지 않았다.

한편 에스파냐 국내에서는 1945년 5월에 7대 전국위원회가 출범했다. 총서기를 맡은 호세 엑스포시토 레이바(José Expósito Leiva)는 파리 대회에 대한 국내 단체의 입장을 밝히기 위해 대의원총회를 소

---

42) 국내 전노련 대표로 참석할 예정이던 프란시스코 로야노(Francisco Royano)가 바르셀로나에서 체포되었고 카탈루냐위원회의 세사르 브로토(César Broto)가 그를 대신해 파리로 갔다. 이렇게 시일이 지체되어 브로토가 파리에 도착했을 때는 이미 폐회식이 진행되고 있었다.

43) Ángel Herrerín López, *La CNT*, pp.69-70.

44) *CNT*, 12 de mayo de 1945.

집했다. 대의원총회는 1945년 7월 12일에서 16일까지 마드리드 인근의 카라바냐에서 열렸다. 전국위원회 위원들은 물론이고 안달루시아, 바스크, 갈리시아, 중부, 레반테, 카탈루냐, 아라곤 지방의 대의원들이 여기에 참석했다. 지방 대의원들의 보고를 토대로 파악한 전국의 조합원 수는 3만 명 정도였다.[45]

카라바냐 전국대의원총회는 전민동을 유일한 저항 기구이자 장래의 정부로 받아들였다. 그와 동시에 망명지에서 수립될지도 모를 '의사(疑似)정부'의 합법성을 부정했다. 요컨대 전민동을 공화국의 유일한 합법 기구로 인정한 것이다. 총회는 그러면서도 파리 대회에서 채택한 입장과 달리 미래에 수립되게 될 정부들과의 협력을 지지했다. 노총련과의 관계에 대해서는 파리 대회의 결정과 마찬가지로 동맹을 유지하기로 했다.[46]

이 밖에도 총회에서는 두 가지 중대 문제를 다루었다. 하나는 오라시오 마르티네스 프리에토가 제기한 자유지상당 창당에 관한 문제였다. 이에 대해서는 그것이 시급한 문제가 아니고 더욱이 대의원총회보다 상급 기구에서 결정할 사안이라는 이유로 결정을 유보했다. 다음은 망명지 단체가 채택한 입장에 대해 국내 전노련이 어떤 태도를 취할 것인가 하는 문제였다. 결론은 망명지의 단체는 국내에서 마련한 지침을 따라야 한다는 것이었다.

이러한 내용을 전달받은 재불 단체는 그에 대한 반대 입장을 분명히 했다. 그들은 1945년 8월 툴루즈에서 서기총회[47]를 열고 에스파냐에

---

45) 상대적으로 탄탄한 조직을 갖춘 지방은 카탈루냐와 레반테, 중앙이었다. Ángel Herrerín López, *La CNT*, p.71.

46) Actas del Pleno de Carabaña, en julio de 1945. Fondo Gómez Peláez, IIHS, Amsterdam. 이하 대의원총회 내용에 관해서는 Ángel Herrerín López, *La CNT*, pp.72-73 참조.

47) 전국위원회 상임서기와 지방 서기들이 참여하는 회의를 일컫는다.

대표단을 파견하여 아나키즘 운동은 정통 노선을 고수하는 망명지의 지도자들이 주도해야 한다는 내용을 전달하기로 했다. 그들은 뒤늦게 1948년 3월이 되어서야 대표단을 파견했다. 하지만 국내 아나키스트들 대다수가 정통 노선을 반대하고 있었기 때문에 그들의 노력은 별 실효를 거두지 못했다.

이 밖에도 정통파 지도부는 재불 단체뿐 아니라 자신들과 이념적으로 가까운 망명지 단체들[48]을 통제하기 시작했다. 이를테면 자신들과 다른 입장을 지닌 활동가들을 단체에서 제명시키기도 했다. 반면에 망명지의 개혁파 집단은 자신들이 국경을 넘기 이전에 활동해 온 출신 지방연합[49] 단체별로 모여 국내 전국위원회의 활동을 지원해나갔다.

이렇듯 망명지의 지도부는 정통 노선, 곧 반정치의 입장을 강화해 나갔고, 그에 따라 정통파와 개혁파의 대립은 물론이고 망명지 단체와 국내 단체의 대립도 더욱 심화되었다. 작은 불꽃만 튀어도 폭발할 지경이었다.

그 불꽃은 바로 1945년 8월 21일 멕시코에서 이루어진 공화국 망명정부의 구성에서 일어났다. 후안 네그린이 총리를 사임하자 갓 선출된 망명 공화국 대통령 마르티네스 바리오가 호세 히랄(José Giral) 박사를 총리에 임명했다. 히랄이 새로 구성한 망명정부에는 사회주의자들에서부터 공화주의자들에 이르는 모든 망명 정치 세력들이 참여했다. 아나키스트도 두 명이 입각했다. 히랄이 에스파냐 국내 전노련에 후보 추천을 의뢰했고 국내 전노련은 망명지 아나키스트 세 명(페데리카 문세니, 가르시아 올리베르, 오라시오 프리에토)과 국내 아나키스트 두 명

---

48) 이를테면 재아프리카 단체가 그들과 유사한 입장을 지니고 있었다.
49) 당시 프랑스에는 출신지방연합(Regionales de Origen)이 구성되어 있었다. 나치 점령기 프랑스에서 낯선 인물이 단체에 침투하는 것을 방지하기 위해 망명지에서 출신 지방별로 지방연합을 조직한 것으로 알려져 있다. Ángel Herrerín López, La CNT, pp.74 y 90.

(호세 산초, 호세 레이바)을 그에게 추천했다. 히랄은 레이바를 농업부 장관에, 프리에토를 공공사업부 장관에 임명했다. 그런데 공교롭게도 레이바와 프리에토는 개혁파 인사들이었다.

아나키스트들의 망명정부 입각 사실을 파악한 망명지 전노련 전국 위원회는 9월 말에 임시 서기총회를 소집했다. 그들은 이 총회에서 아나키즘의 원칙과 전술을 재확인하고 아나키스트들의 히랄 정부 참여가 잘못된 것이라고 정리했다. 그들은 결국 레이바와 프리에토를 각료로 받아들이지 않기로 했다. 그들이 두 사람의 각료 인정을 거부하자 국내 전국위원회는 에스글레아스가 이끄는 재불 전국위원회에 항의 서신을 보냈다. 그들은 이 서신에서 재불 전국위원회의 처신이 부적절하고 유기적 시각이 결여되어 있다고 비난했다.

한편 재불 개혁파 집단은 10월 27일에 재불 전국위원회와 다른 성명서를 발표했다. '에스파냐를 지지할 것인가 반대할 것인가'라는 제목의 성명서에 서명한 출신 지방연합 서기들은 재불 전국위원회의 권위를 부정하고 새로운 전국위원회를 구성하기로 합의했다.[50] 그들은 라몬 알바레스(Ramón Álvarez)를 총서기로 선출하고 전국위원회를 꾸렸다. 라몬 알바레스가 이끄는 새로운 지도부는 자신들의 명칭을 재불 전국소위원회로 바꾸고 국내 전국위원회를 유일한 상위 기구로 받들기로 했다.

이에 에스글레아스가 이끄는 전국위원회는 모종의 최종 결정을 내리기 위해 각 지방을 돌며 총회를 개최했다. 이아연파가 지배하는 총회에서 지방연합들은 앞서 내린 서기총회의 결정을 재확인하고 '에스파냐를 지지할 것인가 반대할 것인가'라는 성명서에 서명한 자들을 분

---

50) Ramón Álvarez, *Historia negra de una crisis libertaria* (México: Editories Mexicanos Unidos, 1982), pp.169-175.

열 책동에 협력한 자들과 더불어 전격 제명하기로 합의했다.[51]

에스파냐 아나키즘 운동의 분열이 이렇게 구체화되었다. 세계 각지의 에스파냐 아나키즘 단체들도 총회를 소집하고 어느 쪽에 가담해야 할지를 결정했다.[52] 그 결과 에스파냐 아나키즘 운동은 국내외를 막론하고 개혁파와 정통파 두 부류로 나뉘게 되었다. 망명지에서는 정통파가 다수였고 국내에서는 개혁파가 대세를 이루었다. 이 분열은 1961년에 다시 통합될 때까지 16년이나 이어지게 된다.

이러한 분열은 아나키스트들의 망명정부 입각에서 촉발되었지만, 에레린 로페스가 적절하게 지적한 대로, 좀 더 궁극적이고 직접적인 원인은 전노련 내부에 존재한 이념의 대립과 갈등에서 찾아야 할 것이다.[53]

망명지의 정통파와 개혁파

아나키즘 운동의 분열로 망명지 아나키스트들은 상당한 타격을 입었다. 재불 아나키스트들이 특히 그러했다. 혹독한 내전을 치르고 망명한 그들은 수용소에서 고통을 겪다가 다시 제2차 세계대전의 혼란을 맞이했다. 그리고 이제는 분열의 고통까지 겪게 됐다. 얼마 전까지

---

51) 결국 프랑스에서는 2만2천 명이 정통파에 가담했고 4천 명이 개혁파에 참여했으며 3천 명은 아예 아나키즘 단체를 떠나고 말았다. José Borrás, *Del radical socialismo*, pp.117-118.

52) 멕시코에서는 1946년 10월에 가서야 국내 전노련의 입장을 지지하기로 결정했다. 베네수엘라와 아르헨티나, 볼리비아, 우루과이, 칠레에서는 개혁파 노선을 지지했으며, 에콰도르와 쿠바에서는 구체적 입장을 보이지 않았으며, 파나마는 정통파 노선을 지지했다. 라틴아메리카 이외의 지역에서는 개혁파의 입장을 취한 지브롤터를 제외한 모든 지역에서, 곧 영국과 북아프리카, 프랑스에서 대다수가 제르미날 에스글레아스의 입장을 지지했다.

53) Ángel Herrerín López, *La CNT*, pp.76-77.

만 해도 함께 집회를 열고 토론과 대화를 나누었던 동지들이 이제는 서로 경계를 풀지 않았다. 양측 모두 기관지를 통해 분열의 책임을 떠넘기며 상호 비방과 인신공격을 일삼았고, 때로는 무력 충돌을 벌이기도 했다.[54]

정통파와 개혁파 모두 기관지의 지면이나 집회를 통해 자신들의 전략과 전술을 홍보했다. 정통파는 1946년 4월 14일 파리에서 첫 대중집회를 열었다. 제르미날 에스글레아스는 이 집회에서 최근에 수립된 망명정부를 비판하면서 자신들의 목표는 간접 지배 방식의 공화국이나 1936~1939년에 성취한 업적 같은 데 있지 않고 오직 자유지상주의 사회를 건설하는 데 있다고 강조했다. 페데리카 몬세니는 국내 단체는 물론이고 프랑스에서 국내 단체를 지원하는 망명지 개혁파를 비판했다.

정통파는 그 후에도 여러 차례 회의와 대회를 열고 자신들의 입장을 밝혔는데 그 입장에 전과 다른 변화가 나타났다. 에스파냐 국내 문제를 해결하기 위해 그들은 이제 직접행동 전술을 채택했으며, 망명 군대 집단이나 다른 정치 세력들과의 협정을 거부하고 독자 노선을 걷기로 했다. 그들의 이념에 가장 급진적인 변화가 나타난 것은 1947년에 열린 대륙간회의(Conferencia Intercontinental)와 지역연맹대회(Congreso de Federaciones Locales)에서였다. 우선 아메리카와 북아프리카, 영국, 프랑스 각 지역의 대표단들이 참석한 대륙간회의에서 그들은 '국가를 지탱하고 보존하려는' 세력과 일체의 타협을 거부하기로 했고, '대중의 직접행동'을 가장 적절한 반프랑코 투쟁 방식으로 승인했다. 이는 앞서 두 달 전에 재불 전노련 전국위원회가 발표한 성명서의 내용을 반영한 결정이었다. 재불 전노련 전국위원회는 그 성명서에

---

54) Ramón Álvarez, *Historia negra*, pp.199-200.

그림 20 망명지 전노련 툴루즈 대회(1947년)

서 국내의 전민동과 재멕시코 에스파냐해방위원회, 재불 에스파냐국
민연합을 싸잡아 비난하고, 공화주의자들, 사회주의자들, 공산주의자
들이 반파시즘 전선에서 에스파냐 대중을 정신적·육체적으로 무장해
제해 버렸다고 그들을 비판했다.[55] 정통파는 또한 대륙간회의에서 서
로의 활동 조정을 주목적으로 하는 대륙간위원회도 창설했다.[56] 같은
해에 툴루즈에서 개최된 지역연맹대회는 그것이 단체의 기본 이익이
나 현실에 맞지 않다는 이유를 들면서 파리 대회의 합의 내용을 폐기
했다. 다시 말해 경제와 정치, 군사, 외교 문제에 대한 합의는 물론이고
노총련과의 동맹 문제, 지방자치에 관한 합의, 국내 전국위원회의 우
위에 관한 합의를 폐기했다. 다른 한편으로는 재불 단체의 단독 노선

---

55) "Comunicado del comité nacional de la CNT en Francia, de fecha 29 de enero de
  1947," *CNT*, 8 de febrero de 1947.
56) 그들은 페드로 에레라(Pedro Herrera)를 대륙간위원회의 총서기로 선출하고, 로케 산타마
  리아(Roque Santamaría)를 방위서기로, 제르미날 에스글레아스를 행정서기로, 페데리카 문
  세니를 선전서기로 각각 선출했다.

을 재차 확인했다.[57] 요컨대 정통파는 파리 대회 이후 2년 만에 자신들의 전략과 전술을 대폭 수정했다.

정통파는 1947년 10월 지역연맹대회에서 국내 봉기를 주도할 단체로 방위위원회(Comisión de Defensa)를 조직했다. 5인의 위원들로 구성된 이 지하단체의 목표는 직접행동을 통한 프랑코 정권 타도와 사회혁명 실현이었다. 정통파는 그와 동시에 대중봉기를 일으키도록 행동대원들을 국내에 파견했다. 이 자유지상행동대들은 카탈루냐의 주요 도시들과 마드리드를 중심으로 활약했다.[58] 그들은 주요 인사를 납치하고 산업 시설에 타격을 입혔다. 행동대들은 서로 연락을 유지하면서 필요할 때는 합동작전을 펼치기도 했다. 1949년은 행동대의 게릴라 활동이 최고조에 달한 해였다. 그만큼 대원들의 막대한 희생도 따랐다. 경찰에게 체포되어 총살되는 대원들이 늘어났다. 전노련 활동가이자 저술가인 에두아르도 폰스 프라데스(Eduardo Pons Prades)는 이 무렵에 350명 정도가 에스파냐에 잠입했는데 그 가운데 경찰에게 희생당한 이들이 65퍼센트에 달했다고 추정했다.[59]

이렇게 희생자들이 늘어나자 재불 정통파 단체는 직접행동 전술을 다시 생각하게 되었고 1950년대에는 급기야 그 전술을 포기하게 되었다. 그들이 이렇게 전술을 수정한 데에는 이 밖에 다른 요인들도 중

---

57) Ángel Herrerín López, *La CNT*, p.98.
58) 이 당시 파견된 행동대들의 게릴라 활동에 관해서는 다음 저서들을 참고하라. Bartolomé Barba, *Dos años al frente del Gobierno Civil de Barcelona y varios ensayos* (Madrid: Javier Morata, 1948), pp.66~67; Santos Juliá (coord.), *Víctimas*, pp.374-375; Francisco Moreno, *La resistencia armadacontra Franco: tragedia del maquis y la guerrilla. El Centro-Sur de España: de Madrid al Guadalquivir* (Barcelona: Crítica, 2001); Secundino Serrano, *Maquis. Historia de la guerrilla antifranquista* (Madrid: Temas de Hoy, 2001); Eduardo Pons Prades, *Guerrillas españolas: 1936-1960* (Barcelona: Planeta, 1977); Dolors Marín Sivestre, *Clandestinos. El maquis contra el franquismo, 1934-1975* (Barcelona: Plaza y Janés, 2002).
59) Eduardo Pons Prades, *Guerrillas*, pp.255-256.

요하게 작용했다. 우선은 인적 자원과 물적 자원의 부족이 문제였다. 이것은 정통파 단체 본부나 행동대들이 언제나 부닥친 문제이기도 했다. 투쟁에 필요한 인적·물적 자원이 항상 부족했던 것이다.[60] 이밖에 1940년대 말에 나타난 국제 관계의 변화도 전술을 바꾸는 데 영향을 미친 것으로 보인다. 냉전이 시작되자 서구 열강이 프랑코 정권을 지원하고 나섰다. 사정이 이렇게 되자 고국으로 귀국할 가망이 사라지게 되었고 이러한 사실을 반파시즘 투쟁가들이 암묵적으로 깨닫게 된 것이다. 재불 정통파 단체는 결국 혁명 전술을 포기하게 되었다.

재불 정통파가 포기한 혁명 전술은 사실 아나키즘 운동의 분열을 초래한 핵심 요인 가운데 하나였다. 이러한 사실을 잘 알고 있던 정통파 지도부는 대안을 모색했고 1952년 에이마르 대의원총회에서 에스파냐반파시즘전선(Frente Antifascista Español) 구축 방안을 내놓았다. 이 전선을 통해 다른 단체들과 협력을 모색하려고 했으나 에스파냐사회노동당과 노총련은 창립대회에 참여하지 않았고 망명지의 다른 단체들도 시큰둥한 반응을 보였다.[61]

다른 한편 망명지의 개혁파는 앞서 살펴본 대로 국내 단체를 지원하는 데에 주된 관심을 두고 있었다. 정치 활동과 외교 활동에 치중한 그들의 전술은 별다른 희생을 동반하지 않았다. 국내 단체와의 관계는 정통파와 나뉜 1945년 말부터 1947년 말까지 별다른 문제없이 이어져 갔다. 하지만 국내의 개혁파 단체가 세력이 약화되기 시작하고 그들이 군주제파와의 대화를 고집하면서 양측의 관계는 삐걱거리기 시작했다. 1947년 12월에 조제프 후안 도메네크(Josep Juan Domènech)가 재불 개혁파 전국소위원회 총서기가 되면서 견해차가

---

60) Ángel Herrerín López, *La CNT*, pp.108-110.
61) Ángel Herrerín López, *La CNT*, p.113.

드러나기 시작했고 1948년에는 그것이 더욱 뚜렷해졌다. 1948년 중엽에 재불 개혁파는 전노련이 군주제파와 쌍무조약을 체결하려는 데 대해 강한 불만을 드러냈다. 분열 직전까지 치달았던 갈등은 1950년 6월 프랑스에서 열린 대의원총회에서 봉합이 되는 듯했다. 두 단체를 통합하고 통합된 전국위원회 총서기는 국내 대표가 맡고 나머지 직책은 재불 단체가 선출하기로 합의했다. 하지만 국내 단체의 세력이 약화되면서 그 합의는 흐지부지 되고 재불 개혁파의 최고 집행기구를 다시 망명지의 개혁파들이 장악했다.[62]

국내 개혁파의 조직과 활동

국내 전노련의 지하활동은 제2차 세계대전의 종결과 더불어 황금기를 맞이했다. 그 배경은 연합국의 승리가 확실시 되면서 프랑코 정권의 탄압이 줄어든 데 있었다. 이때 전노련은 조직 재건 작업에 착수했다. 기본 구조는 종전대로 연방제였다. 노조를 기초 단위로 하고 지역연맹(지역, 군, 주)과 지방연합, 전국연합의 상부 조직으로 확대되는 틀을 갖추었다. 지방연합과 전국연합은 각각 집행기구로 지방위원회와 전국위원회를 두었다. 회의에는 전국위원회 상임서기와 지방서기들이 참여하는 서기총회(plenaria), 지방 대의원들이 참여하는 전국대의원총회(pleno), 노조 대의원에서부터 지역(지역, 군, 주) 대의원과 지방 대의원에 이르는 모든 대의원들이 참여하는 대회(congreso)가 있었다. 이 가운데 심급이 가장 높은 회의는 물론 대회였다.

이러한 조직 재정비는 세계대전이 종결되면서 대대적으로 진행되

---

62) Ángel Herrerín López, *La CNT*, pp.113-117.

었다. 서구 열강의 지원으로 프랑코를 축출할 기대감이 높아졌기 때문이다. 하지만 그것도 잠깐이었다. 냉전이 시작되면서 그런 기대가 무너져 갔기 때문이다. 게다가 1947년 중반부터 프랑코 정권의 탄압이 다시 강화되었다.

1946년과 1947년에는 국내 지하 전노련 집단의 규모도 늘어났고 언론 활동도 활발했다. 에스파냐 전국의 전노련 조합원이 5만~6만 명에 달한 것으로 보인다. 지역과 단체마다 다양한 잡지와 신문을 발간했다.[63] 전노련은 노조 유지와 수감자 지원을 위해 조합원들에게 회비를 받고 조합원증을 발부하기도 했다.

좀 생뚱맞은 것 같기는 하지만 이 당시 전노련 활동가들은 파업과 같은 시위에 반대했다. 파업에 가담했다가 해직되거나 체포되기도 하고 지하조직이 와해되는 경우가 자주 발생했기 때문이다.[64] 조합원들은 회비 납부 정도로 만족했다. 그보다 더 관여하다가 자신과 가족들에게 해가 미치지 않을까 그들은 염려했다. 전노련 지도부도 시위가 성공하기 어렵다고 생각했다. 시위를 하다가 오히려 공들여 재건한 노조마저 탄압을 받아 해체되지 않을까 그들은 염려했다. 그들은 정통파와

---

63) 이를테면 다음과 같은 잡지와 신문이 발간되었다. 《후벤툿 리브레》(Juventud Libre, 자유지상청년단 기관지), 《프렌테 리베르타리오》(Frente Libertario, 마드리드), 《엑스트레마두라 리브레》(Extremadura Libre, 엑스트레마두라), 《쿨투라 페로비아리아》(Cultura Ferroviaria, 철도산업연맹), 《쿨투라 이 악시온》(Cultura y Acción, 아라곤, 리오하, 나바라), 《세에네테》(CNT, 국내자유지상주의운동 기관지), 《프라구아 소시알》(Fragua Social, 레반테), 《아스투리아스》(Asturia), 아스투리아스, 레온, 팔렌시아), 《악시온 후베닐》(Acción Juveni), 레반테 자유지상청년단), 《카스티야 리브레》(Castilla Libre, 중앙), 《루타》(Ruta, 카탈루냐·발레아레스 자유지상청년단), 《엔 마르차》(En Marcha, 카나리아노동자연합 기관지), 《라 보스 콘페데랄》(La Voz Confederal, 북부), 《안토르차》(Antorcha, 카나리아), 《솔리다리닷 오브레라》(카탈루냐), 《솔리다리닷 오브레라》(갈리시아), 《솔리다리닷 프롤레타리아》(Solidaridad Proletaria, 안달루시아), 《티에라 이 리베르탓》(이아연) 등이 그것이다. Francisco Madrid, "La prensa clandestina libertaria," VV. AA., *La oposición libertaria*, pp.761-782.

64) Manuel Tuñón de Lara, *España bajo la dictadura franquista (1939-1975)* (Barcelona: Labor, 1994), pp.240-243.

달리 주로 반파시즘 세력과의 정치적 협상과 외교 활동에 관심을 기울였다. 그러다 보니 워낙에는 노조 활동을 중심으로 움직이던 전노련이 상호부조 단체로 전락한 감이 없지 않았다.

전노련의 또 다른 목표는 물론 프랑코를 권좌에서 축출하는 데 있었다. 이 작업은 주로 전민동을 통해 진행되었다. 사회주의자들과 공화주의자들, 아나키스트들이 참여한 전민동은 프랑코 독재 시기에 결성된 단체들 가운데 제일 중요한 반파시즘 단체였다. 내전 종결 이후에는 에스파냐공산당도 참여했다. 앞서 얘기한 대로 전노련이 이 동맹에서 중심 역할을 했다.[65] 전노련이 그렇게 한 데는 두 가지 이유가 있었던 것으로 보인다. 한편으로는 자신들만의 힘으로 프랑코 정권 타도가 불가능하다는 사실을 인식했기 때문이고, 다른 한편으로는 프랑코 정권을 타도하는 데 서구 열강의 지원이 있어야 한다고 생각했기 때문이다.

전민동은 1944년 10월에 출범했지만 제2차 세계대전이 끝나고 나서야 활동하기 시작했다. 그들은 프랑코 체제 종식과 그 이후의 문제를 놓고 군주제파와 협상을 벌였다. 프랑코에게 권력 이양을 요청했으나 별다른 대답을 듣지 못한 알폰소 13세의 아들 후안 데 보르본(Juan de Borbón)이 1945년 3월에 이른바 로잔성명을 발표했다. 독재를 종식시키고 자유주의 정부를 수립하겠다는 내용이었다. 군주제파는 반프랑코 세력과 민주국민전선(Frente Nacional Democrático)을 결성하여 평화적이고 합법적인 방식으로 문제를 풀어가고자 했다. 한편 당시 전노련 대표로 전민동에 참여하고 있던 후안 호세 루케는 프랑코 축

---

65) 전노련의 동맹 활동 및 군주제파와의 협상 내용에 관해서는 다음 저서를 참고하라. Rubén Vega y Begoña Serrano, *Clandestinidad, represión y lucha política. El movimiento obrero en Gijón bajo el franquismo (1937-1962)* (Gijón: Ayuntamiento de Gijón, 1998); Javier Tusell, *La oposición*; Enrique Marco Nadal, *Todos contra Franco. La ANFD 1944-1947* (Madrid: Queimada, 1982).

출을 위해 군주제파와 협력하는 방안을 모색했다. 그는 군주제를 임시로 받아들인 다음에 국민투표로 미래의 체제를 결정하자는 방안을 놓고 군주제파의 프란시스코 에레라 오리아(Francisco Herrera Oria)와 협상을 벌였다. 하지만 루케가 제시한 이 방안에 대해 전노련은 물론이고 전민동도 단호하게 반대했다. 히랄 망명정부와 결별하겠다는 의미가 담겨 있었기 때문이다. 전노련은 결국 루케를 해임했다.

국내 개혁파는 루케로 인해 발생한 이러한 위기를 정리하기 위해 1946년 3월에 전국대의원총회를 개최했다. 그런데 이 대의원총회에서 그들은 색다른 결정을 내렸다. 만약에 히랄 정부가 공화제 수립이라는 임무를 완수하지 못하게 된다면 에스파냐의 미래를 위한 하나의 방안으로 프랑코에 반대하는 군주제파와 협의를 해도 좋다는 데 합의한 것이다. 전민동의 총서기를 맡게 된 아나키스트 후안 가르시아 두란(Juan García Durán)이 이런 내용을 가지고 히랄 정부와 곧 협상에 들어갔다. 망명지 반프랑코 세력의 지원을 받고 있던 히랄 정부는 공화국 수립을 유일한 대안으로 제시했고, 전민동은 서구 열강의 지원을 받기 위해서는 군주제파와 같은 기타 반프랑코 세력과도 협력할 필요도 있다고 주장했다. 게다가 전민동은 자신들에게 경제적 지원도 제대로 해주지 않았으며 국내 단체는 제쳐두고 망명지 단체들과만 접촉하고 있다고 망명정부를 비난했다. 양측의 협상은 결국 결렬될 지경에 이르렀다.

반면에 군주제파와의 협상에는 구체적인 진전이 있었다.[66] 국내 전

---

66) 군주제파와 협상이 이렇게 급진전된 데는 두 가지 요소가 작용한 것으로 보인다. 첫째는 미국과 영국, 프랑스가 발표한 통지문의 내용이다. 세 나라는 1946년 3월에 프랑코 정권과 외교관계를 맺지 않겠다고 발표했다. 제2차 세계대전에서 프랑코가 패전국들과 협력했다는 이유에서였다. 이런 내용을 접한 전민동은 연합국이 반프랑코 세력과 대화를 추진하게 되리라는 기대감을 갖게 되었다. 다음으로 프랑코 정권의 탄압으로 10대 국내 전국위원회가 해체되고 11대 전국위원회가 구성되었는데 11대 전국위원회의 총서기를 맡은 엔리케 마

노련의 정치서기 비센테 산타마리아(Vicente Santamaría)가 군주제파 대표들과 1946년 10월에 에스토릴 협정(Pacto de Estoril)을 체결한 것이다. 가톨릭 종교의 우위, 공공질서 유지, 노동자 단체의 파업권 포기, 정치적 미래 결정을 위한 국민투표 개최 등의 내용을 담고 있었다.[67] 협정 내용을 전달받은 전민동은 일부 내용을 수정한 대안을 제시했다. 그들은 군주제 세력과 함께하는 국민화해저항위원회(Consejo de Resistencia y Conciliación Nacional)와 과도정부 구성을 제안했다. 그들은 군주제주의자들과 공화주의자들로 구성될 과도정부의 기능을 새로운 체제를 선택할 국민투표 관리와 제헌의회 선거 관리로 국한했다. 하지만 결국 에스토릴 협정은 받아들여지지 않았고 양측의 협상도 흐지부지되었다.

한편 히랄 정부와 벌인 협상에서 아무런 진전이 없자 사회주의자들과 아나키스트들은 1947년 초에 각료 철수라는 초강수를 두었다. 위기에 빠진 히랄은 결국 사임했고 1947년 2월에 사회주의자 로돌포 요피스(Rodolfo Llopis)가 그 뒤를 이어 망명정부의 총리에 취임했다. 전노련도 새 망명정부를 지지했다. 요피스 정부가 국내 전민동에 대한 지원을 늘리지 않을까 하는 기대에서였다. 하지만 그해 8월 에스파냐 사회노동당과 전노련은 요피스에 건 기대를 버렸다. 그가 경제적으로도 도움이 안 될뿐더러 군주제파와 협상하는 데 걸림돌이 된다고 생각했기 때문이다. 요피스도 결국 사임하게 된다.

이 무렵에 자신의 정권에 대한 미국과 프랑스의 제재가 다소 완화되기 시작하자 프랑코는 반체제 세력에 대한 탄압을 더욱 강화했다. 주요 인사들이 체포되고 투옥되면서 전민동은 민주주의로 돌아갈

르코(Enrique Marco)가 군주제파와의 협상을 강력하게 지지했다.

67) VV. AA., *La oposición libertaria*, pp.125-127; Javier Tusell, *La oposición*, pp.156-160; Ángel Herrerín López, *La CNT*, p.131.

절호의 기회를 상실하게 되었다. 요컨대 서구 열강을 상대로 한 외교적 노력에서부터 군주제파와의 협상 노력에 이르는 반파시즘 세력의 전술들이 모두 실패로 돌아간 반면에, 프랑코 정권은 여전히 건재했다.[68]

프랑코 정권의 탄압

앞서 얘기한 대로 프랑코 독재 하의 전노련에 관한 연구는 거의 제대로 이루어지지 않았다. 전노련 활동가들과 전노련의 최고 집행기구, 곧 전국위원회에 대한 프랑코 정권의 탄압에 대한 연구는 더욱 그러하다. 부족하긴 하지만 후안 마누엘 몰리나의 저서와 앙헬 에레린 로페스의 연구를 토대로 프랑코 정권 초기 10년의 탄압을 살펴보면 다음과 같다.[69]

우선 이 기간에 전국위원회가 14차례에 걸쳐 구성되고 해체되었는데 이 가운데 11차례는 경찰의 탄압으로 해체되었다. 1949년 7월에 구성된 15대 전국위원회는 1952년 11월에 경찰에 의해 체포되고 해체되었다. 그 뒤 전국위원회가 다시 구성된 때는 1960년 가을이었다. 그러니까 1939년에서 1952년까지 13년 동안 전국위원회의 평균 수명은 8개월에 불과했다. 존속 기간이 가장 짧았던 전국위원회는 제10대 전국위원회였는데 활동 기간이 불과 1개월이었다. 전국위원회의 수명은 총서기나 위원들의 신변 안전과 직결되어 있었다. 11명의 서기들 가운

68) José María Marín, Carme Molinero, Pere Ysàs, *Historia política 1939-2000* (Madrid: Istmo, 2001), p.79.
69) Juan Manuel Molina, *El movimiento clandestino*; Ángel Herrerín López, *La CNT*, pp.145-160.

데 3명은 사형 판결을 받았고, 3명은 징역 30년을, 1명은 징역 25년을, 4명은 징역 15년을 각각 선고받았다. 위원들도 다양한 징역형들을 선고받았다. 이렇게 지도자들이 구속되고 감옥살이를 하게 되다보니 전국위원회의 활동은 불안정할 수밖에 없었다.

다음으로 지방위원회들에 대한 탄압은 자료가 부족하여 제대로 알 수가 없다. 다만 수도권 중심의 중앙위원회에 대한 탄압이 다른 지방위원회들에 비해 상대적으로 더 심했고, 지하 전노련이 전성기를 구가한 1945년에서 1947년 사이에 탄압의 강도도 가장 높았다는 정도만 파악할 수 있을 뿐이다.

이 밖에 프란시스코 모레노(Francisco Moreno)가 연구한 결과에 따르면 연구가 진행된 24개 주에서 내전 직후에서부터 1949년까지 프랑코 정권에 의해 총살당한 자들이 72,527명에 달하는 것으로 집계되었다.[70] 희생자들의 상당수가 아나키스트들이라는 점을 고려하면 당시 전노련이 입은 타격이 상당했으리라고 어렴풋하게나마 짐작할 수 있다.

이러한 탄압으로 그 조직이 점차 와해되어 간 전노련은 공장과 작업장에 흩어져 있던 조합원들을 돌아볼 처지가 못 되었다. 이런 점에서 1950년대에 국내 전노련이 사실상 자취를 감추게 된 주요 이유 가운데 하나를 프랑코 정권의 탄압에서 찾아볼 수 있을 것이다. 1950년대에는 전노련이 사실상 해체되었고 프랑코를 축출할 가능성도 사라졌다. 이런 상황에서 탄압을 피해 살아남은 일부 '생존자들'은 친목 도모 위주의 소그룹 활동에 만족해야 했다.

---

70) Francisco Moreno, "La represión en la posguerra," Santos Juliá (coord.), *Víctimas*, pp.275-405.

9장

점진적 쇠퇴

국내 전노련의 쇠퇴

국내 전노련에게는 1950년대가 일종의 사막과 같았다. 우선 앞 장에서 살펴본 대로 프랑코 정권의 가혹한 탄압으로 전노련 조직 자체가 해체되었다. 그런 가운데 국제 정세마저 프랑코 정권에 유리하게 작용했다. 서구 열강이 프랑코 독재를 받아들이기 시작한 것이다. 1950년 11월에 열린 유엔총회는 1946년 프랑코 정권에 가했던 단죄를 대부분 철회했다. 이는 향후에 에스파냐가 유엔식량농업기구, 세계보건기구, 유네스코, 국제노동기구 같은 국제기구의 인정을 받게 되는 계기가 되었다.[1] 이로써 프랑코를 축출하기 위해 국제적 지원을 기대하던 전술은 아무짝에도 쓸모가 없게 되었다. 이를 명확히 드러

---

1) Florentino Portero y Rosa Pardo, "Las relaciones exteriores como factor condicionante del franquismo," Glicerio Sánchez Recio (ed.), *El primer franquismo (1936-1959)* (Madrid: Ayer, 1999), pp.187-218; Florentino Portero, *Franco aislado. La cuestión española, 1945-1950* (Madrid: Aguilar, 1989).

내 보여 준 것은 프랑코 정권이 1953년에 체결한 두 가지 협정이다. 1953년 8월에 바티칸과 체결한 종교협약과 그해 9월에 미국과 체결한 협정이 그것이다. 전자를 통해서는 프랑코 정권이 교황청의 인정을 받게 되었고, 후자를 통해서는 미국의 인정과 지원을 받게 되었다. 프랑코 정권은 이 협정들을 통해 국제적 고립에서 벗어날 수 있게 되었다.

이런 가운데 1953년 중반에 제15대 전국위원회가 해체되면서 대중조직으로서 국내 전노련은 사라지고 말았다. 전국위원회 위원들 가운데 경찰의 체포를 피할 수 있었던 인물은 후안 호세 히메노(Juan José Gimeno)가 유일했다. 레반테 지방 출신인 히메노는 발렌시아에서 자칭 전노련 조직을 계속 유지했다. 그가 1950년대에 교도소에서 출옥하는 활동가들의 연락원 노릇을 했지만 그들의 신뢰를 받지는 못했다. 그가 유지하려던 허구의 조직은 오히려 재불 개혁파 단체의 불신만 초래했다. 망명지의 개혁파 활동가들은 국내 단체의 현주소를 파악하고자 대표를 선발해 국내로 파송했다. 1957년 가을에 국경을 넘은 올레가리오 파촌(Olegario Pachón)은 바르셀로나에 도착하여 동지들에게 히메노가 구성한 전국위원회의 실상에 대해 물었다. 하지만 그들은 그런 위원회가 존재하는지조차 몰랐다. 국내 여러 지방을 돌아본 파촌은 자신이 방문한 바르셀로나, 마드리드, 세비야, 아스투리아스, 빌바오에는 전노련 조직이 존재하지 않는다는 사실을 확인했다.[2] 조합원들을 될 수 있으면 많이 확보하려던 전술이 실패로 돌아갔다고 판단한 국내 아나키스트들은 소모임 중심의 지하활동을 벌이기 시작했다. 소모임은 대개 구성원들의 우정과 친목을 도모하는

---

2) 파촌은 나중에 자신의 에스파냐 여행을 책으로 펴냈다. Olegario Pachón, *Recuerdos y consideraciones de los tiempos heroicos. Testimonio de un extremeño* (Barcelona: Olegario Pachón, 1979).

데 주력했다.

1950년대 초에는 교도소에 수감되어 있던 아나키스트들이 형기를 마치고 출옥하기 시작했다. 후안 마누엘 몰리나도 그 가운데 한 사람이었다. 그는 망명지 단체에게 보낸 보고서에서 1953년 현재 전노련 수감자들은 1천 명이 안 된다고 밝혔다. 복역을 마치고 석방된 전노련 활동가들이 그만큼 많았다는 얘기이다. 그런데 석방된 활동가들은 자유의 몸이 되었음에도 의기소침해졌다. 열심히 지하활동을 벌이다가 감옥살이를 하고 나왔는데도 프랑코 정권은 여전히 건재했고 냉전이 시작되면서 서구 열강들의 인정마저 받고 있었기 때문이다. 그들은 더 이상 지하활동을 벌이지 않았고 일과 해체된 가정을 회복하는 데 주력했다. 이따금씩 동지들을 만나거나 아니면 정기 모임을 갖고 노조 활동 재개의 꿈을 꾸는 데 만족하며 지냈다. 이런 추세는 에스파냐 전역에 걸쳐 나타났고 독재자가 사망할 때까지 이어졌다. 소모임 활동은 1960년대 말에 더욱 활발해졌고 망명지 활동가들과 접촉하기도 했다.[3]

물론 1950년대에 위원회 조직이 전혀 없었던 것은 아니다. 앞서 얘기한 자칭 히메노 위원회 말고도 전국위원회를 지향한 두 개의 위원회가 있었다. 마드리드와 바르셀로나에서 각각 활동한 두 위원회는 그 활동 반경이 해당 지역 안에 국한되었고 다른 지방과 아무런 교류도 하지 않았기 때문에 히메노 위원회와 마찬가지로 명실상부한 전국위원회는 아니었다. 요컨대 1950년대에는 국내 전노련 조직이 완전히 해체되었다고 볼 수 있다.

---

3) Alberto Carrillo-Linares, "De lo lícito a lo legal: los sindicatos en el tardofranquismo," Leandro Álvarez y Encarnación Lemus (coords.), *Sindicatos y trabajadores en Sevilla* (Sevilla: Universidad de Sevilla, 2000), p.409; Juan Gómez Casas, *Los cruces de caminos (Antecedentes y pequeña historia de una década: 1966-1976* (París: Regional del Exterior CNT, 1984), p.39.

그렇다면 종전의 전노련 활동가들은 어디서 무엇을 했을까? 우선 앞서 살펴본 대로 그들 대다수는 지하활동에서 몸을 뺐다. 그리고 정기 모임을 갖는 소수의 모임들이 있었고 전국위원회를 구성하려는 시도들도 있었다. 이 밖에 프랑코 정권의 산별노조에 가입한 전노련 활동가들도 있었다. 이들 가운데 마지막 부류, 곧 산별노조 가입자들은 1950년대에 그 수가 차츰 늘어났다.[4] 이들은 국내 전노련 단체들이 사실상 사라졌기 때문에 노조 활동을 재개할 유일한 출구를 산별노조에서 찾았다. 하지만 이들의 산별노조 가입과 임원 진출은 프랑코 정권의 조직을 인정하고 그것을 탄탄하게 만드는 데 기여했을 뿐이다.

한편 이때 새로운 변화가 나타났다. 1950년대 중반 들어 대학생들과 노동자들이 시위에 나서기 시작한 것이다. 이들은 내전에 참전하지 않은 세대로서 반파시스트라기보다는 반프랑코주의자들이었다. 이들은 1956년에서 1958년 사이에 일련의 파업을 주도했는데 그 목표는 대개 임금 인상이었다. 이러한 파업들은 새로운 생디칼리슴이 등장하는 토대가 되었다.[5] 그와 더불어 종전의 혁명적 노동자 문화는 서서히 자취를 감추게 된다. 이 파업들은 또한 프랑코 정권이 1959년에 경제 안정

4) Rosario Sánchez López, "El 'participacionismo' en el sindicato vertical. ¿Tendencia renovadora endógena o secuela tecnocrática?," Javier Tusell, Susana Sueiro y José María Marín (eds.), *El régimen de Franco 1939-1975* (Madrid: UNED, 1993), tomo II, pp.127-144; Pedro Ibarra, "Bases y desarrollo del movimiento obrero en Vizcaya (1951-1967)," Javier Tusell, Alicia Alted y Abdón Mateos (coords.), *La oposición al régimen de Franco* (Madrid: UNED, 1990), tomo 1, volumen 2, pp.43-49.

5) 이것이 1962년에 노동자위원회(Comisiones Obreras)의 등장으로 이어진다[David Ruiz (dir.), *Historia de Comisiones Obreras (1958-1988)* (Madrid: Siglo XXI, 1994) 참조]. 1956년의 대학생 운동에 관해서는 Javier Tusell, *La oposición*, pp.282-297; Valentina Fernández Vargas, *La resistencia interior*, pp.185-189를 참고하라. 이 시기 노동운동과 생디칼리슴에 관해서는 다음 저작들을 참고하라. Carme Molinero y Pere Ysàs, (1998), pp.44-66; Sebastián Balfour, "El movimiento obrero y la oposición durante el franquismo," Javier Tusell, Alicia Alted y Abdón Mateo (coords.), *La oposición*, tomo 1, volumen 2, pp.11-18; Pedro Ibarra, "Bases y desarrollo," pp.43-49.

화 정책(Plan de Estabilización)을 추진하는 배경을 이루게 된다. 기술 관료들이 추진한 경제 안정화 정책의 골자는 경제 자유화와 개방이었다.

이런 가운데 국내 전노련은 1960년 가을에 전국위원회를 구성했다. 이 16대 전국위원회는 중부 지방과 갈리시아, 아스투리아스, 카탈루냐, 안달루시아 지방의 대표들이 참여하여 구성했다. 위원에는 피델 고론 카노이라(Fidel Gorrón Canoyra)와 오노라토 마르티네스 푸스터(Honorato Martínez Fuster), 안토니오 투론(Antonio Turón), 에밀리아노 미에르 로드리게스(Emiliano Mier Rodríguez), 에두아르도 마드로나 카스타뇨스(Eduardo Madrona Castaños)가, 총서기에는 이스마엘 로드리게스 아작스(Ismael Rodríguez Ajax)가 선출되었다.[6] 전국위원회는 앞서 언급한 지방들과 자주 접촉했고 나중에는 북부 지방 및 레반테 지방과도 연락을 취했다. 이 무렵 에스파냐 전국의 전노련 조합원들은 500명 정도에 달했다.

16대 전국위원회는 전노련 조직 재정비와 선전 활동 두 가지 방향에 주력했다. 하지만 이듬해 10월에 위원회 자체마저 와해되고 말았다. 경찰에 의해 일망타진되다시피 했다. 중부와 안달루시아, 아스투리아스, 카탈루냐, 아라곤, 레반테의 지방위원회들도 마찬가지였다. 에스파냐 전국에서 체포된 자들이 무려 40명에 달했다. 그들의 죄목은 불법 선전 활동이었다. 하지만 다행스럽게도 당국이 그들의 죄를 그렇게 중하게 여기지 않아서 그들은 이듬해에 석방될 수 있었다.

---

6) *Boletin informativo de la Dirección General de Seguridad*(Madrid), nº 12220, 10 de noviembre de 1961.

망명지의 정통파와 이아연

1950년대 초의 국제 정세는 망명지의 반파시즘 세력에게도 불리하게 작용했다. 1950년 11월의 유엔 선언으로 프랑코 정권이 국제 무대에 진출할 길이 열리게 된 것이다. 다만 이런 국제 정세의 변화가, 워낙에 유엔의 지원을 기대하지 않고 '에스파냐 문제'를 오직 '행동을 통한 해방의 길'로 해결해야 한다고 주창해 온 전노련 정통파의 입장[7]을 정당화하는 데는 도움이 되었다. 하지만 소기의 목적을 달성하지는 못한 가운데 희생자만 불어나는 상황에서 정통파는 직접행동 전술을 포기하고 그 대안으로 에스파냐반파시즘전선 결성을 시도했다.

에이마르 대의원총회의 결정에 따라 대륙간서기국[8]은 곧바로 에스파냐반파시즘전선을 결성하는 데 뛰어들었다. 하지만 당시 상황이 매우 좋지 않았다. 에스파냐사회노동당이 정책을 바꾸기 시작했기 때문이다. 사회주의자들은 1952년 8월에 열린 툴루즈 대회에서 군주제파와 협력한다는 기존 정책을 폐기하고 다른 세력들과의 협력도 시위와 선전 활동에 국한하기로 결정했다. 상설기구 성격의 협력 기구에는 어떤 경우에도 참여하지 않기로 한 것이다. 사회주의자들의 이러한 고립 정책은 1961년까지 이어졌다.[9] 결국 에스파냐사회노동당은 에스파냐반파시즘전선에 참여하지 않았다. 사정이 이렇게 되다 보니 다른 단체들도 참여를 거부했다. 에스파냐반파시즘전선 결성 작업은 결국 실패로 돌아갔다.

---

7) Comunicado del comité nacional de la CNT en Francia, "Un solo camino de la libertad: ¡Acción!," *CNT* (Toulouse), 28 de diciembre de 1946.

8) 기존의 전국위원회가 1950년 이후 대륙간서기국으로 바뀌었다.

9) Abdón Mateos, *Las izquierdas españolas desde la guerra civil hasta 1982. Organizaciones socialistas, culturas políticas y movimientos sociales* (Madrid: UNED, 1997), pp.71-76.

이에 정통파는 이듬해에 툴루즈에서 대의원총회를 개최하고 전선 결성 작업 실패에 대해 절대 침묵을 유지하고 더 이상 거론하지 않기로 입장을 정리했다. 그리고 종전대로 독자 노선을 걷기로 했다.

한편 정통파 지도부는 나라 안팎에서 벌어지는 사건들을 이용해 자신들의 입장과 전술을 정당화하려고 했다. 1956년에 소련군이 공산주의 정권에 반대하여 들고일어난 노동자와 학생들의 봉기를 진압하려고 헝가리에 진군하는 일이 벌어졌다. 이 사건은, 한편으로는 정통파가 늘 주장해 온 대로 공산주의 정권이 파시즘의 그것과 다를 바 없는 독재라는 사실을 보여 주었고, 다른 한편으로는 끔찍한 악몽으로부터 민중을 해방시키는 길이 무엇인지를 보여 주었다. 그들은 이런 점에서 이 사건을 아주 충분히 활용했다.[10] 그런가 하면 에스파냐 국내에서는 1950년대 말에 각종 시위가 벌어졌다. 정통파는 이를 두고 노동자들이 추구해야 할 전술이 무엇인지를 보여준 것이라면서 "정권의 위기를 조장하는 데는 파업이라는 무기 자체만으로도 충분하다"고 강조했다.[11]

그러나 제르미날 에스글레아스와 페데리카 문세니를 비롯한 정통파 지도부가 강조해 온 이런 입장이 단체 내부의 지지를 받지는 못했다. 그것이 실제라기보다는 이론에 그치고 있다는 이유 때문이었다. 프란시스코 사바테(Francisco Sabaté)와 같은 옛 활동가들은 물론이고 아나키즘 운동 내부에 새롭게 등장한 세대도 지도부의 입장에 반대했다. 사바테는 망명지 활동가들을 기만하는 망명지 지도부의 현상유지 정책을 비판하고 반독재 무장투쟁을 강조했다.[12] 1950년

---

10) *CNT* (Toulouse),11 de noviembre de 1956.

11) *CNT* (Toulouse), 6 de abril de 1958.

12) Antonio Téllez, *Sabaté. Guerrilla urbana en España (1945-1960)* (Barcelona: Virus, 1992), p.240.

대 말에 등장한 새로운 세대도 사바테의 이러한 직접행동 주장을 지지했다. 1959년에 프랑스 비에르종에서 열린 대의원총회에 모습을 나타낸 자유지상청년단이 사보타주와 봉기를 주장하는 사바테를 지지했다.

재불 정통파 내부에 발생한 이러한 갈등은 재불 전노련의 조직 구조와 모종의 관련이 있었다. 재불 전노련은 노조를 기반으로 조직을 갖춘 국내 전노련과 달리 지역연맹을 토대로 조직되어 있었다. 노조가 존재하지 않았던 것이다. 다시 말해 재불 전노련은 노조가 없는 노조였다. 그러다 보니 사용자들을 겨냥해야 할 투쟁의 방향이 조직 내부로 향하여 내부 대립을 초래하는 경향이 있었다. 게다가 조직 장악을 위한 내부 투쟁도 심했다. 이아연은 특히 총서기직을 차지하는 데 관심을 두었다. 총서기가 단체의 이념적 방향에 중대한 영향을 미친다고 판단했기 때문이다. 당시 이아연 조합원이었던 호세 페이라츠에 따르면 대의원총회나 대회가 열리는 동안에 이아연은 밤에 모임을 갖고 다음날 회의를 준비했다고 한다. 전노련 지도부를 선출할 때도 마찬가지였다.[13] 대표적으로 1952년 에이마르 대의원총회에서 제르미날 에스글레아스를 총서기로 선출한 사례를 들 수 있다. 그들은 심지어 선거 승리를 위해서 존재하지도 않는 가짜 지역연맹들을 만들어 내기도 했다.

이 무렵 지역연맹의 조합원 수가 계속 줄어들고 있었다. 고국으로 돌아갈 가망이 없어 보이고 정통파와 개혁파의 대립이 언제 끝날지도 모르는 상황에서 조합원들 상당수가 단체를 떠났다. 아메리카로 이주하는 자들도 있었고 가족 문제로 관심을 돌리는 자들도 나왔다. 그렇게 되자 회원이 줄고 그에 따라 회비 수입도 줄어들었다.

---

13) Ángel Herrerín López, *La CNT*, p.193.

1945년 파리 대회 당시 3만 명이던 회원이 1952년에는 그 절반으로 줄어들더니 1958년에는 9천 명 가량이 되었다. 이것은 공식적으로 보고된 수치이고 실제로 활동한 회원은 그보다 훨씬 적었을 것으로 추정된다.[14]

회원 감소 현상은 개혁파 단체에도 나타났다. 1945년에 4,500명이던 회원이 1950년에는 1,165명으로 줄었고 1955년에는 780명인 것으로 파악되었다. 회원 감소 이유는 정통파의 경우와 비슷했다. 1955년 대의원총회에 보고된 내용에 따르면 1년 동안 101명이 단체를 떠났는데, 아메리카나 에스파냐로 이주한 사람이 51퍼센트, 사망자가 11퍼센트, 그 밖의 사유가 38퍼센트 정도였다.[15] 회원이 해마다 꾸준하게 감소한 정통파의 경우와 달리 개혁파의 회원 감소는 첫 5년에 집중되었다. 여기에는 앞서 언급한 일반적인 이유들 말고도 국내 개혁파가 벌인 군주제파와의 협상이 영향을 미친 것으로 보인다. 비록 정치적으로 국내 개혁파와 같은 입장을 지니고 있긴 했지만 군주제파와의 협상은 아무래도 지나치다고 그들은 생각했을 것이다.[16]

요컨대 망명지 전노련은 분열 기간 동안 조합원 4분의 3 이상을 잃었다. 정통파는 꾸준한 감소세를 보인 반면에, 개혁파는 초창기에 급격한 감소세를 보였다. 조합원 감소 원인은 아메리카 이주나 에스파냐 귀국, 현지 사회 적응 등에서 찾아볼 수 있다. 어찌됐건 대다수가 전노련을 떠났다.[17]

망명지 단체들은 에스파냐 귀국을 가장 큰 목표로 삼고 있었다. 전

---

14) 이를테면 앙헬 에레린 로페스는 1958년 총서기 선거에 참여한 회원이 6,241명인 것으로 파악했다. Ángel Herrerín López, *La CNT*, p.196.
15) Ángel Herrerín López, *La CNT*, p.197.
16) Ángel Herrerín López, *La CNT*, p.198.
17) Abdón Mateos, *Exilio y clandestinidad. La reconstrucción de UGT 1939-1977* (Madrid: Aula Abierta, 2002), p.36.

노련도 마찬가지였다. 정통파 전노련은 이를 위해 두 가지 방향으로 활동을 전개했다. 우선 국내 개혁파와 입장을 같이 하는 재불 개혁파를 공격했다. 그들은 재불 개혁파를 프랑코주의자라고 비난했다. 다음으로 국내에 위원회를 조직하는 활동을 폈다. 그들이 대표할 회원도 없고 활동할 노조도 없는 위원회를 국내에 조직하려고 한 이유는 오로지 자신들의 단체가 국내에 존재하고 있고 활동도 하고 있다고 선전하기 위해서였다.[18] 정통파 지도부가 펼친 이러한 활동들은 아나키즘의 기본 원칙에서 벗어나도 한참 벗어난 것이었다. 따라서 그들은 당초 의도와 달리 개혁파의 반발은 물론이고 자체 내부의 비판에 봉착하게 되었다.

망명지 개혁파의 항복과 전노련 통합

망명지 개혁파는 1950년 6월 대의원총회에서 군주제파와의 협상 문제를 놓고 불거진 국내 단체와 불편한 관계를 해소했다. 1952년에는 프랑코 정권의 탄압을 피해 프랑스로 넘어온 미겔 바예호(Miguel Vallejo)를 총서기로 선출했다. 앞서 살펴본 것처럼 국내 단체는 1950년대에 그 조직이 사실상 해체된 상태였다. 국내 단체의 지도부가 사라지자 망명지 개혁파들 사이에는 전에 없던 일이 벌어졌다. 전국소위원회 장악을 놓고 내부 투쟁이 발생한 것이다. 라몬 알바레스(Ramón Álvarez)를 필두로 하는 파리 지역연맹이 전국소위원회와 전국소위원회의 상임서기직에 반발하고 나섰다. 특히 당시 총서기직을 맡고 있던 라몬 리아르테(Ramón Liarte)가 비판의 표적이었다. 일부가

---

18) José Borrás, *Del radical socialismo*, p.156; Antonio Téllez, *Sabaté*, p.349.

그에게 총서기직을 무한정 맡기려고 시도한 것도 불만이었고 전국소위원회 중심의 중앙집권화 움직임에 대해서도 불만이었다. 전국소위원회가 활동가들에게 보낸 회람문의 내용도 문제였다. 그 존재마저 불투명한 국내 단체의 활동을 언급하고 있었기 때문이다. 이러한 개혁파의 내분은 1956년 11월 17일에 체결된 전국소위원회와 파리 지역연맹 간의 협약으로 끝이 났다. 내분을 해소하기 위한 대의원총회를 개최하자는 데 합의한 것이다.

이렇게 하여 개최된 1957년 대의원총회는 개혁파에 중대한 변화를 안겨주었다. 우선 지도부를 개편했다. 히네스 알론소(Ginés Alonso)를 총서기로 하는 전국소위원회를 구성했다. 새로운 전국소위원회는 첫 활동으로 에스파냐에 대표를 파견해 국내 단체의 상황을 파악했다. 그 결과 국내 전노련 조직이 해체된 사실을 확인하게 된 전국소위원회는 조합원들에게 허위 보고서를 돌렸다. 국내 전국위원회가 사직서를 냈고 국내 전국위원회를 신속하게 재구성하는 임무를 재불 전국소위원회에 맡겼다는 내용이었다. 나중에는 국내 전국위원회가 사임했다고 내용을 다소 수정했다.

전국소위원회는 이 밖에도 에스파냐노조동맹(Alianza Sindical Española)과 민주세력연합(Unión de Fuerzas Democráticas)을 구성하는 작업에 착수했다. 에스파냐노조동맹은 1961년 프랑스에서 결성되었다. 노총련과 전노련, 바스크노동자연대(Solidaridad de los Trabajadores Vascos)가 여기에 참여했다.[19] 이는 사회주의자들과 아나키스트들이 오랜 기간에 걸쳐 벌여 온 협력의 결과물이었다. 양측은 1944년에 이미 접근을 시도했다. 전노련은 1945년 파리 대회에서 노

---

19) Abdón Mateos, "Las alianzas sindicales: relaciones UGT-CNT entre 1956 y 1975," VV. AA., *La oposición libertaria*, pp.221-258.

총련과의 동맹 의사를 확인했지만 곧 정통파와 개혁파로 분열되고 말았다. 이후 노총련은 전노련과 관계를 유지하고자 했지만 정통파는 이를 못마땅하게 생각했다. 하지만 개혁파는 노총련 지도부와의 관계에 대해 언제나 우호적이었다. 그들은 1958년 대의원총회에서 노총련 대표들과 전노련 대표들로 구성되는 전국경제위원회(Consejo Nacional de Economía) 창설을 제안하기도 했다. 개혁파의 노조동맹 추진은 이와 같은 맥락에서 진행된 것이다.

한편 노총련은 1950년대 중반까지만 해도 전노련 개혁파의 이러한 노력에 시큰둥한 반응을 보였다. 사회주의자들이 독자 노선을 유지하고 있었기 때문이다. 그들이 이런 고립 전술을 접은 때는 노동자와 대학생들의 시위가 전개되기 시작한 1956년이었다. 이를 단적으로 보여 준 것은 1957년 2월의 파리선언이었다. 사회주의자들이 주도한 파리선언에 공산주의자들과 정통파 아나키스트들을 제외한 망명지 반프랑코주의 단체들 모두가 참여했다. 노총련이 노조동맹 결성에 관한 협상을 받아들이기로 한 것은 1959년이었다. 그들이 이렇게 태도를 바꾼 데는 국제자유노조연합(Confederación Internacional de Organizaciones Sindicales Libres)의 영향이 컸다. 경제 안정화 정책으로 에스파냐 경제의 개방이 불가피하다고 본 국제자유노조연합이 노총련에 새로운 전략을 수립하라고 주문했다. '민주노조운동'이 서로 단결하여 프랑코 정권의 '전체주의노조운동'에 대항하기를 바란 것이다.

마침내 동맹 결성 준비를 위한 모임이 1959년 11월 26일에 열렸다. 하지만 정통파 지도부가 개혁파의 출석 제안을 받아들이지 않는 바람에 첫 모임은 지지부진했다. 개혁파는 정통파 지도부가 협상에 참여할 수 있도록 문을 언제나 열어두었지만 정통파의 입장에는 변함이 없었다. 1960년 2월에는 노조동맹 조정위원회(comité de coordinación)가 구성되었고 앞서 얘기한 세 단체들이 여기에 참여했다. 조정위원회[20]는 위원회의 기능을 규정하고 각 단체가 독립을 유지하는 가운데 반프랑코주의 활동과 선전을 위해 협력하는 방안과 민주세력연합 가입 방안을 승인했다.[21]

이 무렵에 꿈쩍하지 않을 것 같던 정통파에게도 태도 변화가 나타났다. 1960년 8월에 열린 대회에서 노조동맹 문제를 다룬 것이다. 그들은 몇 가지 조건을 달고 협상에 참여하기로 했다.[22] 이제 동맹에 관한 협상은 원점에서 다시 시작하게 되었고, 노조동맹의 새로운 협정문은 전노련 대표들이 작성했다. 1961년 5월 23일에 최종 협정이 체결되었고 노총련과 바스크노동자연대, 전노련이 동맹에 참여했다. 새로운 협정문에서는 민주세력연합에 관한 언급이 사라졌고, 독재에서 민주체제로 이행하는 데 필요한 최소한의 요건들을 명시했다. 또한 동맹의 목적을 수용하는 반전체주의 단체는 언제나 동맹에 참여할 수 있게 했다. 마지막으로 동맹의 존속 기간을 독재 몰락까지로 한정했다.[23] 세 단체 대표들은 정통파의 로케 산타마리아(Roque Santamaría)를 위원장으로 하는 조정위원회를 다시 구성했고, 새로운 조정위원회는 프랑스에는 물론이고 세 단체들의 조합원들이 망명해 있는 세계 각처에다 연락위원회를 설치하기 시작했다.

곧 살펴보겠지만, 이 무렵 정통파와 개혁파로 분열된 전노련이 잠시 통합하게 됐고, 통합된 전노련이 1961년 프랑스 리모주에서 대회를 개

---

20) 히네스 알론소가 조정위원회 위원장을 맡았다.

21) Ángel Herrerín López, *La CNT*, pp.209-210.

22) 그들은 무엇보다도 동맹의 목적이 독재를 타도하는 데 있음을 명확히 하고 싶어 했다. 그리고 바스크노동자연대의 동맹 참여에 반대 입장을 밝혔다. 그것이 기독교적 성격을 지니고 있고 지역 단체에 불과하다는 이유에서였다. 그들은 노조동맹이 정치적 협정에 참여하는 것에 대해서도 반대했다. 이것은 민주세력연합 가입을 염두에 둔 것이다.

23) Ángel Herrerín López, *La CNT*, p.211.

최했다. 노조동맹을 추진한 전노련 대륙간서기국은 이 대회에서 상당수 대의원들의 비난을 감수해야 했다. 이아연 조합원들이 협상을 주도한 지도부를 공격하기 시작했다. 1960년 8월 대회에서 제시한 조건들이 동맹에 반영되지 않았다고 비난했다.

다른 한편 노조동맹 결성을 위한 협상과 동시에 민주세력연합 결성 작업도 진행되었다. 개혁파는 1954년에 이미 망명지의 반프랑코주의 정당과 단체들 모두가 참여하는 기구 창설을 시도했다. 하지만 노조동맹의 경우와 마찬가지로 사회주의자들의 부정적 태도 때문에 그 작업은 지지부진했다. 그러다가 사회주의자들이 고립 전술을 탈피하고 협상에 응하기 시작하면서 민주세력연합 결성 작업이 탄력을 받게 되었고 1960년 4월 5일에 최종 합의가 이루어졌다. 합의문의 골자는 공산주의 독재든 팔랑헤주의 독재든 그 어떠한 독재에 대해서도 반대하고 이를 타도하기 위해 서로 협력하며 과도기의 국민투표를 통해 미래의 체제를 국민이 선택하게 한다는 것이었다.[24] 이 최종 합의문에 전노련의 서명이 없기는 하지만 민주세력연합은 개혁파 전노련의 주도로 이루어진 것이나 다름없다.[25] 정통파는 노조동맹 결성 때와 마찬가지로 뒤늦게 협상에 참여했다. 그들은 자신들의 입장과 배치되는 내용을 수정하고 싶어 했다. 그래서 독재 타도 이후의 책임 소재를 명확히 하고 국가와 관련된 표현을 삭제하도록 요청하는 수정안을 제출했지만 받아들여지지 않았다. 결국 1961년 6월 24일 전노련이 참여하지 않은

24) Ángel Herrerín López, *La CNT*, p.214.
25) 앞선 2차 합의문에는 개혁파 전노련의 서명이 있다. 앙헬 에레린 로페스는 전노련이 최종 합의문에 서명하지 않은 주된 이유를 사회주의자들이 합의문 서명 작업에 전노련을 초대하지 않았다는 데서 찾고 있는데(Ángel Herrerín López, *La CNT*, pp.214-215) 이는 여러 가지 측면에서 납득이 잘 가지 않는다. 그것보다는 오히려 전노련의 통합 과정에서 그 이유를 찾아야 할 것이다. 나중에 살펴보겠지만 정통파와 개혁파의 통합이 흡수통합 형식으로 진행되었기 때문에 개혁파가 추진해 온 민주세력연합 결성 작업이 힘을 잃게 되고 그 대신에 정통파가 추진하던 에스파냐반파시즘전선이 전면에 부각되었다.

가운데 민주세력연합이 공식 출범했다.

결과적으로 전노련이 노조동맹에는 참여했지만 민주세력연합에는 함께하지 않았다. 두 기구가 실제로 동일한 전략을 추구하고 있었기 때문에 한쪽에는 참여하고 다른 쪽에는 참여하지 않았다는 것이 말이 안 되는 것으로 보일 수 있다. 하지만 이것은 앞서 살펴본 과정의 산물이었다.

이 무렵 전노련은 일부 이아연 활동가들의 격렬한 공격을 받았다. 아나키즘 원리에 어긋나는 일을 벌였다는 것이다. 비난의 대상은 대륙간서기국이었고 노조동맹과 민주세력연합을 위한 일련의 협정을 주도한 로케 산타마리아와 호세 보라스에게 특히 비난이 집중되었다.

로케 산타마리아와 호세 보라스가 이끄는 대륙간서기국은 16년에 걸친 자유지상주의 운동의 분열을 종식시키는 데 기여하기도 했다. 정통파와 개혁파를 통합하는 데는 걸림돌이 많았다. 정통파는 아나키즘의 정통 이념을 중시했고 통합을 위한 대화의 상대를 개혁파 집단이 아니라 개혁파의 개별 활동가들로 설정했다. 개별 활동가들이 복귀하는 방식으로 통합이 이루어져야 한다고 주장한 것이다. 이에 대해 개혁파는 분열을 끝내기 위해 자신들의 입장을 어느 정도 희생할 준비가 되어 있었다. 그들이 정통파의 주장에 다시 귀를 기울이기 시작한 것은 국내 단체의 영향이 컸다. 국내 단체가 자신들의 견해와 달리 군주제파와 협상 노선을 계속 유지한 것이다. 1949년 대의원총회에서는 개혁파와 국내 단체의 노선 차이가 공개적으로 불거지기도 했다. 이런 배경에서 시작된 개혁파와 정통파의 대화는 서로의 이념과 전술이 완전히 일치하기 때문에 개혁파가 그동안 견지해 온 '협력 단계'를 마무리한다는 내용의 합의로 이어졌다. 하지만 1949년 3월 9일에 서명한 이 합의문에도 불구하고 통합이 곧바로 이루어지지는 않았다. 활동가들의 개별 복귀를 요구하는 정통파의 주장에 개혁파가 모멸감을 느끼

면서 통합 시도가 무산된 것이다.[26]

개혁파는 그 뒤에도 분열 종식을 위해 노력했다. 이번에는 국내 단체 대표와 재불 전국소위원회 총서기가 공동으로 정통파와 국제노동자협회에 각각 서신을 보냈다. 정통파의 총서기를 맡고 있던 호세 페이라츠는 원칙이나 전술의 차이에 대해 논의하자는 개혁파의 서신에 협력 정책을 끝내고 정통파의 원칙과 전술로 돌아오는 것이 통합을 위한 유일한 길이라는 반응을 보였다. 그런가 하면 개혁파로부터 중재 요청을 받은 국제노동자협회의 서기 요한 안데르손(John Andersson)은 1952년에 정통파의 대의원총회에 참석하여 중재안을 제기했으나 대다수 대의원들의 반대로 뜻을 이루지 못했다.

통합을 위한 결정적인 기회는 1960년에 왔다. 개혁파와 정통파 양측 모두 각자가 개최한 회의에서 통합 문제를 다루었다. 개혁파는 그해 3월에 대의원총회를 개최하고 향후 에스파냐에서 대회를 개최하여 전노련의 미래를 결정할 때까지 양측 사이에 존재하는 이념적 차이를 덮어 두기로 했다. 그리고 정통파와 대화를 나누기 위한 위원회를 구성했다. 전국소위원회는 총회 합의문을 대륙간서기국에 제안서로 제출했다. 원칙과 전술에서 양보할 생각이 전혀 없던 대륙간서기국은 1960년 8월에 리모주에서 대회를 열고 전국소위원회가 제안한 내용을 다루었다. 분위기는 역시나 마찬가지였다. 하지만 한 가지 변화는 있었다. 활동가들의 개별 복귀 주장에서 한걸음 물러나 집단 복귀도 가능하다고 한 것이다.

당시 양측 조합원들 대다수는 통합에 우호적이었던 것으로 알려져 있다. 하지만 양측 지도부는 여전히 이념적 차이 문제, 곧 원칙과 전술

---

26) 이 주장에는 개혁파를 하나의 집단으로 인정하지 않겠다는 의미가 담겨있다. Ángel Herrerín López, *La CNT*, p.219.

의 차이 문제를 중요하게 생각했다. 정통파에서는 특히 통합 자체를 반대한 집단이 있었다. 그 집단은 바로 이아연이었다.

이 무렵 개혁파는 정체성의 위기를 겪고 있었다. 자신들을 여전히 아나르코생디칼리스트라고 여기고 있었지만 그것에 걸맞은 세력도 없었고 명백한 이념도 없었다. 새로운 아나르코생디칼리슴을 정립할 필요성을 느끼고 있었지만 적절한 해법을 찾지 못하고 있었다. 이런 가운데 그들은 결국 집으로 돌아가기로 하고 통합 문서에 서명했다.[27]

이들의 통합은 사실 통합이라기보다는 일방적인 흡수에 불과했다. 1961년 여름 리모주에서 통합 이후 최초의 대회가 열렸는데 이 대회를 소집한 기구는 양측의 집행기구들이 아니라 정통파의 집행기구인 대륙간서기국이었다. 게다가 이 대회는 정통파가 이전 대회에서 일방적으로 채택한 결의문을 대회 결의문으로 아무런 수정 없이 통과시켰다. 또한 개혁파가 추진해 온 민주세력연합 결성 방안을 도외시한 채 정통파가 1년 전부터 추진해 온 에스파냐반파시즘전선 결성에 대한 동의안을 통과시켰다. 마지막으로 주요 요직을 정통파가 다 차지했다. 로케 산타마리아를 집행기구의 총서기로 선출했고, 호세 보라스와 마르셀리노 보티카리오(Marcelino Boticario), 미겔 셀마(Miguel Celma), 앙헬 카바예이라(Ángel Caballeira)를 위원으로 선출했다. 이밖에도 페데리카 문세니에게 잡지 《세에네테》의 발행 책임을 맡겼고 제르미날 에스글레아스를 국제노동자협회의 서기에 임명했다. 이렇듯 외형적인 통합은 이루어졌지만 대립의 불씨는 여전히 남아 있었다.

---

27) 양측의 총서기들, 곧 정통파의 로케 산타마리아와 개혁파의 히네스 알론소가 1960년 11월 1일 통합을 위한 문서에 서명했다.

국내방위 활동을 둘러싼 논란

16년 동안의 분열을 종식시킨 망명지 전노련의 통합은 열정적인 활동 개시를 예고했다. 그들은 에스파냐반파시즘전선을 여전히 고집했고, 노조동맹을 발전시켜 나갔으며, 반독재 무장투쟁을 위한 국내방위(Defensa Interior) 부서를 신설했다. 전노련이 주장하는 반파시즘전선 결성 방안은 민주세력연합이 구성되면서 망명지 정치 세력들의 주목을 받지 못하고 흐지부지됐다. 반면에 노조동맹은 참여 단체들 사이에 큰 갈등 없이 독재 말기까지 이어졌다. 1961년 리모주 대회에서 승인을 받은 국내방위 부서는 1963년에 전성기를 구가하다가 곧 내부 갈등과 대립의 온상이 되더니 결국 해체되고 말았다.[28] 게다가 전노련의 새로운 분열을 낳는 불씨로 작용했다.

국내방위 부서는 방위위원회 산하에 설치되었다. 부서는 모두 7명으로 구성되었는데 파벌을 배제하고 부서에 무게를 실어 주기 위해 각 지역의 주요 인사들로 채웠다.[29] 이들은 1962년 3월에 가진 첫 회동에서 부서의 최우선 목표를 프랑코 습격에 두고 두 개의 하위 부서, 곧 선전부와 테러부를 설치하기로 했다.

국내방위 부서의 설치는 이렇듯 전노련이 반독재 무장투쟁 활동을

---

28) 국내방위에 관해서는 다음 자료를 참고하라. Octavio Alberola y Ariane Gransac, *El anarquismo español y la acción revolucionaria (1961-1974)* (París: Ruedo Ibérico, 1975); Octavio Alberola, "El DI: la última tentativa libertaria de lucha armada contra el régimen de Franco," VV. AA., *La oposición libertaria*, pp.343-387; "El ocaso de la oposición revolucionaria a Franco," Javier Tusell, Alicia Alted y Abdón Mateos (coords.), *La oposición al régimen de Franco* (Madrid: UNED, 1990), tomo 1, volumen 2, pp.123-236; José Borrás, "La oposición al franquismo en el exilio," VV. AA., *La oposició libertaria*, pp.404-405.

29) 그들은 비센테 얀솔라(Vicente Llansola), 제르미날 에스글레아스, 시프리아노 메라, 후안 가르시아 올리베르, 아그라시오 루이스(Acracio Ruiz), 후안 히메노, 옥타비오 알베롤라(Octavio Alberola)였다. 앞의 3명은 재불 단체 소속이었고, 나머지는 아메리카와 영국, 북아프리카 지역 단체들 대표 각 1명과 자유지상청년단 대표 1명이었다.

재개한다는 의미를 지녔다. 이것은 당시까지 견지해 온 그들의 정책 기조와 모순되는 것이다. 그들은 1950년대 초에 혁명 전술을 포기했고 그 기조를 유지해 왔다. 그런데 왜 갑자기 무장투쟁으로 돌아섰을까? 그 이유는 우선 자유지상청년단에게서 찾아볼 수 있다. 그들은 기존의 현상유지 정책을 반독재 무장투쟁으로 타개하고 싶어 했다. 그들이 이런 생각을 갖게 된 데는 대서양 건너에서 일어난 쿠바혁명의 영향이 컸다. 무장혁명으로 독재를 타도할 수 있다는 생각을 다시 하게 된 것이다. 다음으로 선동적 입장을 채택한 데서도 그 이유를 찾아볼 수 있다. 그들은 자신들이 위기를 잘 극복하고 본래의 전술로 복귀했다는 사실을 다른 반프랑코주의 세력들에게 과시하고자 했다.

국내방위 부서는 1962년 6월부터 활동에 들어갔다. 마드리드와 바르셀로나를 비롯한 주요 도시들과 카탈루냐 지방에 폭발물을 설치하고 주요 건물들을 폭파했다. 하지만 그들의 활동은 이내 심각한 문제들에 봉착했다. 그 문제들은 가용 재원 부족과 구성원들의 의견 조정 실패, 프랑코 정권의 사주를 받은 경찰 첩자들의 침투 같은 것들이었다. 결국 외형적 통합으로 묻어두려고 했던 문제들이 이듬해인 1963년에 터지고 말았다.

문제의 핵심은 이아연 과격파의 조직 장악에 있었다. 이아연 지도자들은 2년 전에 전노련 통합을 추진한 자들을 조직에서 배제하기로 하고 1963년 여름에 이아연의 합의를 제대로 이행하지 않았다는 이유로 로케 산타마리아와 마르셀리노 보티카리오, 호세 보라스를 이아연 조직에서 축출했다.[30] 이어서 1963년 대회에서는 전노련 집행기구 장악을 위한 권력 투쟁이 벌어졌고 에스글레아스계가 승리를 거두었다. 에스글레아스가 대륙간서기국의 총서기를 맡았고, 비센테 얀솔라와 미

---

30) José Borrás, *Del radical socialismo*, p.175.

겔 셀마가 각각 조정서기와 문화선전서기를 맡은 것이다.

보라스와 보티카리오는 대회가 끝나자 각각 비난을 제기하고 1963년 대회를 '부정 대회'라고 규정지었다. 다른 한편 자유지상주의 청년들도 국내방위의 활동이 지지부진한 데 대해 비난을 쏟아냈다. 이렇듯 내부 대립이 격화되자 대륙간서기국은 상황을 진정시키기 위해 1964년 2월 23일에 서기총회를 개최했다. 그러자 자유지상청년단은 전 세계 곳곳에서 보내 온 에스파냐 후원금은 국내방위 활동 비용에 충당해야지 전노련 재산으로 처리하면 안 된다고 주장했고 보라스와 보티카리오를 해임한 사유를 밝히라고 주문했다. 이에 대륙간서기국 총서기 에스글레아스는 국내방위는 태생적으로 재원이 제대로 배당되지 않는 결함을 지니고 있었다고 주장하면서 그 구성과 활동을 일체 비밀에 부치기로 한 1961년의 결정을 어기고 국내방위의 구성원을 공표한 청년들이 오히려 무책임하다고 반박했다. 서기총회는 격렬한 공방을 거쳐 서기국이 최근에 발표한 성명들을 결론으로 받아들여 전노련은 어떤 집단이나 개인의 압력도 받지 않는다고 선언했다. 그리고 대륙간서기국은 나름대로 청년단이 방위위원회에 합류하도록 최선을 다했다. 하지만 이를 위해서는 청년단이 직접행동을 포기해야 했기 때문에 문제가 그렇게 단순하지 않았다. 시간이 흐르면서 대륙간서기국과 청년단의 대립은 서로 대화가 불가능할 정도로 격화되었다.

통합되고 4년이 지날 무렵 망명지 전노련은 통합 전보다 더 분열되어 있었다. 그들은 1960년대 중반에 크게 다섯 집단으로 나뉘었다. 한쪽에는 개혁파 집단이 있었다. 그들은 자신들이 통합 조건을 무조건 받아들이는 실수를 범했다면서 여전히 자신들의 입장을 고수하고 있었다. 정통파는 에스글레아스와 문세니를 지지하는 자들과 그들을 반대하는 자들의 두 부류로 나뉘었다. 전노련 지도부를 장악한 전자의 부류는 후자들이 통합을 위해 자신들의 신념을 저버렸다고 비난했고,

후자의 부류는 에스글레아스와 문세니의 독단을 비판했다. 넷째로 국내방위의 미온적인 활동에 불만을 품은 청년단이 있었다. 마지막으로 지도부의 갈등에 실망한 대다수의 활동가들이 있었다. 개혁파나 정통파 가릴 것 없이 지도부 자체에 실망한 이 집단은 전노련 활동에 대해 점차 무관심한 태도를 보였다.

이런 가운데 1965년에 프랑스 몽펠리에에서 전노련 대회가 열렸다. 대회의 뜨거운 감자는 물론 국내방위 문제였다.[31] 이 사안을 두고 자유지상주의 청년들이 총서기 에스글레아스를 무력화시키려고 했고 에스글레아스에 반대하는 정통파와 개혁파가 그들을 지지했다. 이들은 에스글레아스와 얀솔라를 집중 공격했다. 그들이 합의를 어기고 권력을 남용했으며 공금을 횡령했다고 비난했다. 반면에 에스글레아스와 얀솔라는 이러한 비난들을 전면 부인하고 그것들이 공작에 불과하다고 반박했다. 국내방위 부서 관련 사안이 고급 비밀에 속했기 때문에 비밀리에 진행된 이 회의는 카사블랑카 대표단의 동의안을 받아들이는 것으로 마무리 되었다. 그 골자는 에스글레아스와 얀솔라가 공금을 횡령하지 않았다는 내용이었다. 결국 대회는 에스글레아스와 얀솔라에 대한 항의와 비난을 받아들이지 않았다. 그리고 조직 화합을 위하여 그들을 비난한 메라와 알베롤라를 처벌하지 않았다. 대회는 또한 카사블랑카 대표단의 동의안에 따라 국내방위를 해체하고 그 대신에 직접행동을 하지 않는다는 1951년 합의를 다시 추인했다. 요컨대 국내방위 부서가 4년 만에 해체되었고, 그와 더불어 '에스파냐 문제'를 국제사회에 각인시키려는 노력도 중단되었다.

---

31) Octavio Alberola y Ariane Gransac, *El anarquismo español*, pp.153-154; Ángel Herrerín López, *La CNT*, pp.256-260.

국내 전노련과 '5개조 운동'

1960년대 에스파냐에는 이른바 '에스파냐의 경제 기적'이 펼쳐지고 있었다. 1960년에서 1970년 사이 에스파냐 경제는 연평균 7퍼센트라는 높은 성장률을 기록했다.[32] 이러한 경제성장은 경제 안정화 정책의 결과이기도 하지만, 외국의 투자와 관광 수입, 이민자들의 송금에도 힘입은 바 크다. 1960년에서 1974년 사이 외국의 투자는 76억 달러를 넘었다. 1960년에서 1973년 사이 에스파냐를 방문한 관광객은 여섯 배로 늘어나 1973년에는 3,450만 명이 에스파냐를 다녀갔다. 1960년부터 1972년까지 해마다 10만 명 정도가 일자리를 찾아 외국으로 떠났고, 그 기간에 그들이 고국으로 송금한 금액이 무려 60억 달러에 달했다.[33]

이러한 경제성장은 에스파냐 경제와 사회에 커다란 변화를 가져왔다. 1960년까지만 해도 농업 인구가 압도적이던 에스파냐가 1970년 현재 공업 인구가 39.3퍼센트, 서비스업 인구가 36.5퍼센트에 달하는 공업국가로 변모했다.[34] 이 기간에 인구가 늘어나고 중산층이 두터워졌으며, 농촌을 떠나 도시로 이주하는 이촌향도로 도시화도 빨라졌다. 여성들이 일자리를 찾아 나섰고 봉급 생활자가 증가했다.[35] 노사 갈등

32) 프랑코 독재의 말기인 1974년과 1975년에 들어서야 성장률이 각각 5퍼센트와 1.1퍼센트로 하락했다. 이는 주로 오일쇼크로 인한 국제경제의 위기 때문이었다. Enrique Moradiellos, *La España de Franco. Política y sociedad* (Madrid: Síntesis, 2000), p.137; Javier Tusell, *La dictadura de Franco* (Madrid: Alianza Editorial, 1988), p.257; Stanley G. Payne, *El régimen de Franco 1939-1975* (Madrid: Alianza Editorial, 1987), p.493.

33) Stanley G. Payne, *El régimen de Franco*, pp.489-492; Enrique Moradiellos, *La España*, p.138; Manuel Tuñón de Lara, *España bajo la dictadura*, pp.89-92.

34) Enrique Moradiellos, *La España*, p.138.

35) Carme Molinero y Pere Ysàs, *Productores disciplinados*, pp.51-61; "Economía y sociedad durante el franquismo," Roque Moreno y Francisco Sevillano (eds.), *El franquismo. visiones y balances* (Alicante: Universidad de Alicante, 1999), pp.285-296; José Luis García Delgado, "La economía," Juan Pablo Fusi y otros, *Franquismo. El*

도 늘어나고 시위도 많아졌다. 노동자들은 대개 임금 인상과 노동조건 개선에 관심을 두었다.[36]

얄궂은 일이기는 하지만 당시 시위에서 국내 전노련이 단체 차원에서는 거의 아무런 역할을 하지 못했다. 조직이 제대로 갖추어져 있지 않았기 때문이다. 일부 활동가들이 파업에 참여하기는 했지만 대다수의 활동가들은 노조 활동과 거리를 두었다. 정권의 탄압을 받아 교도소에 투옥되고 가족들과 또다시 헤어지게 되지 않을까 그들은 두려워했다. 그런가 하면 소그룹 모임도 존재했다. 바르셀로나지방경찰청에 따르면 바르셀로나 시에 '재생'(Renacer), '새들'(Los Pajaritos), '소크라테스'(Sócrates), '정통'(Tendencia Ortodoxa)의 4개 모임이 있었다. 이들 가운데 '재생' 모임의 활동이 그나마 활발했다. 그들의 주도로 1962년 4월에는 마드리드에서 전국대의원총회가 열렸다.[37] 이 총회에서 구성된 제17대 전국위원회는 그해 10월에 노총련 및 카탈루냐기독노동자연대(Solidaridad de Obreros Cristianos de Cataluña)와 더불어 카탈루냐노동자노조동맹(Alianza Sindical Obrera de Cataluña)을 출범시켰다. 노동자들의 반프랑코 투쟁과 생활수준 개선 투쟁을 지원하기 위한 이 동맹은 곧 전국을 무대로 하는 에스파냐노동자노조동맹(Alianza Sindical Obrera de España)으로 발전했다. 이 동맹은 몇 가지 요인들을 배경으로 생겨났다. 공산주의자들의 세력이 갈수록 커지는 가운데 지하 노조들은 점차 무력해지던 당시 에스파냐 노동운동의 상황과 기독

  juicio de la historia (Madrid: Temas de Hoy, 2000), pp.150-165

36) Carme Molinero y Pere Ysàs, *El règim franquista. Feixisme, modernització i consens* (Vic: Eumo, 1992), pp.89-91; *Productores*, pp. 96-130, 176; Sebastián Balfour, "El movimiento obrero y la oposición durante el franquismo," Javier Tusell, Alicia Alted y Abdón Mateos (coords.), *La oposición al régimen de Franco* (Madrid: UNED, 1990), tomo 1, volumen 2, pp.11-18.

37) 말이 '전국대의원총회'이지 카탈루냐와 중부, 레반테, 안달루시아 지방에서만 참여했다. Cipriano Damiano, *La resistencia libertaria*, pp.226-227.

교 노동운동을 활용할 필요성,[38] 망명지의 지도부에 대해 더 많은 자치를 확보할 필요성[39] 등이 그것들이다. 하지만 이 동맹도 1966년 이후에는 세력이 약화되었다. 여기에는 프랑코 정권의 탄압과 노동자위원회의 약진, 노총련의 국제적 입지 강화 등의 요인들이 작용했다. 망명지 전노련 활동가들 대다수도 이 동맹에 반대 입장을 보였다. 그 선두에는 대륙간서기국이 있었다. 서기국은 이 동맹을 '무정형의 통일주의 복합체'라고 규정하고 그 구성원들을 배신자라고 비난했다.

이에 비해 17대 전국위원회가 해체되는 1964년 2월까지 국내 전노련은 동맹을 전폭적으로 지원했다. 18대 전국위원회(1964년 2월~1965년 4월)도 마찬가지였다. 하지만 18대 전국위원회 총서기 시프리아노 다미아노(Cipriano Damiano)는 곧 전노련 지방위원회들의 반대, 특히 중부지방위원회의 반대에 직면했다. 프랑코 정권의 산별노조 지도부와 협상을 시작한 프란시스코 로야노(Francisco Royano)와 로렌소 이니고(Lorenzo Íñigo)가 적극 반대했다.

로야노와 이니고는 결국 산별노조 지도부와 협의를 거쳐 5개 조항의 합의문을 만들어 냈다. 이른바 '5개조 운동'(cincopuntismo)으로 알려지게 되는 이들의 주장과 활동[40]은 1964년 5월로 거슬러 올라간다. 당시 아메리카에 망명 중이던 전노련 지도자들 페드로 에레라(Pedro Herrera)와 아밧 데 산티얀, 마누엘 비야르(Manuel Villar)가 전노련의

---

38) 에스파냐공산당과 기독노동자운동[기독노동자청년회(JOC), 가톨릭행동노동자형제단(HOAC)]은 1962년에 노동자위원회(Comisiones Obreras)를 창설했다.

39) 망명지의 지도부는 애초부터 국내 단체의 활동을 통제하고 싶어 했다.

40) 이에 관해서는 다음 저작을 참고하라. Carlos Ramos, "El cincopuntismo en la CNT (1965-1966)," Javier Tusell, Alicia Alted y Abdón Mateos (coords.), La oposición, pp.137-155; Abdón Mateos, La denuncia del sindicato vertical. las relaciones entre España y la Organización Internacional del Trabajo (1939-1969) (Madrid: Consejo Económico y Social, 1997); Francisco Gago Vaquero, "El cincopuntismo durante los años sesenta y setenta," Tiempo y Sociedad, núm. 12 (2013), pp.81-137.

전략 변화와 산별노조 가입 필요성을 강조했다. 그 후 로야노와 이니고는 이들의 주장을 반영한 문서를 제작했다. 1965년 1월 마드리드지방위원회의 이름으로 제작된 그 문서의 제목은 〈에스파냐의 정치 현실과 전노련〉이었다. 그들은 이 문서에서 '국민 화합'을 옹호했다. 그들은 프랑코 정권이 민주주의로 발전하고 있다고 생각하고 장차 자유주의 헌법을 제정할 때에는 우파와 좌파 가릴 것 없이 모든 정치 세력과 노조 세력이 참여해야 한다고 주장했다. 그야 말로 파격적인 내용이었다. 이 문서에 신랄한 비판을 제기한 것은 카탈루냐지방위원회였다. 카탈루냐는 당시 전국위원회 사무실이 위치한 지방이었고 노동자노조동맹을 지원하는 시프리아노 다미아노가 그 총서기를 맡고 있던 곳이었다. 중부지방위원회로도 일컫는 마드리드지방위원회는 한걸음 더 나아가 전국대의원총회 소집을 원했다. 자신들의 주장을 널리 알리기 위해서였다. 하지만 다미아노는 대의원총회를 열지 않았다.

1965년 4월에는 중부지방위원회 소속 일부 활동가들이 또 다른 문서를 제작해 배포했다. 〈에스파냐 노조의 문제에 관하여〉라는 문서에서 그들은 모든 정치 세력, 특히 노조 세력이 대화를 통해 자유롭고 민주적인 노조를 만들어 내야 한다고 주장했다. 하지만 이 문서에 대해 노총련은 물론이고 노동자위원회도 아무런 반응을 보이지 않았다. 이 문서에 서명한 사람들과 접촉을 시도한 인물은 흥미롭게도 콤플루텐세대학교 철학사 정교수이자 노사협연구소(Instituto de Estudios Sindicales, Sociales y Cooperativos) 소장인 아돌포 무뇨스 알론소(Adolfo Muñoz Alonso)였다. 그들의 접촉은 1965년 7월 25일과 8월 27일, 11월 4일 세 차례의 공식 회동으로 이어졌다. 회동에 참여한 산별노조 대표단과 전노련 대표단은 서로의 견해차를 좁히고 '공식 노조 활동가들과 아나키즘 노조 활동가들이 잠정 합의한 에스파냐 노동조합 운동의 발전 방안'이라는 제목의 합의문을 발표했다. 합의문의 주요 골자는 다음과 같다.

1. 어떤 노동이든 노동을 하게 되면 자동으로 가입되는 단일노조
2. 국가와 정치 단체들로부터 독립적인 노조, 기업 단체들과 분리된 노조, 노동자들의 노조 자치
3. 국가적 차원의 개발 정책 입안 및 실행 동참과 같은 노동의 상호부조.
4. 노동자 노조 단체가 소집한 경우에 국한된 파업권 인정
5. 협동조합운동 발전 지지[41]

여기에다 아나키스트 대표단의 요청으로 부칙이 추가되었다. 이 문서를 노총련과 노동자위원회, 기독민주 단체들에게 보내고 그들의 동참을 요청한다는 내용이었다.

전노련 측 대표단이 이런 내용의 합의문에 동의한 데는 현실을 고려한 측면이 크다. 당시 전노련 활동가들은 더 이상 위험을 감수하고 싶어 하지 않았다. 그들은 또다시 체포당하고 고문 받고 교도소 생활을 하게 될까봐 두려워했다. 그들이 이런 생각을 가진 데는 아마도 프랑코 정권의 탄압이 큰 영향을 미쳤을 것이다. 전노련 지도부도 이런 사정을 모를 리 없었다. 더 이상 탄압의 위험이 없는 노조 활동을 보장하는 것이 자신들의 생존을 위한 유일한 길이라고 그들은 이해하고 있었다. 그리고 산별노조 측과의 협정이 자신들의 안전을 보장할 하나의 수단이 될 수 있다고 생각했다. 한걸음 더 나아가 산별노조의 민주화를 추진하고 그곳에 있는 청년들에게 자유지상주의 이념을 불어넣어

---

41) 이에 관해서는 다음 자료를 참고하라. Lorenzo Íñigo Granizo, *Los cinco puntos* (Madrid: Fundación Salvador Seguí, 1985), pp.36-40; Archivo del Partido Comunista de España, Fondo Movimiento Obrero, sig. Jacq. 138; Ángel Herrerín López, *La CNT*, pp.270-271; Emilio Romero, *Cartas al Rey* (Barcelona: Planeta, 1973), pp.282-284; Cipriano Damiano González, *La resistencia libertaria*, pp.341-344.

줄 수 있지 않을까 그들은 기대했다.[42]

그런가 하면 국제사회의 인정을 필요로 하고 있던 프랑코 정권의 공식 노조 측 협상가들은 이 협정을 통해 대외 이미지를 개선하게 되기를 바랐다. 그와 동시에 반대 세력을 제도권 내로 흡수하여 체제의 정당성을 인정받을 기회가 되기를 바라기도 했다.

이렇듯 합의문은 양측의 이해관계가 반영된 결과물이었다. 하지만 그 내용이 드러나자 그에 대한 부정적 비난들이 쏟아졌다. 비난의 내용은 크게 두 가지로 요약되는데, 첫째는 형식과 관련된 것이었다. 여태까지 프랑코 정권 대표와 협상 테이블에 앉은 전노련 활동가는 아무도 없었다. 둘째는 내용과 관련된 것이었다. 협상의 전제가 되는 탄압 종결과 사면 같은 문제들을 고려하지 않았고, 산별노조의 존재 자체도 문제 삼지 않았으며, 파업권을 제외한 산별노조 측 요구 사항을 모두 반영하였다.[43] 그러다 보니 합의문 1조에 명시된 대로 만일에 산별노조 중심으로 단일노조가 결성된다면 전노련을 비롯한 기존의 노조들이 모두 사라질 수도 있는 노릇이었다.

아니나 다를까 노총련과 노동자노조연맹(Federación Sindical de Trabajadores), 가톨릭행동노동자형제단은 협조를 구하러 나선 아나키스트들에게 싸늘한 반응을 보였다. 문서의 내용뿐 아니라 협상 자체에 대해서도 그들은 거부 반응을 보였다. 다만 아나키즘 지도자들 가운데 후안 로페스와 디에고 아밧 데 산티얀은 이들의 협상을 지지해 주었다. 반대에 봉착하기는 산별노조 협상가들도 마찬가지였다. 오푸스테이의 '기술 관료들'뿐 아니라 극우파도 강력히 반대했다. 전자들은 자유지상주의자들과의 협상이 자신들의 헤게모니에 대한 정면 도

---

42) Ángel Herrerín López, *La CNT*, pp.271-272.
43) Ángel Herrerín López, *La CNT*, p.271.

전이라고 생각했고, 후자들은 정권 반대 세력과의 접촉은 상상도 할 수 없다는 입장이었다.

한편 국내 전노련은 산별노조와의 협상 문제를 다루기 위해 전국대의원총회를 개최했다. 1965년 12월 5일 마드리드에서 열린 대의원총회에는 카탈루냐, 레반테, 중부, 안달루시아, 북부, 아스투리아스, 갈리시아 지방의 대의원들이 참석했다. 총회의 의제는 협상 추진단에게 대표성을 부여할지 여부와 합의 사항을 승인할지 여부였다. 총회는 논란을 벌인 끝에 합의 사항을 받아들이기로 했다.[44] 5개조 실현을 국내 전노련의 기본 정책으로 삼고 산별노조 침투를 공식 전술로 채택한 것이다. 총회는 또한 전국위원회를 새로 구성했다. 협상을 추진해 온 프란시스코 로야노와 로렌소 이니고, 아킬리노 파디야(Aquilino Padilla)를 각각 총서기와 조직서기, 선전서기에 임명했다. 결국 협상을 추진해 온 세력이 집행기구를 장악하게 되었다. 새로운 지도부는 이때부터 전노련의 지하활동을 제쳐두고 공식 노조를 위한 활동을 펴나가기 시작했다. 그들은 별다른 융통성 없이 지하활동과 산별노조 활동을 마치 양자택일하듯이 했다.[45]

국내 전노련 지도부와 달리 전노련 소속 활동가들 대다수는 협상가들을 '배신자, 패배주의자, 기회주의자'라고 비난했다.[46] 그리고 협상을 중단하라고 요구했다. 그런 가운데 프랑코 정권도 협상 문제를 정리했다. 그들은 이 문제를 1966년 5월 6일자 각료회의에 상정했다. 국민운동(Movimiento Nacional) 사무총장 겸 장관인 호세 솔리스(José

---

44) 아스투리아스 지방 대표단은 이에 반대했다. *Acta del Pleno Extraordinario Nacional de Regionales celebrado por la Confederación Nacional del Trabajo en un lugar de España, el día cinco de diciembre de 1965*, Madrid, Fundación Salvador Seguí,
45) 이런 점에서 19대 전국위원회의 활동을 양자를 적절히 잘 조정해 나간 노동자위원회의 활동과 비교해 볼 필요가 있다.
46) *CNT-AIT*, Madrid, n° 8, enero de 1966.

Solís)가 재야 노조를 산별노조에 수용할 필요성과 그 유익함을 설명했다. 하지만 프랑코가 협상을 즉각 중단하라고 지시하면서 문제는 간단히 정리되었다.[47]

'5개조 운동'은 이렇게 사실상 막을 내렸다. 하지만 그 영향은 프랑코 독재 말기뿐만 아니라 그 이후에까지 미쳤다. 국외의 정통파 지도부가 단체를 정화할 때면 언제나 이 협상 얘기를 들먹이며 활용했던 것이다. 국내 전노련은 '5개조 운동' 문제를 매듭짓기 위해 전국대의원총회를 개최했다. 1968년 9월 2일 마드리드에서 열린 총회에는 중부, 아라곤, 레반테, 카탈루냐, 북부, 아스투리아스, 무르시아, 알리칸테 지방 대의원들이 참석했다. 로야노와 이니고는 전노련을 제거해야 할 걸림돌이라고 생각했다. 그들이 집행부를 장악하면서 전노련 정체성의 일부가 이미 사라졌다. 이를테면 '인도적 생디칼리슴' 같은 자유지상주의 용어보다는 팔랑헤당과 가톨릭의 그것에 더 어울리는 용어를 사용했다. 심지어는 지하 간행물을 발간하는 것이 합법성을 유지하는 데 위험 요소가 된다면서 기관지 《생디칼리슴》의 발간을 중단했다. 그리고 그동안 주력해 온 거리와 공장과 작업장의 활동들을 모두 포기하고 관료제적 노조를 유지하는 데에 집중했다. 로야노와 이니고는 지하활동을 버리고 산별노조에 적극 침투하는 것이 전노련이 살 유일한 길이라고 주장했다. 이에 대해 카탈루냐 지방 대의원들과 재불 전노련 대표단이 신랄한 비판을 가했다. 그렇게 해서 프랑코 정권이 민주화되었다는 징후는 없고 단지 속임수에 불과하다고 비판했다. 따라서 지하활동을 중단 없이 계속 유지해야 한다고 주장했다. 하지만 산별노

---

47) '5개조 운동'이 전노련 내에 내분을 불러일으켜 전노련을 약화시키게 될 것인 데 반해 5개조 운동가들이 개별적으로 산별노조에 가입하게 되면 산별노조는 오히려 강화될 것이라고 그는 설명했다. 이에 관해서는 다음 자료를 보라. Laureano López Rodó, *Memorias. Años decisivos* (Esplugues de Llobregat: Plaza & Janés, 1991), pp.35-36; Lorenzo Íñigo Granizo, *Los cinco puntos*, pp.55-56.

조에 계속 침투해야 한다는 총회의 결의를 막지는 못했다.[48]

로야노가 사임하는 바람에 총회는 전국위원회를 다시 구성하고자 했다. 하지만 총서기를 맡을 사람을 찾지 못했다. 모두가 극구 사양한 것이다. 더 이상 교도소에 가기 싫고 나이가 들어 몸이 약하다는 게 그 이유였다. 이 두 가지 사유, 곧 탄압과 노령화는 사실 전노련을 쇠퇴하게 만든 결정적인 요소였다. 결국 지하 전노련은 프랑코 독재가 끝날 때까지 전국위원회를 구성하지 못했다. 이와 달리 5개조 운동가들이 신설한 전국노조조정위원회(Comisión Nacional de Coordinación Sindical)는 프랑코 정권 관계자들이 5개조 운동가들에게 안전을 제공하고 있었기에 위원회를 구성하는 데 문제가 없었다. 요컨대 지하 전노련은 집행기구를 구성하지 못한 반면에 5개조 운동가들의 '합법' 단체는 그것을 꾸릴 수 있었다. 국내 아나키즘 단체가 둘로 나뉘게 된 것이다. 1968년 대의원총회는 사후적 관점에서 볼 때 국내 아나키즘 조직을 둘로 나눈 대실수를 범하고 말았다. '5개조 운동'은 집행기구를 갖추기는 했으나 곧 유명무실해졌다. 그 의도와 달리 그것이 산별노조와 프랑코 정권의 민주화에 미친 영향도 거의 미미했다.[49]

망명지 전노련의 분열과 쇠퇴

프란시스코 로야노는 1965년 여름 국내 전노련 대표 자격으로 프랑스 몽펠리에에서 열린 망명지 전노련 대회에 참가했다. 그는 아나

---

48) *Actas del Pleno Nacional del Interior.* Fondo Lorenzo Íñigo, Archivo de Fundación Salvador Seguí, Madrid, sig. carpeta 86, n. 34; Ángel Herrerín López, *La CNT*, pp.283-284.

49) Ángel Herrerín López, *La CNT*, pp.284-286.

키스트들과 프랑코주의자들 간의 협상을 자세히 설명한 문서를 지니고 있었다. 하지만 대륙간서기국은 그에게 발언할 기회를 주고 싶어 하지 않았다. 지도부와 몇 차례 회동한 끝에 로야노는 국내 상황을 간단하게 설명할 기회를 얻었다. 하지만 질의응답은 할 수 없었다. 발언에 이렇게 제약을 받은 경우는 종전까지는 없었다. 비정상적 상황이 벌어진 것이다. 하지만 진작 대회장을 떠난 일부 활동가들, 곧 시프리아노 메라와 아크라시오 루이스(Acracio Ruiz), 아크라시오 바르톨로메(Acracio Bartolomé), 루이스 안드레스 에도(Luis Andrés Edo), 마르셀리노 보티카리오(Marcelino Boticario), 옥타비오 알베롤라, 라몬 알바레스(Ramón Álvarez), 호세 페이라츠가 로야노와 접촉하면서 프랑코주의자들과의 협상 내용과 그것을 대회에서 은폐하려한 사실을 알게 되었다. 이제 두 집단이 대립하게 되었고 두 집단의 대립은 결국 망명지 전노련 단체의 분열로 이어졌다.[50]

대륙간서기국은 대회장을 떠난 무리를 비판했다. 그들에 대해 프랑코주의자들과의 협상 내용을 알고서도 단체에 알리지 않은 배신자들이라고 비난했다. 그런가 하면 지도부를 반대하는 무리는 제르미날 에스글레아스 집단이 몽펠리에 대회를 시작하기 이전에 이미 협상 사실을 알고 있었다고 그들을 비판했다. 에스파냐 국내에서 벌어지고 있던 산별노조 대표와의 협상 사실을 누가 먼저 알았느냐를 놓고 벌어진 이러한 논란은 곧 망명지 전노련 전체로 확산되었다. 지역연맹마다 집회를 열고 협상을 성토했으며 대회에서 관련 정보를 제공하지 않은 데 대해 책임을 물었다. 대륙간서기국 지도부가 제시한 노선에 반대하고 마드리드의 협상을 지지하는 집단은 무자비한 박해를 받았다. 지도부를 지지하는 자들은 이 무리들을 첩자로 의심했고 결국에는 그들

---

50) Ángel Herrerín López, *La CNT*, pp.287-288.

을 단체에서 퇴출시켰다. 보르도지역연맹에서 퇴출된 호세 토레모차(José Torremocha)가 첫 희생자였다.[51]

1967년 마르세유에서 열린 전국대의원총회는 한걸음 더 나아가 '처벌 기구'를 만들었다. 분쟁조정위원회(Comisión de Asuntos Conflictivos)라는 이름의 이 기구는 지도부에 반대하는 자들을 색출하여 처벌하는 임무를 부여받았다. 호세 보라스, 페르난도 고메스 펠라에스, 호세 페이라츠, 마르셀리노 보티카리오, 로케 산타마리아, 시프리아노 메라 같은 주요 인물들이 이때 희생되었다. 이들은 모두 이러저러한 죄목으로 단체에서 퇴출당했다. 퇴출은 대서양 건너 아메리카에서도 진행되었다. 피델 미로(Fidel Miró)와 하이메 마그리냐(Jaime R. Madgriña), 호아킨 코르테스(Joaquín Cortés), 산티아고 빌바오(Santiago Bilbao), 후안 루에다 오르티스(Juan Rueda Ortiz) 등은 5개조 운동가들을 지지했다는 이유로 처벌을 받았다. 이런 점에서 마르세유 전국대의원총회를 자유지상주의 총회라기보다는 '전쟁회의'라고 보는 이들도 있다.[52]

이런 상황 속에서도 드러내 놓고 산별노조와의 협상을 지원하고 나선 집단도 있었다. '에스파냐 전노련 친구들'(Amigos de la CNT España)이라는 이름의 이 집단은 국내 전노련이 추진하는 협상을 지지하고 인적·물적 자원을 지원하기로 하고 조정위원회(Comisión de Coordinación)를 구성했다.[53] 이 집단은 아나키스트들의 산별노조 진출에 찬성했고 5개조 운동가들의 협상을 지지했다. 그것이 "노조의 독립을 유지하고 자유와 정의를 보장받을 유일한 길"이라고 생각했기

---

51) Ángel Herrerín López, *La CNT*, pp.288-292.
52) Ángel Herrerín López, *La CNT*, pp.292-294.
53) 초대 조정위원회의 총서기는 펠릭스 카라스케르(Félix Carrasquer)가 맡았고, 부서기는 세베리아노 알바레스(Severiano Álvarez)가, 간사는 호세 도밍게스(José Domínguez)가 각각 맡았다.

때문이다. 이 집단의 회원은 규모가 가장 컸던 1967년 5월 무렵에 약 4천 명이었고 활동가들이 153명이었던 것으로 알려져 있다.[54]

한편 퇴출당한 사람들 가운데 지도부에 반대하는 지역연맹에 적을 두고 전노련과 관계를 계속 유지한 활동가들도 있었다. 지도부의 방침을 따르지 않는 지역연맹들은 같은 처지에 있는 지역연맹이나 집단, 활동가들과 접촉하며 상호 결집을 시도했다. 이들은 1965년 몽펠리에 대회가 끝난 이후 고메스 펠라에스가 이끄는 경제사회연구소(Centro de Estudios Sociales y Económicos)를 중심으로 조직 재편을 시작했다. 1967년 9월 툴루즈에서는 전노련참석회(Grupos de Presencia Confederal, 전참회로 줄임)라는 퇴출자들 모임의 출범을 알리는 성명이 발표되었다. 전참회는 1968년 9월 프랑스 남부의 나르본에서 첫 회동을 했다. 이 무렵 이들의 회동에 활력을 불어넣은 사건들이 일어났다. 파리에서 일어난 68운동과 '프라하의 봄'으로 유명한 체코의 민주자유화 운동이었다. 전참회는 이런저런 이유로 전노련을 떠난 동지들을 규합하기 시작했고 그 수가 곧 300~400명에 달했다. 전참회도 전노련 조직을 모방하여 서기국을 구성했는데 망명지 전노련에서 퇴출당한 호세 보라스와 페르난도 고메스 펠라에스, 로카 산타마리아, 마르셀리노 보티카리오가 여기에 참여했다.

전참회는 사실 애초부터 새로운 조직을 창설할 생각은 없었다. 그들은 분열이라는 단어를 사용하는 것도 기피했다. 당시 불안감을 느끼던 자들 상당수가 '분열주의자'라는 용어를 경멸적 의미로 사용했기 때문이다. 그들은 오히려 집단들 간의 대립을 완화하고 통합을 이룩하는 데 관심을 두었다.[55] 구체적으로 1971년에 대륙간서기국에 이를 위

---

54) Ángel Herrerín López, *La CNT*, pp.295-297.
55) 전참회는 또한 《자유지상주의 전선》(Frente Libertario)이라는 간행물을 발간하면서 주로 국내 문제에 관심을 기울였다.

한 회동을 요청했지만 회신을 받지 못했다. 1973년에는 전 세계 자유 지상주의 운동가들에게 통합 추진을 요청하는 서신을 보내기로 하고 그것을 시도했다. 하지만 공식 전노련 단체는 전참회의 이러한 노력들에 아무런 반응도 보이지 않았다.

이런 가운데 망명지 전노련의 조합원 수는 계속 감소 추세를 보였다. 통합을 이룩한 1961년에 7,135명이던 조합원 수가 1975년에는 2,275명으로 줄었다. 앙헬 에레린 로페스는 조합원의 감소 원인으로 자발적 탈퇴와 사망, 회비 미납, 에스파냐 귀국, 강제 퇴출을 지적하면서 그 가운데 자발적 탈퇴가 45퍼센트를 차지하고 사망이 32퍼센트, 회비 미납과 에스파냐 귀국이 각각 9퍼센트, 강제 퇴출이 5퍼센트를 차지한다고 분석했다.[56] 특히 1973년에는 매우 인상적이게도 사망이 감소 사유의 90퍼센트를 차지했다. 당시 전노련은 두 가지 심각한 문제를 안고 있었던 것으로 보인다. 하나는 조합원의 노령화와 청년들의 미충원이다. 다시 말해 세대교체가 진행되지 않았다. 다른 하나는 1965년 몽펠리에 대회 이후 행사해 온 지도부 이아연의 관리 방식과 통제이다. 조합원들의 퇴출은 물론이고 조합원들의 탈퇴와 회비 미납도 이와 관련이 있었을 것으로 보인다.

국내 전노련의 분열과 쇠퇴

국내 전노련은 1968년 '5개조 운동' 지도부가 지하활동을 포기한 이후 사실상 사라진 것이나 다름없었다. 1960년대에 구성된 4대의 전국

---

56) Ángel Herrerín López, *La CNT*, p.311. 도표 15 참조. 회비를 미납할 경우 조합원 수 집계에서 배제했기 때문에 회비 미납을 조합원 수 감소 사유로 들고 있는 것으로 보인다.

위원회들 가운데 3대의 전국위원회들(16~18대 전국위원회)은 경찰의 탄압으로 해체되었고 마지막 19대 전국위원회는 프랑코주의자들과 체결한 협정 덕분에 탄압을 피하여 활동할 수 있었다. 하지만 앞서 살펴본 대로 1968년 이후 집행기구는 다시 구성되지 않았다.

지하 활동을 포기한 이후 전노련은 몇몇 소집단들로 전락했다. 1970년 현재 국내에는 대개 5개 정도의 집단이 존재한 것으로 보인다. 카탈루냐를 중심으로 재불 대륙간서기국이 꾸리고 있던 집단, 1968년에 에스파냐로 귀국한 시프리아노 다미아노를 중심으로 한 집단,[57] 산탄데르를 중심으로 활동한 집단, 마드리드를 중심으로 활동한 '5개조 운동' 집단, 가혹한 탄압과 노령의 연령 때문에 집에서 독재의 종말을 기다리고 있던 불특정 다수의 아나키스트들이 그들이다. 규모가 얼마 되지 않은 이 집단들은 서로 접촉도 하지 않았다.

그런가 하면 전노련의 이름을 사용하지 않으면서 아나르코생디칼리슴 운동을 지향하는 집단들도 있었다.[58] 대표적으로 '연대'(Solidaridad)라는 집단을 들 수 있다. 1960년대 말에 등장한 이 집단에는 다양한 부류의 생디칼리스트들이 참여하고 있었다. '5개조 운동'을 떠나 청년 노동자들의 교육 활동에 뛰어든 펠릭스 카라스케르(Félix Carrasquer)가 집단의 이론가로 활동했다. '연대'는 자유와 연대, 민주주의, 연방제, 직접행동을 기본 원칙으로 내걸고 실천하는 혁명적 생디칼리슴을 지향했다. 이 집단은 기술 관료 중심의 자본주의 사회를 민주적 사회주의 사회로 바꾸는 데 궁극적인 목표를 두고 교육과 조직 구성에 주력했다. 바르셀로나를 중심으로 활동을 시작한 '연

---

57) 이 집단의 구성원들은 모두 1970년 4월에 경찰에 체포되었다.
58) 이에 관해서는 Margaret Torres, "El anarquismo viejo y nuevo: la reconstrucción de la CNT, 1976-1979," VV. AA., *La oposición libertaria*, pp.653-673; Joan Zambrana, *La alternativa libertaria* (Badalona: Fet a mà, 1999)을 보라.

대'는 마드리드와 발렌시아, 안달루시아로 활동을 확장해 나갔다. 바르셀로나와 마드리드의 회원 수는 각각 100명 정도에 달했다. 하지만 1976년 산츠 대회 이후 '연대'는 자진 해산하고 프랑코 사후에 재건된 전노련에 합류했다.

이상에서 살펴본 대로 프랑코 정권 시기에 전노련은 점진적으로 쇠퇴했다. 여기에는 다음 네 가지 요소가 근본 요인으로 작용한 것 같다. 이념적 보수주의, 세대교체 실패, 프랑코 정권의 탄압, 내부 대립이 그것이다.

전노련을 장악한 이아연 지도부는 1936년 사라고사 대회에서 채택한 원칙과 전술과 목표를 아나르코생디칼리슴 운동을 위한 불변의 '신성한 3부작'(trilogía sagrada)으로 여겼다. 그들은 사회 변화에 무관심했을 뿐 아니라 사회 변화 자체도 정통 이념의 시각에서 분석했다. 그런가 하면 1960년대와 1970년대에 등장한 페미니즘 단체들과 평화운동 단체들, 환경운동 단체들은 자유지상주의 운동의 그것보다 더 진보적인 주장을 펼치기 시작했고, 심지어는 일부 정당들도 그런 경향을 보였다. 게다가 직접행동 전술을 고수한 정통파와 통합 이후의 전노련은 고립과 분열을 면치 못했다.

세대교체 실패는 이러한 이념적 보수주의와 밀접한 관련이 있다. 전노련은 노동운동에 나타난 변화를 고려하지 않고 과거와 동일한 노조 전술을 계속 유지했다. 공식 노조의 임원 선거 참여에 반대하고 산별 노조에서 자신들의 뜻을 펼치려던 일부 아나키스트들과 협력을 거부했다. 그러다 보니 내전을 겪은 세대를 대신할 새로운 세대의 충원이 제대로 이루어지지 않았다. 한편 프랑코 정권의 탄압은 국내 전노련의 활동을 계속 유지할 수 없게 만들었다. 1950년대 초와 1968년 이후에 특히 그러했다. 망명지 정통파의 직접행동 전술을 수행하기 위하여 국내에 투입된 망명지 청년들의 희생도 컸다. 전노련은 국내 개혁파와 망명지 청년들이 입은 이러한 이중적 손실로 중대한 타격을 입었다. 내전 직후에는 물론이고 프랑코 독재 내내 지속된 전노련 내부의 대립과 투쟁은 반프랑코 단체들 가운데서도 가장 심각하고 거칠게 진행되었다. 국내와 망명지의 대립이 특히 그러했고 망명지의 정통파와 개혁파의 대립도 마찬가지였다.

| 참고문헌 |

1차 자료

1. 문서보관소

Archivo de Fundación Salvador Seguí
Archivo del Partido Comunista de España
Archivo General de la Guerra Civil Española
Archivo General Militar de Segovia
Archivo Histórico Nacional, Sección Guerra Civil

2. 정기간행물

Acción Libertaria
Acción Social Obrera
Boletín de Información CNT, AIT, FAI
Boletín de la Unión General de Trabajadores de España
Boletín de la Confederación Nacional del Trabajo
Boletín del Consejo Regional de Defensa de Aragón
CNT
Cultura Libertaria
Cultura y Acción
¡Despertad!
Diario de Barcelona
El Combate Sindicalista
El Corsario
El Imparcial
El Libertario
El Nuevo Malthusiano
El País

El Porvenir del Obrero

El Productor

El Rebelde

El Socialista

El Trabajo

España Libre

Gaceta de la República

Gaceta de Madrid

El Luchador

La Batalla

La Época

La Revista Blanca

La Révolution Espagnole

La Tramontana

La Vanguardia

La Vanguardia Española

La Voz del Campesino

Lucha Social

Mujeres Libres

Nosotros

Nuevo Aragón

Regeneració Libertaria

Regicidio Frustrado

Salud y Fuerza

Sindicalismo

Solidaridad Obrera

Tierra y Libertad

Vida Nueva

3. 단행본과 논문

Abad de Santillán, Diego, *Memorias (1897-1936)* (Barcelona: Planeta, 1977)

Abad de Santillán, Diego, *Contribución a la historia del movimiento obrero español* (México: Editorial Cajica, 1965)

Abad de Santillán, Diego, *El anarquismo y la revolución en España. Escritos 1930-1938* (Madrid: Ayuso, 1976)

Advielle, Victor, *Histoire de Gracchus Babeuf et du Babouvisme* (Paris, 1884)

Bakunin, Mikhail, "Deux lettres de Bakounine," *Supplément au Bulletin de la Fédéra-tion Jurasienne*, n° 27(12 Octobre 1873)

Berenguer, Sara, *Entre el sol y la tormenta*, 2ª edición (Valencia, 2004)

Bernaldo de Quirós, Constancio, *El espartaquismo agrario andaluz* (Madrid, 1919)

Blasco Ibáñez, Vicente, *La Bodega* (Sempere, 1905)

Bonafulla, Leopoldo, *Generación Libre* (Barcelona: Biblioteca *El Productor*, 1905)

Brenan, Gerald, *The Spanish labyrinth* (Cambridge, 1943)

Buenacasa, Manuel, *La CNT, "Los Treinta" y la FAI* (Barcelona, 1933)

Buenacasa, Manuel, *El movimiento obrero español (1886-1926). Figuras ejemplares que conocí* (París, 1966)

Bulffi, Luis, *¡Huelga de Vientres!* (Barcelona: Biblioteca Editorial *Salud y Fuerza*, 1908)

Bulffi, Luis, *Exposición de doctrinas neomaltusianas y Doctor X. Obturador Vaginal* (Barcelona: Biblioteca Editorial *Salud y Fuerza*, 1913)

Cadalso, Fernando, *El anarquismo y los medios de represión* (Madrid: Romero, 1896)

CNT-FAI, *Acta del Pleno de Columnas Confederales y Anarquistas, celebrado en Valencia el día 5 de febrero de 1937* (Barcelona: Los Amigos de Durruti, 1937)

Comité de Defensa Social, *Estatutos del Comité de Defensa Social* (Barcelona: Imp. de Henrich y Cía, 1904)

Comité Nacional de la Federación Nacional 'Mujeres Libres', "Anexo al informe que la federación Mujeres Libres eleva a los comités superiores del movimiento libertario y al pleno del mismo" (Barcelona, octubre de 1938)

Comorera, Joan, *El camino del Frente Popular Antifascista es el camino de la victoria* (Informe presentado en la primera conferencia nacional del PSUC por el secretario general, 24 de julio, 1937)

Confederación Nacional del Trabajo, *Memoria del Congreso Extraordinario celebrado en Madrid los días 11 al 16 de junio de 1931* (Barcelona, 1931)

Confederación Nacional del Trabajo, *Memoria del Congreso celebrado en el Teatro de la Comedia de Madrid los días 10 al 19 de diciembre de 1919* (Barcelona, 1932)

Confederación Nacional del Trabajo, *La verdad sobre la tragedia de Casas Viejas* (Barcelona, 1933)

Confederación Nacional del Trabajo, *Realizaciones revolucionarias y estructuras colectivistas de la Comarcal de Monzón (Huesca)* (Ediciones Cultura y Acción, 1977)

Confederación Regional del Trabajo de Cataluña, *Memoria del Congreso Regional celebrdo en Barcelona los días 28, 29 y 30 de julio y 1° de julio del año 1918* (Barcelona, 1918)

Dalmases Gil, Felip, *El socialismo en Barcelona* (Barcelona: Lib. Ribera y Estany, 1890)

Díaz del Moral, Juan, *Historia de las agitaciones campesinas andaluzas* (Madrid, 1929)

Drysdale, George R., *The Elements of Social Science*, 4th edition (London: E. Truelove, 1861)

FAI, *Memoria del Pleno Peninsular de Regionales de la F.A.I. celebrado en Madrid los días 28, 29 y 30 de octubre 1933* (Barcelona, 1933)

FAI, *Memoria del pleno peninsular celebrado el día 30 de enero y 1º de febrero de 1936* (Barcelona, 1936)

Farré i Moregó, Josep Maria, *Los atentados sociales en España* (Madrid: Faure, 1922)

García Oliver, Juan, *El eco de los pasos* (Barcelona: Ruedo Ibérico, 1978)

Gaya Picón, José, *Los hombre que trajeron la república (núm. 5): La jornada histórica de Barcelona* (Madrid, 1931)

Gil Maestre, Manuel, *El anarquismo en España y en especial en Barcelona* (Barcelona, 1897)

Guillaume, James, *L'Internationale: Documents Souvenirs 1864-1878* (Paris: Société Nouvelle de Librarie et d'Édition, 1905-1910)

Hardy, Gabriel, "La lucha por la existencia y el neo-malthusianismo," *Salud y Fuerza*, nº 1 (1904)

Hildegart, *La rebeldía sexual de la juventud* (Javier Morata, 1931)

Hildegart, *El problema sexual tratado por una mujer española* (Javier Morata, 1931)

Hildegart, *Malthusianismo y neomalthusianismo: El control de la natalidad* (Javier Morata, 1932)

Hildegart, *¿Se equivocó Marx?* (1932)

Iturbe, Lola, *La mujer en la lucha social y en la guerra civil española* (Madrid: Tierra de fuego & La Malatesta, 2012)

La Iglesia, Gustavo, *Cárácteres del anarquismo en la actualidad* (Barcelona: Gustavo Gili, 1907)

Leroy, Constant, *Los secretos del anarquismo* (México, 1913)

Les Prétendues Scissions dans l'Internationale, Circulaire Privée du Conseil Général de L'Association Internationale des Travailleurs (Geneva 1872)

Leval, Gaston, *Social Reconstruction in Spain* (London, 1938)

Leval, Gaston, *Né Franco, né Stalin: La collettività anarchiche spagnole nella lotta contra Franco a la reazione staliana* (Milano, 1952)

López, Juan, *El sindicato y la colectividad* (Valencia, 1938)

Los Ríos, Fernando de, *Mi viaje a la Rusia Sovietista* (Madrid, 1921)

Llunas i Pujals, Josep, *Estudios filosófico-sociales* (Barcelona: Tipografía La Academia, 1882)

Llunas i Pujals, Josep, *Qüestions socials* (Barcelona: Tipografía La Academia, 1891)

Lorenzo, Anselmo, *Vida Sindicalista* (Barcelona: 1912)

Lorenzo, Anselmo, *El proletariado militante. Memorias de un internacional* (Madrid: Zero, 1974)

Malthus, Thomas Robert, *An Essay on the Principle of Population, as it affects the future improvement of Society, with remarks on the speculations of Mr. Godwin, M. Condorcet, and other writers*, E. A. Wrigley & D. Souden (eds.), *The*

Works of Thomas Robert Maltus, Vol. I (London: William Pickering, 1986)

Madrid, Francisco, *Ocho meses y un día en el gobierno civil de Barcelona* (Barcelona, 1932)

Marestan, Jean, *La Mariage, l'Amour Libre et la Libre Maternité* (Paris: Éditions de Génération consciente, 1911)

Marestan, Jean, *l'Éducation sexuelle* (Paris: La Guerre Sociale, 1910)

Martínez Ruiz, José, *Anarquistas literarios (Notas sobre la literatura española)* (Madrid, 1895)

Martínez Ruiz, José, *Notas sociales* (Madrid/Valencia, 1895)

Marx, Karl and Friedrich Engels, *Die Angeblichen Spaltungen in der Internationale* (1872), *Werke*, XVIII (Berlin: Dietz Verlag, 1981)

Maurín, Joaquín, *El Bloque Obrero y Campesino. Orígen. Actividad. Perspectivas* (Barcelona, 1932)

Mella, Ricardo, *Memoria al congreso Revolucionario Internacional de Paris* (Mayo de 1900) (www.cgt.es/biblioteca.html.)

Mella, Ricardo y Josep Prat, *La barbarie gubernamental en España* (New York: El Depertar, 1897)

Mira, José, *Los guerrilleros confederales. Un hombre: Durruti* (Barcelona: Ediciones del Comité Regional de la CNT, 1938?)

Montseny, Federica, *Anselmo Lorenzo. El hombre y la obra* (Barcelona: Ediciones Españolas, 1938)

Montseny, Federica, *La indomable* (Barcelona: La Revista Blanca, 1928)

Montseny, Federica, *La victoria: Novela en la que se narran los problemas de orden moral que se le presentan a una mujer de ideas modernas* (Barcelona: La Revista Blanca, 1930)

Montseny, Federica, *Tres vidas de mujer* (Unión Gráfica, 1937)

Montseny, Joan, *La evolución de la filosofía en España* (Barcelona, 1934)

Naquet, Alfred, *Vers l'union libre* (Paris: E. Juven, 1908)

Nieva, Teobaldo, *Química de la cuestión social ó sea Organismo científico de la revolución* (Madrid: Establ. tip. de Ulpiano Gómez, 1886)

Núñez de Prado, Guillermo, *Los dramas del anarquismo* (Barcelona: Editorial Maucci, 1904)

Palmiro de Lidia, *Evocando el pasado (1886-1891)* (Madrid: La Revista Blanca, 1927)

Peirats, José, *Los anarquistas en la crisis política española* (Buenos Aires: Alfa, 1964)

Peiró, Joan, *Trayectoria de la Confederación Nacional del Trabajo (páginas de crítica y de afirmación)* (Mataró: Grupo Cultura del Arte Fabril y Textil de Mataró, 1925?)

Peiró, Joan, *Perill a la rereguarda* (Mataró, 1936)

Peiró, Juan, *Pensamiento de Juan Peiró* (México: Ediciones CNT, 1959)

Pellicer Paraire, Antoni, *Conferencias populares sobre sociología* (Buenos Aires: Impr.

Elzeviriana, 1900)

Pestaña, Angel, *Memoria que al Comité de la Confederación Nacional del Trabajo presenta de su gestión en el II Congreso de la Tercera Internacional el delegado Angel Pestaña* (Madrid: Biblioteca "Nueva Senda", 1921)

Pestaña, Ángel, *Terrorismo en Barcelona. La autodestrucción del movimiento obrero por el terrorismo* (Barcelona: Planeta, 1979)

Pestaña, Ángel, *Lo que aprendí en la vida* (Madrid: Editorial ZYX, 1971)

Pi y Margall, Francisco, *La República de 1873* (Barcelona, 1874)

Prat, Josep, *La burguesía y el proletariado (apuntes sobre la lucha sindical)* (F. Sempere y Companía, 1909)

Proudhon, Pierre-Joseph, *Système des contradictions economiques ou Philosophie de la misère* (Paris: Rivière, 1923)

Sardá y Salvany, Félix, *Moral Ciutadana* (Barcelona: Llibrería i Tipografía Católica, 1909)

Sastre i Sanna, Miquel, *La esclavitud moderna, martirologio social (relación de los atentados y actos de sabotaje cometidos en Barcelona, y bombas y explosivos hallados desde junio de 1910 hasta junio de 1921)* (Barcelona: Librería Ribó, 1921)

Schapiro, Alexander, *Repport sur l'Activité de la Confédération Nationale du Travail d'Spagne, 16, diciembre, 1932-26, février, 1933* (Ciclostilado, 1933)

Seguí, Salvador, *Escrits* (Barcelona: Edicions 62, 1975)

Sempau, Ramon, *Los victimarios. Notas relativas al proceso de Montjuich* (Barcelona: Manente y Cia, 1900)

Sender, Ramón J., *Casas Viejas* (Madrid, 1933)

Sorel, Georges, *Réflexions sur la violence* (Paris: Rivière, 1908)

Souchy, Augustin, *Entre los campesinos de Aragón. El comunismo libertario en las comarcas liberadas* (Barcelona, 1937).

Souchy, Agustin y Paul Polgare, *Colectivizaciones: la obra constructiva de la revolución española* (Barcelona, 1937)

Tarrida del Mármol, Fernando, *Les inquisiteurs d'Espagne. Montjuic. Cuba. Philippines* (Paris: P. V. Stock, 1897)

Tarrida del Mármol, Fernando, "Anarchism Without Adjectives," *La Révolte*, vol. 3, no. 51 (1890)

Tomás Oliver, Francesc, *Apuntes históricos. Del nacimiento de las ideas anarco-colectivistas en España* (Mallorca: Calumnia Ediciones, 2018)

Tomás Oliver, Francesc, *Del nacimiento de las ideas anarco-colectivistas* (Mallorca: Calumnia Ediciones, 2018)

Villar, Manuel(Ignotus), *El anarquismo en la insurrección de Asturias. La CNT y la FAI en octubre de 1934* (Valencia: Ediciones Tierra y Libertad, 1935)

Weitling, Wilhelm, *Evangelium eines armen Sünders* (Bern: Druck und Velag von Jenni, 1845)

2차 자료

민유기, 〈'출산파업'과 '민족의 자살'에 대한 사회적 대응〉,《서양사론》89(2006.6)

프레포지에, 장 저, 이소희, 이지선, 김지은 옮김,《아나키즘의 역사》(이룸, 2003)

황보영조,《토지, 정치, 전쟁》(삼천리, 2014)

황보영조,〈《자유여성》의 설립과 성 문제〉,《서양사론》97(2008)

황보영조,〈에스파냐 내전기의 농업집산화〉,《대구사학》98(2010)

황보영조,〈에스파냐 내전 초기 아나키스트들의 군사 활동〉,《역사와 경계》79(2011)

황보영조,〈20세기 초 에스파냐 신맬서스주의 운동의 성격과 한계〉,《코기토》79(2016)

Abad de Santillán, Diego, *Por qué perdimos la guerra: una contribución a la historia de la tragedia española* (Buenos Aires, 1940)

Abad de Santillán, Diego, *La FORA. Ideología y trayectoria* (Buenos Aires: Proyección, 1971)

Abad de Santillán, Diego y Emilio López Arango, *El anarquismo en el movimiento obrero* (Barcelona: Cosmos, 1925)

Abellán, José Luis y otros, *El exilio español de 1939* (Madrid: Taurus, 1976)

Abelló, Teresa, *Les relacions internacionals de l'anarquisme català (1881-1914)* (Barcelona: Edicions 62, 1987)

Abelló, Teresa y Enric Olivé, "El conflicto entre la CNT y la familia Urales-Montseny, en 1928. La lucha por el mantenimiento del anarquismo puro," *Estudios de Historia Social*, 32-33(1985)

Ackelsberg, Martha A., *Free Women of Spain. Anarchism and the Struggle for the Emancipation of Women*, 2nd edition (Oakland, 2005)

Aguilar, José, *El asalto campesino a Jerez de la Frontera en 1892* (Jerez: Centro de Estudios Históricos Jerezanos, 1984)

Aláiz, Felipe, *Vida y muerte de Ramón Acín* (Barcelona, 1937)

Alba, Víctor, *El marxisme a Catalunya. 1919-1939* (Barcelona: Pòrtic, 1974)

Albadalejo, Jordi y Joan Zambrana, *Inicis d'un sindicalisme llibertari. Joan Peiró a Badalona. 1905-1920* (Badalona: Fet A Má, 2005)

Alberola, Octavio y Ariane Gransac, *El anarquismo español y la acción revolucionaria (1961-1974)* (París: Ruedo Ibérico, 1975)

Alcalde, Carmen, *Federica Montseny, palabra en rojo y negro* (Barcelona: Argos Vergara, 1983)

Alexander, Robert J., *The Anarchists in the Spanish Civil War* (London: Janus Publishing Company, 1999)

Alonso, Salazar, *La muerte de Don Eduardo Dato. Procesos de mi tiempo* (Madrid:

Facta, 1928)

Alvarez del Vayo, Julio, *Freedom's Battle* (New York: A. A. Knopf, 1940)

Álvarez Junco, José, *La ideología política del anarquismo español (1868-1910)* (Madrid: Siglo XXI, 1976)

Álvarez Junco, José, *El emperador del Paralelo. Lerroux y la demogagia populista* (Madrid: Alianza Editorial, 1990)

Álvarez Junco, José, "Los dos anarquismos," *Cuadernos de Ruedo Ibérico*, nº 55/57 (enero-junio de 1977)

Álvarez, Ramón, *Historia negra de una crisis libertaria* (México: Editories Mexicanos Unidos, 1982)

Amorós, Miquel, *José Pellicer. El anarquista íntegro. Vida y obra del fundador de la heroica Columna de Hierro* (Barcelona: Virus Editorial, 2009)

Andreassi, Alejandro, *Libertad también se escribe en minúscula. Anarcosindicalismo en Sant Andrià del Besòs. 1925-1939* (Barcelona, 1996)

Andrés-Gallego, José, "Transformación política y actitud religiosa del Gobierno largo de Maura," *Revista de Estudiso Políticos*, núms. 189-190 (1973)

Andrés Gallego, José, *El socialismo durante la Dictadura, 1923-1930* (Madrid: TEBAS, 1977)

Armand, Émile, *Libertinaje y prostitución: Grandes prostitutas y famosos libertinos* (Valencia: Biblioteca Orto, 1932)

Aróstegui, Julio, "La oposición al franquismo. Represión y violencia política," en Javier Tusell, Alicia Alted y Abdón Mateo (coords.), *La oposición al régimen de Franco* (Madrid: UNED, 1990)

Avilés Farré, Juan, "Un punto de inflexión en la historia del anarquismo: El congreso revolucionario de Londres de 1881," *Cuadernos de Historia Contemporánea*, vol. 34 (2012)

Avilés Farré, Juan, *La daga y la dinamita. Los anarquistas y el nacimiento del terrorismo* (Barcelona: Tusquets Editores, 2013)

Avilés Farré, Juan, *Francisco Ferrer y Guardia. Pedagogo, anarquista y mártir* (Madrid: Marcial Pons, 2006)

Avilés Farré, Juan (coord.), *Historia, política y cultura. Homenaje a Javier Tusell*, vol. 1 (Madrid: UNED, 2009)

Avilés Farré, Juan y Ángel Herrerín (eds.), *El nacimiento del terrorismo en occidente. Anarquía, nihilismo y violencia revolucionaria* (Madrid: Siglo XXI, 2008)

Avilés Farré, Juan y otros, *Historia política 1875-1939* (Madrid: Istmo, 2002)

Balcells, Albert, *El problema agrari a Catalunya (1890-1936)* (Madrid, 1936)

Balcells, Albert, *El sindicalismo en Barcelona (1916-1923)* (Barcelona: Nova Terra, 1965)

Balcells, Albert, "Violencia y terrorismo en la lucha de clases en Barcelona de 1913 a 1923," *Historia Social* (1987)

Balcells, Albert, "El consejo de guerra contra el dirigente cenetista catalán Joan Peiró en 1942. Un caso representativo y a la vez singular," *Hispania Nova* (2000)

Balfour, Sebastián, "El movimiento obrero y la oposición durante el franquismo," Javier Tusell, Alicia Alted y Abdón Mateos (coords.), *La oposición al régimen de Franco* (Madrid: UNED, 1990)

Bar, Antonio, *La CNT en los años rojos, del sindicalismo revolucionario al anarco-sindicalismo (1910-1926)* (Madrid: AKAL, 1981)

Barba, Bartolomé, *Dos años al frente del Gobierno Civil de Barcelona y varios ensayos* (Madrid: Javier Morata, 1948)

Baroja, Pío, *La caverna del humorismo* (Madrid: Rafael Caro Raggio, 1919)

Bécarud, Jean, *La Segunda República española* (Madrid, 1967)

Ben-Ami, Shlomo, "Hacia una comprensión de la dictadura de Primo de Rivera," *Revista de Derecho Político*, 6(1980)

Ben Ami, Shlomo, *Los orígenes de la II República española. Anatomía de una transición* (Madrid: Alianza, 1990)

Berenguer, Dámaso, *De la Dictadura a la República* (Madrid: Tebas, 1975)

Berkman, Alexander, *Memorias de un anarquista en prisión* (Barcelona: Melusina, 2007)

Berlin, Isaiah, *Karl Marx: His Life and Environment* (London: Tornton Butterworth, 1959)

Bernecker, Walther L., *Colectividades y revolución social. El anarquismo en la guerra civil española, 1936-1939* (Barcelona: Crítica, 1982)

Berneri, Camillo, *Guerre de Classe en Espagne* (Paris, 1946)

Berruezo, José, *Contribución a la historia de la CNT de España en el exilio* (México: Editores Mexicanos Unidos, 1967)

Bolloten, Burnett, *The Spanish Revolution: The Left and the Struggle for Power during the Civil war* (Chapel Hill: The University of Northern Carolina Press, 1980)

Bonamusa, Francesc (ed.), "La Huelga General," *Ayer*, nº 4(1991)

Borkenau, Franz, *The Spanish Cockpit* (Ann Arbor: University of Michigan Press, 1963)

Borkenau, Franz, *El reñidero español* (Paris, 1971)

Borrás, José, *Del radical socialismo al socialismo radical y libertario* (Madrid: Fundación Salvador Seguí, 1998)

Borrás, José, *Políticas de los exiliados españoles (1944-1950)* (Chatillon: Ruedo Ibérico, 1976)

Bosch, Aurora, *Ugetistas y libertarios: guerra civil y revolución en el País Valenciano, 1936-1939* (Valencia: Institución Alfonso El Magnánimo, D. L., 1983)

Brademas, John, *Anarcosindicalismo y revolución en España (1930-1937)* (Barcelona: 1973)

Brey-Jacques Maurice, Gerald, *Historia y leyenda de Casas Viejas* (Madrid, 1976)

Broué, Pierre y E. Témime, *La Révolution et la Guerre d'Espagne* (Paris, 1961)

Broué, Pierre, Ronald Fraser y Pierre Vilar, *Metodología histórica de la guerra y la revolución española* (Barcelona: Fontamara, 1980)

Cabral Chamorro, Antonio, "Un estudio sobre la composición social del anarquismo en Jerez de la Frontera, 1868-1923," *Historia Social*, nº 42-43 (1987)

Calero, Antonio María, *Historia del movimiento obrero en Granada, 1909-1923* (Madrid, 1973)

Caminal, Montserrat, *El terrorismo anarquista en Barcelona. Antecedentes del Proceso de Montjuïc (1892-1896)* (Universidad de Barcelona, 1972)

Cánovas Cervantes, Salvador, *Apuntes históricos de "Solidaridad Obrera": Proceso histórico de la revolución española* (Barcelona, s. f.)

Carr, Edward H., *Michael Bakunin* (Barcelona: Grijalbo, 1970)

Carrillo-Linares, Alberto, "De lo lícito a lo legal: los sindicatos en el tardofranquismo," Leandro Álvarez y Encarnación Lemus (coords.), *Sindicatos y trabajadores en Sevilla* (Sevilla: Universidad de Sevilla, 2000)

Casanova, Julián, *De la callle al frente. El anarcosindicalismo en España (1931-1939)* (Barcelona: Crítica, 1997)

Casanova, Julián, *Anarquismo y revolución en la sociedad rural aragonesa, 1936-1938* (Madrid: Siglo XXI, 1985)

Casanova, Julián (coord.), *Tierra y Libertad. Cien años de anarquismo en España* (Barcelona: Crítica, 2010)

Casanovas Codina, Joan, *¡O pan o plomo! Los trabajadores urbanos y el colonialismo español en Cuba, 1850-1898* (Madrid: Siglo XXI, 2000)

Castro Alfín, Demetrio, *Hambre en Andalucía: antecedentes y circunstancias de la Mano Negra* (Córdoba: Imprenta San Pablo, 1986)

Cleminson, Richard, *Anarquismo y sexualidad en España (1900-1939)* (Cádiz: Universidad de Cádiz, 2008)

Colondrón, Alfonso, "Aportación al estudio de la huelga general (la huelga general de Barcelona de 1902)," *Revista de Trabajo*, nº 33(1971)

Comín Colomer, Eduardo, *Historia del anarquismo español (1836-1948)* (Madrid: Radar S. A., 1948)

Connelly Ullman, Joan, *The Tragic Week. A Study of Anticlericalism in Spain,1875-1912* (Harvard University Press, 1968)

Cristóbal Marinello Bonnefoy, Juan, "Sindicalismo y violencia en Catalunya 1902-1919" (Tesis, Universitat Autònoma de Barcelona, 2014)

Cruells, Manuel, *Salvador Seguí. El Noi del Sucre* (Barcelona: Ariel, 1974)

Cuadrat, Xavier, *Socialismo y Anarquismo en Cataluña (1899-1911). Los orígenes de la CNT* (Madrid: Ediciones de la Revista de Trabajo, 1976)

Cuesta, Josefina y Benito Bermejo (coords.), *Emigración y exilio. Españoles en Francia*

1936-1946 (Madrid: Eudema, 1996)

Dalmau, Antoni, *Siete días de furia. Barcelona y la Semana Trágica (julio de 1909)* (Barcelona: Destino, 2009)

Dalmau, Antoni, *El Procés de Montjuïc. Barcelona al final del segle XIX* (Barcelona: Editorial Base, 2010)

Dalmau, Antoni, "Martí Borràs i Jover (1845-1894) o el primer comunismo libertario," *Revista de Igualada*, 26 (2007)

Damiano, Cipriano, *La resistencia libertaria* (Barcelona: Bruguera, 1978)

Dardé, Carlos, *La Restauración, 1875-1902. Alfonso XII y la regencia de María Cristina* (Madrid: Historia 16, 1996)

Dobón, María Dolores, *Azorín anarquista. De la revolución al desencanto* (Alicante: Instituto de Cultura "Juan Gil-Albert", 1997)

Dolléans, Édouard, *Histoire du mouvement ouvrier* (Paris: Librairie Armand Colin, 1936)

Domingo Dueñas, José, *Ramón J. Sender. Periodismo y compromiso (1924-1939)* (Huesca: Instituto de Estudios Altoaragoneses, 1994)

Dreyfus-Armand, Geneviève, *El exilio de los republicanos españoles en Francia. De la guerra civil a la muerte de Franco* (Barcelona: Crítica, 2000)

Drouard, Alain, "Aux origines de l'eugénisme en France: le néo-malthusianisme (1896-1914)," *Population*, Vol. 47, nº 2 (1992)

Ellwood, Sheelagh, *Prietas las filas* (Barcelona: Crítica, 1984)

Elorza, Antonio, *Ángel Pestaña. Trayectoria sindicalista* (Madrid: TEBAS, 1974)

Elorza, Antonio, *Anarquismo y utopia. Bakunin y la revolución social en España (1868-1936)* (Madrid: Ediciones Cinca, 2013)

Elorza, Antonio, "El anarcosindicalismo español bajo la Dictadura (1923-1930) (I)," *Revista de Trabajo*, núm. 39-40 (1972)

Elorza, Antonio (ed.), *Artículos madrileños de Salvador Seguí* (Madrid: Editorial Cuadernos para el diálogo, S. A., 1976)

Elorza, Antonio y Marta Bizcarrondo, *Queridos camaradas. la internacional comunista y España, 1919-1939* (Barcelona: Planeta, 1999)

Fabra Rivas, Antonio, *La Semana Trágica. El caso Maura. El krausismo* (Madrid: Hora H, 1975)

Fernández, Frank, *La sangre de Santa Águeda. Angiolillo, Betances y Cánovas* (Miami: Ediciones Universal, 1994)

Fernández, Frank, *El anarquismo en Cuba* (Madrid: Fundación de Estudios Libertarios Anselmo Lorenzo, 2000)

Fernández, Valentina, *La resistencia interior en la España de Franco* (Madrid: Istmo, 1981)

Fischer, Louis, *Men and Politics: An Autobiography* (New York: Duell, Sloane and Pearce, 1941)

Foix, Pere, *Apòstols i mercaders* (Barcelona: Editorial Nova Terra, 1976)

Fraser, Ronald, *Recuérdalo tú y recuérdalo a otros* (Barcelona: Grijalbo Mondadori, S. A., 1979)

Fraser, Ronald, "La experiencia popular de la guerra y la revolución: 1936-1939," en Paul Preston, et al., *Revolución y guerra en España 1931-1939* (Madrid: Alianza, 1986)

Gabriel, Pere, *Joan Peiró. Escrits, 1917-1939* (Barcelona: Edicions 62, 1975)

Gago Vaquero, Francisco, "El cincopuntismo durante los años sesenta y setenta," *Tiempo y Sociedad*, núm. 12 (2013)

Gainzarain, Aquilino, *Federación Nacional de Industria Fabril, Textil, Vestir y Anexos: Taller Colectivo de Zapateros CNT-FAI de Lérida* (MLE-CNT en Francia, AIT: Sección de Iniciativas, Proyectos y Estudios de la Federaciones Nacionales de Industria, 1946)

García Ceballos, Manuel, *Casas Viejas. Un proceso que pertenece a la Historia* (Madrid, 1965)

García Delgado, José Luis, "La economía," Juan Pablo Fusi y otros, *Franquismo. El juicio de la historia* (Madrid: Temas de Hoy, 2000)

Garrido González, Luis, *Colectividades agrarias en Andalucía: Jaén (1931-1939)* (Madrid, 1979)

Girón Sierra, Álvaro, *Evolucionismo y anarquismo en España (1882-1914)* (Madrid: CSIC, 1996)

Gómez Casas, Juan, *Historia del anarcosindicalismo español* (Madrid: La Malatesta, 2006)

Gómez Casas, Juan, *Historia de la FAI* (Madrid: Fundación Anselmo Lorenzo, 2002)

Gómez Casas, Juan, *Los cruces de caminos (Antecedentes y pequeña historia de una década: 1966-1976* (París: Regional del Exterior CNT, 1984)

Gómez, Esteban, *La insurrección de Jaca* (Barcelona: Escego, 1996)

González Calleja, Eduardo, *La razón de la fuerza. Orden público, subversión y violencia política en la España de la Restauración (1875-1917)* (Madrid: CSIC, 1998)

González Calleja, Eduardo, *El máuser y el sufragio. Orden público, subversión y violencia política en la crisis de la Restauración (1909-1931)* (Madrid: 1999)

González Calleja, Eduardo, *La España de Primo de Rivera (1923-1930). La modernización autoritaria* (Madrid: Alianza, 2005)

González Martínez, Carmen, "La Dictadura de Primo de Rivera: una propuesta de análisis," *Anales de historia contemporánea* (Murcia: Universidad de Murcia) 16(2000)

Guerrero, Ana, et al., *Historia política, 1818-1874* (Madrid: Istmo, 2004)

Gutiérrez Molina, José Luis, *Colectividades Libertarias en Castilla* (Madrid, 1977)

Guzmán, Eduardo de, *Madrid, rojo y negro. Milicias Confederales* (Madrid?, 1938)

Guzmán, Eduardo de, "Medio siglo de sindicalismo español: Ángel Pestaña." *Tiempo de Historia*, 48 (1978)

Guzmán, Eduardo de, *Mi hija Hildegart* (Barcelona: G.P., 1977)

Hennessy, C. A. M., *La República Federal en España. Pi y Margall y el movimiento republicano federal, 1868-1874* (Madrid: Los Libros de la Catarata, 2010)

Herr, Richard, *España contemporánea* (Madrid: Marcial Pons, 2004)

Herrerín López, Ángel, *Anarquía, dinamita y revolución social. Violencia y represión en la España de entre siglos (1868-1909)* (Madrid: Los Libros de la Catarata, 2011)

Herrerín López, Ángel, *La CNT durante el franquismo. Clandestinidad y exilio (1939-1975)* (Madrid: Siglo XXI, 2004)

Hobsbawm, Eric, *Primitive Rebels* (Manchester, 1959)

Huertas, Josep María, *Salvador Seguí. El Noi del Sucre. Materiales para una biografía* (Barcelona: Laia, 1974)

Ibarra, Pedro, "Bases y desarrollo del movimiento obrero en Vizcaya (1951-1967)," Javier Tusell, Alicia Alted y Abdón Mateos (coords.), *La oposición al régimen de Franco* (Madrid: UNED, 1990)

Ibárruri, Dolores y otros, *Guerra y Revolución en España* (Moscú: Progreso, 1966)

Íñigo Granizo, Lorenzo, *Los cinco puntos* (Madrid: Fundación Salvador Seguí, 1985)

Iñiguez, Miguel, *Esbozo de una Enciclopedia histórica del anarquismo español* (Madrid: Fundación de Estudios Libertarios Anselmo Lorenzo, 2001)

Jackson, Gabriel, *The Spanish Republic and the Civil War (1931-1939)* (Princeton, 1967)

Jellinek, Frank, *The Civil War in Spain* (London, 1938)

Jiménez Campo, Javier, *El fascismo en la crisis de la II República* (Madrid: CIS, 1979)

Joll, James, *The Anarchists* (London: Methuen, 1979)

Juliá, Santos, *Manuel Azaña. Una biografía política* (Madrid: Alianza Editorial, 1990)

Juliá, Santos (coord.), *Víctimas de la guerra civil* (Madrid: Temas de Hoy, 1999)

Kaminski, Hans Erich, *Ceux de Barcelone* (Paris: Editions Denoël, 1937)

Kaplan, Temma, *Orígenes sociales del anarquismo en Andalucía. Capitalismo agrario y lucha de clases en la provincia de Cádiz, 1868-1903* (Barcelona, 1977)

La Cierva, Ricardo de, *Franco: Un siglo de España* (Madrid: Editora Nacional, 1972)

Lacomba, Juan Antonio, *Introducción a la historia económica de la España contemporánea* (Madrid: Guadiana de Publicaciones, 1972)

Langdon-Davies, John, *Behind the Spanish Barricades* (London, 1936)

Ledbetter, Rosanna, *A History of the Malthusian League, 1877-1927* (Columbus: Ohio State University, 1976)

Leval, Gaston, *Colectividades libertarias en España* (Madrid: Aguilera, 1977)

Lida, Clara E., *Anarquismo y Revolución en la España del XIX* (Madrid: Siglo XXI, 1972)

Lida, Clara E., *La Mano Negra* (Madrid: ZYX, 1972)

Lida, Clara E., *Una inmigración previlegiada: comerciantes, empresarios y profesionales españoles en México los siglos XIX y XX* (Madrid: Alianza Editorial, 1994)

Lida, Clara E., *Inmigración y exilio: Reflexiones sobre el caso español* (México: Siglo XXI, 1997)

Lida, Clara E., "Hacia la clandestinidad anarquista. De la Comuna de París a Alcoy, 1871-1874," *Historia Social*, nº46 (2003)

Lida, Clara E., "Agrarian anarchism in Andalusia. Documents on the Mano Negra," *International Review of Social History*, vol. XIV (1969)

López Estudillo, Antonio, *Republicanismo y anarquismo en Andalucía. Conflictividad social, agraria y crisis finisecular (1868-1900)* (Córdoba, 2010)

López Estudillo, Antonio, "El anarquismo español decimonónico," *Ayer*, nº 45 (2002)

López, Juan, "Recordatorio: La historia no debe repetirse," *Material de discusión para los militantes de la Confederación Nacional del Trabajo en España*, cuarta serie (Milford Haven, 1945)

López Rodó, Laureano, *Memorias. Años decisivos* (Esplugues de Llobregat: Plaza & Janés, 1991)

Lorenzo, César M., *Los anarquistas españoles y el poder (1868-1969)* (Paris: Ruedo Ibérico, 1972)

Lorenzo, César M., *Le Mouvement anarchiste en Espagne. Pouvoir et révolution sociale* (Toulouse, 2006)

Luís Oyón, José, *La quiebra de la ciudad popular. Espacio urbano, inmigración y anarquismo en la Barcelona de entreguerras, 1914-1936* (Barcelona, 2008)

Maitron, Jean, *Le mouvement anarchiste en France*, Vol. I. *Des origines à 1914* (Paris: Gallimard editions, 1975)

Mannheim, Karl, *Ideology and Utopia* (London: Routledge & Kegan Paul, 1960)

Manuel, Frank, *The Politics of Modern Spain* (New York, 1938)

Marco Nadal, Enrique, *Condenado a muerte* (México: Editores Mexicanos Unidos, 1966)

Marco Nadal, Enrique, *Todos contra Franco. La ANFD 1944-1947* (Madrid: Queimada, 1982)

María de Lera, Ángel, *Ángel Pestaña. Retrato de un anarquista* (Barcelona: Argos, 1978)

Marín, José María, Carme Molinero, Pere Ysàs, *Historia política 1939-2000* (Madrid: Istmo, 2001)

Marín Silvestre, Dolors, *La Semana Trágica. Barcelona en llamas, la revuelta popular y la Escuela Moderna* (Madrid: La Esfera de los Libros, 2009)

Marín Sivestre, Dolors, *Clandestinos. El maquis contra el franquismo, 1934-1975* (Barcelona: Plaza y Janés, 2002)

Martín Corrales, Eloy (ed.), *Semana Trágica. Entre las barricadas de Barcelona y el Barranco del Lobo* (Barcelona: Bellaterra, 2011)

Masjuan, Eduard, *Un héroe trágico del anarquismo español. Mateo Morral, 1879-1906* (Barcelona: Sintra, 2009)

Masjuan, Eduard, *La ecología humanaen el anarquismo ibérico. Urbanismo "orgánico" o ecológico, neomalthusianismo y naturismo social* (Barcelona: Icaria, 2000)

Mateos, Abdón, "Comunistas, socialistas y sindicalistas ante las elecciones del 'Sindicato Vertical', 1944-1967," en *Espacio, Tiempo y Forma*, n.º 1(1987)

Mateos, Abdón, *Las izquierdas españolas desde la guerra civil hasta 1982. Organizaciones socialistas, culturas políticas y movimientos sociales* (Madrid: UNED, 1997)

Mateos, Abdón, *Exilio y clandestinidad. La reconstrucción de UGT 1939-1977* (Madrid: Aula Abierta, 2002)

Mateos, Abdón, *La denuncia del sindicato vertical. las relaciones entre España y la Organización Internacional del Trabajo (1939-1969)* (Madrid: Consejo Económico y Social, 1997)

Matesanz, José Antonio, *México y la República española: antología de documentos, 1931-1977* (México: Centro Republicano Español, 1978)

Matesanz, José Antonio, *Las raíces del exilio. México ante la Guerra Civil española (1936-1939)* (México: Universidad Nacional Autónoma de México, 2000)

Maura, Miguel, *Así cayó Alfonso XIII* (Barcelona: Ariel, 1981)

Maurice, Jacques, *El anarquismo andaluz. Campesinos y sindicalistas, 1868-1936* (Barcelona, 1989)

Maurice, Jacques, "A propósito del trienio bolchevique," Manuel Tuñón de Lara, Antonio Elorza, José Luis García Delgado (dirs.), *Crisis de la Restauracion* (Madrid: Siglo XXI, 1986)

McLaren, Angus, *Birth Control in Nineteenth-Century England* (London: Croom Helm, 1978)

McLellan, David, *The Thought of Karl Marx: An Introduction* (London: Papermac, 1995)

Meaker, Gerald H., *La izquierda revolucionaria en España. 1914-1923* (Barcelona: Ariel, 1978)

Mera, Cipriano, *Guerra, exilio y cárcel de un anarcosindicalista* (Madrid: CNT, 2006)

Mintz, Frank, *La colectivización en España de 1936 a 1939* (Paris, 1970)

Mintz, Frank, *La autogestión en la España revolucionaria* (Madrid: La Piqueta, 1977)

Mintz, Jerome R., *Los anarquistas de Casas Viejas* (Granada, 1999)

Mola Vidal, Emilio, *Obras Completas* (Valladolid, 1940)

Mola Vidal, Emilio, *Memorias de mi paso por la Dirección General de Seguridad* (1ª ed. en 1931-1933) (Madrid: Crítica Literaria, 2011)

Molina, Juan Manuel, *El movimiento clandestino en España 1939-1949* (México: Editores Mexicanos Unidos, 1976)

Moliner Prado, Antonio (ed.), *La Semana Trágica de Cataluña* (Barcelona: Nabla, 2009)

Molinero, Carme y Pere Ysàs, *Productores disciplinados y minorías subversivas. Clase obrera y conflictividad laboral en la España franquista* (Madrid: Siglo XXI, 1998)

Molinero, Carme y Pere Ysàs, *El règim franquista. Feixisme, modernització i consens* (Vic: Eumo, 1992)

Moradiellos, Enrique, *La España de Franco. Política y sociedad* (Madrid: Síntesis, 2000)

Morales, Manuel, "El Segundo Certamen Socialista, 1889. Notas para un centenario," *Mélanges de la Casa de Velázquez*, 25–3 (1989)

Morales, Manuel, "La subcultura anarquista en España: El primer certamen socialista (1885)," *Mélanges de la Casa de Velázquez*, 27–3 (1991)

Morato, Juan José, *El Partido Socialista Obrero* (Madrid, 1976)

Moreno, Francisco, *La resistencia armadacontra Franco: tragedia del maquis y la guerrilla. El Centro-Sur de España: de Madrid al Guadalquivir* (Barcelona: Crítica, 2001)

Moreno, Roque y Frencisco Sevillano (eds.), *El franquismo. visiones y balances* (Alicante: Universidad de Alicante, 1999)

Morrow, Félix, *Revolution and Counter-Revolution in Spain* (New York: Pathfinder Press, 1974)

Muñoz, Javier R., *La Guerra Civil en Asturias* (Gijón: Ediciones Jucar, 1938)

Nadal, Jordi, *La Población Española (s. XVI-XX)* (Barcelona: Editorial Ariel, 1973)

Nash, Mary, *"Mujeres Libres": España, 1936-1939*, 2.ª edición (Barcelona: Tusquets, 1976)

Navarra Ordoño, Andreu, *La región sospechosa. La dialéctica hispanocatalana entre 1875 y 1939* (Barcelona: Universidad Autónoma de Barcelona, 2013)

Navarro, Francisco, "Anarquismo y neomalthusianismo: la revista 'Generación Consciente' (1923-1928)," *Arbor*, 156 (1997)

Nettlau, Max, *La Première Internacionale en Espagne (1868-1888)*, (Dordrecht: D. Reidel, 1969)

Nettlau, Max, *Miguel Bakunin, la Internacional y la Alianza en España 1868-1873* (Madrid: La Piqueta, 1977)

Núñez de Arenas, Manuel y Manuel Tuñón de Lara, *Historia del Movimiento Obrero Español* (Barcelona, 1970)

Núñez Florencio, Rafael, *El terrorismo anarquista, 1888-1909* (Madrid: Siglo XXI, 1983)

Núñez, Mirta y Antonio Rojas, *Consejo de guerra. Los fusilamientos en el Madrid de la posguerra (1939-1945)* (Madrid: Compañía Literaria, 1997)

Olivé, Enric, "El movimiento anarquista catalán y la masonería en el último tercio del siglo XIX. Anselmo Lorenzo y La Logia 'Hijos del Trabajo'," Actas del I Symposium de Metodología Aplicada a la Historia de la Masonería Española, Zaragoza del 20–22 de junio de 1983 (La masonería en la historia de España, 1989)

Orrosio y Gallardo, Ángel, *Vida y sacrificio de Companys* (Buenos Aires, 1943)

Orwell, George, *Homage to Catalonia* (New York, Harcourt: Brace Jovanovich Publishers, 1980)

Pachón, Olegario, *Recuerdos y consideraciones de los tiempos heroicos. Testimonio de un extremeño* (Barcelona: Olegario Pachón, 1979)

Paniagua, Javier, *La larga marcha hacia la anarquía. Pensamiento y acción del movimiento libertario* (Madrid: Síntesis, 2008)

Payne, Stanley G., *The Spanish Revolution* (New York: W. W. Norton & Co., 1970)

Payne, Stanley G., *El régimen de Franco 1939-1975* (Madrid: Alianza Editorial, 1987)

Payne, Stanley G., "las colectividades agrícolas anarquistas en la guerra civil española," en Raymond Carr, ed., *Estudios sobre la República y la guerra civil española* (Barcelona: Sarpe, 1985)

Paz, Abel, *Paradigma de una revolución (19 de julio 1936, en Barcelona)* (Paris: Asociación Internacional de los Trabajadores, 1967)

Paz, Abel, *Durruti. El proletariado en armas* (Barcelona: Bruguera, 1978)

Paz, Abel, *Crónica de la Columna de Hierro* (Barcelona: Editorial Hacer, 1984)

Paz, Abel, *CNT 1939-1951* (Barcelona: Hacer, 1982)

Peirats, José, *La CNT en la revolución española* (Toulouse, 1951)

Peiró, Joan, *Problemas y cintarazos* (Rennes, 1946)

Peiró, Joan, *Trayectoria de la CNT. Sindicalismo y anarquismo* (Madrid: Júcar, 1979)

Peiró, Josep, *Juan Peiró. Teórico y militante del anarcosindicalismo español* (Barcelona: Foil, 1978)

Picard-Moch, Germaine y Jules Moch, *L'Oeuvre d'une Révolution: L'Espagne Républicaine* (Paris, 1933)

Pla, Dolores, *Els exilians catalans* (México: INAH, 1999)

Pons Prades, Eduardo, *Morir por la libertad: españoles en los campos de exterminio nazis* (Madrid: Vosa, 1995)

Pons Prades, Eduardo, *Guerrillas españolas: 1936-1960* (Barcelona: Planeta, 1977)

Portero, Florentino, *Franco aislado. La cuestión española, 1945-1950* (Madrid: Aguilar, 1989)

Portero, Florentino y Rosa Pardo, "Las relaciones exteriores como factor condicionante del franquismo," Glicerio Sánchez Recio (ed.), *El primer franquismo (1936-1959)* (Madrid: Ayer, 1999)

Pradas Baena, Maria Amàlia, *L'anarquisme i les lluites socials a Barcelona 1918-1923: la repressió obrera i la violència* (Barcelona: Publicacions de l'Abadia de Montserrat, S. A., 2003)

Prats, Alardo, *Vanguardia y retaguardia de Aragón* (Buenos Aires, 1938)

Preston, Paul, *España en crisis. Evolución y decadencia del régimen del Franco* (Madrid: FCE España, 1977)

Preston, Paul, *El Holocausto Español. Odio y Exterminio en la Guerra Civil y después* (Barcelona: Debolsillo, 2013)

Prieto, Horacio M., *Marxismo y socialismo libertario* (París, 1947)

Rabasseire, Henri, *España, crisol político* (Buenos Aires: Editorial Proyección, 1966)

Ramos Espejo, Antonio, *Después de Casas Viejas* (Barcelona, 1984)

Ramos Martínez, Eloy, *La política de la Pistola y la Bomba. Cien años de magnicidios* (Sevilla: Punto Rojo Libros, 2016)

Raynaud, Jean, *En Espagne "rouge"* (Paris, 1937)

Richards, Vernon, *Lessons of the Spanish Revolution* (London, 1953)

Rocker, Rudolf, *En la tormenta: años de destierro* (Buenos Aires: Tupac, 1949)

Rodrigo, Antonina, *Una mujer libre. Amparo Poch y Gascón, médica y anarquista* (Barcelona: Flor del Viento, 2002)

Roldán, Santiago, José Luis García Delgado y Juan Muñoz, *La formación de la sociedad capitalista en España, 1914-1920* (Madrid: Confederación Española de Cajas de Ahorro, 1973)

Romero, Emilio, *Cartas al Rey* (Barcelona: Planeta, 1973)

Romero, Luis, *Tres días de julio* (Madrid: Editorial Ariel, 2014)

Romero Maura, Joaquín, *La romana del diablo. Ensayos sobre violencia política en España* (Madrid: Marcial Pons, 2000)

Romero Maura, Joaquín, *La rosa de fuego: el obrerismo barcelonés de 1899 a 1909* (Barcelona: Grijalbo, 1974)

Rosado, Antonio, *Tierra y Libertad. Memorias de un campesino anarcosindicalista andaluz* (Barcelona: Crítica, 1977)

Rosal, Amaro del, *Historia de la UGT de España 1901-1939* (Barcelona: Grijalbo, 1977)

Rubio, Javier, *La emigración de la guerra civil de 1936-1939* (Madrid: San Martín, 1977)

Rucabado, Ramón, *Entorn del sindialisme* (Barcelona: Políglota, 1925)

Ruiz, David (dir.), *Historia de Comisiones Obreras (1958-1988)* (Madrid: Siglo XXI, 1994)

Ruiz-Manjón, Octavio, *El Partido Republicano Radical, 1908-1936* (Madrid: Tebas, 1976)

Salut, Emili, *Vivers de revolucionaris* (Barcelona: Libreria Catalònia, 1938)

Sánchez López, Rosario, "El 'participacionismo' en el sindicato vertical. ¿Tendencia renovadora endógena o secuela tecnocrática?," Javier Tusell, Susana Sueiro y José María Marín (eds.), *El régimen de Franco 1939-1975* (Madrid: UNED, 1993)

Sánchez Recio, Glicerio (ed.), *El primer franquismo (1936-1959)* (Madrid: Ayer, 1999)

Sanz, Ricardo, *Figuras de la Revolución española: Buenaventura Durruti* (Toulouse: Editiones "El Frente", 1945)

Sanz, Ricardo, *Los que fuimos a Madrid: Columna Durruti 26 División* (Toulouse: Imprimerie Dulaurier, 1969)

Saña, Heleno, *La Internacional Comunista, 1919-1945* (Madrid: Zero, 1975)

Sawa, Alejandro, *Iluminaciones en la sombra* (Madrid: Biblioteca Renacimiento, 1910)

Seco Serrano, Carlos, *Estudios sobre el reinado de Alfonso XIII* (Madrid: Real Academia de la Historia, 1998)

Seco Serrano, Carlos, "El plano inclinado hacia la Dictadura," José María Jover (dir.), *Historia de España Menéndez Pidal*. tomo XXXXVIII, *La España de Alfonso XIII. El Estado y la política (1902-1931)*. vol. I, *Del plano inclinado hacia la Dictadura al final de la Monarquía, 1922-1931* (Madrid: Espasa Calpe, 1995)

Sender, Ramón J., *Imán* (Madrid: Zénit, 1930)

Sender, Ramón J., *O. P.(Orden Público)*. *Novela de la cárcel* (Madrid: Zénit, 1931)

Sender, Ramón J., *Siete domingos rojos* (Barcelona, 1932)

Sender, Ramón J., *Viaje a la aldea del crimen (documental de Casas Viejas)* (Madrid: Pueyo, 1934)

Sergent, Alian and Claude Harmel, *Histoire de l'anarchie* (Paris: Le Portulan, 1949)

Serrano, Secundino, *Maquis. Historia de la guerrilla antifranquista* (Madrid: Temas de Hoy, 2001)

Solà, Pere, *Educació i movimiento libertari a Catalunya (1901-1939)* (Barcelona: Edic. 62, 1980)

Sonadellas, Concepció, *Clase obrera y revolución social en España (1936-1939)* (Madrid, 1977)

Stern Castells, Eduardo, *El proceso Dato. Proceso histórico descriptivo de este proceso* (Mir y Jorba, 1923)

Suárez Fernández, Luis, *Francisco Franco y su tiempo* (Madrid: Fundación Nacional Francisco Franco, 1984)

Tamames, Ramón, *Estructura económica de España* (Madrid: Guadiana de Publicaciones, 1971)

Tamburini, Francesco, "Michele Agiolillo e l'assassinio de Cánovas del Castillo," *Spagna Contemporanea*, nº 9 (1996)

Tavera, Susanna, *Soledad Gustavo, Federica Montseny i el periodisme àcrata ¿ofici o militància?* (Barcelona, 1988)

Tavera, Susanna, *Federica Montseny. La indomable (1905-1994)* (Madrid: Temas de Hoy, 2005)

Téllez, Antonio, *Sabaté. Guerrilla urbana en España (1945-1960)* (Barcelona: Virus, 1992)

Termes, Termes, *Anarquismo y sindicalismo en España. La Primera Internacional (1864-1881)* (Barcelona: Crítica, 1977)

Termes, Josep, *Historia del Anarquismo en España (1870-1980)* (Barcelona: RBA, 2011)

Terrasa, Jaume, "Francesc Tomás i Oliver: apunts històrics sobre l'anarcosindicalisme," *Randa*, nº 8 (1979)

Thomas, Hugh, *The Spanish Civil War* (New York: Harper & Row, 1963)

Torres, Sonya, *Ramón Acín (1888-1936). Una estética anarquista y de vanguardia* (Barcelona: Virus, 1998)

Tuñón de Lara, Manuel, *El movimiento obrero en la historia de España* (Barcelona:

Laia, 1977)

Tuñón de Lara, Manuel, *La España del siglo XX* (Barcelona: Laia, 1971)

Tuñón de Lara, Manuel, *España bajo la dictadura franquista (1939-1975)* (Barcelona: Labor, 1994)

Tusell, Javier, *La oposición democrática al franquismo* (Barcelona: Planeta, 1977)

Tusell, Javier, *La dictadura de Franco* (Madrid: Alianza Editorial, 1988)

Vega, Eulàlia, *Anarquistas y Sindicalistas durante la Segunda República: La CNT y los sindicatos de oposición en el País Valenciano* (Alfons el Magnànim, 1987)

Vega, Rubén y Begoña Serrano, *Clandestinidad, represión y lucha política. El movimiento obrero en Gijón bajo el franquismo (1937-1962)* (Gijón: Ayuntamiento de Gijón, 1998)

Venturi, Franco, *Il Populismo russo* (Turin: Einaudi, 1952)

Viadiu, José, *Salvador Seguí (Noi del Sucre). El hombre y sus ideas* (Valencia: Estudios, 1930)

Vicens Vives, Jaume, *Historia económica de España* (Barcelona: Vicens Vives, 1969)

VV. AA., *La oposición libertaria al régimen de Franco (1936-1975)* (Madrid: Fundació Salvador Seguí, 1993)

Wingeate Pike, David, *Spaniards in the Holocaust. Mauthausen, the horror on the Danube* (London: Routledge, 2000)

Woodcock, George, *El anarquismo. Historia de las ideas y movimientos libertarios* (Barcelona: Ariel, 1979)

Woodcock, George, *Pierre-Joseph Proudhon* (London: Routledge & Kegan Paul, 1956)

Zambrana, Joan, *La alternativa libertaria* (Badalona: Fet a mà, 1999)

Zaragoza, Gonzalo, *Anarquismo argentino (1876-1902)* (Madrid: Ediciones de la Torre, 1996)

입센, 헨리크 · 194

ㅈ

《자발적 생식》(폴 로뱅) · 174
《자본론》· 34
《자유 생식》(레오폴도 보나푸아) · 183
자유노조(sindicato libre) · 222, 225, 228
자유당 · 70, 73, 141, 143, 154, 163
《자유여성》· 311, 315
자유여성연맹 · 314
《자유연애》(알프레드 나케) · 310
자유지상주의 교육 · 192, 193
《자유지상주의 문화》(Cultura Libertaria) · 272,
    281, 309
자유지상주의생디칼리슴연맹(자생련) · 281,
    288, 292, 298
자유지상주의운동총평의회(파리) · 408, 409,
    411
《자유지상주의의 기준》(안셀모 로렌소) · 187
《자유지상주의자》(El Libertario) · 84
자유지상청년단 · 312, 313, 322, 388, 390,
    400, 414
자키네, 클레망스 · 192, 193
작업장위원회 · 347
재불 에스파냐어아나키스트모임연맹 · 237
재불 전노련 · 421, 439, 460
《재생》(Rééation) · 173, 174, 184
적색노조인터내셔널 · 229, 230, 232~244
전국경제위원회 · 443
전국노동연합(전노련) · 9, 158, 159, 165~
    171, 195, 197, 198, 200, 202, 204, 205,
    207~209, 211~242, 245~74, 276~278,
    280, 282~313, 315, 318, 322~325, 327,
    331, 337, 340, 343~357, 360~364,
    366, 367, 369, 373, 376, 377~382, 384,
    386~393, 398~404, 407, 408, 410,
    411, 414, 416~418, 420, 423, 425~437,

439, 440~461, 463~466
전국노조조정위원회 · 461
전국농민연맹 · 365, 367
전국농업노동자연맹 · 171
전국민주세력동맹(전민동) · 404, 405, 410,
    417, 422, 427~429
전국방위위원회 · 381
전노련(→전국노동연합)
전노련-이아연(CNT-FAI) · 261, 246, 281,
    284, 319, 326, 328, 338, 346, 347, 387,
    388
전노련 임시전국대의원대회(1931) · 259, 262
전노련 전국위원회 · 204, 210, 213, 220, 224,
    230, 233, 240, 241, 243, 244, 251, 260,
    275~277, 280, 285, 300, 380, 392, 399,
    408, 411, 419
전노련 창립대회(1910) · 164, 166
전노련 툴루즈 대회(1947) · 422
전노련참석회(전참회) · 464
전민동(→전국민주세력동맹)
정치책임법 · 397
제1공화국 · 61, 62, 112, 191, 257
제1차 세계대전 · 42, 135, 169, 171, 186,
    195, 198, 199, 211, 221, 222
제1차 에스파냐노동자대회(1870) · 53
제1차 전노련 전국대회(1911년 9월) · 168, 169
제1차 평화자유연맹 회의(1867, 스위스) · 32
제2공화국 · 230, 243, 257, 258, 261~263
제2인터내셔널 · 92, 103, 211
제2차 모로코 전쟁 · 309
제2차 세계대전 · 244, 398, 400, 409, 420,
    427, 428
제3인터내셔널(코민테른) · 211, 214, 218,
    219, 220, 229, 230~234, 383
제네바 인터내셔널 대회(1873) · 41
제르미날 에스글레아스 · 236, 264, 407, 409,
    413~415, 419, 421, 439, 448, 450~452,
    462
제헌의회 · 264, 265, 267